HERMINE
MERKL

DIE
KRAFT,
DIE AUS DER
LIEBE
WÄCHST!

Vom Mut, in Erziehung &
Beziehung neue Wege
bewusst in Liebe
zu gehen

novum 📖 pro

Dieses Buch ist auch als
e-book
erhältlich.

www.novumverlag.com

Bibliografische Information
der Deutschen Nationalbibliothek:

Die Deutsche Nationalbibliothek
verzeichnet diese Publikation in
der Deutschen Nationalbibliografie.
Detaillierte bibliografische Daten
sind im Internet über
http://www.d-nb.de abrufbar.

© 2021 novum Verlag

ISBN 978-3-99107-772-5
Lektorat: Mag. Angelika Mählich
Umschlagfoto:
Frenta | Dreamstime.com
Umschlaggestaltung, Layout & Satz:
novum Verlag

Gedruckt in der Europäischen Union
auf umweltfreundlichem, chlor- und
säurefrei gebleichtem Papier.

www.novumverlag.com

INHALTSVERZEICHNIS

WIDMUNG

Wie schon mein Buch *Meine Seele will endlich fliegen* widme ich auch dieses Buch Gott, meinem himmlischen Vater, und danke ihm aus ganzem Herzen für seine immerwährende bedingungslose Liebe und für alle Hilfe und Unterstützung, die er mir gibt!

„Wenn die Macht der Liebe
über die Liebe zur Macht siegt,
wird die Welt Frieden finden."
Jimi Hendrix

VORWORT

Was für weise Worte! – Im Grunde genommen muss man ihnen nichts mehr hinzufügen. Man muss sie nur auf sich wirken lassen, dann kann man ihre Botschaft sogar erfühlen. Nach und nach erschließt sich uns dann ein inneres Wissen, das wir alle in uns tragen.

Jeder Einzelne von uns hat im Laufe seines Lebens sowohl die eine als auch die andere Art von „Macht" bereits erfahren. Ist derzeit vielleicht sogar auf der Suche nach Antworten, die ihm eine Hilfestellung geben, warum in seinem Leben die Dinge sind, wie sie sind. Wollen wir mehr über dies alles sowie über die Kraft der Liebe erfahren und wirklichen inneren Frieden finden, dann kann Ihnen dieses Buch ein Wegbegleiter sein.

Doch warum ein Buch über „die Kraft, die aus der Liebe erwächst", wenn es im Kapitel 2 so viel um die Erziehung geht? Wie hängt das eine mit dem anderen zusammen? – Nun: Die Art der Erziehung, die jeder Einzelne von uns erfahren hat, ist ausschlaggebend sowohl für unsere „Liebes-Fähigkeit" als auch unsere „Beziehungs-Fähigkeit". Zudem gibt sie uns sehr wichtige Hinweise im Hinblick auf unsere „Liebes-Bedürftigkeit".

Im Prozess des Schreibens bin ich dem Weg meines Herzens gefolgt. Es hat mir sozusagen die Gliederung diktiert und mich dabei von einem Thema zum nächsten geführt. Da ich ein sehr interessierter Mensch bin, der neuem Lernen gegenüber immer wieder aufgeschlossen gegenübersteht, wollte ich in Erfahrung bringen, wohin die Reise geht, wenn ich diesen Weg meines Herzens gehe. Im Prinzip musste ich mir dafür nur die Zeit nehmen, mich ruhig hinsetzen und auf das hören, was mir diese leise Stimme in mir zu sagen wusste. Das, was ich dabei an Informationen bekommen habe, habe ich niedergeschrieben. An manchen Stellen bestimmte Hintergrundinformationen recherchiert und auch diese mit einfließen lassen. So wollte dieses Buch entstehen, das ich mit Ihnen, liebe Leser und Leserinnen, jetzt teilen darf.

Mit Sicherheit ist es sehr ungewöhnlich, ein Buch damit zu beginnen, ausführliche Worte des Dankes an die eigenen Eltern zu schreiben, wie ich dies nachfolgend tue. Doch da ich weiß, dass es sehr vielen Menschen sehr ähnlich geht, wie es mir ergangen ist, wenn es um die Beziehung Eltern-Kind und hier ganz besonders um die Beziehung Mutter-Tochter geht, will ich es wagen und diesen Brief an den Anfang der Lektüre stellen. Zudem sagt mir mein Herz: „Tue es ruhig! – Wovor hast du Angst? Was du deinen Eltern zu sagen hast, kann und darf, ja soll sogar jeder hören. Du musst dir das nicht verbieten. Du hast die Freiheit, das zu tun, wonach dir der Sinn steht. Euch allen wurde diese Freiheit gegeben. Du musst dich also nicht einschränken lassen. Am wenigsten durch dich selbst. Kunst will frei sein. Kunst will leben. Mache das, was dir wichtig ist und gefällt. Kümmere dich dabei nicht um die Meinung der anderen. Es hat noch niemals einen Künstler gegeben, der für all das, was er mit seinem Werk zum Ausdruck bringt, von allen gleichermaßen geschätzt oder gar geliebt wird. Bist du von der Liebe und Meinung der anderen abhängig oder willst du die Stimme deines Herzens sprechen lassen? Trau dich! Stehe zu dem, was du zu sagen hast. Teile deine Botschaft mit der Welt. Vertraue darauf, das Buch wird die richtigen Leser finden, die – wenn vielleicht nicht gleich mit Beginn der Lektüre, aber spätestens mit den letzten Seiten des Buches – verstehen werden, warum es dir ein Herzensanliegen ist, diese ungewöhnliche Art eines Vorworts zu schreiben. Springe und tue das, wozu dir dein Herz rät, denn was aus dem Herzen kommt, geht niemals fehl! Vertraue der inneren Weisheit in dir!"

Nun gut. Mit jedem Wort, das ich sage, mit jedem Satz, den ich schreibe, umarme ich meine Eltern in Liebe und danke ihnen dafür, dass sie meine Eltern waren bzw. sind, denn meine Mutter lebt noch. Dieses Buch ist mein Geschenk an sie. Entstanden aus Dankbarkeit sowie mit viel Wertschätzung und Liebe.

„Danke, ihr wunderbaren Seelen! – Mein ganz besonderer Dank gilt dir, Mama, denn du warst und bist zwar meine strengste, dafür aber auch die allerbeste Lehrerin, die ich mir unter all den Müttern nur aussuchen konnte. Es hat zwar seine Zeit gedauert, bis ich das annehmen und verstehen konnte. Doch der Prozess, durch den ich gegangen bin, hat mir geholfen, mich dir heute viel näher zu fühlen, als dies jemals der Fall war. Ich hätte mir dies sowohl für dich als auch für mich gerne schon früher gewünscht, doch das Leben funktioniert nicht nach unserem menschlichen Willen und Ermessen. Es folgt seinen eigenen Gesetzmäßigkeiten, die sich uns erst dann so richtig erschließen, wenn wir den Weg unseres Herzens gehen und uns so den Weg erwählen, den unsere Seele für uns vorgesehen hat.

Dieser Weg kann dabei so ganz anders sein als das, was wir uns ursprünglich einmal für unser Leben gewünscht und erwartet haben. Heute weiß ich, der Weg unseres Herzens zeigt uns den besseren Weg. Einen Weg, auf dem wir niemals allein sind, sondern stets ein Teil des Göttlichen, des großen Ganzen.

Da, wo wir nur die Darsteller auf der Bühne unseres Lebens sind, gibt es eine höhere Macht, die der Regisseur unseres Lebens ist. Eine Macht, die uns führt. Eine Macht, die uns hält. Heute weiß ich, in Gott zu vertrauen, ist das Beste, was ich tun kann. Doch um dies zu lernen, musste ich in der ersten Hälfte meines Lebens erst meinen eigenen Weg finden und gehen. Dabei konnte und sollte ich nicht den gleichen Weg gehen, den du, Mama, für dich und dein Leben gegangen bist. Dieser Weg wäre für uns beide vielleicht der leichtere gewesen, doch dieses Miteinander zwischen Mutter und Tochter war weder für dich noch für mich vorgesehen. Folglich konnte ich gar nicht anders, als meinen eigenen Weg zu suchen und diesen zu gehen. Es war nicht immer leicht. Bedeutend leichter wäre es mir wohl gefallen, auf dem Weg zu bleiben, den nahezu alle gehen. Doch was hätte letztlich meine Seele dazu gesagt? Es gibt einen Punkt im Leben, da kann man nicht mehr anders, als ihrem Ruf zu folgen. Zumindest für mich ist dies so. Und ich danke dir für dein Verständnis dafür.

Mit Papa und dir hatte ich mir die besten Eltern erwählt, von denen ich genau das bekommen bzw. manches auch entbehren sollte, um für mich Wesentliches zu lernen. Dass dem so ist, das war mir jahrzehntelang so nicht bewusst. Es gab für mich in meinem bisherigen Leben sehr viele Stunden, in denen ich sehr oft sehr traurig war, jedoch um den wahren Grund für diese Traurigkeit nicht wusste. Dieser Seelenschmerz ließ mich mitunter sehr oft sogar sehr, sehr einsam sein. Eine Art von Einsamkeit, die einen so richtig quält. Oft hatte ich das Gefühl, zwar unter Menschen zu sein, aber nicht wirklich Teil dieser Gemeinschaften zu sein. Woher diese tiefe Traurigkeit kam, die ich über Jahrzehnte hinweg versucht hatte zu überwinden, sollte sich mir erst in den letzten Jahren nach und nach immer mehr erschließen.

Heute bin ich sehr dankbar dafür, weil ich im Laufe der Zeit immer mehr verstehen lernen sollte, warum die Dinge in meinem Leben genauso waren, wie sie waren. Heute weiß ich zum Glück viel mehr, was das Leben wirklich von mir will. Ich sollte und konnte in den letzten Jahren so vieles lernen, das ich jetzt mit der Welt auf meine Art und Weise teilen will. Und da ich für mich endlich verstehen lernen sollte, warum unsere Beziehung zueinander war, wie sie war, ist es mir ein Anliegen auch dieses Wissen mit anderen zu teilen, denen es ähnlich geht.

Nach all den Jahren der Suche bin ich heute interessanterweise für alle Herausforderungen und Krisen dankbar, die in meinem Leben waren. Letztlich waren genau sie es, die mich vergleichbar einer Nuss für diese ganzen neuen Erfahrungen aufgebrochen haben. Ich bin sehr dankbar dafür, dass ich inzwischen schon so vieles lernen konnte, denn dies alles ist ein Wissen, ein innerer Reichtum, den mir keiner mehr nehmen kann. Dieser Schatz bleibt mir sowohl für dieses Leben als auch für alle weiteren Leben erhalten, die noch folgen wollen. Danke, Leben! Danke, Seele, dass du mich gerufen hast, den Weg zu gehen, der mich dies alles lehren sollte. Und danke dafür, dass ich dieses Wissen mithilfe meiner Bücher mit der Welt zu teilen vermag.

Auch ihr beide, du und Papa, habt für die Entwicklung meines Seelenweges einen ganz wesentlichen und wichtigen Part übernommen. Vieles davon mag ganz unbewusst geschehen sein. Dass ich heute die bin, die ich bin, habe ich letzten Endes zu einem Großteil auch euch zu verdanken, denn ohne euch hätte es *dieses* Leben für mich so nicht gegeben.

Nach so vielen Jahren innerer Zerrissenheit und Emotionen, die ich nie wirklich verstanden habe und mit denen ich auch nicht umzugehen wusste, weil sie so kräftezehrend waren, kann ich euch heute vielleicht zum ersten Mal wirklich aus der Tiefe meines Herzens heraus „Danke" sagen und euch wissen lassen, dass es mir eine Freude ist, euch meine Eltern nennen zu können und dies auch weit über den Tod hinaus. Dank euch bin ich die, die *ICH BIN!* – In tiefer Dankbarkeit, Verbundenheit und Liebe, eure Tochter Hermine"

Nach diesem Dank an meine Eltern kann es sein, dass Sie sich bei der Lektüre des Buches manchmal fragen: Wenn die Autorin ihren Eltern gegenüber so dankbar ist, warum schreibt sie dann dieses Buch und betrachtet dabei bestimmte Erziehungsmethoden, die sie selbst in irgendeiner Art und Weise wenigstens zum Teil erlebt haben muss, als kritisch? Eine berechtigte Frage, die ich Ihnen sehr gerne beantworten will: Natürlich war zwischen mir und meinen Eltern nicht immer alles nur Sonnenschein. Schon der Brief an meine Eltern lässt vermuten, dass vor allem die Beziehung zu meiner Mutter ihre eigenen Qualitäten hatte. Vor vier Jahren hätte ich das Buch noch gar nicht schreiben können. Doch zum Glück werden wir mit den Jahren nicht nur jünger im Geist, sondern um vieles reifer. Und ich hoffe auch weiser, denn darin liegt für mich der große Gewinn, den uns unsere Lebensjahre bescheren.

Heute kann ich mit Sicherheit sagen, dass ich die besten Eltern hatte, die ich mir nur aussuchen konnte, um genau das zu lernen, was meine Seele, und damit letztlich auch ich lernen sollte und wollte. Ohne das Dazutun meiner Eltern hätte ich vermutlich an mein Leben niemals so viele Fragen gestellt. Niemals nach dem Sinn meines Lebens und der Wahrheit hinter allem gesucht. Hätte unter Umständen ein völlig anderes Leben geführt, als mich auf den Weg zu machen, um nach den wirklichen Ursachen zu suchen, die mich in der Mitte meines Lebens in genau die Situation gebracht hatten, in der ich damals war. Inzwischen kann ich für dies alles sehr dankbar sein und schaue mit Wertschätzung sowie mit einem viel tieferen Verständnis und mit viel mehr Liebe auf meine Eltern.

Zwar war eine gewisse Art von Liebe zu meinen Eltern schon immer da, doch gab es da auch etwas, was ich sehr, sehr lange Zeit nicht wirklich beim Namen nennen konnte, was die Liebe zu meinen Eltern, speziell zu meiner Mutter, auch betrübt hatte. Und letztlich sogar dazu führte, dass ich mich mit all den Gefühlen, die in mir waren, oft wie eine Gefangene fühlte.

Erst heute kann meine Liebe zu ihr ungehindert und frei fließen. Dafür musste ich zunächst durch den Schmerz gehen und mir all der Dinge bewusstwerden, die unsere Liebe zueinander blockierten. Inzwischen weiß ich, dass ich in der Beziehung zu meiner Mutter keine Ausnahme bin. Bereits seit Jahrhunderten war es Generationen von Frauen und Töchtern in zunehmendem Maße nicht mehr möglich, gemeinsam den Weg ihrer Herzen in Liebe und Verbundenheit zu gehen. Diesen Frauen eine Antwort darauf zu geben, was damit im Zusammenhang stehen kann, war mein Beweggrund, dieses Buch zu schreiben, um die Erkenntnisse daraus mit ihnen zu teilen.

Dieses Buch, dessen Erstentwurf ich in den letzten drei Monaten des Jahres 2020 schreiben durfte, war und ist für mich das schönste Weihnachtsgeschenk, das ich mir in diesem Jahr dank der Gnade und Liebe Gottes selbst machen konnte. Zu jeder Zeit war Gott für mich da und half mir über jeden Moment des Zweifelns, des Verzagtseins, der Traurigkeit, des „Geburtsschmerzes" hinweg. Dank seiner Liebe und Unterstützung konnte ich diesen Weg bis zu Ende gehen, auch wenn es manchmal ein sehr einsamer und beschwerlicher, dafür aber auch ein sehr erkenntnisreicher „Lehr-Pfad" war.

An so mancher Weggabelung war ich anfangs stehen geblieben und wusste mir nicht mehr zu helfen. Dann nahm er stets meine Hand und führte mich. Half mir über sehr viele meiner

Ängste hinweg, sodass ich mir jedes einzelne „Geröllfeld", auf dem sich der Ballast von Jahrzehnten hinweg aufgetürmt hatte, noch einmal genauer anschauen konnte. In all der Zeit, in der ich Stein für Stein umdrehte, um nach den wahren Ursachen meiner physischen und psychischen Situation zu sehen, waren meine himmlischen Freunde stets an meiner Seite, sodass ich mich zu keiner Zeit in der Gefahr sah, in eine der „Gletscherspalten" zu fallen, denen ich mich von Zeit zu Zeit gegenübersah.

Heute ist es für mich äußerst interessant zurückzublicken und zu sehen, wie alles ineinander verflochten war. Für mein erstes Buch *Meine Seele will endlich fliegen. Raus aus der Ohnmacht, rein in die Schöpferkraft!* brauchte ich genau neun Monate, bis ich dieses Buchprojekt unter so manchen Schmerzen vergleichbar mit denen eines natürlichen Geburtsvorgangs gebären konnte. Dass mich dieses erste Buch auf seine Art und Weise so gut auf mein zweites Buchprojekt vorbereiten sollte, war mir damals noch nicht klar.

Erst heute weiß ich, dass ich mich erst durch die Vielfalt meiner Themen, die an der Oberfläche lagen, hindurchzuarbeiten hatte, um überhaupt einen Zugang zu den tiefer liegenden Bereichen zu bekommen. Dabei galt es jede Menge alten Ballast loszulassen, den ich bis dahin im Rucksack meines Lebens mit mir trug. Manchmal frage ich mich, wie das mein Körper überhaupt so lange Zeit aushalten konnte. Mich wundert, dass ihm die „Sicherungen" (Nerven) nicht schon viel, viel früher durchgebrannt sind.

Doch wäre mir dies alles bereits früher passiert, hätte ich vermutlich die Stärke noch nicht gehabt, um mich ganz und gar auf den Weg so einzulassen, wie ich dies in den letzten Jahren tat. Heute bin ich mir sicher, dass alles genauso kommen sollte, wie es war. Fürs Erste sollte ich lernen, all die Dinge im Außen loszulassen, um mich voll und ganz dem hinzugeben, was mir noch geblieben war. Nach und nach begann für mich ein völlig neues Leben, in dem ich nicht mehr länger eine Suchende im Außen war, sondern mich immer mehr auf mein Innerstes zu konzentrieren begann.

Das, was ich im Buch über die Erziehung thematisiere, hat nur zum Teil mit mir zu tun. Das meiste davon geht auf Beobachtungen zurück, die ich im Laufe von 27 Dienstjahren als Lehrerin und Schulleiterin machen konnte. Selbstverständlich bringe ich hier keine Fallbeispiele aus der täglichen Praxis. Meine Erläuterungen beruhen viel mehr auf einer Zusammenfassung der Erkenntnisse, die ich im Laufe der Zeit aufgrund meiner Beobachtungen machen konnte. So fließen immer mehrere Einzelbeobachtungen in einer Aussage zusammen. Zudem konnte ich vieles auch dadurch lernen, besser zu verstehen, da ich mir bei den Gesprächen mit Eltern und Kind immer beide Seiten angehört hatte. So zeigte sich mir oft, was der wirkliche Auslöser für bestimmte Differenzen zwischen Eltern und Kind bzw. auch zwischen Lehrer und Kind war.

Das Ergebnis meiner Fragen an das Leben im Hinblick auf die Liebe und unsere Beziehungen sehen Sie hier. Ich freue mich, wenn ich diese Antworten mit Ihnen teilen kann und danke Ihnen für Ihr Interesse an meinem Buch.

Herzlichst
Hermine Merkl

EINLEITUNG

Warum ein Buch
über Liebe und Erziehung?

Meine Motivation, dieses Buch zu schreiben, war es nicht, einen Erziehungsratgeber zu schreiben, um zu sagen: „Liebe Eltern bzw. liebe Berufskollegen, macht es so oder so und Ihr habt später keine oder weniger Probleme mit den Kindern." Nein. Das wäre überzogen. Das erlaube ich mir nicht, weil mir bewusst ist, dass jeder von uns selbst erst in die ihm eigenen Werte von Erziehung hineinwachsen muss. Das ist mir vor allem sehr stark durch die Zusammenarbeit mit jungen Kollegen (Referendaren) bewusst geworden. In Summe wird jeder von uns (egal ob als Eltern, Erzieher oder Lehrer) so manches falsch, aber auch vieles richtig machen, um letztlich den Erziehungsstil mit genau den Variablen zu finden, der am besten zur eigenen Person passt.

Was mir mit diesem Buch am Herzen liegt, ist, mit Ihnen darüber zu reflektieren, warum es in leider sehr vielen Fällen den Anschein hat, dass Erziehung trotz so vieler Ratgeber scheinbar so wenig gelingt. Lassen Sie mich von daher mit Ihnen gemeinsam darüber nachdenken, warum sich so viele Kinder und Jugendliche ungeliebt, unverstanden, ungerecht behandelt und insofern auch als benachteiligt sehen. Und warum immer mehr Jugendliche und Pädagogen Burnout und Depression diagnostiziert bekommen bzw. man in den Gesprächen auch bei den Eltern sehr oft eine Art von Burnout feststellen kann.

Woher kommt das? Worin besteht die Wurzel allen Übels? Worauf lässt sich diese Überforderung zurückführen, die sich quer durch alle Bildungs- und Gesellschaftsschichten zieht? Warum leiden Kinder und junge Erwachsene heute bereits mit 14, 15, 16 Jahren an einer schweren Depression, die es ihnen nicht mehr möglich macht, mit Freunden in Kontakt zu sein, die Schule erfolgreich zu besuchen und aktiv am gesellschaftlichen Leben teilzunehmen. Manche von ihnen laufen sogar Gefahr, sich in Gedanken an Suizid oder diversen anderen Selbstzerstörungsmustern zu verlieren.

Für mich stellen sich hier immer Fragen über Fragen. Auf die eine oder andere möchte ich näher eingehen und erlaube es mir dabei, die verschiedensten Arten von Erziehung kritisch zu betrachten sowie sie auf ihre Sinnhaftigkeit hin zu prüfen.

Mit meinen Ausführungen möchte ich weder Eltern noch Lehrern irgendwelche Verhaltensweisen als ungerechtfertigt vorwerfen. Ich möchte sie vielmehr zum Nachdenken anregen. Die Beispiele sind – bis auf den Part, in dem ich Ihnen von mir erzähle – so gewählt, dass sie real sein könnten, doch sie lassen sich niemandem zuordnen. Das einzige Anliegen, das ich habe, ist, bestimmte Erziehungs- und Beziehungsmuster aufzuzeigen, sodass es möglich wird, den Fokus einmal ganz bewusst auf das zu richten, was im Bereich von Erziehung und Beziehung alles falsch laufen kann, wenn über einen längeren Zeitraum hinweg nach diesen Mustern erzogen wird.

Dieses exemplarische Vorgehen soll ausschließlich der Reflexion dienen und uns bewusstmachen, wie vielfältig und komplex unser soziales Miteinander ist, und welche Herausforderungen sich für uns alle daraus ergeben, damit wir lernen, stets respektvoll und wertschätzend miteinander umzugehen. Oder um es mit einem Kinderreim zu sagen: „Was du nicht willst, das man dir tut, das füge auch keinem anderen zu."

Egal, ob es um die *Er*-ziehung oder um die *Be*-ziehung geht, meine Erfahrung hat mich gelehrt: Der Liebe im Wege zu stehen, heißt, dem Leben im Wege zu stehen. Heißt, sich nicht zu erlauben, dass die Wunder der Liebe ihren Weg in unser Herz und in unser Leben bahnen.

Was haben Liebe und Erziehung mit bildender Kunst zu tun?

Sehr gerne vergleiche ich die Aufgabe der Erziehung, vor die sich Eltern, Erzieher und Pädagogen gestellt sehen, mit der Arbeit eines Bildhauers. Wie er wissen auch sie als Erzieher zunächst nicht, wie sich das Kind „formen"/erziehen lässt und vor allem auch nicht, wie viel es an „Er-zieh-ung" überhaupt benötigt, um ganz in seine Persönlichkeit hineinzuwachsen und sich nach und nach immer mehr in seiner schönsten Form/Gestalt zu entwickeln und zu entfalten. Um irgendwann ganz die Person/Skulptur sein zu können, die der schönste und facettenreichste Ausdruck ihrer Selbst ist. Oder um es anders zu sagen: um ganz die Person zu werden, die Gott, unser Schöpfer, gemeint hat. Für die er uns alles Potenzial gegeben hat, dessen wir bedürfen, um zu gegebener Zeit unsere Fähigkeiten voll und ganz zur Blüte zu bringen, um sie mit der Welt zu teilen.

Wie der Bildhauer haben auch wir als Erzieher und Pädagogen am Anfang nur das „Material" (das Neugeborene/das Baby, das Kleinkind, den Schüler) oder um im Vergleich mit dem Bildhauer zu bleiben, den Stein, das Holz, den Ton etc.

Was sich daraus entwickeln wird? Wir wissen es noch nicht. Wir können es bestenfalls erahnen. Ob es unseren Wünschen und Erwartungen entsprechen wird? Inwiefern ist das erstrebenswert? Hat es unseren Vorstellungen zu entsprechen oder ist es nicht vielmehr in die Welt gekommen, um ganz die Person zu werden, die *in ihm angelegt* ist. Es wird seinen eigenen Charakter, seinen ganz ihm eigenen Wesenskern haben. Ganz so, wie wir auch bei einem Marmorblock oder einem Stück Holz mit bestimmten Ausmaßen *nicht* wissen können, ob es innerhalb des Materials bestimmte Adern/Verästelungen/Einschüsse anderer Materialien etc. gibt.

Wir können uns als Eltern bestenfalls fragen: Kommt es mehr nach dem Vater oder kommt es mehr nach der Mutter? Wird es gesund sein? Ist es ein Bub oder ein Mädchen? Was hätte ich denn gerne oder freue ich mich nicht einfach nur daran, dass es ein wunderbares Kind sein wird, das ich als Geschenk Gottes an uns als Eltern empfangen darf? Welche Farben werden die Augen haben? Welche Nase? Welche Haare? Wird es einmal eher groß oder eher klein sein? Und, und, und … – Dies alles wissen wir nicht.

Doch wir können uns mit Fragen darauf vorbereiten, so wie es auch der Künstler tut. Auch er betrachtet sein Material als Erstes nur ganz liebevoll und wertschätzend über mehrere Stunden, vielleicht sogar Wochen oder Tage. Macht sich vertraut mit dem Material, mit dem er arbeiten will. Nähert sich ihm immer und immer wieder an. Verbindet sich mit ihm. Stellt zwischen sich und dem „Rohling" sozusagen eine geistige Verbindung, eine mentale Brücke her. Spricht vielleicht sogar mit ihm, weil er weiß, dass auch dieses Material, das sich noch so roh und stumpf anfühlen mag, dennoch bereits beseelt ist. Im Grunde seines Herzens weiß er bereits, dass die Skulptur, die er erschaffen mag, in seinem Werkstück bereits vorhanden ist und lebt, denn die Idee dazu ist ja schon da. Wäre dies nicht der Fall, hätte er sich unter Umständen für ein ganz anderes Material (andere Größe, andere Form, anderes Gewicht etc.) entschieden. Der Bildhauer weiß bereits – wenn vielleicht zunächst auch nur sehr schemenhaft –, was er aus diesem wunderbaren und einmaligen Material gestalten will.

Vor seinem geistigen Auge kann er das fertige Kunstwerk sehen. Kann es fühlen. Es erahnen. Es je nach Material vielleicht sogar riechen oder hören, wenn er zum Beispiel einen Klangkörper erschaffen will. In ihm lebt die Vision, die Vorstellung, die er sich von seinem Kunst-Objekt macht. Dabei ist er sich ganz und gar der Tatsache bewusst, dass ihn letztlich das Material mit all seinen Eigenschaften und Eigenheiten durch den Entstehungsprozess führen wird. Er ist sich dessen bewusst, dass er dem Objekt zwar eine Gestalt geben wird, dass es aber eine andere Quelle gibt, die dieses Kunstobjekt beseelen wird. Um die Statue sowohl im großen Ganzen wie auch mit jedem noch so kleinen Detail insgesamt zu erfassen und *ihr* gerecht zu werden, indem er *ihr* die schönste Ausdrucksform verleiht, verbindet er sich immer und immer wieder mit dem Schöpfer, der auch ihn, den Künstler, bei seinem Handwerk anleitet und führt.

Er wird sowohl sich als auch dem Objekt immer wieder Ruhezeiten gönnen, um es auf sich wirken zu lassen. Um es zu studieren. Um sich jedes Mal aufs Neue liebevoll mit ihm zu verbinden, damit er auch ja all die Feinheiten zu erfassen vermag, die herausgearbeitet werden wollen.

Immer und immer wieder wechselt er sogar das „Werkzeug". War es anfangs vielleicht noch der grobe Schlägel oder eine sehr grobe Feile, mit der er die ersten Kanten und Ecken weggeschliffen hat, so arbeitet er nach und nach immer mehr mit feinen Instrumenten, um dem Werkstoff gerecht zu werden und um sein Kunstwerk nur ja nicht zu verletzen. Es ist ihm wichtig, nur ja nichts abzubrechen, um keine Wunden/Narben zu hinterlassen, die der späteren Schönheit seiner Skulptur nicht zuträglich wären.

Mit aller Liebe, ganz viel Sorgfalt und dem nötigen Respekt vor Material und Werkstück macht er sich ans Werk, um das Schönste hervorzubringen, was ihm gelingen kann. Im Entstehungsprozess selbst wächst er immer mehr mit seiner Skulptur zusammen und ist sich stets bewusst, dass er das Werkstück unter Umständen ruiniert, wenn er auch nur einen Fehler macht. Deswegen arbeitet er hoch konzentriert und zollt auch damit dem späteren Objekt seinen Respekt.

Er weiß, dass die Skulptur nicht einfach nur so nebenbei erschaffen werden kann, sondern dass sie all der Liebe und Hingabe bedarf, die er seinem Projekt zu geben vermag. Er sieht sich in der Verantwortung, sein Bestes zu geben, verzichtet während des Entstehungsprozesses freiwillig auf die Erfüllung eigener Bedürfnisse, sondern widmet sich ganz dem Werk, das er mit Liebe und Hingabe erschaffen will. Er weiß, dass ihm das Beste nur dann wirklich gelingt, wenn er diese Arbeit aus ganzem Herzen tut.

Ihm ist klar, dass es mehr die Aufgabe des Kopfes war, sich um die ganzen logistischen Vorbereitungsarbeiten wie Materialbeschaffung, Materialsichtung, Materialauswahl plus Standortbestimmung etc. zu bemühen. Jetzt, wo er nur noch am Objekt selbst arbeitet, weiß er, wie wichtig es ist, dass er seinem Herz-Projekt oberste Priorität einräumt, damit er mit ihm intensiv in Kontakt bleiben kann. Es hegt und pflegt. Er weiß, dass der Erfolg seines Projektes damit steht und fällt, mit wie viel Herzblut, mit wie viel Herz-Zentriertheit und Verbundenheit er an seine tägliche Arbeit geht. Je mehr er sich in sein Projekt verliebt, selbst dann, wenn es vielleicht auch einmal die eine oder andere Hürde zu nehmen gilt, fühlt er sich seinem Projekt nicht nur nah, sondern er „nährt" es mit seiner Liebe. Auch dann, wenn es ihm hin und wieder einmal den Schweiß auf die Stirn treibt.

Er gibt nicht auf, an das Wahre, an das Gute, das Vortreffliche, das Schöne, das Einzigartige seines Kunstobjektes zu glauben. Er weiß, dass ihm sein Projekt am besten gelingt, wenn er es von Anfang an aus ganzem Herzen liebt, egal wie lange der Schaffensprozess dauern mag und wie viele persönliche Freiräume er diesbezüglich unter Umständen vorübergehend aufzugeben hat. Er weiß, dass er sein Werk bis zum Tage der „Enthüllung" und sogar noch weit darüber hinaus lieben wird, weil er es mit so viel Aufmerksamkeit, Sorgfalt, Empathie, Hingabe und Liebe begleitet hat, und weil ihm dabei jeder einzelne Arbeitsschritt bewusst und wichtig war.

Mit der Erziehung von Kindern ist es sehr ähnlich. Erziehung kann nur dann als erfolgreich angesehen werden, wenn sie unter den gleichen wertschätzenden und liebevollen Bedingungen gelebt wird, wie es der Künstler mit seinem Kunstprojekt tut. Auch die Erziehung eines Kindes kann als ein Projekt angesehen werden, bedarf aber in jedem Fall der Zugabe von *Liebe*, damit sie recht gelingen kann, denn ohne eine grundständige Liebe zum Menschen und zum Kind an sich kann Erziehung nur bedingt gelingen. Dann werden zwar bestimmte Lebensbedingungen „ausgehandelt", unter denen man ein Miteinander gestalten kann, doch wie glücklich und intensiv sich dieses zeigen wird, ist ungewiss. Egal ob es sich dabei um die Erziehung durch Eltern, Erzieher oder im späteren Alter der Kinder um Lehrer/Pädagogen handelt, die am Erziehungsprozess beteiligt sind.

Das Fundament sowie die Motivation der Erziehung sollte stets die *LIEBE* sein. Je intensiver, besser und schöner diese zwischen Erwachsenen und Kind fließt, umso schöner kann das Ergebnis für alle Beteiligten sein. Nur ein offenes, wertschätzendes und liebendes Herz vermag das Schönste aus dem Kind „herauszuformen", was in ihm angelegt ist.

So wie beim Bildhauer kommt es auch in der Beziehung zwischen Eltern und Kind auf den Start in das Leben an. Bereits hier gilt, dass Kinder, die bewusst und mit Liebe gezeugt werden, bessere Startbedingungen haben als Kinder, deren Eltern viel zu wenig auf die Möglichkeit einer Empfängnis und Schwangerschaft vorbereitet sind. Werden Kinder zudem in Lebensumstände hineingeboren, die für Eltern wie Kind stressauslösend sind, wirkt sich auch dies auf die Erziehung aus und legt sich wie ein Schleier über die Beziehung zwischen Eltern und Kind.

Für eine gute Erziehung braucht es immer beide! Eltern *und* Kind. Damit das Kind als Fundament für Erziehung Vertrauen in sein Gegenüber gewinnen kann, muss der Grundstein für eine gelingende Beziehung die Liebe sein. Mit ihr steht und fällt im Grunde genommen alles. Sie ist es, die es dem Kind erst ermöglicht, sein Herz zu öffnen, Vertrauen ins Leben sowie Vertrauen in die Person des Erziehers zu haben.

Erziehung, Beziehung und Leben gelingen,
wenn wir auf die Kraft der Liebe vertrauen!

Die Natur bzw. Gott hat es schon sehr intelligent eingerichtet, dass der Geburt eines Kindes eine neunmonatige Schwangerschaft vorausgeht, denn so haben die künftigen Eltern Zeit, sich auf die Ankunft des Kindes vorzubereiten. Mit je mehr Liebe und Vorfreude sie hier gemeinsam sämtliche organisatorische Belange angehen, die an die Geburt des Kindes geknüpft sind, umso mehr zeigen sie auch hier dem Kind, wie sehr sich seine Eltern auf den kleinen Erdenbürger freuen. Egal, ob das die Wahl der Möbel, die Einrichtung des Kinderzimmers oder die Erstausstattung des Babys betrifft, ihre Liebe zum Detail, mit der sie das Ganze aussuchen, erreicht das Kind.

Wichtig ist außerdem, dass die Partner sich früh genug Gedanken über die Erziehung des Kindes machen, denn ist das Kind erst einmal da, kann im Falle eines Falles zwischen den Eltern nicht erst die Diskussion geführt werden, was jeder Einzelne von ihnen unter Erziehung versteht.

Umso wichtiger ist es, sich bereits in der Zeit der Vorbereitung auf das Kind dahingehend zu besprechen, was die gemeinsame Werte und Ziele als Familie sind. In aller Regel müssen sich hier erst beide Partner über ihre eigenen Wünsche und Erziehungsvorgaben bewusstwerden. Diese dann jeweils mit dem anderen besprechen, um letztlich gemeinsam zu einer guten Kompromisslösung zu finden. Was hier helfen kann, sind Fragen wie:

- Inwiefern wird das Kind mein eigenes Leben verändern?
- Wie steht es um meine Bedürfnisse im Hinblick auf das Kind und die Partnerschaft?
- Inwiefern wird es unser gemeinsames Leben verändern?
- Wie sehr bin ich/sind wir bereit dazu?
- Welcher Kompromiss ist für mich/für uns denkbar?
- Was können wir tun? Wo bedürfen wir der Hilfe anderer? (z. B. finanziell)
- Welche Vorstellung habe ich von den Aufgaben eines Vaters?
- Worin bestehen für mich die Aufgaben der Mutter?
- Was fand ich gut an der Art und Weise, wie ich selbst erzogen wurde? Was lehne ich ab?
- Wie möchte ich mein Kind erziehen?
- Was sind meine Werte? Was ist mir wichtig?
- Welche Wünsche und Vorstellungen haben wir von Familie?
- Was ist uns als Mann und Frau wichtig auch im Hinblick auf unsere Partnerschaft?
- Wo gibt es Überschneidungen? Wo Differenzen? Wie können wir diese lösen?
- Ab wann ist für uns eine Betreuung außer Haus wichtig?
- Was ist unsere Motivation, unser Kind schon relativ früh in die Hände anderer Betreuer (Kindertagesstätten, Tagesmutter o. Ä.) zu geben?

- Welche Alternative gibt es hierzu?
- Was ist für uns der beste Weg?
- Sind wir uns der Konsequenzen dieser Entscheidung bewusst?
- Wie können wir dennoch bestmöglich für unser Kind da sein?
- Was sind unsere Prioritäten? …

Je besser sich die werdenden Eltern mit der Beantwortung dieser und ähnlicher Fragen auf die neue Lebenssituation mit Kind vorbereiten, umso weniger Diskussion wird es im Nachhinein geben, da die meisten Verbindlichkeiten durch diese vorbereitenden Gespräche bereits thematisiert sind. Auch wenn es uns nicht bewusst ist, so öffnen bereits diese gemeinsamen Absprachen dem Kind Tür und Tor, damit es sich im Kreis der Familie wirklich angenommen und wohlfühlen kann. Von Gespräch zu Gespräch wird es quasi „begrüßt" und im gemeinsamen Leben aller in Liebe willkommen geheißen.

Neben den ganzen organisatorischen Belangen und Gesprächen kann das Kind aber auch durch regelmäßige Rituale von beiden Eltern auf das Freudigste begrüßt werden. Egal ob mit einem Entspannungsbad für Mutter und Kind, einer schönen Bauch- oder Fußmassage, mit Streicheln oder anderen Zärtlichkeiten. Eltern dürfen davon ausgehen, dass diese ganzen herzöffnenden Gesten beim Kind genauso gut ankommen, wie Entspannungsmusik oder Worte, die dem Kind signalisieren, wie wichtig es ist. Worte wie: „Ich weiß, ich kann dich noch nicht wirklich sehen, aber ich kann dich fühlen, erahnen, spüren, wahrnehmen. Mit dir bereits von Herz zu Herz in Verbindung treten. Ich freue mich auf dich. Ich werde mein Bestes geben." …

Das für alle Beteiligten Glücklich-Machende ist, wenn sich beide Eltern aus freiem Willen für die Hingabe und Herzöffnung ihrem Kind gegenüber entscheiden.

Die Übernahme der Aufgaben der Erziehung bedeuten für die Eltern aber auch ein Bewusstwerden darüber, dass ihre Entscheidung *für* ein Kind auch entsprechende Konsequenzen und Verpflichtungen für sie selbst haben wird. Dessen sollte sich jeder bereits möglichst früh bewusst werden und sein Handeln danach ausrichten bzw. auch darüber ganz offen mit dem Partner sprechen. Es ist keinem von beiden gedient, wenn der eine im romantisierenden Idealismus von einer eigenen Familie träumt, während der andere für sich eher die Schwere der Verpflichtung auf seinen Schultern abgeladen fühlt. Bevor die Entscheidung für ein Kind fällt, sollten sich beide Partner bewusst darüber sein, dass ein Kind keine „Ware" ist, mit der man für gewisse Zeit „spielt". Dass man sie je nach Lust und Laune dann wieder beiseitelegt, weil einem die Erfüllung der eigenen Bedürfnisse wichtiger erscheint als sich für das Kind und die gemeinsame Familie verantwortlich zu fühlen.

Es muss beiden Partnern klar sein, dass die Entscheidung für ein Kind bedeutet, dass man für mindestens die nächsten 15 bis 18 Jahre die Verpflichtung eingegangen ist, sich um den jungen Erdenbürger zu kümmern und bestmöglich für ihn zu sorgen.

So gesehen liegt es auch in der Verantwortung der Eltern, sich regelmäßig und immer wieder aufs Neue in Liebe für das Kind zu entscheiden. Auch dann, wenn von Anfang an vielleicht nicht immer alles gleich so glatt und stressfrei läuft, wie man es sich vielleicht gedacht und erträumt hat.

Wie in jeder Beziehung wird es auch in der Erziehung eines jungen Menschen immer wieder einmal Konflikte geben. Das liegt einfach in der Natur der Sache. Lassen wir uns von einem solchen Sturm jedoch verunsichern und beginnen gar an uns selbst als Erzieher oder am Kind zu zweifeln, droht unser gemeinsames Schiff der Beziehung unterzugehen. Haben wir als Erwachsene jedoch unser Bestes gegeben, dürfen wir sehr wohl darauf vertrauen, dass selbst noch nach ein paar Tagen mit Sturm, Hagel und Gewitter der andere auf uns genauso liebevoll wieder zugehen wird, wie dies auch für uns wieder möglich ist, weil unsere Beziehung aus einem Fundament der Liebe besteht.

Ist der Ärger wieder verflogen und hat sich die überhitzte Luft (die Wut) geklärt, ist es dringend anzuraten, mit dem Kind in aller Ruhe ein Gespräch sowohl über die Angelegenheit selbst als auch über die Gefühle, die durch den Streit entstanden sind, zu führen, denn wie sollte ein Kind sonst jemals lernen, dass zum Leben sowohl die Liebe als auch hin und wieder einmal die Auseinandersetzung mit dem anderen dazugehört.

Wird die Situation für alle Beteiligten im positiven Sinne geklärt, haben sowohl das Kind als auch der Erwachsene die besten Chancen, um voneinander zu lernen. Sowohl was die Bedürfnisse und Wünsche des einen wie des anderen angeht, als auch darüber, wie man Konfliktgespräche führt und dabei dennoch respektvoll, wertschätzend, liebevoll und lösungsorientiert miteinander umzugehen vermag.

Findet zwischen Erziehern und zu Erziehendem ein solches Gespräch trotz Diskussion des Sachverhalts zudem auf gleicher Augenhöhe statt, fühlt sich das Kind wahrgenommen, gesehen und gehört. Zugleich vermittelt ihm die wertschätzende und liebevolle Gesprächsführung des anderen, dass die Sache selbst vielleicht einer Korrektur bedarf, dass die Person des Kindes aber weiterhin dennoch immer und jederzeit geliebt wird. Was das Kind damit lernt, ist, dass Erziehung zwar notwendig ist, weil sie einen bestimmten Rahmen innerhalb eines Miteinanders vorgibt, doch die Kinder spüren auch, dass die Liebe der Eltern/der Erzieher immer gewährleistet ist und somit frei von irgendwelchen Bedingungen ist.

Eltern wie Erzieher müssen sich zudem der Tatsache bewusst sein, dass es in der Entwicklung des Kindes verschiedene Phasen gibt, die ausschlaggebend dafür sind, dass die Beziehung zwischen dem Erwachsenen und dem Kind je nach Alter immer wieder einmal neue Formen annehmen muss.

Sehr viele Eltern sind heillos damit überfordert, dass sich ihre Beziehung zu Tochter oder Sohn ab dem 12./13. Lebensjahr graduell zu verändern beginnt. Wissen dann oft nicht mehr, worin diese Veränderung begründet liegt. Nehmen jede Andersartigkeit sowie jeden Wutanfall des Kindes nur allzu persönlich, weil sie Perfektionisten sind, die alles perfekt machen wollen. Doch wird hier die Rechnung ohne das Kind gemacht, das seinen eigenen Kopf und Willen hat, und diesen auch bis zu einem gewissen Grad ausleben muss, um sich selbst zu finden und in eine gesunde Abgrenzung zur Person des Erziehers zu gehen.

Was hier beide zu lernen haben, ist, dass ihre Liebe zueinander durch diverse Auseinandersetzungen zwar gerade einer Art von Prüfung unterzogen wird, dass jedoch beide die besten Voraussetzungen für ein weiterhin gelingendes Miteinander haben, wenn sie lernen ihre Beziehung und Liebe zueinander auf eine neue Basis zu stellen. Das soll nicht heißen, dass die ursprüngliche Liebe schwindet, sondern dass sie einfach nur einem ganz natürlichen Reifungsprozess vom Kind zum jungen Erwachsenen unterliegt. Dazu gehört auch, dass der Jugendliche das, was ist, immer wieder einmal kritisch in Frage stellt. Schließlich will er verschiedene Möglichkeiten des Handelns kennenlernen, um sich später eine eigene Meinung bilden zu können was die bessere Alternative ist. Letztendlich will er sowohl sein eigenes Verhalten als auch das des anderen mit allen Konsequenzen daraus kennenlernen, um später einmal selbstbestimmt durchs Leben gehen zu können und Verantwortung für sich und sein Leben übernehmen zu können.

Was für die gesunde Entwicklung des Kindes nicht zuträglich ist, ist, wenn für die Eltern das Kind das alleinig verbindende Glied ist, das ihre Partnerschaft zusammenhält. Manche Kinder, die unter diesen Bedingungen aufwachsen, leiden sehr. Sie sehen sich mitunter häufig vielen Differenzen mit Mutter oder Vater gegenüber, die ihre persönliche Erwartungshaltung allzu sehr auf das Kind übertragen. Zum Problem wird hier, dass man in diesem Falle nicht mehr von liebevoller Hingabe an das Kind sprechen kann. Hier klingt unter Umständen oft ein ganz anderer Ton an im Sinne von: „Wie undankbar du doch bist. Ich habe dir so viel gegeben und du? Was machst du? Siehst du denn nicht, dass ich dich brauche, dass …" – Erziehung und Beziehung können jedoch im Sinne von „Ich gebe dir und dafür erwarte ich mir von dir" definitiv nicht gedeihen, sondern trennen das Band, das irgendwann einmal auf der Liebe zueinander begründet war.

Dass wir als Erwachsene wie als Kind je nach Lebensalter verschiedensten Herausforderungen ausgesetzt sind und diesbezüglich mitunter auch mit gravierenden Veränderungen sowohl in gesundheitlicher als auch sozialer Art zu rechnen haben, ist nur normal. Die Frage ist: Wie gehen wir damit um? Haben wir jemals gelernt, uns je nach Situation lösungsorientiert zu verhalten, oder reagieren wir vielmehr einer alten Gewohnheit gemäß noch immer nach den alten Mustern des deprimierten, verletzten, des wütenden, des orientierungslosen, mitunter sogar des ohnmächtigen Kindes, das wir einmal waren?

Das Leben bietet uns immer und immer wieder jede nur denkbare Gelegenheit dazu, nicht nur an Jahren, sondern auch im Hinblick auf unsere Lebenserfahrungen und entsprechenden Verhaltensweisen zu reifen. Unser Leben sieht für uns alle persönliche Entwicklung, Wachstum und individuelle Reifungsprozesse vor. Als soziale Wesen ist es uns in die Wiege gelegt, diese Entwicklungsschritte gemeinsam mit Familie, Freunden, Partner etc. zu gehen. Es liegt an uns, ob wir uns für diese gemeinsame Reise durch unser Leben füreinander als Team entscheiden, zueinander in Konkurrenzsituation gehen oder ganz allein leben. Egal, wie wir uns entscheiden, die Konsequenzen und die Verantwortung daraus hat jeder Einzelne selbst zu tragen. Gott sagte mir einmal, dass die einzige Frage, die er uns stellen wird, wenn wir unsere Lebenszeit auf der Erde beenden und wieder zu ihm nach Hause kommen, sein wird: „Wie sehr hast du geliebt?"

1 SEHNSUCHT „LIEBE"

Die Sehnsucht, die mich durch mein Leben trägt, heißt *LIE-BE*. Sehnsuchtsvoll verzehre ich mich nach ihr. Und das nicht erst als Teenager und später als erwachsene Frau. Nein, die große Sehnsucht nach der Liebe wurde mir schon in die Wiege gelegt. Bereits hier beginnt ein eigenartiges „Spiel", das sich mir im Verlauf meines Lebens immer wieder einmal zeigte. Ganz so, als wollte die Liebe mir damit sagen: „Je mehr du dich nach mir sehnst, umso mehr entziehe ich mich dir!" – Doch warum ist das so? – Haben wir die Liebe auf unserer Reise *LEBEN* nicht dazu gebucht?

Wer mein erstes Buch gelesen hat, der weiß, dass ich in diesem Leben im Hinblick auf die Liebe bereits mit einer ersten Hürde (Herausforderung) gestartet bin, die eine Situation beschreibt, die der vieler Frühgeborenen sehr ähnlich ist. Zwar kam ich nicht als Frühchen zur Welt, doch musste ich bereits am zweiten Tag nach der Geburt für mehrere Wochen in eine andere Klinik verlegt werden und war somit für längere Zeit sowohl von meiner Mutter als auch von meinem Zwillingsbruder getrennt.

Das Erste, was mir somit in diesem Leben widerfuhr, war für mich ein unerträgliches Gefühl von „mutterseelenallein". Ein Gefühl des Alleinseins und Getrenntseins gepaart mit dem Schmerz um den Verlust von Sicherheit, Geborgenheit und Liebe sowie meinem ängstlichen Blick auf dieses Leben verbunden mit der Frage: „Kann ich diesem Leben denn überhaupt vertrauen?"

„Mutterseelenallein!" – Ein Gefühl, das sich wie ein roter Faden mal mehr, mal weniger stark durch mein Leben zieht. – Was mir blieb, waren Fragen. Fragen wie „Warum geschieht mir dies? Was soll ich daraus lernen? Habe ich mir das wirklich selbst so ausgesucht? Wollte ich das wirklich so?" …

Statt mit den Gefühlen von Liebe, Vertrautheit und Sicherheit in den Armen meiner Mutter zu liegen und statt der Nähe zu meinem Zwillingsbruder, mit dem ich in den letzten neun Monaten so intensiv verbunden war, war es für mich als Neugeborenes innerhalb kürzester Zeit aus mit Kuscheln und Geborgenheit. Stattdessen erlebte ich gleich für mehrere Wochen die Gefühle von Getrenntsein und Einsamkeit. Erlebte von Anfang an sehr starke Gefühle von Angst, Frustration und Panik in einer Welt, die mir ohne die Nähe und Verbundenheit mit Mama und Bruder so extrem kalt, abweisend und unfreundlich erschien.

Unbewusst startete ich mit diesen für mich sehr einschneidenden Erfahrungen, sozusagen von Anfang an, ein Programm, das in mir im Hinblick auf Vertrautsein mit anderen und mich in der Liebe der Mutter geborgen fühlen Gedanken und Gefühle provozierte, dass ich – aus welchen Gründen auch immer – Liebe und Zuneigung scheinbar nicht verdiene. Dass ich es nicht wert bin, von der Liebe und dem Glück, das diese mit sich bringt, erfüllt zu sein. Dass ich erst lernen muss, ein besserer Mensch zu werden, um Liebe überhaupt zu verdienen. Dass das Leben schwer ist. Kein Honigschlecken, sondern Kampf, Mühsal und Plackerei …

Aus heutiger Sicht kann ich zwar rückblickend sagen, dass mir in meinem Leben die Liebe nicht gänzlich fehlte, doch sie war mir nie wirklich so nah, als dass ich sie mir hätte erhalten können. Was stattdessen in meinem Leben präsent war, war dieses extrem starke Bedürfnis nach Liebe.

Jedoch nicht nach körperlicher Liebe, sondern nach einer reineren Form von Liebe. Einer Liebe, die tiefer geht. Einer Liebe, die wirklich nährt. Einer Liebe, die Balsam für das Herz und die Seele ist. Die ein so starkes Fundament für die Beziehung zwischen Menschen ist, dass sie diese stärkt und trägt.

So wurde der Motor meines Denkens und Handelns schon von klein auf diese Suche nach der wahren Liebe. Zeit meines Lebens war dieser Hunger nach Liebe so groß, die Sehnsucht danach so stark, dass mir ständig im Kopf rumspukte: „Ich will auch dazugehören. Ich will mich auch angenommen, wertgeschätzt, gesehen und gehört fühlen." Doch stattdessen war mein Begleiter durch all diese Jahre stets ein Gefühl von viel zu kurz gekommen zu sein und der wahren Liebe entbehren zu müssen.

Ich weiß, das hört sich jetzt so an, als hätten mir meine Eltern, speziell meine Mutter Zuwendung und Liebe nicht gegeben. Als hätte mir die Familie, in die ich hineingeboren bin, diese versagt. Das hat sie definitiv nicht, doch aus irgendeinem Grund konnte ich ihre Liebe nicht wahrnehmen, nicht spüren. Es war, als läge über all dem ein einzig großer und dunkler Schatten. Ein Nebel, der mir den Zugang zu dieser Liebe verwehren sollte.

Warum ich Ihnen von meiner Situation als Neugeborenes und Kind erzähle? Meine Absicht ist es, damit zu verdeutlichen, dass Kinder ihre Gefühle noch nicht wirklich begreifen und erst recht nicht artikulieren können. Manifestieren sich diese früh-kindlichen Emotionen jedoch im Kind, weil sie unberücksichtigt bleiben und es somit zwischen Eltern und Kind zu keiner Klärung kommt, dann beeinflusst dies auf eine mitunter sehr ungünstige Art und Weise die Beziehung ein Leben lang. Indem ich von meiner Situation erzähle, wünsche ich mir, dass es mir damit gelingt, zu einem besseren Verständnis zwischen Eltern (vor allem der Mutter) und dem Kind beizutragen.

Mit meiner Geschichte will ich ein Beispiel dafür geben, wie viel anders Kinder (egal, welchen Alters) die Ereignisse ihres Lebens wahrnehmen und fühlen. Will verständlich machen, wie sehr Kinder aufgrund ihrer Gefühle mitunter ganz anders denken und Sachverhalte vollkommen anders interpretieren als die Erwachsenen. Will thematisieren, dass dieses Denken mitunter ganz und gar nicht zu ihrem Vorteil ist, weil es zum Beispiel wie in meinem Fall die Beziehungsfähigkeit zu anderen Menschen erschwert. Will bewusstmachen, wie wichtig es ist, die Dinge nicht nur aus der Perspektive des Erwachsenen zu sehen, sondern dass es notwendig, ja sogar unerlässlich ist, sich alles, was geschieht, auch immer aus der Perspektive des Kindes anzusehen. Selbst dann, wenn das Ereignis für uns als Erwachsene nicht so sehr von Bedeutung ist wie für das Kind. Will außerdem auf die Notwendigkeit eines regelmäßigen Gesprächs zur Klärung bestimmter Themen hinweisen, statt die Kinder mit dem Erlebten allein zu lassen. Was mir zusätzlich am Herzen liegt, ist damit verständlich zu machen, wie wichtig es ist, regelmäßig Gespräche zu führen, bei denen es nicht nur um irgendwelche organisatorischen Belange des Alltags geht, sondern vielmehr um das seelische Wohlbefinden aller.

Wie soll das Kind sonst lernen, dass zu einem wirklich gesunden Leben immer alle drei Komponenten zählen. Die *Gesundheit von Körper* (Wie geht es dir? Was brauchst du?), die *Gesundheit des Geistes* (Was beschäftigt dich gerade? Worüber denkst du nach? Wenn du willst, erzähle mir davon, damit ich dir unter Umständen helfen kann!) sowie um die *Gesundheit der Seele* (Fühlst du dich gut? Was liegt dir am Herzen bzw. auf der Seele? Gibt es zwischen dir und mir irgendetwas, was der Klärung bedarf?)

Was ich anhand meiner Geschichte gelernt habe, ist, dass unsere Gefühle das Sprachorgan unserer Seele sind, so, wie uns unser Körper widerspiegelt, was unsere Gedanken sind. Und dass wir, wenn wir uns das *Er-leben* unserer Gefühle aus welchen Gründen auch immer verbieten, Gefahr laufen, nicht mehr in Beziehung mit uns selbst zu sein.

Zudem ist es mir wichtig, darauf hinzuweisen, dass für alle an Familie oder Partnerschaft Beteiligten Gespräche niemals eine Zeitvergeudung, sondern *immer* eine sehr gut investierte Zeit sind. Denn sind wir mittels regelmäßiger Gespräche miteinander auch wirklich in Kontakt, dann fühlt sich jeder innerhalb der Beziehung willkommen, gesehen und gehört. Die Botschaft, die unsere Gesprächsbereitschaft dem anderen indirekt signalisiert, heißt so viel wie: „Du bist mir wichtig. Ich höre dir zu. Ich wertschätze dich und freue mich über unser Gespräch. Ich liebe dich!"

Sie sehen, es liegt mir am Herzen, die Aufmerksamkeit vermehrt darauf zu lenken, dass wir uns die verschiedensten Ereignisse unseres Lebens nicht nur aus der Perspektive des Erwachsenen ansehen, sondern dass wir vermehrt versuchen, sie uns immer auch aus der Perspektive des Kindes bzw. allgemein unseres Gegenübers zu sehen. Und das ganz egal, wie bedeutend oder unbedeutend die Vorkommnisse für uns selbst sind.

Wie sich mein frühkindlicher Klinikaufenthalt im Zusammenspiel mit anderen Ereignissen auf mein Leben insgesamt auswirken sollte, war mir ehrlich gesagt fünfundfünfzig Jahre lang so nicht bewusst. Dennoch lag bereits in diesem ersten nachgeburtlichen Ereignis ein sehr nachhaltiges energetisches Muster verborgen, das mein ganzes Beziehungsleben bestimmen sollte.

Zwar kehrte ich – körperlich gesund – in den Kreis der Familie zurück, doch hatte bei mir diese lange Zeit der Trennung in der Psyche bereits ihre tiefen Spuren hinterlassen. Spuren von Einsamkeit und den Gefühlen, die ich Ihnen zuvor beschrieben habe. Was bei mir zusätzlich im Kern des Schmerzes haften blieb, war das untrügliche Gefühl, dass ich von den Menschen, die ich liebe, niemals so geliebt werde, wie ich es glaube, zu verdienen.

Mein Trauma bestand darin, von heute auf morgen einfach alles verloren zu haben. Auf so viel Trennungsschmerz, der sich zudem noch über einen so langen Zeitraum hinziehen sollte, war ich nicht vorbereitet. Ich hatte die Ressourcen nicht, um einem Schmerz dieses Ausmaßes entsprechend zu begegnen. Für mich war es nicht nur der Schmerz durch den Verlust der Verbundenheit mit meiner Mutter durch die physische Geburt, sondern da kam noch so vieles andere obenauf. Und … Für mich war es nicht nur der Fall heraus aus der Geborgenheit und Fürsorge, die im Mutterleib noch war, sondern für mich war es vergleichbar mit dem Fall aus dem Paradies der Geborgenheit des Mutterleibs.

Warum halten wir so lange an den Dramen der Kindheit fest? – Es sind diese Gefühle, die durch eine Ursprungssituation ausgelöst wurden und die uns jetzt so lange in diesen „Gefühlswelten" gefangen halten, bis wir gelernt haben, mit ihnen auf eine andere Art und Weise umzugehen, als es unser erlerntes Muster ist. Die meisten von uns reagieren auf das Gefühl von Benachteiligung meist mit Aggression und Wut. Doch warum? Was werfe ich bewusst wie unbewusst meiner Mutter vor, ungeachtet dessen, ob dieser Vorwurf berechtigt ist oder nicht? Was kommt mir in Bezug auf diese Frage in den Sinn?

Selbst wenn wir etwas scheinbar Erlittenes vergeben wollen, gilt es sich anzuschauen was sich hinter diesen Gefühlen von Aggression und Wut, Verbitterung und Groll noch so alles verbirgt.

Das kann von Mal zu Mal mitunter eine ganz andere Ursache haben. Von daher ist es wichtig, sich dessen bewusst zu sein, dass die Wut sowie auch all die anderen Gefühle definitiv nicht mit einem einzigen Vergebungsritual aufgelöst sind. Es gilt sich diese Themen immer und immer wieder aufs Neue anzuschauen. Immer wieder aus dem Ist-Zustand des heutigen Tages heraus darüber zu reflektieren, was es gerade mit uns macht. Dabei lernen wir jedes Mal wieder etwas Neues über uns dazu. Lernen nach und nach uns selbst und unsere Art zu denken, zu handeln, zu sein, immer besser zu verstehen, und wachsen so letztlich in einen tieferen Prozess der Vergebung (sowohl der Selbstvergebung als auch dem anderen zu vergeben) hinein.

Sobald eine Welle an Wut über uns kommt, ist es wichtig, uns dahingehend zu beobachten, wie wir mit diesem Gefühl gelernt haben, umzugehen. Gehe ich in die Wut hinein, lasse ich mein Verhalten von ihr diktieren? Gebe ich ihr Raum und begehre gegen die Person, der meine Wut gilt, auf?

Was, wenn ich mich stattdessen einfach mal so ganz anders verhalte, als ich es bisher getan habe? Was, wenn ich mir nicht von der Wut mein Handeln diktieren lasse, sondern ich selbst die Regie übernehme und mein Drehbuch auf die Wut einfach einmal umschreibe und ganz anders lebe? Was, wenn ich der Wut einfach mal aus einer ganz anderen Perspektive heraus begegne? Wenn ich ihr mit Besonnenheit und Verständnis begegne? Wenn ich sie mir anschaue? Ihr Fragen stelle? Fragen wie: Wut, was genau hast du mir zu sagen? Worum geht es eigentlich? Was genau liegt unter dieser Wut? Warum ist diese Wut so stark? Woran willst du mich erinnern, damit ich es mir anschauen kann?

In diesem Zusammenhang ist es auch sehr interessant einmal zu schauen, wer denn unser Vorbild im Erlernen der Muster war, wie wir mit unseren Gefühlen umzugehen haben. Passt die Art und Weise, wie mein Rollenvorbild seine Gefühle gelebt hat, denn überhaupt zu mir? Zu meinem Temperament? Zu meiner Wesensart? Ist dieses Verhalten gut? Wie stehe ich selbst dazu? Hat es mir denn geholfen, meine Interessen, Bedürfnisse, Wünsche auf diese Art durchzusetzen? Wie erfolgreich war ich damit? Welche Alternativen fallen mir hinsichtlich dieses Verhaltens ein? Was kann ich tun, um mir bewusst darüber zu werden, wie sich das Thema „XY" unbewusst auf meine derzeitige Lebenssituation auswirkt? Was zeigt sich mir?

Fürs Erste ist es wichtig, sich dessen bewusst zu sein: Ich bin *NICHT* diese Wut. Ich fühle nur, dass ich gerade eine richtige Wut auf „..." habe, und dass hinter alledem ein Thema liegt, das sich mir gerade zeigt. In diesem Sinne gilt es, der Wut an sich nicht länger Energie und „Nahrung" zu geben, sondern sich vielmehr die Ursache dahinter anzuschauen, um sich der ganzen Zusammenhänge bewusst zu werden. Ihnen in irgendeiner sozialverträglichen Art und Weise, die zu uns als Individuum passt, Ausdruck zu geben: Zum Beispiel, indem wir den Gefühlen durch Schreiben, Malen, Tanzen, Joggen etc. Raum geben. Der eigenen Kreativität sind hierbei keine Grenzen gesetzt.

Es gilt einzig und allein diese Energie, die in dem Gefühl von Wut, Verbitterung, Groll, Aggression etc. gebündelt ist, in eine andere Ausdrucksform zu bringen. Ihr damit ihre negative, explosive Kraft zu nehmen und diese destruktive Energie stattdessen in eine konstruktive Kraft zu verwandeln. Ihr vorübergehend ganz bewusst Raum zu geben, damit sich diese Energie in der Form, wie sie sich mir gerade zeigt, entladen kann. Tun wir dies nicht, halten wir diese negative Energie in uns zurück, um zwar den schönen Schein des Friedens zu wahren, doch sie bleibt in unserem Feld. Hält uns von positiven Gedanken ab und schmälert vor allem unsere Beziehung zu der Person, die in uns diese Gefühle mitverursacht hat.

Das, was unausgesprochen und ungeklärt in unserem Energiefeld bleibt, läuft Gefahr, sich im Laufe der Zeit dort sogar noch zu potenzieren. Letztendlich ist keinem damit gedient. Weder dem Verursacher noch dem Träger dieser Energie. Was bleibt, ist, dass sich das Problem mit dem Gegenüber so lange wiederholt, bis wir den Mut finden, es auf eine konstruktive Art und Weise mit dem anderen zu lösen. Es bedarf diesbezüglich nicht vieler Worte. Es ist einfach nur wichtig, für sich selbst zu erkennen: „Ich verspüre gerade eine Wut (oder ein ähnliches Gefühl) in mir. Es macht mich traurig, dass ich gerade so fühle. Können wir bitte darüber reden?"

Wie oft schlucken wir diese drei kleinen Sätze lieber runter und „fressen" stattdessen die ganze negative Energie in uns hinein, nur weil wir irgendwann einmal gelernt haben, dass es sich nicht gebührt, sich trotzig, rebellisch, aggressiv, wütend, schmollend etc. zu zeigen.

Macht es Sinn, diesen Gefühlen keinen Ausdruck zu geben, sie stattdessen wie ein Gepäckstück, einen schweren Rucksack, eine unerträgliche Last mit uns herumzutragen? Macht es Sinn, sich mit all diesen nicht gelebten Gefühlen selbst zu sabotieren, mit der Zeit sogar daran zu erkranken, weil wir sie schon viel zu lange Zeit in uns hineingefressen haben, statt sie ehrlich zum Ausdruck zu bringen? Macht es Sinn, lieber an dem ganzen Ballast zu ersticken, zugrunde zu gehen, als diese Gefühle für die Dauer eines Gesprächs dem anderen zuzumuten, dabei aber vollkommen ehrlich zu sich und zum anderen zu sein?

Nur, indem wir uns das Herz fassen und den Mut finden, über unsere wahren Gefühle mit dem anderen zu sprechen, um auf diese Art und Weise das Problem, das sich daraus ergibt, frühzeitig aus der Welt zu schaffen, kann im Hinblick auf das Missverständnis zwischen Person A und B eine Klärung des Sachverhalts und letztlich damit einhergehend unter Umständen auch Heilung und Transformation geschehen.

Wann jedoch haben wir das Sprechen über unsere Gefühle und damit auch das Einstehen für uns selbst verlernt? Kommen wir nicht alle – energetisch gesehen – als reine Wesen in die Welt? Schauen wir uns die Augen eines Babys an, dann strahlen diese Augen. Sie schauen voller Freude auf das Leben. Sind wach und aufmerksam. Voller Neugier und Abenteuerlust. Wann haben wir dieses Strahlen und Staunen verlernt? – Wann? Warum? Was ist geschehen?

2 EXKURS IN DEN BEREICH DER ERZIEHUNG

Warum überhaupt Erziehung? –
Der Mensch als „physiologische Frühgeburt"

Auf den Schweizer Anthropologen und Naturphilosophen, Biologen und Zoologen Adolf Portmann (1897–1982) geht zurück, dass er den Menschen als „physiologische Frühgeburt" und als „sekundären Nesthocker" bezeichnete. Begriffe, die auch heute noch in der Biologie Verwendung finden. A. Portmanns Interesse am Menschen konzentrierte sich dabei vornehmlich auf die ersten Lebensjahre. In vielen seiner Schriften veröffentlichte er Beiträge, die aus entwicklungsgeschichtlicher Sicht die Sonderstellung des Menschen innerhalb der Natur thematisieren. So nannte er den Menschen einen „physiologisch völlig unspezialisierten", in seiner Entwicklung aber offenen, freien Menschen, der sich als ein „ewig Werdender" von anderen physiologisch hoch spezialisierten Lebewesen unterscheidet.

Der Begriff der „physiologischen Frühgeburt"[1] besagt dabei, dass der Mensch im Vergleich zu den Tieren viel zu früh geboren wurde, da er zum Zeitpunkt seiner Geburt vollkommen hilflos ist und auf eine Rundumversorgung durch seine Eltern angewiesen ist. So gesehen steht er – was seinen Reifezustand bei seiner Geburt angeht – vollkommen im Gegensatz zu einem Pferd, Bär, Giraffen oder Elefanten, um nur ein paar Beispiele zu nennen. Nach Portmann führt diese Vorverlegung der Geburt für den Menschen dazu, dass viele seiner Entwicklungsprozesse letztlich

---

1 Illies, Joachim: Adolf Portmann. Ein Biologe vor dem Geheimnis des Lebendigen. Herder, Freiburg/Basel/Wien 1976.

in eine soziokulturelle Umgebung eingebettet sind. Aufgrund der Angewiesenheit auf Eltern und Erzieher ist das Kind daher vollkommen offen für Umwelteinflüsse und soziale Kontakte sowie für ein kulturelles und geistiges Lernen.

Um seine körperlichen, geistigen und seelischen Anlagen über die verschiedenen Lebensaltersstufen hinweg ausreichend entwickeln zu können, bedarf der Mensch von Anfang an der Hilfe, Betreuung, Fürsorge und Unterstützung. Daneben kommt dem Prozess der Erziehung gesamtgesellschaftlich gesehen jedoch auch die Bedeutung zu, dass der Mensch durch die Erziehung erst zu einem vollwertigen Mitglied einer menschlichen Gemeinschaft (Familie, Verein etc.) wird. Erziehung lässt sich – um es ganz einfach zu sagen – folglich definieren als ein Prozess, der sich zwischen einem Erzieher und einer zu erziehenden Person ergibt. Dabei gelten sowohl die Eltern (Primärerziehung und Primärsozialisation) als auch die Erzieher in Kindertagesstätten und Lehrer nach wie vor als die wichtigsten Instanzen im Erziehungsgeschehen. Diese Verantwortung teilen sie letztlich aber auch mit weiteren Institutionen wie z. B. den Sport- und Musikvereinen oder religiösen Gemeinschaften.

Erziehung und Sozialisation

Laut dem Erziehungswissenschaftler Wolfgang Brezinka[2] versteht man unter Erziehung ganz allgemein gesehen die pädagogische Einflussnahme auf die Entwicklung und das Verhalten

---

2 Grundbegriffe der Erziehungswissenschaft, 5. Auflage, Ernst Reinhardt Verlag, München 1990.

Heranwachsender. Der Erziehungswissenschaftler Peter Menck[3] konzentriert sich hingegen mehr auf den Bereich der Sozialisation und definiert „Sozialisation als einen Prozess, in dem ein Mensch sich unter Aufnahme von und in Auseinandersetzung mit der gesellschaftlichen, kulturellen und materiellen Umwelt zu einer Persönlichkeit entwickelt".

Der gesamte Bildungsprozess des Menschen (Erziehung und Sozialisation) umfasst somit sowohl die Fremd- als auch die Selbsterziehung. Wobei unter Letzterem mit dem Wissen um ein lebenslanges Lernen die bewusste Übernahme der Eigen-Verantwortung für die weitere Entwicklung zu verstehen ist. Sich dieser Verantwortung bewusst zu sein, ist spätestens dann wichtig, wenn der junge Mensch das Elternhaus verlässt bzw. seine Berufsausbildung abgeschlossen hat.

Im psychologischen Sinne kann dann von einer guten Erziehung gesprochen werden, wenn der Heranwachsende die Art der Erziehung, die er genießt, akzeptieren kann, und der Prozess der Erziehung getragen ist von Vertrauenswürdigkeit, Dialogfähigkeit und positiver Vorbildwirkung. Somit wird die Art der Beziehung zwischen Erzieher und zu Erziehendem zu einem wichtigen Kriterium für einen gelungenen Erziehungsstil. Fordert die Art der Erziehung stattdessen nur „blinden Gehorsam" ein, so zeigt sich darin laut Walter Schmidt bestenfalls die „Hilflosigkeit des Erziehers."[4]

Als Richtschnur für eine gute Erziehung lassen sich auf der Grundlage der christlichen und humanistischen Erziehung, aus denen unsere westliche Erziehung hervorgegangen ist, Werte wie Toleranz, Gewaltlosigkeit, Kompromissbereitschaft, Mut sowie die Leistungsbereitschaft nennen. Dabei muss ein angemessenes Handeln sowohl der Persönlichkeitsstruktur des Kindes als auch

---

3 Menck, Peter: Was ist Erziehung? Eine Einführung in die Erziehungswissenschaft. 3., neu bearbeitete Auflage universi, Siegen 2015
4 Schmidt, Walter: Solange du deine Füße ... – Was Erziehungsfloskeln über uns verraten. Eichborn, Köln 2014

den gesellschaftlichen Normen entsprechen. Nicht gewünschtes Verhalten, das den vorgegebenen Normen der Erziehung nicht entspricht, wird mittels entsprechender Maßnahmen sanktioniert; erwünschtes Verhalten hingegen durch entsprechende positive Verstärker belohnt. Die jeweilige Institution (Familie, Schule etc.) entscheidet dabei, welche Werte und Regeln des Verhaltens für sie angemessen und wichtig sind.

Das deutsche Wort „er-zieh-en" geht auf das Althochdeutsche „irziohan" zurück und bedeutet so viel wie „heraus-zieh-en" dessen, was an natürlichen Vorgaben im Kind angelegt ist, um dessen Entwicklung zu fördern und seinen Geist und Charakter zu bilden. Wie die Art der Erziehung letztlich erfolgt (belehren, fördern, unterrichten etc.), ist je nach Bildungsanspruch verschieden und hat viel mit den Erziehungspraktiken der Erzieher zu tun.

Erziehung bedeutet meinem Verständnis nach, dem Kind etwas zu lehren, an dem es sich mithilfe bestimmter Fakten orientieren kann. Für den Lebensraum Schule bedeutete das für mich: Als Pädagoge gebe ich dem Schüler einen bestimmten Rahmen vor und erkläre ihm, warum die Einhaltung bestimmter Regeln wichtig ist, und dass er bei Nichteinhaltung dieser Regeln mit bestimmten Konsequenzen zu rechnen hat. Danach gebe ich dem zu Erziehenden aber auch die Zeit, damit er in seinem Tempo und gemäß seiner Wesensart nach und nach immer besser in diesen vorgegebenen Rahmen der Schule hineinwachsen kann. Ich erwarte mir also nicht sofort, dass sich alle Kinder von Anfang an gleich gut und am besten noch mustergültig benehmen. Ich weiß vielmehr, dass sie sich unterschiedlich bemühen werden. Dass es immer ein paar „Ausreißer" geben wird, denen es schwerfällt, dem Regelwerk von Schule zu entsprechen. Doch ich bringe auch gegenüber dem Kind den Respekt, die Achtung der Würde seiner Person, die Wertschätzung und Liebe in Form von Zuwendung und Geduld im Sinne eines „Ich sehe Dich!" auf, das es braucht, um Teil der Klassengemeinschaft und Schulfamilie zu werden.

Letztlich gebe ich diesen Schülern damit einen Vertrauensvorschuss und lasse sie wissen, dass ich fest daran glaube, dass wir es gemeinsam vermögen, den Lernort Klassenzimmer und den Standort Schule mit der Zeit so zu gestalten, dass für alle Beteiligten die besten Voraussetzungen für ein erfolgreiches Lernen und ein persönliches Wachstum gegeben sind. Und indem ich selbst motiviert, gut gelaunt und fröhlich bin, lade ich die Schüler dazu ein, dass trotz allen Lernens und aller Regeln auch in der Schule der Humor, die Leichtigkeit und die Freude am gegenseitigen Miteinander jederzeit möglich sind.

Gilt es als Pädagoge im Klassenverbund mitunter bis zu 33 Kinder zusammenzuführen, zeigt sich – wenn auch in einer etwas anderen Form – dennoch die gleiche Thematik innerhalb der Familie. Bereits mit dem zweiten Kind sind die Eltern gefordert, den individuellen Bedürfnissen jedes einzelnen Kindes gerecht zu werden. Denn so wie in der Natur ein Birnbaum kein Apfelbaum ist, oder eine Tomate keine Gurke, kann ich auch von einem Kind nicht erwarten, dass sich der Lukas genauso verhält wie sein Bruder Benjamin oder seine Schwester Susanne. Oder die Tanja wie ihre Schwester Rebecca. Jedes Kind hat sein ganz eigenes Naturell, auch innerhalb einer Familie. Diese ihm eigene Wesensart wurde ihm von Gott als ein Geschenk gegeben. Und mit der Art, ganz es selbst zu sein, ist ihm unter der Vielfalt aller Menschen nicht nur die persönliche Freiheit des Andersseins gegeben, sondern auch die Befähigung, darin *sein* eigenes Potenzial zu entdecken und *seine* eigenen Fähigkeiten zu leben, um diese sowohl mit der Familie im Kleinen als auch mit der Welt im Großen zu teilen.

Jeder von uns ist angehalten, die ihm eigene Wesensart bestmöglich zu verkörpern und zu leben. Dazu gehört auch, dass wir von unserem Umfeld dahingehend unterstützt und gefördert werden, nicht die Kopie von Papa und Mama, von Tante Olga oder irgendeinem Popstar etc. zu sein, sondern bereits von klein auf die eigenen Anlagen bewusst zu leben. Um jedoch ganz diese Person werden zu können, bedarf es auch des Vertrauens in das Kind. Und das auch dann, wenn es sich anders entwickelt als sein Geschwister. Sätze wie „Warum kannst du das noch nicht. Nimm dir ein Beispiel an deiner Schwester". verletzen nicht nur, sie sind reines Gift für die Seele des Kindes und mindern seine Freude, sich in seinem Tempo zu entwickeln und zu lernen.

Mit anderen verglichen zu werden führt beim Kind nur dazu, dass es sich künftig auch selbst stets mit den anderen vergleichen wird. Stellt es dabei fest, dass es seinem Dafürhalten nach bei dem Vergleich unterliegt, und erhält es von Mutter, Vater, Erzieher, Pädagogen diesbezüglich keine Richtigstellung und positive Bewertung dessen, was es selbst zu leisten vermag, führt das sowohl bereits beim Kleinkind wie beim Teenager und auch später noch beim jungen Erwachsenen zu einer sehr ungesunden und kritischen Haltung gegenüber sich selbst, die sich bis hin zu anhaltenden Selbstzweifeln, einem verminderten Selbstwertgefühl, zu Minderwertigkeitskomplexen und nicht zuletzt sogar auch zu einem selbstverletzenden und schlimmstenfalls sogar zu einem selbstzerstörerischen Verhalten auswirken kann.

Hinsichtlich Lerntempo und Entwicklung gilt es, sich auch den Unterschied zwischen den Geschlechtern anzusehen. Ich finde es immer wieder äußerst interessant und spannend, den Kindern beim Spiel auf dem Spielplatz zuzusehen und dabei die Kommentare der Erwachsenen zu hören. Selbst heute noch werden die Jungen so ganz anders erzogen als die Mädchen. Und bis in die Schule hinein hält sich trotz koedukativer Erziehung noch immer das Vorurteil, dass Mädchen keine Mathematik können. Stellt sich nur die Frage: Ist dieses Nicht-Können wirklich immer nur im Kind, in diesem Falle beim Mädchen begründet?

Egal wie die Antwort auf diese Frage lauten mag. Es ist nicht mehr meine Aufgabe, näher darauf einzugehen. Viel wichtiger ist mir, stattdessen zu sagen: Nur wir selbst können unsere eigene Wesensart und die damit einhergehenden Aufgaben, vor die uns das Leben stellt, leben. Kein anderer kann dies für uns tun. Es ist von daher nicht angezeigt, die Kopie von irgendwem zu sein. Viel wichtiger als irgendjemanden nachzuahmen und sich dessen Art anzugewöhnen, ist es ganz und gar wir selbst zu sein. Ein Individuum. Ich möchte sogar so weit gehen und sagen: Wir sind sehr wohl unserem Schöpfer gegenüber in der Pflicht, unsere Individualität und unser Potenzial bewusst zu leben. So gesehen ist es für mich auch die Pflicht guter Eltern, Erzieher und Pädagogen, jedes Kind darin zu unterstützen, seine ureigenen Fähigkeiten bereits früh genug zu erkennen, und ihm dann wiederum individuell zu helfen, sie nach und nach immer besser zur Entfaltung zu bringen, im Sinne von: fördern, statt nur zu fordern. Oder schöner und positiver ausgedrückt: Schwächen schwächen und Stärken stärken!

Erziehung als ein Akt der Balance

Spätestens ab dem dritten Lebensjahr gibt es das absolut bedürftige, hilflose und unbeholfene Kind nicht mehr. Die einstige „physiologische Frühgeburt" entwickelt sich so schnell weiter, dass sie zwar nach wie vor der Betreuung und Unterstützung durch die Eltern bedarf. Doch ganz so unbeholfen, wie das Kind physiologisch gesehen geboren wird, ist es nicht. Neben den genetisch bedingten Anlagen von Vater und Mutter kommt es mit einem ganz eigenen Lebensskript zur Welt. Die Aufgabe der Eltern ist es, dem Kind dabei zu helfen, die Person werden zu können als die es gemeint ist, damit es eines Tages vergleichbar einer Blume die eigenen Knospen zur schönsten Blüte entfalten kann.

Die größte Herausforderung für Eltern und erziehungsberechtigte Personen besteht wohl darin, mit viel Aufmerksamkeit, Ausdauer und Geduld das jeweils Beste aus dem jungen Menschen „hervorzulocken", ohne es zu sehr zu gängeln oder gar fremd bestimmen zu wollen. Geschweige denn, es mit zu viel Vorschriften zu demotivieren. Tenor der Erziehung sollte vielmehr sein, in allem zu versuchen, der Individualität des Kindes gerecht zu werden und seiner Entfaltung immer mehr Freiheit und Raum zu geben. Dies verlangt von Eltern wie Erziehern sehr viel an „Fingerspitzengefühl", wozu für mich vor allem die Beobachtungsgabe, das Einfühlungsvermögen, das Mitgefühl sowie die Empathie zählen. Zudem ist es wichtig, den jungen Menschen mit viel Liebe und Vertrauen in seine Person durch den gesamten Prozess der Entwicklung zu begleiten, egal wie anstrengend dieser manchmal ist. Zudem bleibt es die Aufgabe der Erzieher, ihm Verständnis sowie Sicherheit und Halt zu geben.

Im Hinblick auf die erzieherischen Maßnahmen ist es weder förderlich noch kindgemäß, für *alle* Kinder innerhalb Familie, Kindergartengruppe oder Schulklasse die absolut gleichen Erziehungsmethoden zu verwenden. Erzieher, die sich dessen bewusst sind, wie wichtig die Art ihrer Erziehung ist, achten vielmehr darauf, Kinder auch hier möglichst individuell zu begleiten. So werden sie letztlich für das Kind zu einem „Brückenbauer" zwischen dem guten Kern, der in jedem Menschen angelegt ist, und den Rahmenbedingungen innerhalb des sozialen Gefüges der jeweiligen Institution.

Zusammenfassend lässt sich sagen: Die Kunst einer guten Erziehung und Pädagogik besteht für mich in der individuellen Beobachtung und Begleitung des Kindes sowie in der individuellen Anpassung eines entsprechend kindgerechten Erziehungsstils. Nur so kann das Kind sich selbst kennenlernen, Vertrauen in sich und andere finden, sein eigenes Selbstbild, die eigene Identität entwickeln. In sich selbst ruhen und aus diesem Zentriertsein heraus die eigenen Fähigkeiten entdecken. Eine wesentliche Aufgabe einer gesunden Erziehung ist es daher, das Kind in erster Linie typgerecht zu begleiten und ihm dann das entsprechende Wissen zu vermitteln, damit es nach und nach sein ganzes Potenzial immer mehr zur Entfaltung bringen kann.

Wichtig ist es außerdem, das Kind im Prozess des Lernens sehr genau zu beobachten und sich jederzeit konstruktiv mit ihm auseinanderzusetzen. So gesehen bedeutet für mich Erziehung mehr „Be-zieh-ung" als „er-zieh-en". Das heißt: Mit all meinen Beobachtungen und Empfehlungen beziehe ich mich dabei immer und immer wieder auf das Kind. Sein Alter. Sein

Temperament. Seine Herkunft. Seine derzeitige Lebenssituation. Seinen persönlichen Entwicklungs- und Lernfortschritt. Sein aktuelles Leistungsvermögen. Sein persönliches Lerntempo. Seine Bedürfnisse etc.

Und so wie jedes Kind und jeder Erzieher seine eigenen Stärken und Schwächen hat, hat auch jedes Erziehungsmodell seine ganz eigenen Stärken und Schwächen. Daher ist es unablässig, dass sich jeder von uns – egal ob Eltern, Lehrer, Erzieher – immer wieder auch einmal Gedanken über die Art seiner Erziehungsmethoden macht, um den bestmöglichen Erziehungsstil zu finden, der sowohl den eigenen Ansprüchen als Erzieher (Authentizität) als auch dem jeweiligen Kind gerecht wird.

Mit meinen Ausführungen möchte ich weder Eltern noch alle anderen mit der Erziehung betrauten Personen irritieren, sondern vielmehr aufzeigen, wie wichtig es ist, den jeweils richtigen Erziehungsstil zu finden. Dazu gehört auch die Einsicht, dass die Erziehungsmethode, die vielleicht in den letzten drei, fünf oder zehn Jahren noch gut funktioniert hat, ab einem bestimmten Alter nicht mehr länger die Methode der Wahl sein kann. Denn sowohl das Kind, sein Alter und damit auch seine Bedürfnisse haben sich im Lauf der Zeit genauso verändert wie die Bedürfnisse der Eltern und Erzieher. Ist es da verwunderlich, dass eine wirklich gute Erziehung, die auch ein In-Beziehung-Sein-mit-dem-anderen bedeutet, immer wieder mal eines Updates bedarf, um die Beziehung zwischen den beiden am Erziehungsprozess beteiligten Personen lebendig, frisch und positiv zu halten?

Folglich bedarf es vonseiten der Eltern und Erzieher im Hinblick auf die Erziehungsmethode immer wieder einmal des Mutes, den alten Erziehungsstil in Frage zu stellen oder gar über Bord zu werfen, damit wir gemeinsam mit dem Kind etwas Neues wagen. Hierbei sind für mich zum einen die Liebe zum Menschen an sich, aber auch das Interesse und das Vertrauen in das Gegenüber gefragt, um herauszufinden, was der junge Mensch im Hinblick auf seine nächsten Entwicklungsschritte wirklich braucht. Erziehung ist von daher nicht statisch. Sie kann niemals festgeschrieben sein. Erziehung kann und darf sich niemals nur der alten Erziehungsmuster und das dann auch noch über Jahrzehnte oder gar Jahrhunderte hinweg bedienen.

Erziehung bedarf des Interesses am Kind. Bedarf einer gewissen Neugier und Aufgeschlossenheit dafür, was sich aus diesem Kind herausentwickeln will. Bedarf eines wachen Geistes, eines guten Improvisationsvermögens und der Kreativität. Braucht aber auch viel an Humor, Lust und Freude, um gemeinsam mit der mir anvertrauten Person auf eine Reise zu gehen. Erziehung sollte niemals eine Einbahnstraße sein. Erziehung und Beziehung sind wie Geschwister im Sinne von: Ich gebe dir! – Du gibst mir!

Erziehung und Beziehung

Wo fängt Beziehung eigentlich an? – Wie steht es um unsere Beziehungsfähigkeit? – Ist Beziehung nur auf eine andere Person bezogen? – Wie sieht es mit der Beziehung zu uns selbst aus? – Ist diese Beziehung wichtig? – Wie wohlwollend, wertschätzend und liebevoll sind wir mit uns selbst? – Wie positiv wirkt sich dies auf unsere Beziehungen zu anderen aus? – Bin ich ihnen ebenfalls wohlwollend, wertschätzend und liebevoll zugewandt? – Immer? – Was, wenn nicht? – Was passiert, wenn wir unsere Beziehung zum anderen verlieren? – Warum thematisieren wir dann nicht, was uns auf der Seele und am Herzen liegt? – Warum schweigen wir lieber, statt zu sprechen? – Wer rät uns das? – Warum? – Wer flüstert uns zu, dass Schweigen die bessere, die scheinbar gesündere Alternative ist? – Stimmt das? Stimmt das wirklich, dass das Schweigen besser ist, als miteinander zu reden und die Themen zu klären, die der Klärung bedürfen? – Was können wir tun, um im Interesse aller handlungsfähig zu bleiben und in einem wertschätzenden und liebevollen Kontakt miteinander zu sein? – Was geschieht energetisch, wenn

sich zwei Menschen einander nicht mehr zugewandt, respektvoll, wertschätzend und liebevoll verhalten?

Werden unsere Beziehungsmuster zueinander nie in Frage gestellt,
obwohl es aufgrund bestimmter Differenzen einen berechtigten
Anlass dafür gibt, legt sich mit der Zeit eine latent schwelende
negative Energie über die Beziehung zwischen den betreffenden Personen. Geschieht dies öfters, verdichtet sich dieser „Be-
ziehungsnebel" immer mehr. Was dann geschieht, ist, dass beide – bewusst wie unbewusst – an Ereignissen festhalten, die im
Kern unausgesprochen bleiben, obwohl sie dringend einer Klärung des Sachverhalts bedürften.

Waren es anfangs nur Nebelschwaden, die die Beziehung be-
einträchtigten, verdichtet sich diese Energie mit der Zeit immer
mehr. Schwebt letztlich wie ein Damoklesschwert über den beiden und stülpt sich irgendwann wie ein „Gefängnis" über Person
A und B. Ein Gefängnis, aus dem man glaubt, nicht mehr her-
austreten zu können. Die Energien verdichten sich. Die Fronten
verhärten sich. Bis irgendwann aus den Nebelschwaden, die mittels eines Gesprächs noch mit Leichtigkeit hätten entfernt werden können, eine Barriere, eine Front entsteht, hinter der sich
zwar jeder der Betroffenen nur schützen möchte, die jedoch alles, was eine Beziehung noch möglich machen könnte, immer
mehr in Frage stellt.

Sehen wir keine andere Lösung, als uns auf diese Art zu schützen, verschließen wir nach und nach vermehrt unser Herz. Irgendwann passiert es dann, dass die Beziehung zum anderen mehr nur
noch aus der Macht der Gewohnheit heraus besteht, statt von der
positiven Energie unseres Herzens motiviert zu sein. Dann versuchen wir mittels Manipulation und Kontrolle zwar alles noch
irgendwie festzuhalten, was in unserer Macht steht, um die Situation nur ja noch einigermaßen annehmbar zu gestalten, doch werden unsere Gefühle dadurch nur noch mehr unterdrückt. Wir tun
dies, weil wir glauben, dass wir uns nur dann sicher fühlen können, wenn wir es uns verbieten, unsere wahren Gefühle zu zeigen. So versuchen wir zu vermeiden, dass ein Konflikt entsteht.

Was wir bei alledem jedoch übersehen, ist, dass gerade durch die Unterdrückung der Gefühle und vermehrten Selbstkontrolle aus der einstigen Sympathie, Wertschätzung und Liebe eine immer größere Verschlossenheit entsteht. Nach und nach verlieren wir uns immer mehr in der Angst, die Wertschätzung und Liebe des anderen zu verlieren. Aus dieser irrealen Angst heraus blicken wir – vor allem als Kind – noch verzweifelter und ängstlicher auf das, was innerhalb der Beziehung nicht mehr funktioniert, statt zu lernen auf das zu schauen, was gelingt. Benebelt vom Schmerz einer Enttäuschung sind wir es nicht gewohnt, im Miteinander mit dem anderen auf das zu sehen, was im positiven Sinne gelingt. Schauen stattdessen nur noch wie gebannt auf das, was nicht gelingt und verlieren uns in dieser unnötigen Angst, die uns zunehmend immer mehr von der ursprünglichen Liebe trennt. Doch Angst ist das Gegenteil von Liebe. War letztgenannte einst das Fundament der Beziehung, reagieren wir jetzt aus der Angst und Unsicherheit heraus immer mehr mit den Gefühlen eines Verletztseins sowie der Enttäuschung. Je nachdem, was vorgefallen ist, unter Umständen sogar mit Verbitterung und Groll. Die negativen Energien, die nun unser weiteres Handeln bestimmen, potenzieren sich. Entsteht daraus mit der Zeit sogar Verachtung oder gar Hass, endet die Beziehung leider sehr oft im Krieg. Doch muss er wirklich so weit kommen? Heißt es nicht, der Mensch ist ein friedvolles und soziales Wesen? Was heißt „friedvoll"? Was bedeutet es, „sozial" zu sein? – Für mich: Sich für den anderen interessieren, neugierig sein auf die Person des anderen, den Menschen an sich lieben, den Wunsch zu haben, vertrauter mit ihm zu werden, in eine lebendige gute Beziehung zu ihm zu treten, ihn kennenzulernen, seine Wesensart zu erfassen, mich ihm gegenüber respektvoll und wertschätzend zu verhalten, sich auf den anderen einlassen, mich an ihm und dem, was an Kontakt bzw. Beziehung zwischen uns möglich ist, zu erfreuen. Sozial zu sein bedeutet auch: Selbst dann, wenn ich den anderen als Person noch gar nicht wirklich kenne, ihn in meinem Leben willkommen zu heißen und ihn zu einem Miteinander (als Bekannte, als Freunde, als „Wir", als zu einem Team zugehörig) einzuladen, anstatt in Konkurrenz zueinander zu gehen.

Man versteht vielleicht nicht immer sofort, warum der andere ist wie er ist, aber müssen wir uns deswegen bereits von ihm abwenden, das Interesse an ihm verlieren? Könnte die Andersartigkeit des anderen nicht viel mehr auch eine Einladung an uns selbst sein, uns genauer anzusehen, was uns mit dem anderen verbindet oder trennt? Ist es nicht oft so, dass der andere gerade Wesensanteile in sich vereint, vor denen wir uns scheuen, einmal genauer hinzusehen, was ihre Botschaft für uns selbst ist?

In so vielen Situationen unseres Lebens ziehen wir uns lieber in unser Schneckenhaus zurück und kommen erst wieder heraus, wenn wir glauben, dass der größte Teil des Sturmes vorbei ist, statt mutig zu sein und die entsprechende Situation dahingehend zu hinterfragen, was sie uns lehren will. Doch bleiben wir über einen längeren Zeitraum hinweg in dieser Wortlosigkeit gefangen und fassen uns kein Herz, um die Beziehungsproblematik anders und vor allem besser anzugehen, wird die Beziehung nach und nach immer mehr nur noch von der Angst und Ohnmacht bestimmt. Anstatt die bestehenden „Schwelbrände" zu löschen und unklare Sachverhalte zu klären, wird unser Verhalten immer mehr von der Macht der Gewohnheit und somit von der Macht des Unbewussten dirigiert.

Wer mein erstes Buch gelesen hat, erinnert sich bestimmt noch daran, dass unser Verhalten nur zu fünf bis zehn Prozent durch unser Bewusstsein bestimmt wird. Die restlichen neunzig bis fünfundneunzig Prozent gehen auf das Konto unseres Unterbewusstseins. Das heißt: Da in unserem Unterbewusstsein alle – aber auch wirklich alle – Ereignisse aus diesem wie aus früheren Leben gespeichert sind, reagieren wir unbewusst schneller, als wir bis drei zählen können, auf eine auslösende Situation mit dem Erinnerungsspeicher unseres Unterbewusstseins. Und das betrifft sowohl die schönen Erinnerungen als auch die, die wir am liebsten für immer vergessen wollten.

Doch wenn das Unterbewusstsein eine Situation erst einmal so richtig „dirigiert", dann sind wir, was unsere Gefühle angeht nicht mehr aufzuhalten und zu bremsen. Dann wird das Ganze unter Umständen sehr emotional, denn da, wo ein *Gefühl* eher vorübergehender Natur ist und sich diese Energie auch relativ schnell wieder entlädt, transportiert eine *Emotion* die ganzen Altlasten vergangener Verletzungen mit sich, was letztlich dazu führt, dass eine scheinbar einfache Situation auf einmal in einem riesengroßen Fiasko zu enden vermag.

Je nachdem, wie stark die alte, im Unterbewusstsein eingeschlossene Emotion mit dem Gefühl einer Verletzung von früher ist, bestimmt sie dann unser Verhalten. Ob uns das gefällt oder nicht. Unser Unterbewusstsein arbeitet in diesem Sinne im Auftrag unserer Seele, die der Chef-Dirigent in der ganzen Angelegenheit ist. Sie will nämlich durch diese Szenerie von Ärger, Wut und neuer Verletzung, dass wir uns endlich dessen bewusstwerden, worin das eigentliche Problem und damit auch unser Seelenschmerz besteht. Von daher konfrontiert sie uns mit einem alten Schmerz der Vergangenheit, damit wir uns endlich eingestehen, was in unserem Leben der Heilung bedarf. Mithilfe des Unterbewusstseins wird sie so lange immer und immer wieder einmal schmerzvolle Ereignisse inszenieren, bis wir uns entscheiden, das ursächliche Problem anzugehen, anstatt es ständig nur zu re-inszenieren.

Erst wenn wir uns dieser Problematik *bewusst* sind und uns beim nächsten Anlass *bewusst* entscheiden, die Art und Weise unseres Handelns einmal *bewusst* in Frage zu stellen, um alternative Lösungen herbeizuführen, können wir *bewusst* selbst den Dirigierstab in die Hand nehmen und willentlich ganz *bewusst* in die Szenerie eingreifen und selbst bestimmen (Selbstbestimmung), wer in unserem Spiel des Lebens weiterhin das Sagen hat. Dann erst wird es uns möglich, mit unserem *bewussten* Verstand, statt mit der von einer Emotion geleiteten Ratio einmal ganz anders auf den betreffenden Sachverhalt zu reagieren und all diese uralten Energien von anno dazumal wie die von heute aus ihrem Gefängnis freizusetzen und aufzulösen. Nur so ist Heilung und Transformation alter Muster wirklich möglich.

Tun wir dies nicht, haben wir noch einen weiteren sehr raffinierten dritten Mitspieler im Spiel, der sich Ego nennt. Seine Rolle ist es, uns auch weiterhin in all den alten Gewohnheitsmustern gefangen zu halten. Ganz nach dem Motto: „Es lebe das Gewohnheitsrecht!". Oder: „So haben wir es doch schon immer gemacht. Also behalten wir dieses erlernte Verhalten bei!", ohne darüber nachzudenken, ob es sowohl für uns selbst als auch für die anderen eine gesündere Alternative gibt.

Raffiniert, wie das Ego nun mal ist, hat es Tausende an Tricks parat, um uns wieder in unsere alten Muster und vor allem in ein weiteres Konflikt-Vermeidungsverhalten zu bringen. Soll heißen: Wir reagieren auch in dieser neuen Situation wieder einmal ganz so, wie wir es schon immer getan haben. Ist doch praktisch, oder? Alles bleibt beim Alten. Irgendwann – so glauben wir – geht auch dieser Schmerz wieder vorbei. Das mag für bestimmte Zeit auch sein, doch eines schönen Tages – das kann auch mitten in der schönsten Situation im Urlaub sein – meldet sich unser Unterbewusstsein wieder, sobald es im Hinblick auf eine neues „Konfliktspiel" Lunte gerochen hat. Und so geht das „Spiel" so lange weiter, bis irgendwann einem der Betroffenen irgendwann der Kragen platzt. Ein Teufelskreis ganz eigener Art, den es mit *bewussten* Verhaltensstrategien endlich zu durchbrechen gilt.

Solange die grundständige Problematik zwischen den beteiligten Personen jedoch nicht geklärt und aufgearbeitet wird, schwebt diese diffuse negative Energie wie eine mal mehr mal weniger große bedrohliche Gewitterwolke über den Betroffenen und verhindert, dass wir aufeinander zugehen können. Doch bleiben diese negativen Beziehungswolken über einen längeren Zeitraum in unserem Beziehungssystem, geben wir ihnen selbst die Macht über uns und beschwören die nächste Auseinandersetzung, den nächsten Kleinkrieg (innerhalb der Familie, Partnerschaften, Freundschaften oder gesellschaftlicher Systeme) herauf oder gar den Krieg im Großen, im Weltgeschehen.

Was die Person angeht, die in diesem unbewussten Verhalten gefangen ist, haben diese Beziehungswolken sogar die Macht, die Person krank zu machen (u. a. Krebs, Depression). Die ganze Palette der möglichen Erkrankungen lässt sich dann in aller Regel unter dem Begriff der Autoaggressionserkrankungen subsumieren. Autoaggression, weil hier die negative Energie nicht mehr nach außen gerichtet wird, sondern automatisch (dies auch im Sinne von unbewusst) gegen die eigene Person geht. Was so viel bedeutet wie: Ich verhalte mich anderen gegenüber aus welchen Gründen auch immer nicht mehr so, wie es meinem eignen Willen, persönlichen Werten, Zielsetzungen und Wünschen entspricht, sondern ich erlaube es den anderen (wenn auch unbewusst), dass mehr sie mein Verhalten bestimmen als ich selbst. Warum dies so ist? Weil dieser durch eine Ursprungssituation verletzte Mensch ganz und gar bedürftig nach der Akzeptanz, der Wertschätzung und Liebe durch die anderen ist. Das Traurige an dem Ganzen ist nur, dass er bei diesem „Spiel" den Blick auf sich selbst (seine Bedürfnisse und Wünsche) immer mehr verliert, stattdessen unter Umständen vermehrt zum Jasager wird. Anderen im Hinblick auf ihr Verhalten keine Grenzen setzt, sein verwundetes Herz immer mehr verschließt, bis eines Tages in seinem Leben die Lebensenergie sowie die Liebe überhaupt nicht mehr fließen.

Wurde vor allem in den ersten drei Lebensjahren die Liebe eines Kindes auf welche Art auch immer bitter enttäuscht, nisten sich Gefühle wie Angst, Ohnmacht, Verbitterung, tiefe Traurigkeit und Depression sowohl im Herzen als auch in der Seele ein. Mit dem traurigen Ergebnis, dass die Lebensfreude dieses Kindes nachhaltig gemindert wird, weil es ein Leben lang auf der Suche nach *der* Liebe ist, die diesen Schmerz auch wieder zu lindern vermag.

Das Kind wird letztlich alles Mögliche tun, um Menschen zu finden, die ihm auf Dauer etwas von ihrer Liebe geben. Ich weiß es, denn ich habe es selbst so über mehr als fünfzig Jahre hinweg erlebt. Zwar haben mir meine Eltern alles, was ihnen an Liebe, Zuwendung, Förderung etc. möglich war, gegeben, haben sich Zeit ihres Lebens angestrengt, um uns Kindern innerhalb der Familie einen sicheren Ort des Wohlseins zu geben. Doch kam ihre Liebe nicht dagegen an, dass ich sowohl diese ganzen negativen Gefühle als auch die Gefühle des Zu-kurz-gekommen-Seins, des nicht Gehört-und-nicht-Gesehen-Werdens in mir trug.

Das Verrückte daran ist: So habe ich im Grunde genommen sowohl bewusst als auch unbewusst mein ganzes Leben als einen einzigen Kampf um die Liebe angesehen. Um die Liebe und Wertschätzung meiner Person, um die ich mich betrogen sah. Kein Wunder also, dass mich der Betrug, den ich im Inneren fühlte, auch den Betrug im Außen erleben ließ. Heißt doch das Geistige Gesetz, nach dem im Universum alles funktioniert: Wie innen – so außen.

Wir ziehen uns mit unseren Gedanken und Gefühlen genau die Thematik in unser Leben, die genauer betrachtet sein will. Wie ein Gärtner nur dann von der Schönheit seiner Pflanzen profitieren kann, wenn er zuvor in seinem Garten alles Unkraut herausgerissen hat, was das zarte Pflänzchen am Wachstum hindern könnte, so haben auch wir die Aufgabe bei der Betrachtung unserer Themen, möglichst nahe an den Ursprung einer Situation heranzukommen, um zu erkennen, was genau geheilt sein will.

Alles, wovon ich hier erzähle, thematisiere ich nicht, um irgendjemanden mit seinem Verhalten negativ darzustellen. Am wenigsten meine Eltern. Sie dürfen mir glauben, dass ich gerade meinen ganzen Mut zusammennehmen muss, um offen über dies alles zu sprechen. Leicht fällt mir das nicht, Ihnen zu erzählen, was mich bereits seit fast sechzig Jahren begleitet und im Herzen bedrückt. Doch inzwischen weiß ich, wie wichtig es ist, endlich hinzuschauen auf das, was unser Miteinander beschwert. Dabei ist es letztlich nicht von Bedeutung, ob es sich um die Beziehung Mutter-Kind, um Schwierigkeiten in der Partnerschaft, mit den Kollegen, den Nachbarn etc. handelt. Zumal die letztgenannten jeweils immer nur Re-Inszenierungen des ursprünglichen Konflikts sind. Und der hat sich dann doch in aller Regel mit der Mutter als erste wichtige Bezugsperson in unserem Leben zugetragen.

Die Art von Beziehungsunfähigkeit, die ich hier thematisiere, betrifft uns im Grunde genommen alle. Doch haben wir je nach Ausgangssituation gelernt, auf verschiedenste Art und Weise damit umzugehen. Den einen fällt es leichter, miteinander in einer guten Beziehung und Kommunikation zu sein. Sie haben diesbezüglich rechtzeitig bestimmte Strategien erlernt. Anderen hingegen fällt es schwer, sich mitzuteilen. Für sie ist es ein interessantes „Erbe", das sie als Kinder gemeinsam mit ihren Eltern angetreten haben, um ihre Beziehungsfähigkeit auf eine andere, vor allem auf eine gesündere Ebene zu bringen. Doch bevor es so weit ist, haben immer beide Betroffenen (Mutter-Kind, Partner etc.) erst einmal die eine oder andere Hürde zu nehmen, die sie voneinander trennt.

Auch wenn ich Ihnen hier von mir erzähle, ist es nicht meine Absicht, zu wehklagen. Nein. Meine Motivation ist eine ganz andere. Ich habe mich ganz bewusst dazu entschlossen, mit Ihnen diesen Teil meines Entwicklungsweges zu teilen, um Beispiel dafür zu geben, wie sich unser anerzogenes Schweigen, unser überangepasstes Verhalten, unsere Harmoniebedürftigkeit *nicht* auszahlen, sondern den, der sich darin verliert, immer mehr in die Krise und in die Krankheit bringt. Und das so lange, bis er entscheidet, dass es jetzt an der Zeit ist, endlich mit den alten Geschichten aufzuräumen, um im Leben wieder etwas Neues zu beginnen. Etwas Neues, Gesundes, was dann auf einer ganz anderen Beziehungsebene wachsen kann.

Viel zu sehr haben wir es von Anfang an gelernt, uns lieber brav, angepasst und harmoniebedürftig zu verhalten, statt uns verletzt und auch mal trotzig oder gar rebellisch zu zeigen. Haben es versäumt, zu unseren Gefühlen und wahren Bedürfnissen zu stehen. Haben es versäumt, offen und ehrlich mit uns selbst und den anderen zu sein und unsere wahren Wünsche auszusprechen. Stattdessen schmollen und schweigen wir lieber, statt das Gespräch zu suchen, das dringend notwendig ist, um auf eine gute und für alle annehmbare Art und Weise das zu thematisieren, was uns sowohl auf der Seele als auch am Herzen liegt.

Tun wir dies nicht, schleicht sich nach und nach immer mehr der Virus der Wortlosigkeit, der Unstimmigkeit, des Unwohlseins und der Ohnmacht bis hin zur Verzweiflung in unsere Beziehungen ein. Ich erzähle Ihnen dies, damit uns bewusstwird, dass es statt des Überangepasst seins und des Schweigens sowie einer Flucht in die Scheinwelt der Harmonie für alle, die von dieser Problematik betroffen sind, dringend etwas zu heilen gibt.

Erst, wenn wir uns – sowohl jeder für sich als auch miteinander – unsere Beziehungsprobleme ganz ehrlich, bewusst und beherzt anschauen, kann sich dieser diffuse Nebel zwischen den beteiligten Personen lichten. Nur so kann auf tieferer Ebene Heilung und damit letztlich auch Transformation geschehen. Nur in diesem Falle lässt sich etwas Neues unter besseren Vorzeichen für alle Beteiligten beginnen. Dann spielt die Musik unseres Lebens nicht weiterhin in Moll, sondern erklingt zur Freude aller auch wieder einmal in Dur.

Das soll zwar nicht heißen, dass es zwischendurch nicht doch auch immer wieder einmal Unstimmigkeiten, dissonante Klänge, rhythmische Verschiebungen, ein Aus-dem-Takt-Kommen und mitunter auch mal wieder ganze Sonaten in Moll geben wird. Ganz bestimmt nicht. So wie der Tag mal, hell mal dunkel ist, auf einen Sonnentag ein Regentag folgt (...), muss sich jeder von uns dessen bewusst sein, dass die Verantwortung dafür, auf welchen Instrumenten wir die Musik zum Film unseres Lebens spielen, ganz und gar bei uns selbst liegt.

Mit meinem ersten Buch bin ich bereits den Weg durch Krise und Krankheit gegangen, um bewusst zu machen, wie unser ganzes System (Körper, Geist *und* Seele) immer mehr in sich zusammenbricht, wenn wir nicht frühzeitig genug bereit sind, etwas nachhaltig zu unserem Besseren zu unternehmen. Es dauerte seine Zeit, bis ich erkennen sollte, dass die ganzen Geschichten vom Ur-Schmerz eines frühkindlichen Traumas über sich ungeliebt und nicht ausreichend gesehen, gehört und wertgeschätzt zu fühlen, über diverse Krankheiten bis hin zu Trennung und Betrug mir nur aus dem Grund passiert sind, damit ich endlich lerne, welche Rolle meine Harmoniesucht und Sprachlosigkeit bei dem Ganzen spielt.

Da, wo ich aus der Angst heraus, dass ich die Liebe meines Gegenübers verlieren könnte, das Sprechen über bestimmte Sachverhalte nicht gelernt hatte, gilt es jetzt endlich aufzuräumen mit den alten Geschichten. Jedoch nicht in dem Sinne, dass ich hier jemandem etwas vorwerfe und damit mein Gegenüber an einen

Pranger stelle. Das ist definitiv *nicht* der Fall. Ich suche keinen Streit und im Hinblick auf meine Schattenseiten genüge ich mir selbst. Dennoch fühle ich mich insofern der Wahrheit verpflichtet, dass bestimmte Dinge einfach benannt werden müssen, denn sonst wird der Sachverhalt an sich nicht transparent. Meine Geschichte dient vielmehr dem Zweck, dass die Leser, die sich durch mein Beispiel auch persönlich angesprochen fühlen, sich leichter tun, die entsprechenden Hintergründe hinter ihrer eigenen Thematik besser zu verstehen.

Über systemische Aufstellungen und meine Gespräche mit Gott ist mir nach und nach immer mehr klar geworden, was mich unbewusst wirklich von meiner Mutter trennt. Doch das Interessante daran ist: In vielerlei Hinsicht sind wir uns so ähnlich, dass es genau diese Ähnlichkeit ist, die uns zum Verhängnis wird, denn jeder von uns hält dem anderen – ganz egal, ob wir dies wollen oder nicht – immer und immer wieder einen Spiegel vor. Jedoch sich selbst im Spiegelbild des anderen anzusehen und dann noch mit all diesen Anteilen zu sich selbst zu stehen, erfordert Mut.

Mut, den ich leider über Jahrzehnte hinweg nicht aufgebracht hatte. So hat mich mein körperlicher Zusammenbruch und meine Krise auf ihre ganz eigene Art und Weise aufgefordert, mir doch endlich einmal dieses Spiegelbild näher anzusehen. Mich mit ihm auszusöhnen, um so nach und nach meinen Frieden in mir zu finden. Denn nur wenn ich im Frieden mit mir selbst bin, kann ich auch im Außen ein friedliches Miteinander erwarten. Und erst, wenn ich sowohl im Frieden mit mir selbst und dem anderen bin, kann ich damit beginnen, die Trennwände, die ich zum Schutz vor Verletzung um mein Herz aufgebaut hatte, wieder einzureißen. Kann wieder lernen, stattdessen ins Vertrauen zu gehen. Mein Herz wieder für die Liebe öffnen und mich voll und ganz dem Fluss des Lebens anvertrauen.

Was für Sie, liebe Leserinnen und Leser, im Hinblick auf mein Leben vielleicht von Interesse sein kann, ist, dass ich erst seit meinem 57. Lebensjahr weiß, dass ich zum Personenkreis der Empathischen und der Hochsensitiven gehöre. Das war bis dahin weder mir noch meiner Familie bekannt. Erklärt mir aber im Nachhinein sehr viel, warum ich zum einen so viele Dinge ganz anders wahrnehme als sie und mich oft auch ganz anders verhalte als der Rest der Familie. Bzw. um ganz genau zu sein, muss ich sagen: Ich erlebe vieles anders. Ich fühle anders. Ich denke anders. Ich reagiere demzufolge auch anders, was letztlich dann aber auch wiederum dazu führt, dass mir mitunter ganz andere Werte wichtig sind.

Bleiben all diese Dinge unausgesprochen – weil unbekannt –, kann auch dies zu Zerwürfnissen mit den anderen führen. Das ist dann wie bei zwei Radios, die man zwar gerne auf die gleiche Frequenz einstellen wollte, doch da beide Radios von unterschiedlichen Anbietern sind, gibt es diverse Feinheiten im System, die es schwierig, wenn nicht sogar unmöglich machen, beide Geräte auf den gleichen Empfang zu bringen.

Inzwischen habe ich dazugelernt und weiß nun zum Glück, warum ich mich immer und immer wieder so anders gefühlt habe, als ich den Rest der Familie in ihrem Zusammensein wahrgenommen habe. Jetzt kann ich lernen, viel bewusster mit dem Ganzen umzugehen und diese feinen Unterschiede auch mit den anderen dahingehend zu kommunizieren, dass ich ausspreche, wie ich eine bestimmte Sache erlebe bzw. wie ich mich mit diesem Erleben fühle. Kann so dann auch besser erkennen, was ich wirklich brauche und auch dies die andern wissen lassen. So kann aus anfänglicher Distanz nach und nach dann auch wieder ein Raum für eine neue Art an Begegnung und Miteinander entstehen. Setzt natürlich das Interesse aller Beteiligten an der Thematik eines gelingenden Miteinanders und der Hochsensitivität voraus.

Lassen Sie mich in diesem Zusammenhang noch auf ein Thema eingehen, das ich mit Blick auf Schule und familiäre Erziehung sehr oft erlebt habe. Meine eigene Geschichte mit der Sensibilität hat mich inzwischen gelehrt, wie wichtig es ist, dass wir uns bewusst darüber werden, dass wir als Wesen vollkommen einzigartig sind. So wie kein Ei dem anderen gleicht, gleichen sich auch nicht die Geschwister. Selbst im Tierreich ist dies zu beobachten. Schauen Sie sich nur einmal die Entenbabys an, wenn sie ihrer Mutter nachschwimmen. Schwimmen alle in Reih und Glied? Nein! Ganz bestimmt nicht. Auch hier gibt es neben den Vorwitzigen und Forschen genauso den Verträumten oder gar das Sensibelchen.

Was aber passiert, wenn die Kinder innerhalb der Erziehung vollkommen gleichgeschaltet werden, statt dass auf die Individualität jedes Einzelnen besser eingegangen wird? Ich denke, dass sowohl für die Eltern als auch für die Pädagogen die größte Herausforderung für die Erziehung in der Einzigartigkeit des einzelnen Kindes liegt. Sind sich die Erzieher dessen nicht bewusst und gehen sie von daher zu wenig individuell auf das Kind, seine Andersartigkeit und seine grundlegenden Bedürfnisse ein, wird das Kind immer das Gefühl haben, dass bestimmte Rechte seiner Persönlichkeit nicht beachtet bzw. verletzt worden sind. Was liegt dem folglich näher, als dass das Kind gegen seine Erzieher mit der Zeit immer mehr aufbegehrt, weil es seine Motivation ist, seine Einzigartigkeit zu zeigen. Ist es dem Kind zu verdenken, dass es gesehen, gehört und verstanden werden will?

Merkt das Kind, dass es auf die Art und Weise, wie es sich verhält, die Zuwendung und Liebe seines Gegenübers verliert, reagieren die einen Kinder auf diesen Verlustschmerz damit, dass sie unter Umständen noch mehr aufbegehren, um dem Erwachsenen die Stirn zu bieten, weil sie wahrgenommen werden wollen. Ein Kind, das von Natur aus jedoch empfindsamer und sensibler ist, geht nicht in die Extroversion, sondern zieht sich immer mehr in sich selbst zurück (Introversion).

Um ja die Liebe, Aufmerksamkeit und Zuwendung der Eltern bzw. der Erzieher nicht zu verlieren, fühlt es sich unter Umständen – sofern es keine passenderen Alternativen kennt – veranlasst, gegen sich selbst, sein eigenes Temperament, die eigenen Bedürfnisse zu handeln, um nur ja durch Anpassung an das, was die zu Erziehenden von ihm fordern, zu einem bestimmten Maße ebenfalls wahrgenommen zu werden.

Egal, ob ein Kind extrovertiert oder introvertiert reagiert, in beiden Fällen ist es wichtig, das Kind mit seinen Gefühlen nicht allein zu lassen, sondern sich gemeinsam die Zeit zu nehmen, um sich anzuschauen, was hier genau passiert. Wir können und dürfen die Kinder mit unserem Erziehungsstil nicht über einen Kamm scheren. Es ist wichtiger denn je, die Kinder nicht durch überholte Regeln der Erziehung zu „uniformieren", sondern sie gemäß ihrem persönlichen Naturell zu begleiten und auf ihre individuellen Bedürfnisse einzugehen, damit sie sich später zu einem autonomen (selbstbestimmten) Menschen entwickeln können.

Dabei haben wir uns immer den ganzen Menschen anzuschauen (holistisches Prinzip), um seiner Wesensart gerecht zu werden. Je besser wir uns als Erzieher seiner ganz persönlichen Geschichte bewusst sind, kann durch individuelle Begleitung aus Erziehung letztlich eine gesunde Beziehung werden. Und ich verspreche Ihnen: Das Ergebnis tut letztlich allen gemeinsam gut.

In meinem ersten Buch gehe ich ausführlicher auf die Problematik ein, wie unsere Eltern als Kinder selbst aufgewachsen sind, denn wir dürfen nicht vergessen, dass auch sie nur das weitergeben und vermitteln können, was ihnen selbst an Positivem widerfahren ist.

Denken wir an unsere Eltern, Großeltern und Urgroßeltern, wird ihre Kindheit und Jugend sehr stark vom Ersten und Zweiten Weltkrieg überschattet. Einer Zeit, in der Worte wie Autonomie, Individualität etc. unter Garantie nicht die Gesprächsthemen der Eltern und anderer Erzieher waren. Hier wurde mehr nach dem Prinzip einer „Uniformierung" (Gleichmacherei) erzogen, um den persönlichen Willen des Einzelnen zu brechen und alle möglichst auf eine Linie einzuschwören. Hier wurde auf die individuellen Bedürfnisse des Einzelnen weder Rücksicht genommen, noch hatten die Eltern Zeit für persönliche Zuwendung und Liebe. Ihre Sorgen und Probleme waren andere. Die Erziehung basierte vielmehr auf Methoden wie angsteinflößende Autorität, Kontrolle und Machtmissbrauch etc.

Ist es da verwunderlich, wenn unsere Eltern sowie auch ihre Eltern ganz andere Werte und Erziehungsziele verfolgten, als wir uns dies heute wünschen? Wer waren ihre Rollenvorbilder im Hinblick auf einen guten Erziehungsstil? Was haben sie dadurch gelernt?

Mit dem Wissen darum, dass 90 Prozent unseres Verhaltes unbewusster Natur sind, lässt es sich entschuldigen, dass sie aufgrund der Macht ihres Unterbewusstseins überwiegend nur die Methoden der Erziehung anwandten, nach denen sie selbst erzogen worden waren, denn sie kannten es ja nicht anders. Wen wundert es also, wenn Worte wie Strenge, Gehorsam, Disziplin, Pflichterfüllung usw. eine ganz andere Sprache sprechen als die Worte von Individualität, Selbstbestimmung, Einzigartigkeit oder gar Liebe. Und dies auch in Form von Liebe und Verbundenheit mit sich selbst.

Natürlich könnten wir jetzt dagegenhalten, uns verbünden und sagen: „Es wäre ihre Pflicht gewesen, dass …" – doch ehrlich gesagt, was haben wir davon? – Wollen wir wirklich so weitermachen? Ein Vorwurf jagt den anderen. Wem ist damit gedient? Nichts als Schlagabtausch, Konflikt und Reiberei – bis in alle Ewigkeit?

Mir ist es wichtig, endlich aufzuräumen mit diesem ewigen Hin und Her von Zuweisungen an Schuld. Vergangen ist vergangen. Wir können nichts ungeschehen machen. Das Einzige, was zählt, ist ein versöhnliches Gespräch. Und dies gilt es nicht von Kopf zu Kopf, sondern von Herz zu Herz miteinander zu führen. Wir müssen deswegen nicht jeden einzelnen Sachverhalt drehen und wenden und so lange zerpflücken, bis jeder von uns ermattet ist und sich ungut fühlt. Das bringt zwei Personen, die nicht gleicher Meinung sind, nicht weiter. Das lässt nur weitere Disharmonie entstehen. Das, was zielführender ist, ist die Frage: „Was ist wann passiert, dass unsere Beziehung ist, wie sie ist? Können wir uns diese Situation bitte anschauen und offen darüber reden?"

Schluss mit den gegenseitigen Schuldzuweisungen von Generation zu Generation. Sie heizen die Stimmung immer nur von vorne auf, bringen aber weder den Einzelnen noch die Beziehung zueinander weiter. Wenn wir wirklich an der Heilung unserer Beziehungen interessiert sind, hilft nur ein versöhnliches Gespräch.

Dafür müssen wir die alten Geschichten der Vergangenheit nicht wieder ausgraben und uns für jede einzelne Handlungsweise rechtfertigen und verteidigen. Auch diese Art von Kommunikation wäre einer Versöhnung alles andere als zuträglich. Das Einzige, was wir zur Lösung des grundständigen Konfliktes brauchen, ist es, den anderen wissen zu lassen: „Diese Situation von damals war für mich als Kind unendlich schwer. Ich wusste mir nicht anders zu helfen, als so zu reagieren, wie ich es getan habe. Erst mit dem Wissen von heute ist mir bewusst, dass ich noch ganz andere Möglichkeiten habe, um mich angemessener zu verhalten. Es tut mir leid, dass dieses Verhalten unsere Beziehung so lange getrübt hat. Bitte vergib mir, was ich dir bewusst wie unbewusst damit angetan habe. Lass uns beide die alten Geschichten vergessen und stattdessen unsere Beziehung neu beginnen."

Das, was im Grunde genommen wichtig ist, um die negative Energie aufzulösen, ist allein der Mut, sich das Herz zu fassen, um dem Gegenüber die Hand zu reichen und gemeinsam Worte der Versöhnung zu sprechen.

Wenn jeder von uns einsieht, dass wir nicht hier sind, um ein völlig fehlerfreies Leben zu leben, in dem Schwierigkeiten und Probleme nicht passieren dürfen, werden wir versöhnlicher und mitfühlender sowohl mit dem anderen als auch mit uns selbst. Die Erkenntnis, dass wir nicht hier sind, um alles perfekt zu machen, entspannt ungemein.

Und das Wissen darum, dass wir einzig und allein hier sind, um bestimmte Erfahrungen zu machen und dabei das meiste aus unseren Fehlern lernen, hilft uns, beim nächsten Mal gleich von Anfang an nach besseren Lösungen für alle Beteiligten zu suchen und dabei stets lösungsorientiert zu denken. Mehr verlangt das Leben nicht von uns. Vergebung kann entstehen, sobald wir dies verstehen. Und dann können wir wieder gemeinsam neue Wege gehen.

Lösen wir diese Probleme zwischen Mutter und Kind nicht in diesem Leben, so nehmen wir diese „unerledigt gebliebene Hausaufgabe" wieder mit in unser nächstes Leben. Das geht so lange so weiter, bis wir endlich den Mut fassen, uns die wahren Probleme im zwischenmenschlichen Bereich genauer anzusehen, als uns mit irgendwelchen Problemen anderer im Außen zu beschäftigen, nur um die eigenen Hausaufgaben nicht machen zu müssen.

Inzwischen weiß ich, dass ich das Thema mit meiner Mutter nicht erst seit diesem Leben habe. Wir beide re-inszenieren dieses „Spiel" schon seit mehreren Leben. Da es aber nicht wirklich lustig ist, von Leben zu Leben diese noch immer ungelöste Hausaufgabe mit sich zu tragen, habe ich ein großes Interesse daran, sie in diesem Leben zu lösen. Ich kann mir vorstellen, dass es meiner Mutter in dieser Hinsicht genauso geht. Ansonsten sehen wir uns in einem anderen Leben erneut vor diese Aufgabe gestellt, was sich dann Karma nennt.

Von daher lieber überlegt: Was brauchen wir für den nächsten Schritt? Verbundenheit, Offenheit, Verständnis, Mitgefühl, Empathie. Die Bereitschaft, die Emotionen, Gedanken sowie die Wesensart des anderen anzuerkennen und zu verstehen. Das gegenseitige Vertrauen und ein Sich-Einlassen auf den anderen sowie die Bereitschaft zur Vergebung, damit ein Gespräch auf gleicher Augenhöhe überhaupt stattfinden kann.

Sie fragen sich jetzt vielleicht, warum meine Mutter und ich das Gespräch bis jetzt noch nicht geführt haben. Eine durchaus berechtigte Frage. Hier meine Antwort: Alles, worüber ich heute schreibe, das hätte ich Ihnen vor einem Jahr so noch nicht sagen können, weil ich für mich selbst erst durch die Schule des Schmerzes, der Krise und der Welt meiner Schatten zu gehen hatte, um zu verstehen, wie die Dinge in Wahrheit zueinander in Beziehung stehen. Erst jetzt fügen sich für mich die einzelnen Bausteine – vergleichbar einem Puzzle – immer mehr zusammen. Ich muss nicht mehr ständig nach dem Sinn in alledem fragen, sondern der Sinn zeigt sich mir. Ich bedarf der Frage nicht mehr: Macht mein Leben überhaupt Sinn? Indem ich mich mithilfe meiner Bücher und der Gespräche mit Gott durch mein bisheriges Lebensskript gecoacht habe, gebe ich inzwischen meinem Leben selbst einen Sinn. Soll heißen: Ich warte nicht mehr, bis mir ein anderer sagt, was ich zu tun oder zu unterlassen habe, sondern ich packe mein Leben an. Übernehme damit auch die Verantwortung für alles, was war und ist. Suche den Schuldigen nicht länger im Außen, sondern frage mich: Woher kommt es, dass du durch dies alles genau so gehen solltest, wie es war? Wozu bedurfte es all dieser Erfahrungen, egal welcher Art?

Ich lehne es nicht mehr länger ab, dass ich durch diese ganzen Krisen zu gehen hatte, um heute genau die Person zu sein, die ich inzwischen bin. Im Mai des Jahres 2016, als ich für mich sozusagen „das Ende meiner Fahnenstange erreicht" hatte, wehrte sich alles in mir gegen die Krise, den Zusammenbruch, die Diagnosen und meine persönliche Situation. Wie ein verletzter Stier sah ich nur noch *ROT*. Inzwischen habe ich gelernt, wie ein Torero den Stier bei seinen Hörnern zu packen und ihn in die Richtung zu führen, in die *ICH* gehen will. Früher war das bei mir nicht immer so, doch war ich mir dessen nicht wirklich bewusst. Bis zu meinem 55. Lebensjahr war mir nicht klar, dass ich zwar irgendwie lebe, aber irgendwie auch wiederum nicht bzw. mich viel zu sehr leben lasse. Woher das kam? – Dazu fällt mir ein sehr schönes Gedicht des hinduistischen Mönchs und Gelehrten *Swami Vivekananda*[5] ein.

---

5 Swami Vivekananda. Mein Weg. Abrufdatum 19.02.2021, von www.yoga-welten.de/sprueche-zitate/vivekananda-dein-weg.html

Mein Weg

Wir sollten niemals versuchen,
dem Weg eines anderen zu folgen,
denn es ist sein Weg und nicht der unsrige.
Hast du erst deinen Weg gefunden,
brauchst du nichts weiter zu tun,
als die Hände in den Schoß zu legen
und dich von der Flutwelle
zur Befreiung tragen zu lassen.
Hast du ihn also gefunden,
so entferne dich niemals wieder von ihm.
Dein Weg ist der Beste für dich,
aber er ist nicht unbedingt der Beste für andere.

Erst, nachdem ich sowohl in der Partnerschaft als auch im Beruf, den ich letztlich aus gesundheitlichen Gründen aufgegeben habe, meinen Halt verloren hatte und nicht mehr länger Verstecken spielen konnte, fiel mir auf, dass ich über diese ersten fünfundfünfzig Jahre hinweg gar nicht wirklich in Beziehung mit mir selbst war. Ich kannte weder meine Bedürfnisse noch Wünsche. Fühlte mich stattdessen eher wie ein Pingpongball, der mal in die eine und dann wieder in die andere Richtung flog. Doch wenn ich nur der Ball bin in diesem Spiel, wer bitte sind dann die, die mit mir derart spielen?

An manchen Tagen kam ich mir vor, als gebe es mich zwar. Irgendwie aber auch wieder nicht. Ein ziemlich seltsames und eigenartiges Gefühl. Manchmal dachte ich: Ich muss auf einem anderen Planeten geboren worden sein. Das, was das Menschsein ausmacht, das liegt mir nicht.

Bereits mit Beginn der Pubertät spürte ich, dass ich keinen so richtigen Bezug zu meinem Körper hatte. Vor allem keinen liebevollen. All das, was während dieser Zeit mit mir geschah, sah ich mir mit ziemlich kritischen Augen an. Im Grunde genommen war ich heillos überfordert mit meiner persönlichen

Entwicklung vom Kind zur jungen Frau. Habe mein Frausein sogar richtiggehend abgelehnt und schaute mit einem neidvollen Blick auf meinen Bruder, der es meiner Meinung nach als Mann bestimmt einmal bedeutend leichter haben wird als ich, das Mädchen. Im Hinblick auf meine Rolle als Frau stellte ich mir Fragen wie: Was fängt Frau denn eigentlich mit sich an, wenn es kein Gegenüber gibt, für das man – in welcher Art auch immer – sorgen kann? Zeit meines Lebens tat ich mich schwer, mich als Frau so richtig wohlzufühlen. Geschweige denn zu meinem Körper eine positive Beziehung aufzubauen.

Was blieb meinem Körper folglich anderes übrig, als mir immer mehr mit den entsprechenden Symptomen eine Antwort zu geben. Das Problem ist nur, dass ich nie gelernt hatte, die Sprache meines Körpers zu verstehen. Auch in dieser Hinsicht sollte ich als Frau erst in eine für mich sehr belastende gesundheitliche Situation gebracht werden, um endlich die Sprache meines Körpers besser zu studieren. Doch für die Zeit dazwischen muss ich leider zugeben, dass es mir derart an Wertschätzung meiner eigenen Person fehlte, dass ich mich trotz diverser Symptome viel zu wenig nachhaltig um meine Gesundheit kümmerte. Was ich stattdessen gelernt hatte, war, dass dieser Körper eine Art von Maschine ist, die man einfach so lange bedient, solange sie eben funktioniert.

Auch mein Geist funktionierte ziemlich ähnlich. Schenkte ich ihm Ruhe, plapperten da unentwegt dieser innere Kritiker und seine Gesellen, sodass ich mich ehrlich gesagt nur wohlfühlte, wenn ich ihm Arbeit gab. Arbeit war das Einzige, womit ich ihn zähmen, bändigen und disziplinieren konnte, damit er nicht ständig aus der Reihe tanzte und mich zusätzlich stresste, indem er mir Denkaufgaben gab, die mir damals noch zuwider waren.

Wie es wirklich um mich stand, erkannte ich erst, als ich nach der ganzen Krise, dem Chaos und der Diagnose von Burnout, Depression und Posttraumatischer Belastungsstörung plus diversen anderen Begleiterkrankungen völlig verzweifelt und allein in meiner damaligen Wohnung saß und mich fragte: Was fängt Frau jetzt mit diesem Häufchen Elend aus Haut und Knochen an, das sich derart in diesen kompletten Ausnahmezustand ge-wirtschaftet hat?

Die Lösung kam erst nach und nach in Sicht, nachdem ich den Beschluss gefasst hatte: Okay, dich derart selbst zu zerstören, war keine wirklich gute Idee. Das Universum will dich noch nicht zu-rück. Du hast deine Lebensaufgabe noch nicht vollbracht. Doch was ist deine Aufgabe? Was ist deine Mission? – Was, wenn sich das Ganze genauso zutragen sollte, damit du endlich aufwachst und erkennst, was du der Welt wirklich zu geben hast. Es muss doch irgendeinen tieferen Sinn geben, warum dir das alles so pas-siert. Das kommt doch nicht einfach von ungefähr. Zufälle gibt es nicht. Heißt es nicht vielmehr, wir werden geführt?

Das war dann der Punkt, als ich beschloss: Wenn ich schon so in diese ganze Situation hineingeführt werde, weil ich Wich-tiges zu lernen habe, dann bitte, liebes Universum, lieber Gott, dann lass mich doch bitte auch wissen, worum es bei alledem denn überhaupt geht. Mit welcher Absicht sitze ich hier und ste-he dem Ganzen ziemlich ohnmächtig und hilflos gegenüber? – *BITTE, HILF MIR!*

Was für eine Überraschung! – Kaum hatte ich diese drei Wor-te ausgesprochen, war Gottes Antwort auch schon da. Zunächst war ich ganz baff und staunte nur noch darüber, wie mir gerade geschah. Dann hörte ich:

Lektion 1: „*ENDLICH!!!* – Lerne bitte endlich um Hilfe zu bitten und diese auch anzunehmen. Du musst nicht immer al-les allein machen. Lerne nicht nur zu geben, sondern auch zu empfangen. Du bist nicht mehr im Gleichgewicht. Du hast die Balance in deinem Leben vollkommen verloren, weil du immer mehr gegeben als empfangen hast."

Lektion 2: „Warum glaubst du überhaupt, immer alles allein ma-chen zu müssen? Spüre nach, was du brauchst und sage es mir. Ich höre dir zu. Du musst nicht den ganzen Weg auf einmal kennen. Es reicht, wenn du jeweils um den nächsten Schritt weißt. Gib die Kontrolle auf. Lass dich stattdessen führen. Alles kommt genau zur rechten Zeit in dein Leben. Du wirst es sehen."

Lektion 3: „Du glaubst, du hast Fehler gemacht, doch in Wahrheit ist dem nicht so. Das Wort „Fehler" ist von Menschen gemacht. Ihr verbringt so viel kostbare Zeit damit, kritisch auf andere zu schauen. Erlaubt euch sowohl ihren Wesenskern als auch ihr Handeln zu beurteilen. In spiritueller Hinsicht gibt es keine Fehler. Hast du vergessen, dass du unbedingt zur Erde reisen wolltest, um *Erfahrungen* zu machen, die du *nur* als Mensch machen kannst? Erinnere dich!"

Lektion 4: „Nichts ist in Wirklichkeit so, wie es sich dir in diesem Augenblick zeigt. Hinter allem liegt ein viel, viel tieferer Sinn. Um diesen musst du jetzt nicht wissen. Es wird aber eine Zeit kommen, dann verstehst du besser, was ich dir hiermit sagen will. Vertraue mir!"

Lektion 5: „Was zeigt sich dir, wenn du dir die Beziehung zu dir selbst einmal anschaust? Sieh genau hin und lerne daraus, was du anders machen kannst!"

Lektion 6: „Sei mutig genug, trotz allem weiterzugehen. Hab Vertrauen und lerne an Wunder zu glauben. Wenn du dies tust, dann können wahre Wunder auch wirklich geschehen."

Da saß ich nun – mit einer solchen Antwort hatte ich im Leben nicht gerechnet. Doch heißt es nicht: Gott zeigt sich uns genau dann, wenn wir uns verloren und am Ende glauben, um uns wissen zu lassen „Ich werde dich nie verlassen und dich nicht im Stich lassen" (Gott in Hebräer 13:5).

In diesem Moment waren Gottes Worte wie eine Umarmung für mich. Und so, wie ich mich in seinen Worten geborgen fühlen durfte und damit wieder etwas an Zuversicht gewann, erinnerte ich mich noch zweier wunderschöner Gedichte, die ich

Ihnen nicht vorenthalten will: Das bekanntere von beiden ist wohl das Herbstgedicht von *Rainer Maria Rilke*[6].

Herbst

Die Blätter fallen, fallen wie von weit,
Als welkten in den Himmeln ferne Gärten;
Sie fallen mit verneinender Gebärde.

Und in den Nächten fällt die schwere Erde
Aus allen Sternen in die Einsamkeit.

Wir alle fallen. Diese Hand da fällt.
Und sieh dir andre an: es ist in allen.

Und doch ist Einer, welcher dieses Fallen
Unendlich sanft in seinen Händen hält.

Das zweite Gedicht stammt von dem evangelischen Priester *Arno Pötzsch*[7]. Ich finde es ebenfalls wunderschön!

Unverloren

Du kannst nicht tiefer fallen
als nur in Gottes Hand,
die er zum Heil uns allen
barmherzig ausgespannt.

---

6 Rainer Maria Rilke. Herbst. Abrufdatum 19.02.2021, von https://www.gedichte-zitate.com/rilke/herbsttag.html
7 Arno Pötzsch. Du kannst nicht tiefer fallen … Abrufdatum 19.01.2021, von http://www.christoph7.de/te-zweige.html

Es münden alle Pfade
durch Schicksal, Schuld und Tod
doch ein in Gottes Gnade
trotz aller unsrer Not.

Wir sind von Gott umgeben
auch hier in Raum und Zeit
und werden in ihm leben
und sein in Ewigkeit.

„Du kannst nicht tiefer fallen als nur in Gottes Hand …" – Was
ich mit Gottes Hilfe als Erstes lernen konnte, war, zunächst einmal sowohl seine Hilfe als auch die anderer anzunehmen. In meinem Buch *Meine Seele will endlich fliegen. Raus aus der Ohnmacht – rein in die Schöpferkraft!* erzähle ich mehr darüber.

Auch über die Lektion 5 (Selbstliebe!), die mir Gott als Aufgabe dringend ans Herz gelegt hatte, schreibe ich bereits in diesem ersten Buch. Doch was ich im Hinblick auf die Thematik der Beziehung zu mir selbst erkennen musste, war alles andere als schön. Bestätigte es mir doch: Ich habe ja tatsächlich keine wirkliche Beziehung zu mir. Ich funktioniere. Ja – aber was mich wirklich ausmacht, was mich begeistert, was mich motiviert, worin meine Fähigkeiten liegen, was ich mir von mir selbst und von meinem Leben wünsche, ich wusste es nicht.

Nun, aufgrund all der Vorkommnisse der letzten Jahre (2008–2016) war ich nicht gerade wirklich gut auf mich selbst zu sprechen. Ganz im Gegenteil. Da hagelte es so richtig Vorwürfe, die ich Ihnen lieber nicht erzähle. Doch wie bitte sollte ich denn überhaupt eine gute Beziehung mit anderen Menschen führen, wenn ich mich selbst nicht zu achten und wertzuschätzen weiß, geschweige denn zu lieben verstehe? Eine äußerst interessante Frage, über die nachzudenken durchaus lohnenswert ist, vor allem dann, wenn wir uns selbst besser kennenlernen wollen.

In Summe war ich fürs Erste über all meine Erfahrungen und Erkenntnisse nur noch entsetzt. Brach immer und immer wieder nur noch in Tränen darüber aus, dass ich mich für so vieles interessieren konnte, aber nicht wirklich für mich. Trotz Schule, Studium, Beruf und sozialer Kontakte (Familie, Freunde, Partner, Kollegen) lernte ich es nicht, in einer wirklich guten Beziehung zu mir selbst zu sein. Ich wusste einfach nicht, woran ich mich hätte orientieren können. War mir selbst mehr als fremd.

Schon damals wie auch heute frage ich mich: Warum wird uns in der Schule eigentlich nicht beigebracht, wie das Leben wirklich funktioniert? Stattdessen gilt es jede Menge zu lernen, was ich später einmal so nie mehr gebrauchen werde. Warum ist das so? Was beabsichtigt man damit? Wem dient es, dass wir im Hinblick auf das wahre Leben in die Unmündigkeit, die Naivität und Unselbstständigkeit hinein erzogen werden? Warum werden wir nur geliebt, wenn wir ganz im Interesse unserer Eltern, Lehrer und der Gesellschaft funktionieren und brav sind? Warum droht uns von klein an ansonsten dieser Liebesentzug?

Insgeheim hatte ich mir mein Leben lang erhofft, neben den Antworten auf meine bislang unbeantworteten Fragen sowie auch durch Ausbildung, Beruf und das Miteinander mit anderen die Wertschätzung, den Respekt und die Liebe zu erhalten, die ich mir als Kind so sehr erhofft hatte, die ich mir selbst aber nicht zu geben vermochte. Heute weiß ich, dass mir die anderen niemals das geben können, was ich mir selbst zu geben habe. Ich kann und darf die anderen für nichts verantwortlich machen. Weder dass es *mir* gutgeht, noch dass *ich* glücklich bin, noch dass *ich* in einer guten Beziehung sowohl zu mir selbst als auch zu anderen bin. Heute weiß ich, dass ich für alles, was ich mir erwarte, erhoffe und erträume selbst die Verantwortung habe. Meine Erwartungshaltung an das Leben kann ich nicht anderen in die Schuhe schieben. Wenn ich etwas will, dann liegt es an mir, mein Bestes zu geben, um mir selbst diesen Wunsch zu erfüllen.

Was ich in den letzten Jahren sonst noch zu lernen hatte, war, mir endlich darüber bewusst zu werden, was denn eigentlich *meine* Wünsche, Bedürfnisse und Ziele sowohl für mich selbst als auch an mein Leben sind. Und was für mich eine ziemlich große Herausforderung war, war, mich selbst mit all meinen Gefühlen, Stimmungen etc. aushalten zu lernen. Dafür war es sehr wichtig für mich, mich von der Welt im Außen gänzlich loszusagen. Mir keine Ablenkung mehr zu suchen, sondern nur noch für mich selbst zu sein. Ganz und gar nur noch meinem Wohlergehen verpflichtet zu sein und dabei zu lernen, bestmöglich für mich selbst zu sorgen, anstatt darauf zu warten, dass es irgendwann in meinem Leben wieder einmal ein freundliches und liebevolles Gegenüber gibt.

Heute weiß ich, wie wichtig es ist, dass wir lernen, nicht als der nach Liebe bedürftige Mensch in eine Beziehung hineinzugehen, denn das Risiko ist viel zu groß, dass wir uns mit unserer eigenen Bedürftigkeit genau den Partner erwählen, der das gleiche Thema wie wir selbst hat. Was letztlich dann aber wieder zu einer ungünstigen Form von Abhängigkeit vom anderen führt, die mit der wahren Liebe nichts zu tun hat, sondern bestenfalls einem Handel gleicht im Sinne von: Gibst du mir, gebe ich dir! – Dieses Spiel mag eine Zeitlang ganz abwechslungsreich und interessant sein, „ernährt" im Hinblick auf die Liebe aber beide Partner nicht, sondern führt nur in die Co-Abhängigkeit.

Was mir half, die ganzen Dinge, die im Außen geschehen waren, so zu sortieren, dass ich verstehen lernte, warum ich mich überhaupt in dieser ganzen Thematik von Beziehungslosigkeit zu mir selbst und zu den anderen verloren hatte, war das Schreiben. Es ermöglichte mir in die Auseinandersetzung mit meiner Diagnose und hier vor allem mit der posttraumatischen Belastungsstörung zu gehen. Zwar habe ich mich lange gefragt, warum ich ein Trauma haben sollte. Es hat seine Zeit gedauert, bis ich verstanden habe, dass meine Hochsensibilität wie auch meine extreme Bedürftigkeit nach Liebe unter anderem in meinem frühkindlichen Trauma begründet lagen. Erst nach und nach zeigte sich mir, wie dieses Symbiosetrauma von klein auf mein Wegbegleiter war.

Dank der Hilfe Gottes, zu dem ich über die letzten Jahre hinweg ein sehr inniges väterliches Verhältnis aufbauen konnte, konnte ich mir Schritt für Schritt meine Geschichten des

Verletztseins, der Aggression und Wut anschauen, bis hin zu meiner sehr eigenen Art von Selbstzerstörung. Und auch wenn diese Geschichten alles andere als rühmlich sind, sollten sie mich allesamt lehren, dass ich mich bereits von frühester Kindheit an jeweils um die schönste Sache der Welt, die Liebe, betrogen sah.

Warum ich mir letztlich dann noch diesen finanziellen Betrug quasi als i-Tüpferl auf den eh schon vorhandenen ganzen Schmerz oben draufsetzen sollte, hat – ich erwähne es nur kurz – karmischen Ursprung. Also eine alte Geschichte, die ich in diesem Leben aufzulösen hatte.

Wenn ich mir insgesamt die Geschichte des Betruges in meinem Leben anschaue und sie in ihre einzelnen Bausteine zerlege, dann gibt es dieses frühkindliche Trauma, durch das ich mich gleich in doppelter Hinsicht betrogen fühlte, weil ich damit sowohl den Kontakt zu meiner Mutter und zu meinem Bruder verlor. Und aufgrund der Tatsache, dass ich für mich als Baby wie auch später als Kind keine Alternative sah, als auf diesen frühkindlichen Verlust mit dem Gefühl des Betrogenwordenseins zu reagieren, vermochte ich es nicht wirklich in den Schoß meiner Mutter zurückzufinden, um mich dort geborgen und geliebt zu fühlen.

Auch wenn ich heute davon überzeugt bin, dass sie mir alles an Liebe gegeben hat, was sie mir zu geben vermochte, so hatte sich diese frühkindliche „Wunde" bereits so in meinem Geist und meiner Seele eingebrannt, dass sie mein weiteres Leben bestimmen sollte. Vor allem im Hinblick auf meine Gedanken und Gefühle. Und genau mit ihnen erschuf ich mir so meine kleine von so viel Angst besetzte Welt, die mehr von den Gefühlen des Verlassenseins, der Einsamkeit, des Nicht-wirklich-Dazugehörens, des nicht wirklich Geliebtwerdens überschwemmt war als von den Gefühlen der Leichtigkeit und Freude.

Das änderte sich erst im Alter zwischen zwanzig und dreißig Jahren mit meinem ersten Freund. Jetzt durfte auch ich die Liebe in ihrer Schönheit und Vielseitigkeit erfahren.

Zwar war es uns nicht möglich, diese Liebe auf Dauer zu bewahren. Doch heute weiß ich dafür umso mehr, dass ich mir sowohl bereits mit ihm wie auch später mit meinem Mann genau die Themen in unser gemeinsames Leben zog, wie ich sie im Ansatz bereits im Symbiosetrauma mit meiner Mutter erfahren hatte. Warum dies so war?

Keiner von uns war sich dessen bewusst, dass wir hier auf Erden inkarniert sind, um unsere „Seelen-Hausaufgaben" zu machen. Es war vielmehr so, dass wir neben Alltag und Beruf zwar größtenteils glücklich und zufrieden vor uns hinlebten. Doch war uns nicht klar, dass die Art und Weise, wie wir unser Leben gestalteten, zwar schön, vielseitig und abwechslungsreich war, dass wir es aber vor lauter Leben im Außen vergessen hatten, zu schauen, wo wir in der Beziehung zu uns selber und zum jeweils anderen wirklich stehen.

Mit der Zeit trifteten so unsere Wünsche und Bedürfnisse immer mehr auseinander, was wiederum dazu führte, dass sowohl die Beziehung mit meinem ersten Freund wie auch die Ehe mit meinem Mann genau an den Problemen zerbrach, wo wir es aus Angst vermieden hatten, klärende Gespräche mit dem anderen zu führen.

Inzwischen weiß ich, dass ich mir – wenn auch unbewusst – mit beiden Männern genau das im Leben re-inszenierte, was ich bereits aus meiner Beziehung mit meiner Mutter kannte. Wie ein solches Symbiosetrauma unser Leben bis in die Partnerschaft hinein zu bestimmen vermag, können Sie ebenfalls in meinem ersten Buch lesen.

Wieder war das Thema, das ich zu lernen hatte, dass unsere Beziehungen genau dann zerbrechen, wenn wir uns aufgrund unserer Harmoniesucht und der Angst davor, dass wir durch ein Gespräch die Liebe des anderen verlieren könnten, lieber in die Wortlosigkeit flüchten, als zu uns selbst und unseren wahren Wünschen und Bedürfnissen zu stehen. Dass es für eine gute Beziehung nicht zuträglich ist, wenn wir *JA* sagen, obwohl wir *NEIN* meinen bzw. wenn wir dem anderen keine Grenzen setzen. Wenn wir uns lieber brav und angepasst verhalten, anstatt für uns einzustehen, auch wenn das bedeuten kann, dass mich der andere mit meiner Art sowie mit meinem Anliegen nicht versteht.

Wenn uns die Beziehung zu uns selbst fehlt und wir nicht selbst-bewusst leben, dann hat es nur den Anschein, als hätten wir durch die Dinge im Außen einen Betrug erlitten. In Wirklichkeit ist es vielmehr so, dass wir uns durch unsere eigene Art wie wir unserem Leben und seinen Herausforderungen begegnen mehr schaden als dienen. Es hat seine Zeit gedauert, bis mir klar wurde, dass mich weniger die anderen als vielmehr ich mich selbst in vielfacher Hinsicht bereits belogen und betrogen hatte.

So hart die Wahrheit ist: Der Betrug im Außen ist nur mein Spiegel für einen jahrzehntelangen Selbstbetrug sowie den fehlenden Mut, mich durch klärende Gespräche jeweils meiner eigenen Haut zu wehren, indem ich mich aktiv für mich selbst, meine Interessen und Belange einsetze, um das Leben zu führen, das meinen persönlichen Neigungen und Bedürfnissen am besten entspricht, anstatt mehr das Leben zu leben, das den anderen gefällt.

Was mir in meinem Leben fehlte, war der Mut zu einem *bedingungslosen JA zum Leben*. Sowie auch der Mut zu einem *bedingungslosen JA zu mir selbst* und damit zu allem, was mich als Person genauso liebevoll und wertvoll macht wie jeden Einzelnen von uns.

Erziehung und Gefühle

Bei aller Erziehung und Sozialisation darf nicht vergessen werden, auf die Bedürfnisse und Gefühle des Kindes einzugehen, damit es letztlich in eine gute Beziehung zu sich selbst und zum Erzieher treten kann. Gerade im Hinblick auf den richtigen Umgang mit den Gefühlen ist das Gespräch mit einem Erwachsenen für den jungen Menschen extrem wichtig. Wie sollte es sonst jemals lernen, Verständnis für die eigenen Gefühle zu haben und ihre Botschaft zu verstehen?

Ein Kind ist noch nicht geübt mit all dem, was auf es einwirkt, entsprechend gut umzugehen. Vor allem dann nicht, wenn es an manchen Tagen von bestimmten Herausforderungen durch Elternhaus und Schule geradezu überwältigt wird. In solchen Situationen braucht es ein verständnisvolles Gegenüber, das sich die Zeit nimmt und ihm hilft, zu erkennen, dass die Wut, die es gerade gegenüber einem Lehrer oder einem Mitschüler hat, sich im Grunde genommen gar nicht auf diese Person bezieht, sondern in vielen Fällen ihren Ursprung in einer ganz anderen Ausgangssituation hat. Vielleicht ist ja bereits zu Hause oder auf dem Weg in die Schule irgendetwas vorgefallen, was den jungen Menschen jetzt durch einen Kommentar vonseiten des Lehrers oder Mitschülers derart in Rage versetzt, dass er seine Wut nicht mehr bändigen kann, sondern sie 1:1 so lebt, wie er sie spürt. Zwar trifft seine Wut die falsche Person, doch ist sich der Schüler dessen nicht bewusst. Erst ein klärendes Gespräch, in dem er sich trotz seines Fehlverhaltens gehört und als Person angenommen und wertgeschätzt fühlt, ermöglicht es ihm, sich dessen bewusst zu werden, dass sein Verhalten alles andere als gut war.

Nehmen wir uns die Zeit und reflektieren wir gemeinsam mit ihm die Situation, fragen nach, warum er so wütend ist, geben wir ihm die Möglichkeit, darüber zu reden, was heute noch so alles vorgefallen ist. Bringen wir auf diese Art Verständnis für ihn und seine Wut auf, wird er am ehesten erkennen, dass die Ursache für seinen Ärger mitunter in einem ganz anderen Sachverhalt zu finden ist. Das gibt ihm wiederum die Möglichkeit, sich für sein Fehlverhalten zu entschuldigen und seinen Beitrag zu leisten, damit der ganze Ärger wieder befriedet wird. Zudem wird ihm klar, dass sein Gefühl der Wut einen ganz anderen Auslöser hat. Jetzt kann er über die ursprüngliche Situation nachdenken, seinen Gesprächspartner vielleicht sogar um Hilfe oder Rat bitten und sich überlegen, wie er sich im Hinblick auf diese Geschichte verhalten will. Nach und nach wird ihm immer mehr bewusst, dass er das Gefühl der Wut auch auf eine ganz andere Art ausleben kann und erkennt mit der Zeit, dass es besser ist, für seine Gefühle entsprechende Worte zu finden, um sich dem anderen mitzuteilen. Worte, die sein Gegenüber wiederum annehmen kann, damit sich letztlich der ganze Sachverhalt für alle beteiligten Personen auf eine positive Art und Weise klären kann. Dieser Weg mag sich fürs Erste vielleicht sehr zeitaufwändig anhören, doch im Grunde genommen ist er das nicht. Haben wir eine vertrauensvolle Beziehung mit dem Kind, wird es sich sehr schnell öffnen und erzählen, was ihm wirklich unter den Nägeln brennt. Zudem bleibt bei ihm dieses Gespräch in positiver Erinnerung. Auch wenn es fürs Erste nicht den Anschein hat, dass es sofort lernt, sein Temperament zu zügeln, bedarf es bei manchen Kindern oft schon keines weiteren Gesprächs mehr. Die Zeit, das Interesse für seine Person, mein Mitgefühl, das ich in das erste Gespräch investiert habe, wird auch in Zukunft Früchte tragen. Wiederholt sich dennoch eine ähnliche Situation, reicht es oft schon aus, wenn wir nur noch sagen: „Erinnere dich bitte an unser Gespräch von damals! Denk daran, ich glaub an dich und weiß, dass du das anders kannst." Dieser Vertrauensvorschub meinerseits wirkt sich positiv aus, ganz egal, ob dies dem Kind bewusst ist oder nicht. In den meisten Fällen können wir uns weitere lange Gespräche sparen. Manchmal reicht dann schon ein ernster Blick, ein Kopfschütteln etc.

Das Gespräch kann aber auch noch einen ganz anderen Verlauf nehmen. Lassen Sie mich auch hierzu ein Beispiel geben: Vielleicht hat sich im Gespräch mit dem aufgebrachten Schüler gezeigt: „Ich bin wütend, weil ich verzweifelt bin, weil ich diese Mathematikaufgabe nicht lösen kann und Angst vor der nächsten Schulaufgabe habe, weil es dabei um meine Versetzung in das nächste Schuljahr geht." Wird ihm durch das Gespräch bewusst, dass es zwar diesen nachvollziehbaren Grund für sein Verhalten gibt, aber noch lange nicht die Berechtigung, seine Angst auf diese Art auszuleben, kann er lernen, mit seinem Gefühl der Angst *und* Wut sinnvoller umzugehen.

Er muss seine Wut nicht länger auf den Lehrer oder Mitschüler projizieren, sondern ihm wird klar, dass ihn die anstehende Prüfung ganz schön stresst. Dass es ihm nicht hilft, seine Frust- bzw. Angst-Energie diesbezüglich an anderen Personen auszulassen.

Auch in diesem Fall kann ihm sein Gesprächspartner helfen und beide können zusammen überlegen, was der Schüler konkret tun kann, um sich entsprechend gut auf die Mathe-Prüfung vorzubereiten, damit das Ganze ein positives Ende nehmen kann. So lernt der Schüler Verantwortung für sich selbst zu übernehmen und seine ursprünglich destruktive Energie (Wut) in ein konstruktives Verhalten (optimale Prüfungsvorbereitung) umzulenken. Seine Angst blockiert ihn nicht länger und lebt sich auch nicht mehr unangemessen aus.

Wenn es um die Wahrnehmung und den Ausdruck unserer Gefühle geht, haben wir wohl alle noch so einiges zu lernen, denn in aller Regel wurde uns nicht beigebracht, diese zu äußern. Geschweige denn sie überhaupt zuzulassen. Meist hieß es: „Halt dich mal a bisserl zurück!" – „Jetzt reiß dich aber zusammen!" – „Da gibt es nichts, um wütend zu sein!" – „Geh auf dein Zimmer. Wenn du dich wieder beruhigt hast, dann können wir ja darüber sprechen." Bloß, dass wir in den meisten Fällen heute noch auf dieses klärende Gespräch warten.

Warum haben wir eine solche Angst, uns dem anderen mit unseren Gefühlen zuzumuten? Immerhin sind unsere Gefühle die Sprache unserer Seele. Jede Verletzung, jede Enttäuschung, jede Verbitterung, die wir – egal in welchem Lebensalter – erfahren, hinterlässt in unserer Seele eine Wunde, die immer und immer wieder aufbricht, wenn wir uns ihrer nicht annehmen. Selbst wenn es noch so sehr als anstrengend empfunden wird und des Mutes bedarf, sollten wir alle lernen, unsere Gefühle den anderen mitzuteilen. Denn nur so werden wir für den anderen authentisch und greifbar und können unsere Beziehungen klären. Egal ob mit Eltern, Geschwistern, Partner, Freunden oder Kollegen. Doch das Allerwichtigste dabei ist: Nicht nur die Beziehung nach außen hin wird geklärt, sondern vor allem die Beziehung zu uns selbst. Sobald wir uns dafür entscheiden, unsere Gefühle nicht länger aus unserem Leben zu verdrängen, sondern sie *bewusst* zu leben, werden wir erkennen, dass gerade sie „die Würze unseres Lebens" sind. Entscheidend ist nur, dass wir früh genug damit beginnen, uns darin zu üben, wie wir sie angemessen und sozialverträglich kommunizieren. Verstehen wir, dass wir unsere Gefühle be-fragen können, um zu erkennen, was ihr Auslöser ist, können wir viel besser mit ihnen umgehen. Dann überwältigen sie uns nicht, sondern wir können sie nutzen, um unsere jeweilige Situation zu klären. Haben wir zum Beispiel gerade Ärger mit den Eltern oder dem Partner, reicht es für den Anfang meist schon zu sagen: „Ich fühle mich gerade nicht richtig verstanden/gesehen/gehört. Können wir bitte darüber sprechen?" – „Dass wir uns gestern nicht mehr ausgesprochen haben, hat mich zutiefst verletzt. Bitte lass uns heute noch darüber reden." – „Ich habe eine Wut im Bauch, weil mir heute Morgen ‚…' passiert ist. Kannst du mir mal bitte helfen, indem wir darüber reden?" etc.

Mit dem Wissen, dass unsere Gefühle die Sprache unserer Seele sind, können wir uns ihnen gegenüber positiver, dankbarer und aufgeschlossener zeigen. Können ihnen neutral begegnen und müssen nicht länger unbewusst unangemessene Gefühle in uns tragen. Wir wissen jetzt vielmehr, dass unsere Emotionen und Gefühle Botschaften unseres Unterbewusstseins an uns sind, die uns wissen lassen: Hier gibt es etwas zu heilen.

Bereits mit jungen Menschen kann man sehr gut über all diese Dinge sprechen und ihnen vermitteln, dass jede Situation und jedes Gefühl, das wir irgendwann einmal sowohl im Positiven als auch im Negativen erlebt haben, in unserem Unterbewusstsein abgespeichert wird. Und dass es die Absicht der Seele ist, die ganzen *negativen* Erfahrungen, die sie irgendwann einmal gemacht hat, auch wieder zu heilen. Damit sie dies tun kann, bringt uns unser Unterbewusstsein immer wieder mal in eine Situation mit Person X, die ein bestimmtes Gefühl in uns auslöst (triggert). Schauen wir uns dieses Gefühl genauer an und fragen nach, wann in unserem Leben wir schon einmal einen ähnlichen Sachverhalt erlebt haben, so lernen wir auf diese Art entweder eine vergleichbare Situation jüngerer Zeit oder gar die

Ursprungssituation kennen, die wir in aller Regel bereits in den ersten zehn Lebensjahren erfahren haben.

Haben wir den Mut, uns diese ursprüngliche Situation mit dem Gefühl dahinter noch einmal anzuschauen, dabei das Gefühl aber auch zuzulassen, sodass es noch einmal *kurz* aufleben kann, und sind wir bereit im Anschluss daran die Geschichte von damals zu akzeptieren und uns bewusst darüber zu werden, warum wir damals so und nicht anders gehandelt haben, können wir die negative Energie, die sich in dieser Ursprungssituation verfangen hat, auflösen und transformieren. Was dann geschieht, ist sehr heilsam für alle Beteiligten. Dieser Transformationsprozess macht es uns möglich, sowohl der Person von damals als auch uns selbst zu vergeben, dass wir schon so lange an dieser Geschichte festgehalten haben. Damals waren wir – aus welchen Gründen auch immer – vielleicht nicht fähig, anders zu handeln, doch heute können wir diesbezüglich zum Glück jederzeit die Verantwortung übernehmen und die alten Muster lösen.

Tun wir dies nicht, dann halten wir mitunter sogar jahrzehntelang diese ganzen negativen Energien in uns zurück, was letztlich dazu führt, dass sich uns mit der Zeit dieser ganze negative Ballast in Form irgendeines körperlichen Symptoms zeigt. In diesem Zusammenhang sprechen die Psychologen und Ärzte dann von psychosomatischen Erkrankungen, von Autoimmun- bzw. von Autoaggressionserkrankungen. Doch soweit muss es nicht kommen.

Damit sowohl unsere Seele wie auch unser Körper und Geist von diesen negativen Emotionen und dem damit verbundenen Schmerz frei wird und wieder gesunden kann, ist es notwendig, dass wir lernen zu verstehen, dass es selbst unsere negativsten Gefühle (Aggression und Hass) nur gut mit uns meinen. Sie zeigen sich uns, weil sie wollen, dass wir sie annehmen und akzeptieren. Dass wir ihnen eine Daseinsberechtigung geben. Sagen wir letztlich auch zu diesen Gefühlen „Ja“, erkennen an, dass sie da sind und übernehmen die Verantwortung dafür, lassen auch sie sich wieder transformieren. Vielleicht nicht gleich beim ersten Mal, aber nach und nach kann auch hier immer mehr an Heilung geschehen.

Erziehung und Resilienz

Wir werden von unseren Eltern erzogen, besuchen Schulen, ergreifen einen Beruf oder entscheiden uns für ein Studium plus Beruf, um uns bestens auf das Leben vorzubereiten, um nach und nach immer mehr Fuß zu fassen in einem Leben mit Familie, Partner, Freunden und Kollegen. Sind bestrebt, bei alledem stets unser Bestes zu geben und unser Miteinander auf das Schönste zu gestalten. Doch was wir trotz der guten Vorbereitung auf unser Leben viel zu wenig lernen, ist, wie wir auf die schicksalhaften Ereignisse unseres Lebens reagieren. Auf all die kleinen oder auch großen Krisen, vor die uns das Leben immer wieder einmal stellt. Wissen nicht wirklich gut umzugehen mit all den Konflikten, Reibereien, Trennungen, Krankheiten bis hin zum Tod – warum ist das so? Ist das gut so, dass wir so unvorbereitet mit all diesen Dingen konfrontiert werden? Was, wenn das anders wäre?

Nach allem, was ich in den letzten vier Jahren lernen sollte, bin ich heute der Meinung, dass sich für uns alle hier etwas ändern sollte, damit wir gar nicht erst so tief in die entsprechende Krise hineinfallen müssen. Ja ich bin sogar davon überzeugt, dass es wichtig ist, bereits Kinder darauf vorzubereiten, dass es im Leben nicht nur Sonnentage geben wird, sondern auch Tage mit Sturm und Gewitter. Tage, an denen wir vergleichbar einem Regenschirm bzw. anderer Regenschutzkleidung über Techniken und Verhaltensweisen verfügen sollten, um auch diese Zeiten in unserem Leben bestmöglich zu überdauern.

Durch die ganzen Jahre des Wirtschaftswunders und Wachstums sind wir von den guten Tagen des Lebens bereits so verwöhnt, dass wir gänzlich überfordert reagieren, wenn sich uns unangenehme Situationen und Herausforderungen im Leben zeigen, denen wir so unvorbereitet gegenüberstehen. Dann können und wollen wir nicht verstehen, warum sich uns das Leben auf einmal auch von einer ganz anderen Seite zeigt.

Ich bin davon überzeugt, dass wir wesentlich besser durch die verschiedensten Sinn- und Lebenskrisen kämen, wenn wir nachhaltiger darauf vorbereitet wären, dass sowohl Krankheit als auch Krise, ja sogar jeder Konflikt und Streit nur zu unserem Besten sind. Wüssten wir bereits von klein auf, dass es diese Phasen immer wieder einmal geben wird, könnten wir versöhnlicher mit ihnen umgehen. Wüssten, dass sie nichts Außergewöhnliches sind, das nur uns passiert, sondern dass sie unserem persönlichen Wachstum dienen. Und das, egal wie sich die Krise nennt. Dann wäre nicht die Ohnmacht unser Begleiter. Dann müssten wir nicht ins Drama gehen, sondern könnten uns besser erklären, warum diese Dinge geschehen. Dann hätten wir fürs Erste zumindest eine Erklärung parat, die uns im Hinblick auf die Situation versöhnlicher stimmen kann, damit wir akzeptieren können, dass es ist, wie es ist.

Wir müssten dann nicht immer gleich alles schwarzsehen, sondern könnten mit einem optimistischeren Blick auf das Ganze sehen. Könnten, je nachdem, was wir an Lösungsstrategien in uns haben, insgesamt viel handlungsorientierter Denken. Andere um Hilfe bitten. Uns Unterstützung holen. Müssten uns nicht dafür schämen, dass wir uns gerade verletzlich zeigen. Könnten mit anderen unsere Probleme klären. Könnten lernen, mit unseren Ängsten bewusster umzugehen. Unseren Gefühlen besser zu vertrauen. Und letztlich sogar mit uns selbst wie auch mit anderen mitfühlender, achtsamer, wertschätzender, versöhnlicher, friedvoller und liebevoller umgehen. – Wäre das nicht erstrebenswert?

Ich glaube, dass das Problem an unserer Dramenkultur ist, dass wir uns – was unser Leben betrifft – viel zu lange nur auf die eine Seite der Medaille konzentriert haben, die uns die schönen Seiten des Lebens offerierte. Doch was, wenn das Leben die Münze einmal umdreht und sagt: „Jetzt, mein Lieber/meine Liebe, ist es an der Zeit, dass du dir endlich die Hausaufgaben ansiehst, die du bis heute noch nicht gemacht hast. Dabei ist es dahingestellt, ob dir dies gefällt oder nicht. Damit es in deinem Leben weitergeht, hast du dir erst die Lektionen anzusehen, vor die dich das Leben stellt. Also vergiss alles andere und kümmere dich erst einmal ausschließlich um sie." – Wie reagieren wir darauf?

Auch wenn sich dies alles sehr unbequem und wenig einladend für uns anfühlt, wissen wir im Grunde genommen doch, dass wir, um in die nächsthöhere Jahrgangsstufe unseres Lebens vorrücken zu können, erst einmal unsere Hausaufgaben zu machen haben, vor die uns die Schule des Lebens stellt.

Haben wir in der ersten Schule, die wir besucht haben, gelernt, dass alles zu unserem Vorteil ist, wenn wir uns nur möglichst schön brav an die vorgegebenen Regeln halten, unsere Hausaufgaben machen, leistungsorientiert denken, immer unser Bestes geben und funktionieren ganz so, wie es dieses auf Erfolg und Gewinn abzielende und leistungsorientierte System von uns will, so sieht ab einem bestimmten Zeitpunkt die Schule des Lebens für uns etwas anderes vor. Dann heißt es zwar erneut die Schulbank drücken, Hausaufgaben machen, Lektionen lernen etc., doch stehen diese Lektionen unter einem gänzlich anderen Vorzeichen, als wir dies bislang gewöhnt sind.

Nannte sich die eine Schule Elternhaus, Grundschule, Mittelschule etc., heißt die neue Schule *Schicksal*. Sie schlägt in unserem Buch des Lebens völlig andere Seiten auf als die, an denen wir uns bislang festgehalten haben. Auf einmal stehen wir jetzt völlig neuen Herausforderungen und Lektionen gegenüber, für die es unter Umständen nicht einmal ein gemeinsames Lehrbuch gibt, weil die Hausaufgaben und Übungen, die wir jetzt zu machen haben, sich ganz und gar nur noch auf uns selbst beziehen. Diese Aufgaben sind so individuell, dass auch wirklich nur jeder sie für sich selbst zu lösen vermag, vorausgesetzt er schaut sie sich an. Doch über kurz oder lang wird es sein Leben von ihm einfordern. Ob er will oder nicht. Früher oder später ist jeder von uns gefordert, sich seine Themen anzusehen, damit die Reise des Lebens weitergeht.

Vollkommen irritiert und überfordert, wie wir anfangs mit all diesen neuen Lektionen und den sich daraus ergebenden Sachverhalten sind, suchen wir in aller Regel zunächst im Außen nach den Verantwortlichen, die für uns mit dem jeweiligen Thema in Beziehung stehen und stellen uns in aller Regel als Erstes die Frage: Wen kann ich jetzt für das Ganze verantwortlich machen?

Ich kann mich noch gut erinnern, wie das auch meine erste Reaktion war. Denn da ich dem Glauben aufgesessen war, dass ich bislang doch immer nur versucht hatte, in allen Bereichen meines Lebens mein Bestes zu geben, war es für mich selbstverständlich, mir den vermeintlichen „Bösewicht" auch im Außen zu suchen. Irgendwen muss es da doch geben, der mir das alles angetan hat. Eltern? Lehrer? Partner? Freunde? Kollegen? ... Sie hören schon: Anfangs war ich sehr stark versucht, diesen Feind, den Übeltäter nur im Außen zu suchen. Schließlich war ich ja das Opfer. Folglich muss es da, wo es das Opfer gibt, auch einen Täter geben. – Stimmt das? Stimmt das so?

Fürs Erste schaute ich mir von daher meine Beziehung, die Verhaltensweisen und Reaktionen mit den Personen an, mit denen ich ein entsprechendes Thema hatte. Doch schon bald merkte ich, dass ich mich bei dieser Art der Betrachtung immer mehr im Dickicht und Unterholz des Gestrüpps der jeweiligen Thematik verlaufen hatte. Mir war klar, wenn ich hier so weitermache, dann endet das Ganze nie. Dann spiele ich das Spiel von Täter und Opfer bis zu meinem Lebensende, habe für mich selbst dabei aber keineswegs etwas dazugelernt.

Was sich für mich stattdessen als heilsam erwies, war, die Ursachen für alles nicht mehr länger im Außen zu suchen, sondern in mir. Das verlangte zwar jede Menge Mut. Mut, den ich jahrzehntelang so nie aufgebracht hatte. Hatte doch bislang mein Versteckspiel vor mir selbst immer ganz gut funktioniert. Warum sollte dies also auf einmal nicht mehr so sein? Es bedurfte einiger Anläufe, bis ich den Mut fand, um mich von Thema zu Thema durch das bisherige Skript meines Lebens zu hangeln und bei der Betrachtung der Thematik die eine oder andere Hürde zu nehmen.

Was mir dabei half, war die Konzentration auf mich selbst. Der Blick in mein Inneres. Es gab keinen besseren Weg für mich, als mir meine Welt einmal von innen her anzusehen. Mir dabei meiner Gedanken, Gefühle, Bedürfnisse, Wünsche, Stolperfallen, Schwächen und Fehler aber auch meiner guten Seite, meiner Fähigkeiten, meiner Werte und Ideale bewusst zu werden. Dies alles aufzulisten wäre hier zu lang. Wozu auch, denn damit ist es letztlich nicht getan.

Die Aufgabe, vor die mich mein Leben stellte, war, mir mit Ausdauer, Mitgefühl und viel Geduld dies alles anzusehen. Mich mit jedem einzelnen Thema ganz bewusst zu beschäftigen. Ganz egal, ob am Tag oder in der Nacht. Auch egal, ob mir das nun gefiel oder nicht. Diesbezüglich wurde ich nicht lange gefragt. Sondern es hieß: „Du hast jetzt einfach diese Aufgaben zu machen. Ohne die Erkenntnis daraus kommst du nicht weiter. Das Leben will ab jetzt Entwicklung und Wachstum für dich. Also setze dich hin. Schau dir an, wie alles zusammenhängt und lerne daraus. Dann kannst du dieses Wissen an andere weitergeben.“

So waren die letzten vier Jahre für mich vergleichbar einem Studium mit Einführungskursen, Pro- und Hauptseminaren, Zwischen- und Endprüfungen. Doch nach und nach lernte ich vieles dazu, was ich heute sehr gerne mit Ihnen teile, um meine Erfahrungen und Erkenntnisse weiterzugeben.

In meinem ersten Buch gehe ich im Kapitel 9 *Gesundheit – unser höchstes Gut!* näher auf die Fragen ein, wie sich Gesundheit definieren lässt, was unter dem Begriff der Salutogenese zu verstehen ist, was Resilienz meint und wie sie sich definieren lässt. Lassen Sie mich auch hier an dieser Stelle eine kurze Zusammenfassung geben.

Je nachdem, aus welcher Perspektive (Medizin, Psychologie, Soziologie) wir auf den Begriff der „Gesundheit" schauen, mag es die verschiedensten Ansätze für eine Definition geben. Die wohl weitgehendste wird von der Weltgesundheitsorganisation (WHO) vertreten, die eine *ganzheitliche Sichtweise vom Menschen* zugrunde legt. Dieser Definition nach ist Gesundheit nicht nur die Abwesenheit von Krankheit, „sondern der Zustand völligen, körperlichen, geistigen, seelischen und sozialen Wohlbefindens".[8] Damit gilt sie als ein wesentlicher Bestandteil des alltäglichen Lebens,

---

8 Ottawa-Charta zur Gesundheitsförderung. Abrufdatum 06.01.2021, von https://gesundheits.de/gesundheit/ottawa-chartaundhttps://www.euro. who.int/__data/assets/pdf_file/0006/129534/Ottawa_Charter_G.pdf

steht sie doch für Lebensqualität und ist Bedingung für die soziale, ökonomische und persönliche Entwicklung eines Menschen. Auf der Basis eines ganzheitlichen Ansatzes von Gesundheit steckt die WHO in der Charta von Ottawa (1986) den Rahmen für eine umfassende Gesundheitsförderung ab und schreibt: Das gesundheitspolitische Leitbild der Charta wird dabei als Umorientierung von der Verhütung von Krankheiten zur Förderung von Gesundheit mit fünf Handlungsfeldern für eine umfassende Gesundheitsförderung beschrieben. Diese sind:

- Die Entwicklung einer gesundheitsfördernden Gesamtpolitik unter Berücksichtigung aller fördernden und hindernden Faktoren in der Politik und Verwaltung.
- Die Schaffung einer gesundheitsfördernden Lebenswelt, um unterstützende Umweltbedingungen zu schaffen und die Ressourcen für Gesundheit zu fördern.
- Bürger und Patienten sollen durch gesundheitsbezogene Gemeinschaftsaktionen gestärkt werden, um so die Maßnahmen zur Selbsthilfe zu fördern.
- Die Entwicklung persönlicher Kompetenzen im Rahmen der Gesundheitserziehung ist wichtig. Persönliche und soziale Fähigkeiten sollten mehr Beachtung finden.
- Anzustreben ist eine Neuausrichtung der Gesundheitsdienste, die sich mehr an den individuellen Bedürfnissen der Menschen orientiert und sie als Persönlichkeiten ganzheitlich wahrnimmt.

Laut der Verfassung der WHO von 1948 ist Gesundheit ein *Grundrecht* jedes Menschen, das weltweit einen hohen gesellschaftlichen Wert besitzt. Sie beschreibt nicht nur den Zustand körperlicher Unversehrtheit, sondern auch einen als gut empfundenen psychischen Zustand sowie ein Wohlbefinden auf der sozialen Ebene. Um gesund zu sein, sind bestimmte Faktoren wichtig. Zum Beispiel …

- die Veranlagung des Menschen (genetische Disposition = genetische Grundlagen, welche die Konstitution und die Krankheitsanfälligkeit bestimmen),

- seine individuellen Verhaltens- und Lebensweisen (Ernährung und Bewegung, sowie Risiko- bzw. Suchtverhalten, Freizeitverhalten, sinnstiftende Tätigkeiten innerhalb einer Gemeinschaft),
- die sozialen Rahmenbedingungen (Familie, Partner/-in, Freundschaften, Kollegen, Arbeitsbedingungen),
- die soziale Integration,
- seine Lebensgeschichte mit den sich daraus ergebenden Erfahrungen und Gefühlen.

Weitere, die Gesundheit stark beeinflussende Faktoren sind sozioökonomische Bedingungen wie Bildung, Einkommen, Arbeitslosigkeit, Ungleichheit, Armut, Kriminalität, Wohnsituation, sozialer Zusammenhalt sowie Umweltbedingungen wie Lärm, die Qualität des Trinkwassers sowie der Luft, Umwelteinflüsse, Schadstoffbelastung, Radioaktivität, Klima etc.

Bei der Prävention geht es darum, Belastungsparameter für die Gesundheit zu reduzieren und stattdessen die Chancen auf Gesundheit durch Stärkung von Ressourcen zu verbessern.

Der Einzelne soll so Veränderungen in seinem Lebensalltag treffen können, die der Gesundheit förderlich sind.

In diesem Zusammenhang gewinnt zum Beispiel seit einigen Jahren die Salutogenese im Bereich der Gesundheitswissenschaften immer mehr an Bedeutung, zielt sie doch auf eine Stärkung der Kräfte im Menschen ab, die Gesundheit erhalten bzw. wiederherstellen sollen.

Der Begriff *Salutogenese*[9] ist ein von dem Medizinsoziologen Aaron Antonovsky gebildeter Neologismus, bestehend aus den Wörtern *salus* (lat. = Gesundheit, Glück) und *genesis* (griech. = Entstehung) und bedeutet so viel wie *Gesundheitsentstehung*. – Fragt die Pathogenese nach den Bedingungen von Krankheit, interes-

---

9 Antonovsky, Aaron: Salutogenese. Zur Entmystifizierung der Gesundheit. DGVT-Verlag 1997.

siert sich die Salutogenese für die Voraussetzungen von Gesundheit und deren Förderung.

Nach seinem Modell der Salutogenese ist *Gesundheit* nicht als ein feststehender Zustand zu verstehen, sondern als ein Prozess, bei dem sich Risiko- und Schutzfaktoren in einem Wechselwirkungsprozess gegenüberstehen, bei dem das Kohärenzgefühl ein zentraler Aspekt ist, wobei die Kohärenz drei Aspekte umfasst:

1. Das Gefühl der *Verstehbarkeit* (Sense of Comprehensivity) dessen, was zum Ist-Zustand geführt hat. Gemeint ist damit die Fähigkeit, die Zusammenhänge des Lebens zu verstehen.
2. Das Gefühl der *Handhabbarkeit* (Sense of Manageability), die Bewältigbarkeit der Ist-Situation bzw. der Lebensumstände, die in eine Problemsituation geführt haben.
3. Das Gefühl der *Sinnhaftigkeit* (Sense of Meaningfulness), bei dem es um das Bewusstsein geht, dass letztlich alles einer höheren Ordnung dient. Was demnach gleichzusetzen ist mit dem Glauben an den Sinn des Lebens.

Antonovsky stellte dieses Kohärenzgefühl, auch Sense of Coherence (SOC) oder *Sinn für Kohärenz* genannt, ins Zentrum seiner Antwort auf die Frage, wie Gesundheit entsteht, und entwickelte auf der Grundlage seiner Untersuchungen einen Fragebogen zur Lebensorientierung bestehend aus 29 Items, der es ermöglicht, den individuellen SOC-Wert zu ermitteln.

Zugleich beschrieb er drei weitere große gesundheitsgefährdende Einflussfaktoren, die bei gleichzeitigem Auftreten von Stress zusätzlich Spannungszustände auslösen. Diese Faktoren sind: *Chemisch* durch Giftstoffe; *biologisch* durch Bakterien, Viren, Pilze etc. sowie *psychosozial* durch Leistungsdruck, verminderte soziale Bindungen und Kontakte etc.

Aaron Antonovsky war sich sicher, dass der menschliche Körper mit seinen Ressourcen versucht, die gesundheitsgefährdeten Faktoren zu überwinden. Schafft er dies nicht, wird der Mensch krank (Distress). Vermag er es sich gegen die Stressoren zu wehren, bleibt er gesund (Eustress).

Gesundheit und Krankheit sind demnach sowohl von Subjektivität geprägte Erlebnisse als auch von objektiven Faktoren bedingte Zustände, deren Ausprägung auf Gesundheits-Krankheits-Kontinuen gedacht werden kann. Jeder Mensch bewegt sich gewissermaßen auf einem Kontinuum und ist damit *nicht entweder* gesund *oder* krank, *sondern* immer im Prozess von *sowohl* gesund *als auch* krank. Des Weiteren betont Antonovsky, dass Gesundheit ein mehrdimensionales Geschehen ist, das stark mit den sozialen und kulturellen Kontexten verbunden ist.

So stehen sich die Salutogenese als Wissenschaft von der Entstehung von Gesundheit und die Pathogenese als Wissenschaft von der Entstehung von Krankheit gegenüber bzw. ergänzen sich. Während der pathogenetisch orientierte Mediziner auf die Krankheiten, ihre Ursachen und die Gefahren, die es zu „bekämpfen" gilt, schaut, blickt der salutogenetisch orientierte auf möglichst attraktive Gesundheitsziele, die es zu „erreichen" gilt. Zusammen mit dem Patienten sollen dabei möglichst viele Ressourcen bewusst gemacht werden.

Im Gesundheitswesen wird heute viel von der *Resilienz* (psychische Widerstandskraft) gesprochen. Eine einheitliche Definition für diesen Begriff lässt sich jedoch kaum finden. Für mich lässt sich Resilienz am ehesten als eine Kompetenz beschreiben, die uns befähigt, sich an verändernde Umstände (ausgelöst durch Krisen, Konflikte oder Krankheit) anzupassen und sich mithilfe eines prozess-, ressourcen- und lösungsorientierten Denkens neu auszurichten und zu orientieren.

Mit dem Wissen um die eigenen Stärken und Werte sowie den eigenen Selbstwert (sich seiner selbst bewusst sein) und die Fähigkeit zur Selbstregulation und Selbstmotivation befähigt Resilienz den Menschen, Stress, Niederlagen, Schicksalsschläge und Krisen effektiver zu meistern und so sowohl den Körper als auch den Geist und die Seele zu heilen. Wissen um die eigene Resilienz hilft uns auch, Beziehungsgeflechte aus einer anderen Ebene des Bewusstseins heraus zu betrachten, Konflikte von vornherein ganz anders anzugehen und unterstützt uns in der Kommunikation und im Umgang mit anderen.

Am besten gefällt mir die sehr knappe und einfache Aussage von Frau Dr. med. Mirriam Prieß: „Resilient zu werden heißt, Schwäche zu lösen und Stärke zu entwickeln." Sie sieht in der Resilienz eine Schlüsselkompetenz für ein starkes Ich. Wenn Sie sich eingehender mit der Thematik beschäftigen wollen, was uns psychisch stark macht, dann empfehle ich Ihnen die Lektüre ihres Buches *Resilienz. So entwickeln Sie Widerstandskraft und innere Stärke,* Goldmann Verlag (siehe Literaturverzeichnis).

Für mich gehören das Wissen um die Gesundheit, Salutogenese, Resilienz, bestimmte Grundlagen aus Psychoneuroimmunologie und Epigenetik, Pädagogik, Psychologie, Soziologie und Anthropologie sowie die Werteerziehung und Grundlagen der Persönlichkeitsentwicklung vermehrt in die Lehrpläne der Schulen. Und das in allen Schulsystemen.

Soweit ich dies beurteilen kann, hat sich unsere Erziehungs- und Bildungslandschaft immer mehr dahingehend entwickelt, dass es vermehrt nur um die schnell erreichbaren und damit messbaren „Instrumente" der Wissensvermittlung geht. Damit werden zwar dem Leistungsbewusstsein und Leistungsstreben in unserer Gesellschaft Rechnung getragen, aber nicht mehr dem Menschen an sich. Dabei gibt es gerade hier so viel Spannendes und Neues zu entdecken.

Allein schon der Blick in die Neurowissenschaften zeigt immer mehr auf, wie die verschiedenen Bereiche unseres Geistes miteinander kommunizieren, und dass diese Kommunikation nicht nur innerhalb des Gehirns, sondern auch zwischen Körper, Geist *und* Seele erfolgt. Kommt es zum Beispiel durch Krankheit oder Stress zu einer Störung im Organismus, dann wirkt sich dies auf das gesamte Körper-Geist-Seele-System des Menschen aus.

Verstehen wir dies und erkennen dann noch, wie unsere Ernährung, unser Darm, unser Immunsystem, unsere Organfunktionen, unsere Gedächtnisleistung, unser Hormonsystem etc. im direkten Zusammenhang miteinander stehen, dann können wir viel besser nachvollziehen, warum es dringend angesagt ist, unseren Lifestyle bewusst zu verändern. Dann können wir eher nachvollziehen, warum der Mensch nicht zum längeren Sitzen geschaffen ist, sondern vielmehr regelmäßigerer Bewegung bedarf, und nicht nur ihr, sondern auch gewisser Zeiten des völligen Innehaltens und somit der Ruhe und Stille, damit sich unser ganzer Organismus und die Funktionskreisläufe auch immer wieder erholen können.

Für mich ist dieses ganze Wissen, das ich diesbezüglich in der letzten Zeit anhand meiner eigenen gesundheitlichen Situation erfahren durfte, so kostbar, doch ich weiß, es ist dabei nicht mit einer einmaligen Unterweisung getan. Bis wir unsere alten Denkmuster und Verhaltensweisen tatsächlich insoweit verändert haben, dass dies unserer Gesundheit auch wirklich zuträglich ist, bedarf es seiner Zeit. Und im Sinne einer guten Gesundheitsprophylaxe finde ich es extrem wichtig, dass die Schulung diesbezüglich nicht erst beim Erwachsenen oder bereits krank gewordenen Menschen beginnt, sondern bereits von Kindheit und Jugend an vermehrt gelernt und eingeübt wird, damit dieses Wissen überhaupt auch so verinnerlicht wird, dass es jederzeit abrufbar ist.

Wir können es drehen und wenden, wie wir wollen: Geraten wir, durch welche Auslöser auch immer, in Dysbalance, dann ist unser gesamter Funktionskreislauf gestört und der besteht nun einmal nicht nur aus dem Gehirn, sodass wir willentlich und damit mental dagegen steuern könnten, sondern aus Körper, Geist *und* Seele. Von daher sind auch andere Vorgehensweisen gefragt.

Wenn wir aus allem, was uns im Leben widerfährt, fürs Leben und unsere persönliche Entwicklung dazulernen wollen, müssen wir uns in erster Linie unseres eigenen Denkens (Geist) und Handelns bewusster werden und bereit sein, die Verantwortung für uns und unsere Gesundheit selbst zu übernehmen. Dann ist es nicht mehr damit getan, nur zum Arzt zu gehen und die Verantwortung für unsere Genesung in seine Hände zu legen, sondern wir müssen selbst erkennen, dass wir uns alle Bereiche unseres

Lebens anzuschauen haben, um zu verstehen, warum wir überhaupt krank geworden sind. Um zu begreifen, was uns in die Dysbalance gebracht hat, hilft uns die Sprache unserer Symptome die Botschaften unseres Körpers besser zu verstehen und lässt uns die eigentliche Ursache finden, die im Symptom begründet ist. Hören wir neben Körper und Geist auch auf die Sprache unserer Seele (unsere Gefühle!) und bringen dieses ganze Wissen in Übereinstimmung zueinander, folgen wir einem ganz anderen Prinzip im Verständnis von Gesundheit und Krankheit. Unser neuer Denkansatz folgt hier vielmehr dem holistischen Prinzip.

Erziehung und Holismus

Das Wort „Holismus"[10] steht für die Lehre vom Ganzen (altgriechisch: holos = ganz) und meint ein ganzheitlich-holistisches Denken, das besagt, dass natürliche Systeme und ihre Eigenschaften stets als Ganzes und nicht nur in der Zusammensetzung ihrer einzelnen Teile zu betrachten sind. Der Begriff selbst wurde durch Jan Christiaan Smuts mit seinem 1926 erschienenen Buch *Holism and Evolution* bekannt gemacht. Das Prinzip des Holismus wurde jedoch bereits in der griechischen Antike von Philosophen wie Heraklit, Platon und Aristoteles vertreten, die die Vorstellung von der Welt als ein in sich Ganzes (Kosmos) begründeten. Am bekanntesten ist wohl die Aussage von Aristoteles: „Das Ganze ist mehr als die Summe seiner Teile."

---

10 Holismus. Abrufdatum 06.01.2021, von https://de.wikipedia.org/ wiki/Holismus Die holistische Betrachtung des Menschen. Abrufdatum 06.01.2021, von https://hbdm.ch/index.php/philosophie.html

Vor allem in der Renaissance und im Humanismus verschmolzen die Ideen der Antike zusammen mit naturmagischen und christlichen Vorstellungen immer mehr zu einer Idee einer „Organischen Einheit der Natur". Für ihre holistischen Grundauffassungen bekannt geworden sind vor allem Gottfried Wilhelm Leibniz, Friedrich Schelling, Georg Wilhelm Friedrich Hegel sowie die romantischen Schriftsteller und Philosophen Johann Gottfried Herder, Friedrich Hölderlin und Novalis.

Erst mit der Neuzeit bildete sich nach und nach vermehrt ein Gegensatz zwischen dem Holismus (als Naturphilosophie) und dem vermehrt reduktionistischen Ansatz der modernen Wissenschaften (dem Reduktionismus) heraus.

Im Konzept einer ganzheitlichen (holistischen) Gesundheitslehre geht es darum, mit Blick auf den ganzen Menschen, d. h. auf alle Themenbereiche, die sein Leben beeinflussen, verstehen zu lernen, was ihn gegebenenfalls aus dem Gleichgewicht (der Balance) gebracht hat, damit er wieder zurück in seine Mitte finden kann.

Erst durch diese ganzheitliche Betrachtung kann die Gesundheit entweder erhalten oder wiederhergestellt werden. Ganzheitliches Denken bedeutet dabei von größeren Zusammenhängen und mehreren Einflussfaktoren auszugehen. Zum besseren Verständnis der gesundheitlichen Situation ist es von daher unerlässlich, sich die Arbeits- und Familiensituation, die Beziehungen (Partnerschaft, Freunde), die gesundheitlichen und seelischen Probleme, die Art der Freizeitgestaltung und Bewegung, die Ernährung, den Bereich der Entspannung und Schlafqualität sowie andere äußere Einflüsse (Toxine, Umweltschadstoffe etc.) anzusehen, denen der Mensch ausgesetzt war bzw. ist.

Erst, indem wir mit dem Konzept der Ganzheitlichkeit auf ein bestimmtes Symptom schauen, können wir nach und nach immer mehr verstehen, wie Körper, Geist und Seele untrennbar miteinander verbunden sind und in direkter Kommunikation zueinanderstehen. Berücksichtigen wir dieses Prinzip, lassen sich die möglichen Ursachen für Dysbalance, Krankheit und Krise im Körper-Geist-Seele-System des Menschen besser erschließen.

Schauen wir uns unsere Symptome (Körper), unsere Gedanken (Geist) und unsere Gefühle (Seele) nicht länger einzeln, sondern als Teil des Ganzen an, ergibt sich uns oft ein ganz anderes Bild. Erst mit der ganzheitlichen Betrachtung stellen wir fest, dass im Hinblick auf ein bestimmtes Symptom oder eine bestimmte Situation alles seine Daseinsberechtigung erhält. Dann gibt es in der Betrachtung der Thematik kein Richtig oder Falsch, sondern ein sowohl als auch, das federführend dafür war, dass jetzt gerade alles so ist, wie es ist.

Erst dieser tiefere Blick auf unser Problem aus einer ganz anderen Perspektive heraus zeigt uns neue Wege auf. Auf einmal erkennen wir dann zum Beispiel, dass der Auslöser für alles ein allzu starres und rigides Festhalten an bestimmten Glaubenssätzen, negativen Verhaltensweisen etc. war. Werden wir uns dieser Zusammenhänge jedoch immer mehr bewusst und lösen dieses Gewirr an destruktiven Verhaltensweisen und Glaubensüberzeugungen nach und nach auf, dann erst kann Heilung wirklich geschehen.

Dann bleiben wir mit der Betrachtung der Symptomatik nicht mehr länger nur an der Oberfläche, sondern gehen an die Wurzel und führen dort die ersten wesentlichen und wichtigen Schritte im Sinne einer Heilung auf allen Ebenen (Körper, Geist und Seele) herbei.

Was sich uns dann zeigt, ist in aller Regel zuerst die Heilung auf der Seelenebene. Gefolgt von der Heilung des Geistes. Bis es jedoch auch zur Heilung des Körpers kommt, ist es mitunter ein langer Weg, für den wir sehr viel Geduld aufbringen müssen. Was dabei hilft, ist sich immer wieder klarzumachen, dass unser Körper ja schließlich auch nicht von heute auf morgen krank geworden ist. Wenn wir ganz ehrlich sind, erkennen wir, dass sich auch der Prozess des Krankwerdens bereits über mehrere Jahre, wenn nicht sogar Jahrzehnte, hinweg schleichend hingezogen hat. Von daher ist es nur verständlich, dass es im Prozess des Gesundwerdens sehr viel der Hingabe und Geduld sowie der bewussten Pflege unseres gesamten Organismus in allen drei Bereichen bedarf, damit letztlich auch wirklich eine umfassende Heilung auf allen Ebenen geschieht.

So gut das Fachärzte-Prinzip auf der einen Seite ist, weil sich hier aufgrund der Spezialisierung der Ärzte auf bestimmte Behandlungsbereiche ganz neue Möglichkeiten in der Betrachtung und Therapie von Krankheiten ergeben, so verhindert diese reduktionistische Entwicklung auf den Facharzt jedoch den Blick auf die Gesamtschau des Patienten und seiner ganz persönlichen Krankengeschichte. Was oft zur Folge hat, dass die Behandlung unter Umständen nicht so von Erfolg gekrönt ist, wie es der Fall sein könnte, wenn der Mensch als Ganzes bereits von Anfang an in der Einheit von Körper, Geist und Seele betrachtet wird.

Das Gleiche gilt auch für die Bildung und Erziehung, denn der Bereich der Bildung (Schule, Studium) unterliegt ebenfalls sehr stark reduktionistischen Tendenzen, wie sich dies zum Beispiel in der Ausdifferenzierung von bestimmten Fächern und Methoden, im Fachlehrerprinzip (vs. dem einstigen Universalgelehrten) sowie im Erfassen der Leistungen eines Schülers durch einzelne Noten pro Fach zeigt. Nicht umsonst wird an dieser Entwicklung kritisiert, dass durch diese Art des Lernens das Leseverständnis der Schüler immer weiter sinkt, weil ihnen der fächerübergreifende Aspekt einer ganzheitlichen Bildung fehlt, wie dies die PISA-Studien immer wieder belegen. Letztlich führt das dazu, dass insgesamt die Entwicklung bestimmter Fähigkeiten sowie das Lösen von Problemen, aber auch das Begreifen der Umwelt und der Gesetze der Natur an sich immer mehr behindert werden. Lassen Sie mich nachfolgend das Ganze auch auf den Bereich der Erziehung übertragen.

Erziehung und Herzensbildung

Je mehr sich die Schule nur noch auf den Bereich bloßer Wissensvermittlung mit abrufbarem Faktenwissen und überprüfbaren Inhalten konzentriert, umso leichter lassen sich vielleicht die messbaren Daten eines erfolgreichen Schulbesuchs belegen, doch umso weniger werden wir dem Kind als Einzelperson, als Individuum innerhalb des sozialen Gebildes von Schule gerecht.

Ich für mich habe sehr stark die Erfahrung gemacht, dass die schönsten Unterrichtsstunden nicht die Stunden sind, in denen sich der Lehrer mustergültig an die Vorgaben des Lehrplans hält, um gute Leistungsergebnisse zu erzielen. Am schönsten, lebendigsten und erfüllendsten waren vielmehr immer die Stunden, in denen sich der Lehrer zwar am Lehrplan orientiert, es jedoch vermag, in den Stunden selbst möglichst frei von den Vorgaben zu unterrichten. Ist dies der Fall, kann der Lehrer den Schülern neben dem fachlichen Input vermehrt lebensrelevante Inhalte mit auf den Weg geben, die das entsprechende Wissen in einen lebenspraktischen Bezug setzen und sich dem Kind somit viel besser und vor allem auch leichter erschließen.

In solchen Stunden ist der Lehrer den Schülern viel, viel näher. Kann sie viel besser erreichen, weil sie spüren, dass es dem Pädagogen weniger um die Vermittlung bestimmter Lerninhalte geht, sondern dass er vielmehr an ihnen als Person interessiert ist.

Erst wenn diese Beziehungsebene zwischen Schüler und Lehrer/Erzieher erfolgreich hergestellt ist, können mit den Schülern über die stoffliche Vermittlung bestimmter Inhalte hinaus auch ganz andere wichtige Informationen ausgetauscht werden, die dem Lehrer wiederum eine Rückmeldung geben, wo die Kinder derzeit in ihrer Entwicklung stehen und was sie zu ihrer Unterstützung brauchen. Erst wenn sich diese „Brücke" zwischen dem Herzen des Pädagogen und dem Herzen des Kindes herausgebildet hat, wird der Lehrer für den Schüler glaubwürdig und authentisch, weil beide dann von vornherein bereits auf einer ganz anderen Beziehungsebene zueinanderstehen.

Erziehung *ohne* Herz funktioniert nicht, weil es in diesem Falle keine wirkliche Beziehung gibt. Schließlich können wir auch nicht nur auf einem Bein stehen bzw. uns fortbewegen. Wir brauchen sowohl das rechte als auch das linke Bein samt Fuß, um uns im Zustand des Gleichgewichts (der Balance) fortzubewegen.

Auf Erziehung übertragen bedeutet dies: Bin ich nur im Kopf und erziehe so, wie ich glaube, dass es sowohl der Situation als auch dem Kind entspricht, dann erreiche ich das Kind viel zu wenig, vielleicht sogar gar nicht. Erst, indem ich als Pädagoge/ Erzieher mein Herz öffne und mich voll und ganz einlasse auf mein Gegenüber, erschließt sich mir das Kind, denn dann bin ich auch wirklich auf Herzensebene mit ihm verbunden. Erst dann kann ich wirklich fühlen und erahnen, was gerade das Beste für diesen jungen Menschen ist. Kann ihm die Inhalte und das, was es sonst noch zu sagen gibt, so aufbereiten und vermitteln, dass sein kindlicher Geist diese Sachverhalte auch tatsächlich anzunehmen bereit ist.

Erst jetzt wird wahre Bildung und Erziehung möglich, weil sie sowohl für den Lehrer als auch für den Schüler nun nicht mehr nur aus der Pflicht des Unterrichtens und der reinen Aufnahme von Wissen besteht. Erst wenn aus einem „Ich *muss* lernen"/"Ich *muss* unterrichten"/"Ich *muss* erziehen" ein *Wir-Gefühl* entsteht, unterrichtet und lernt es sich leicht.

Erst wenn für *alle* am Bildungs- und Erziehungsprozess Beteiligten im Hinblick auf die Wissensvermittlung aus der „Pflicht" eine „Kür" geworden ist, sind wir sowohl mit dem Kopf als auch mit dem Herzen bei der Sache und können genau das vermitteln, was tatsächlich lebensrelevant ist und dem Schüler zudem als Wissenserwerb für sein schulisches Fortkommen dient. Es lernt sich so nicht nur leichter, sondern es lebt sich somit auch leichter, weil das Wissen jetzt in einem lebenspraktischen Bezug steht.

Für mich hat im Prozess der Bildung und Erziehung in erster Linie zuerst der Mensch zu stehen. Erziehung, Beziehung und Unterricht gelingen nur nach dem Prinzip: Zuerst der Mensch als Ganzes. So wie er sich mir gerade zeigt. Dann das Fach, der Lerninhalt und zuletzt die Note, denn ein Kind ist so viel mehr als eine Note, auf die es leider mitunter sehr häufig reduziert wird, nur weil wir alle viel zu sehr dem Leistungsprinzip unterliegen. Wir lassen unser Handeln viel zu sehr vom Leistungsbedanken bestimmen, sodass wir das bloße Menschsein darüber hinaus nur allzu schnell immer wieder einmal vergessen.

Wenn ich mich zum Beispiel vergewissern will, ob ich mit der Planung meiner Unterrichtsstunde auch wirklich das Kind erreiche oder mich fast ausschließlich nur hinter meinem Fachwissen verstecke, dann helfen Fragen wie: Wo steht die Klasse gerade? Was brauchen die Schüler am dringendsten? Wer ist derzeit das schwächste Kind in der Klasse? Warum? Gibt es hierfür Erklärungen, die außerhalb des Fachlichen liegen? Inwiefern können die Schüler von dem Wissen, das ich ihnen vermitteln will, auch wirklich so profitieren, dass es für ihr ganzes Leben relevant ist? Dass es ihnen auch später einmal dienlich ist? Kann der Schüler heute nach Hause gehen und sagen: „Stellt euch vor, was ich heute im Fach XY Spannendes gelernt habe. Jetzt weiß ich endlich, wie ich dieses Wissen auch auf andere Bereiche meines Lebens übertragen kann. Das probiere ich gleich einmal aus."

Natürlich weiß ich nach 27 Jahren Dienstjahren als Pädagogin auch, dass es dieses Gefühl von „WOW, was habe ich heute Tolles gelernt!" nicht jederzeit geben kann. Zwischendurch muss es einfach Stunden geben, in denen Grundlagen- und Faktenwissen für das jeweilige Fach vermittelt werden muss. Doch ob wir's glauben oder nicht: Schule und wirklich guter Unterricht lebt mehr, als wir denken, vor allem von der echten, authentischen und gesunden *Beziehung* zwischen Lehrer und Kind.

Erst wenn wir als Pädagoge unsere Arbeit mehr mit dem Herzen (Körper) als nur mit dem Kopf (Geist) verrichten, gesellen sich auch positive Gefühle (Seele) zu dem Ganzen dazu. Mit dem erfreulichen Ergebnis, dass dieses positive Denken und Handeln auch den Schüler erreicht, noch bevor ich überhaupt im Klassenzimmer bin. Stimmt die Ebene der Beziehung, dann lernt sich alles auch gleich viel leichter. Dann ist Lernen nicht länger ein „Ich-muss", sondern ein „Ich-will". Zudem überträgt sich in diesem Falle auch die Begeisterungsfähigkeit des Lehrers für den entsprechenden Lerninhalt auf das Kind. Das Kind weiß bereits, ohne dass überhaupt ein Wort gesprochen wurde, ob der Lehrer, das, was er tut, von Herzen her gerne tut, oder ob er es nur tut, weil es seine Pflicht ist.

Begeisterungsfähigkeit und eine Pädagogik des Herzens gehören für mich wie Geschwister zusammen. Das eine kann ohne das andere nicht sein. Würde ich eines der beiden vernachlässigen, müsste ich tatsächlich (wie oben bereits erwähnt) lernen, nur noch auf einem Bein zu stehen. Lernen mit Herz, mit Begeisterungsfähigkeit, mit Lachen und Humor ist die Essenz, die Würze, die die Beziehung zwischen Lehrer und Schüler um so vieles leichter und vor allem auch schöner macht.

So wie unser physisches Herz nur dann gesund bleibt, wenn wir nicht nur aus dem Kopf (Geist) heraus agieren, sondern in Verbindung mit uns selbst und damit auch mit unserer Seele sind, kann Schule und Erziehung nur dann auf das Beste gelingen, wenn wir uns auch hier dieser Brücke zwischen Kopf und Herz bewusst sind und immer mehr lernen, tatsächlich zwischen beidem eine Brücke zu bauen.

Während die eine Säule dieser Brücke unser Körper (unsere Person mit Herz, Stimme, Gestik, Mimik, Lächeln etc.) ist, ist die andere Säule unser Geist (unser Mindset mit positiven Gedanken, guter Laune, Begeisterungsfähigkeit *plus* Fachwissen). Die Brücke selbst und damit das Verbindende zwischen beidem ist die Seele, die sich bei jedem Einzelnen von uns auf ihre schönste und facettenreichste Art und Weise vor allem dann zeigt, wenn wir motiviert und bereit sind, auch für uns selbst aus der Beziehung mit dem Kind heraus zu lernen.

Wie ich an anderer Stelle bereits thematisiert habe, ist Erziehung niemals eine Einbahnstraße, sondern immer ein Miteinander-in-Beziehung-Sein. Das *WIR*, das Miteinander, das Team ist wichtiger als unser Blick auf die formal vorgegebene Beziehungsebene zwischen Lehrer und Schüler. Für beide gilt es vielmehr, die Angst vor der Begegnung und Auseinandersetzung mit dem anderen zu überwinden, denn die Angst blockiert und verhindert, dass wir mit dem anderen in einer wirklich guten Beziehung sind, die Erziehung und Lernen überhaupt erst erfolgreich sein lässt. Angst jedoch ist das Gegenteil von Liebe. Angst trennt. Erst die Liebe verbindet mich mit dem anderen. Doch Liebe entsteht niemals im Kopf. Der einzige Ort, wo Liebe entsteht, ist unser Herz, denn dort wird sie auch gefühlt.

Erinnern wir uns an die Anfänge des Bildungswesens, dann stand im 18. Jhdt. die Herzensbildung viel mehr im Mittelpunkt, als sie dies heute tut. Ich traue mich sogar zu sagen: Hätten wir wieder mehr Herzensbildung an den Schulen und würden den kreativen Fächern – allen voran Fächern wie Kunst und Musik, die für mich die ultimativen „Herzöffner" sind – erneut mehr Raum geben, dann ließe sich wieder das Wahre, das Gute, das Schöne bzw. das Vortreffliche, wie es Johann Wolfgang von Goethe sagte, den Menschen um so vieles einfacher vermitteln, sodass sich unter den Kindern nicht nur die „Auswendiglern-Experten" hervortun könnten, sondern auch all die anderen wunderbaren kreativen „Geister", die den Schulalltag auf das Wertvollste bereichern können.

Stünde die Wertschätzung dieser Begabungen sowohl bei den Eltern als auch bei den Lehrern und späteren Arbeitgebern wieder mehr im Vordergrund, dann würden sich an den Schulen nicht nur die Leistungsträger wohlfühlen, sondern es wäre wieder ein mehr an Wohlfühlklima für alle denkbar und möglich. Denn auch hier gilt: Es muss immer beides geben. Das eine ist ohne das andere undenkbar. Auf einem Bein steht es sich nicht so gut wie auf beiden. Es kommt in allem immer auf die Betrachtung des Ganzen an. Damit steht und fällt so vieles. Wir brauchen die Theoretiker *und* die Praktiker. Wir brauchen die Wissenschaftler *und* die Arbeiter. Keiner von ihnen ist mehr wert als der andere!!! – Meiner Meinung nach gilt es, das den Menschen insgesamt wieder mehr zu vermitteln, damit unser gesamtes gesellschaftliches System auch wieder mehr in ein Gleichgewicht, in die Balance zurückfinden kann.

Wenn wir wirklich *jedem* (auch dem Schwächsten) helfen, sich mit seinen Fähigkeiten und dem Potenzial, das ihm Gott gegeben hat, selbst zu entdecken, dann erst kann sich das Kind ganz und gar in sich selbst hineinentwickeln. Dann braucht es nicht ein Gegenüber, das am Kind „zieht" („Er-*zieh*-ung"), sondern bestenfalls jemanden, der ihm Angebote vielfältiger Art macht, damit es selbst herausfinden kann, was am besten zu ihm, seinen Fähigkeiten, seinen Bedürfnissen, Wünschen und Zielen passt.

Dann erst lernt der junge Mensch mit sich selbst wahrhaftig in Beziehung zu sein und kann für sich nach und nach den Weg finden, der ihn „ganz" und damit auch „heil" (im Sinne von „Ganzwerdung und Heilung") sein lässt. Erst dann kann der Mensch in engem Kontakt bleiben mit allem, was ihn ausmacht. Mit seinem Geist, mit seinem Körper und mit seiner Seele. Nur so lernt er sein Leben mit allem, was da ist, willkommen zu heißen und lässt sich auch wahrhaft vom Leben berühren.

Mir hätte diese andere Art von Erziehung und Beziehung als Schülerin sehr gutgetan. Und mit den Erfahrungen, die ich als Schulleiterin gemacht habe, traue ich mich sagen, dass meiner Meinung nach von Jahr zu Jahr der Prozentsatz der Schüler, die in dieser Hinsicht dringend eine Reform von Schule bräuchten, im Wachsen begriffen ist. Meines Dafürhaltens nach wäre es wichtig, dass sich Schule weniger am Lehrplan, sondern an den Kindern des 21. Jahrhunderts orientiert, um ihnen besser entsprechen und gerecht werden zu können, die in ihrer Art ganz anders zu sehen und zu nehmen sind als nach dem „klassischen Modell" des Unterrichtens. Für mich zeigt sich hier ganz dringend die Notwendigkeit einer Veränderung bisheriger Strukturen, um dem neuen Zeitgeist besser entsprechen zu können und nicht länger am Menschen und seinen Bedürfnissen vorbei zu unterrichten.

Erziehung und die Kinder der neuen Zeit

Man nennt sie Indigo-Kinder, Kristall-Kinder, Regenbogen-Kinder, Delfin-Kinder und Diamant-Kinder. Bis auf die Indigo-Kinder werden sie alle als eine große Bereicherung für die Familie angesehen. – Doch warum gilt das für die Indigos nicht? – Warum werden sie als anstrengend empfunden?

Das Verhalten der *Indigo-Kinder* ist mitunter so selbstbewusst, rebellisch, trotzig und aufmüpfig, dass sie mit ihrer Wesensart sowohl Lehrer als auch Erzieher und Eltern immer wieder einmal ratlos machen. Trotz ihres hehren Ziels für mehr Frieden, Einigkeit und soziale Gerechtigkeit unter den Menschen einzustehen und für einen besseren Umgang mit Mutter Natur und ihren Ressourcen zu sorgen, werden sie von einem Teil der Menschen Unruhestifter genannt. Doch es gibt zum Glück auch andere, die in ihnen durchaus das Positive sehen und ihnen trotz ihres allzu leicht aufbrausenden Temperaments ganz erstaunliche Fähigkeiten zuschreiben. So gelten sie zum Beispiel als sehr kreativ, bestechen mit großem Einfallsreichtum, mitunter bereits mit sehr gut durchdachten und interessanten Ideen. Verfügen über eine große Empathiefähigkeit, Mitgefühl und eine gute Intuition. Eine ihrer Aufgaben ist vor allem das Bearbeiten noch ungelöster Themen innerhalb vorgefertigter Strukturen. Hier gehört zum Beispiel das Auflösen von Familienkarma dazu.

Das, was sie für andere zu einer Generation von Rebellen macht, beruht letztlich darauf, dass sie sowohl unter ihren Altersgenossen als auch innerhalb der Beziehung zwischen Eltern und Kind, Lehrer/Erzieher und Kind einer ganz andere Gesprächskultur bedürfen, weil sie mit einem höheren Bewusstsein gesegnet sind, sodass sie sich im Vergleich mit anderen Kindern ihres Alters eher für philosophische Themen interessieren und die Ereignisse in der Welt aus einer völlig anderen Perspektive betrachten.

Was ihnen zu eigen ist, ist, dass sie mit Autorität große Probleme haben, wenn ihr Gegenüber etwas von ihnen einfordert, das sie für sinnlos und nicht mehr zeitgemäß erachten. Mit Verboten ohne eine stichhaltige Begründung kommt man bei ihnen nicht weiter. Dann verweigern sie sich und tun manchmal auch Dinge, die man dann vielleicht nicht mehr so richtig verstehen kann. Sie haben Probleme damit, sich alten, allzu strengen Gewohnheiten und zu starren Regeln unterzuordnen. Mit ihrem noch unkontrollierten „freien Geist" wollen sie alte Strukturen aufbrechen und die Dinge verändern, die sie für verbesserungswürdig halten.

Der junge Johann Wolfgang von Goethe, Albert Einstein wie auch etliche andere große Persönlichkeiten der Vergangenheit hätten ihre wahre Freude an ihnen, werden doch auch ihnen im Hinblick auf ihre jungen Jahre zusammen mit ihrer Hochsensibilität und erhöhten Empathiefähigkeit ganz ähnliche Verhaltensweisen zugesprochen.

Gemeinhin werden die Indigo-Kinder oft als unsozial beschrieben, was vollkommen unberechtigt ist, da im Grunde genommen genau das Gegenteil der Fall ist. Das, was sie für andere unangenehm sein lässt, liegt viel eher darin begründet, dass sie den Finger genau an die Stelle in der Wunde legen, an der der Schmerz im Hinblick auf einen bestimmten Sachverhalt am größten ist. Damit halten sie natürlich sowohl bewusst als auch unbewusst sowohl den Eltern, Erziehern und Lehrern als auch ihren späteren Partnern oder Arbeitgebern stets einen Spiegel vor. Doch ob diese dann die Gunst der Stunde nutzen, um sich gemeinsam mit den Indigos die bestehenden Sachverhalte anzusehen und darüber zu diskutieren, um zu einer für alle Beteiligten guten Lösung zu kommen, bleibt die Frage.

In den meisten Fällen nehmen die Erwachsenen das Aufbegehren dieser Kinder viel zu persönlich, statt einmal aus einer ganz anderen Warte heraus gemeinsam mit ihnen auf eine bestimmte Thematik zu schauen, die vielleicht sogar tatsächlich einmal der Veränderung bedarf. Leider ist die Fähigkeit, Kritik anzunehmen, gerade vor allem bei den Pädagogen und Eltern am wenigsten gut ausgeprägt, die Perfektionisten sind und es von daher nicht akzeptieren können, dass es zu bestimmten

Dingen auch eine andere Meinung bzw. ein anderes Verhalten geben kann. Von daher sehen sie in den Anregungen, die diese Kinder ihnen geben wollen, keine Chance auf Verbesserung einer Situation, sondern fassen diese nur als unberechtigte Kritik an ihrer Person auf. Dabei meinen es die Kinder nicht böse. In ihnen lebt nur der Wunsch nach Bewusstmachung und Aufbrechen von alten Strukturen, die nicht mehr zeitgemäß sind.

Besonders erwähnenswert finde ich, dass die Indigo-Kinder bereits in jungen Jahren auf alte Reglementierungen und Strukturen, die ihnen nicht zupasskommen, mit starken Körpersymptomen wie Unverträglichkeiten und Allergien reagieren. Ihr Körper spricht vor allem auf Gifte und Schwermetalle sehr stark an. Nicht selten sind es gerade diese Gifte, die es diesen Kindern trotz ihrer Intelligenz schwer machen, sich zu konzentrieren.

Auffällig oft werden bei ihnen auch das sogenannte Aufmerksamkeitsdefizitsyndrom sowie die Hyperaktivität diagnostiziert. Von ihrem Umfeld (Familie, Kindergarten, Schule und Ausbildungsplatz) werden sie meist als sehr unbequem tituliert und werden leider noch immer in sehr vielen Fällen mit Psychopharmaka (Ritalin etc.) zum Stillsitzen und Schweigen gebracht.

Dabei sollten sich sowohl Eltern als auch Pädagogen bewusst sein, dass es in *ihrer* Verantwortung liegt, diese Kinder und jungen Menschen individuell zu begleiten und im Hinblick auf ihre Fähigkeiten bestmöglich zu fördern, anstatt sie in ein allzu rigides Korsett zu zwängen, um sie zu reglementieren und zu uniformieren. Auch wenn ich nicht mehr im Schuldienst bin, halte ich nach wie vor daran fest, dass es zwar die größte erzieherische Herausforderung, aber auch die größte Leistung für wirklich gute Eltern und Erzieher ist, das Kind in seiner Individualität zu sehen, zu fördern und zu begleiten, damit sie ganz die Person sein können, die in ihnen angelegt ist.

So vielseitig und mitunter auch unangenehm die Hintergründe für das störende Verhalten durch diese Kinder sein mag, müssen die Erzieher dem Kind gegenüber mindestens genauso gerecht werden wie das Kind den Erziehern gegenüber. Sie erinnern sich: Erziehung ist für mich *keine* Einbahnstraße!

Für mich grenzt es jedoch an eine Körperverletzung, wenn diese Kinder ohne eine klare Differenzierung mit der Diagnose ADS (Aufmerksamkeitsdefizitsyndrom) bzw. ADHS (Aufmerksamkeitsdefizithyperaktivitätssyndrom) belegt und entsprechend mit Psychopharmaka behandelt werden.

Wenn Sie mehr Informationen zu Indigo-Kindern und den anderen Kindern der neuen Zeit erhalten möchten bzw. nach guter entsprechender Literatur suchen, dann empfehle ich Ihnen im Internet die beiden Seiten, die Ihnen die Fußnote[11] anzeigt.

Vor allem die Ausführungen von Dr. med. Wolfgang Scheel (www.naturheilmagazin.de) zu Indigo-Kindern, ADHS und Ritalin, Was steckt hinter ADS und ADHS? Warum sind Indigo-Kinder so aufsässig? Woran erkennt man Indigo-Kinder? Indigo-Kinder vor dem Hintergrund unserer Zeit etc. finde ich äußerst lesenswert und lege Ihnen diese Lektüre ans Herz.

Hinsichtlich der Indigo-Kinder sowie einer detaillierteren Beschreibung der Kristall-, Regenbogen-, Delfin- und Diamant-Kinder empfehle ich Ihnen die Internetseite: www.viversum.de.

Um Ihnen hier jedoch eine ganz kurze Zusammenfassung dieser besonderen Kinder nicht vorzuenthalten sei an dieser Stelle zumindest so viel zu den einzelnen Kindern gesagt:

Die *Kristall-Kinder* (geboren ab den 90er-Jahren des 20. Jahrhunderts) gelten nach den Indigo-Kindern (geboren ab den 70er-Jahren) als die zweite Generation an Wunderkindern, die ein hohes Maß an Intuition und Einfühlungsvermögen mit sich bringen und dadurch bedingt wunderbar als Vermittler (Mediator) zwischen den Generationen fungieren.

---

11 Indigo-Kinder. Abrufdatum 06.01.2021, von
https://www.naturheilmagazin.de/natuerlich-wachsen/kinderzeit/
indigo-kinder.html,
https://www.viversum.de/online-magazin/indigo-kinder

Sie sind hier, um Frieden zu stiften und sowohl unter den Menschen als auch zwischen den Menschen und anderen Lebewesen (Tiere und Pflanzen) die Liebe, Wertschätzung und Fürsorge wieder mehr zu verbreiten. Im Vergleich zu den Indigo-Kindern gelten sie als eher zurückhaltend und still. Introvertiert und sensibel, wie sie sind, stehen sie nicht gerne im Mittelpunkt, sondern ziehen sich vielmehr in sich selbst und in die Natur zurück.

Was für diese Kinder und Jugendlichen im Hinblick auf die Erziehung wichtig ist, ist vor allem, dass wir ihnen mit viel Wertschätzung und Liebe begegnen. Dass wir sie im Hinblick auf ihre Interessen und Talente fördern. Ihre Fragen stets wahrheitsgemäß beantworten. Uns ihre Ängste und Sorgen anhören und diese auch ernst nehmen. Sie keineswegs mit Liebesentzug bestrafen, wenn ihr Verhalten nicht unseren alten Gewohnheitsmustern entspricht, sondern dass wir in aller Ruhe mit ihnen über unangemessenes Verhalten reden und unsere Entscheidungen klar und altersgemäß begründen, damit sie auf diese Art ein moralisch sinnvolles Handeln erlernen können. Der Umgang mit ihnen sollte auf alle Fälle von Respekt, Wertschätzung, Liebe und Feingefühl bestimmt sein.

Die *Regenbogen-Kinder* (geboren in den sogenannten „Nullerjahren" nach der Jahrtausendwende) gelten als die dritte Generation an Lichtkindern. Von ihnen wird gesagt, dass sie ein sehr waches Bewusstsein haben und in ihrer Spiritualität sehr hoch entwickelt sind, da sie bereits sehr alte Seelen sind. Wie schon die Indigo- und Kristall-Kinder sind auch sie sehr sensitiv und verfügen über mediale Fähigkeiten. Ihre Aufgabe ist es, in unser Leben vermehrt einen Ausgleich zwischen den männlichen und weiblichen Energien zu bringen, insgesamt für mehr Klarheit zu sorgen, sowie Freude, Liebe und Frieden zu manifestieren.

Regenbogen-Kinder sind mit besonderen Heilenergien auf die Welt gekommen und stehen mit ihrer hochenergetischen Aura für die Einheit von Himmel-Mensch-Erde. Sie wissen, dass Harmonie und Liebe ausreichen, um die Welt zu verbessern. Für ihre Erziehung ist es wichtig, dass sie so angenommen und akzeptiert werden, wie sie sind, denn indem wir ihre Einzigartigkeit (Individualität) tolerieren, vermögen sie es, bereits aus sich selbst heraus ihren Beitrag zu leisten für die Umwandlung und Neugestaltung bestimmter gesellschaftlicher Prozesse.

Delfin-Kinder kommen seit den 90er-Jahren vermehrt zur Welt. Wie Ihr Name schon sagt, gelten sie als besonders lebensfroh, positiv gestimmt, verspielt, sozial, feinfühlig, tierlieb, liebevoll, spirituell und vor allem als sehr stark mit dem Element Wasser verbunden.

Entsprechend dieser „Frohnatur" ist es ihre Aufgabe, vor allem Harmonie und Freude zu versprühen und den Menschen wieder zu mehr Leichtigkeit und Lebensfreude zu verhelfen. Zusätzlich fördern sie vor allem das Verständnis untereinander und tragen so auch wieder zu einem Mehr an Liebe bei. Sie verfügen über eine stark ausgeprägte Intuition und lassen sich sehr gerne von ihren Gefühlen leiten. Zudem zeichnen sie sich durch eine besondere Menschenliebe aus und sind sehr stark mit der Natur und den Naturwesen verbunden. Ihre Fantasie gilt als außergewöhnlich. Das Hellsehen und die Hellsichtigkeit zählen bereits zu ihrer Begabung, die sie in dieses Leben mitbringen.

Da diese Kinder sehr harmonieliebend sind, stellen sie weder ihre Eltern noch Erzieher vor größere Herausforderungen, sind jedoch keineswegs gewillt, Anweisungen zu befolgen, deren Notwendigkeit und Sinn sich ihnen nicht erschließt. In diesem Falle ist es wichtig, auf diese Kinder einzugehen und ihnen den entsprechenden Sachverhalt bzw. die Notwendigkeit für ein bestimmtes Verhaltensmuster zu erklären, das von ihnen gefordert wird. Dabei ist es wichtig, ganz offen mit diesen Kindern über alles zu sprechen, mit ihnen gemeinsam die Dinge zu reflektieren, um auch auf ihre Vorschläge einzugehen. Sie wollen sich in erster Linie frei entfalten, ihre Talente leben und ihr Licht in die Welt bringen.

Ihre Aufgabe ist es, mehr Toleranz und Freiheit sowie Frieden und Liebe zu den Menschen zu bringen. Eine ihrer besonderen Begabungen ist, die Dinge jeweils aus einer ganz anderen

Perspektive heraus zu betrachten, und dabei vermehrt lösungsorientiert zu denken.

Auch bei den *Diamant-Kindern* spricht der Name bereits für sich. So vielseitig facettiert ein Diamant ist und Licht dadurch auf eine ganz besonders schöne Art und Weise wiedergibt, so tragen auch diese Lichtkinder ein ganz besonderes Licht in sich. Man spricht hier auch von einer sogenannten „diamantfarbenen" Aura, die diese Kinder haben.

Diamant-Kinder kommen ebenfalls bereits schon seit circa 2009 zur Welt. Ihre Aufgabe ist es, mit ihrem Licht in die Welt hineinzustrahlen und diese dadurch Stück für Stück besser zu machen. Mit ihrer diamantfarbenen Aura erhöhen sie die Strahlkraft des Lichts und verstärken so die bereits vorhandenen kollektiven lichtvollen Energien.

Einige besondere Merkmale, die diesen Kindern zugesprochen werden, sind, dass sie ebenso robust und stark sind wie ein Diamant. Daher auch ihr Name. Ihre Ausdauer und Robustheit zeigen sie vor allem dann, wenn sie selbst unter den schwierigsten Lebensbedingungen aufwachsen und sich vor eine Vielzahl von Herausforderungen gestellt sehen. Trotz dieser äußeren Bedingungen wird sich das Diamant-Kind seine positive Grundstimmung bewahren und von innen heraus in die Welt hineinstrahlen.

Von Diamant-Kindern sagt man, dass sie – im Vergleich zu allen anderen Lichtkindern – Wissen bereits viel schneller aufnehmen und speichern. Sie zeichnen sich durch eine hohe Allgemeinbildung aus und interessieren sich für nahezu alle Wissensgebiete. Doch statt mit ihrer Begabung zu prahlen, sind sie ausschließlich daran interessiert, damit etwas Gutes zu tun, um anderen damit zu helfen. Somit haben sie stets das Wohl der Menschheit im Sinn und verfügen über einen gut ausgeprägten Gemeinschaftssinn.

Diese komplett neue Generation an Kindern, die ich Ihnen hier vorgestellt habe, macht es erforderlich, dass sowohl ihre Eltern, Erzieher und Pädagogen als auch die Gesellschaft an sich lernt, sich neu auf diese Kinder einzustellen, um entsprechend positiv zu reagieren, denn ihre Art zu lernen und Sachverhalte zu verarbeiten, ist einfach anders, als wir dies bislang gewohnt waren.

Mit der Art und Weise, wie wir diese Kinder bislang unterrichten und im Hinblick auf ihre Leistung bewerten, werden wir ihnen nicht mehr gerecht. Statt in den alten Strukturen verhaftet zu bleiben, wäre es viel wichtiger, die Kinder da abzuholen, wo sie wirklich stehen.

Dabei kann und darf es nicht mehr nur um unser bislang favorisiertes Leistungsdenken gehen. Wie im Sport (zum Beispiel beim Bergsteigen) fände ich es wichtig, dass sich der Lehrer nicht an den Besten der Klasse, sondern an den Schwächsten orientiert, damit auch sie mitkommen. Damit auch sie gemeinsam mit den anderen sowohl das Klassenziel als auch den „Gipfel der Menschlichkeit" erreichen können.

Auch der Erziehung durch das Elternhaus kommt hier eine sehr wichtige Rolle zu. Diese Kinder brauchen nämlich allesamt ein Mehr an Zeit mit ihren Eltern. Sie wollen gesehen werden, wollen gehört werden. Sie brauchen allgemein mehr Wertschätzung und Liebe. Mehr Verständnis für ihre Sensibilität und Empathie. Aufgrund ihrer Andersartigkeit denken, fühlen und reagieren sie nicht nur anders, sondern sind insgesamt viel zarter besaitet als die Kinder früherer Generationen. Dies Bedarf eines ganz anderen Blickes der Eltern auf ihr Kind.

Schließlich sollte nicht vergessen werden, dass diese Kinder über kurz oder lang die Väter und Mütter künftiger Generationen sind, und dass sich aus ihnen eine neue Art des Miteinanders mit neuen gesellschaftlichen Strukturen entwickeln wird.

Meiner Meinung nach wäre es von daher äußerst wichtig, dass wir ihnen sowohl als Eltern als auch als Lehrer mehr Gehör schenken, uns ihre Bedürfnisse, Wünsche und alternativen Vorschläge sowohl im Hinblick auf Beziehung als auch Erziehung anhören. Gemeinsam mit ihnen neue Formen eines gesünderen und vor allem auch eines bewussteren Miteinanders diskutieren

und so gemeinsam für alle Beteiligten eine neue Lebensgrund-
lage erschaffen, anstatt weiterhin an den alten Lehrmethoden,
Erziehungsformen und Strukturen festzuhalten. Stellen Sie sich
eines dieser Kinder vor, das zu Ihnen sagt:

> „Wenn ich nur darf, wenn ich soll aber nie kann,
> wenn ich will,
> dann mag ich auch nicht, wenn ich muss.
> Wenn ich aber darf, wenn ich will, dann mag ich auch,
> wenn ich soll.
> Und dann kann ich auch, wenn ich muss."

Ich habe diesen Spruch auf einem Pinterest-Plakat gelesen und
finde ihn so genial, weil er in Kurzform genau das sagt, worum
es geht. Der Text wird *Heinz Schirp*[12] zugesprochen.

Oder um es noch einmal ganz anders mit Worten von *Albert Einstein*[13] zu sagen:

> „Der Sinn des Lebens besteht nicht darin,
> ein erfolgreicher Mensch zu sein,
> sondern ein wertvoller."

---

12 Heinz Schirp: Wenn ich nur darf, … Pinterest-Plakat. Abrufdatum
   06.01.2021, von https://www.pinterest.de/pin/32088216080880402/
13 Albert Einstein: Der Sinn des Lebens … Pinterest-Plakat.
   Abrufdatum 06.01.2021, von
   https://www.pinterest.de/pin/724305552544282774/

Das Wertvolle an Kindern ist, dass sie über die kostbare Gabe der Fantasie noch verfügen. Wie schade, wenn wir uns für sie verschließen, ohne uns mit ihrer Hilfe eine wunderbare Zukunft gemeinsam zu gestalten, denn nur gemeinsam sind wir stark, was ebenfalls bereits schon *Albert Einstein*[14] zu sagen wusste:

„Phantasie ist wichtiger als Wissen, denn Wissen ist begrenzt."
„Phantasie ist alles. Es ist die Vorschau auf
die kommenden Ereignisse des Lebens."

Erziehung und Werte-Bewusstsein

Von klein auf wachsen wir in das Wertesystem unserer Eltern hinein und folgen über Jahre hinweg ihren Werten, die mit der Zeit folglich auch unsere werden. Solange es uns damit gut geht, stellen wir sie kaum in Frage, sondern übernehmen sie und leben bewusst wie unbewusst nach ihnen. Mit den verschiedensten Lebenssituationen geben uns die Eltern Beispiel, welche Werte für sie wichtig sind.

Lob, Zuwendung und Liebe erfahren wir, wenn wir ihren Werten entsprechen. Gleiches kann uns aber auch entzogen werden, wenn wir uns nicht angepasst bzw. normgerecht verhalten. Erst Institutionen wie Kindergarten und Schule sowie die Zugehörigkeit zu einer bestimmten Glaubensgemeinschaft bzw.

---

14 Albert Einstein: Phantasie. Abrufdatum 06.01.2021, von
https://beruhmte-zitate.de/zitate/127192-albert-einstein-phantasie-vorstellungskraft-ist-wichtiger-als-wiss/
https://beruhmte-zitate.de/zitate/1958089-albert-einstein-phantasie-ist-die-vorschau-auf-die-kommenden-ereig/

Gesellschaft und Kultur erweitern unser Verständnis von Werten, sodass wir lernen, welche gesamtgesellschaftlich gesehen wünschenswert sind. Solche Werte sind zum Beispiel:

Aufrichtigkeit, Ehrlichkeit, Fairness, Nächstenliebe, Beziehungsfähigkeit, Gelassenheit, Gerechtigkeit, Mut, Zivilcourage, Sanftmut, Großzügigkeit, Disziplin, Willensstärke, seelische Stärke, Offenheit, Vertrauen, Sanftmut, Achtsamkeit, Hilfsbereitschaft, Bescheidenheit, Toleranz, Ordnung, Einfühlungsvermögen, Verständnis, Liebe, Mitgefühl, Sicherheit, Erfolg, Freiheit, Gesundheit, Zuverlässigkeit, Treue, Intimität, Innerer Friede, Harmonie, Fülle ...

In meinem ersten Buch *Meine Seele will endlich fliegen. Raus aus der Ohnmacht – rein in die Schöpferkraft!* habe ich in einem Kapitel bereits über die Werte geschrieben. Im Zusammenhang mit der Erziehung liegt es mir am Herzen, noch einmal auf die Bedeutung der Vermittlung guter Werte zu sprechen zu kommen und aufzuzeigen, warum sie sich im Laufe unseres Lebens mitunter auch verändern.

So wie wir hinsichtlich der Jahreszeiten in der Natur einem steten Wandel von Frühjahr, Sommer, Herbst und Winter oder dem Wandel von einem Sonnentag zu einem Regentag unterliegen, vollzieht sich auch in uns ein Wechsel vom Säugling, zum Kleinkind, zum Schulkind, zum Teenager, zum jungen Erwachsenen etc. Ein Wandel, den wir jederzeit mit unseren Augen beobachten können, findet er doch im sichtbaren Feld des Außen statt. Doch auch in uns vollzieht sich dieser stete Wandel. Zum einen auf körperlicher, geistiger und seelischer Ebene, und zum anderen auch im Hinblick auf unsere Werte.

Das, was uns mit fünf, zehn, fünfzehn, zwanzig, dreißig Jahren als wichtig und damit auch als wertvoll erschien, ist unter Umständen bei vielen von uns nicht mehr vergleichbar mit dem, was wir heute mit 50 *plus* als wertvoll und wichtig erachten.

Von Lebensaltersstufe zu Lebensaltersstufe findet immer wieder einmal ein Wertewandel statt. Oft geschieht dieser ganz unbemerkt. Eines schönen Tages stellen wir fest, dass das, was für uns in den letzten Jahren noch seine Gültigkeit hatte, so nicht mehr von Bedeutung ist. Wir sind den alten Werten entwachsen, ohne es sofort zu bemerken. Erst eine bestimmte Situation mit Person A und Person B hat uns darauf aufmerksam gemacht, dass hier für uns gerade eine Veränderung im Hinblick auf unser Werte-Bewusstsein geschieht. Und jetzt, wo wir darüber nachdenken, fällt uns auf: Hier hat sich tatsächlich ein Wert verändert bzw. hat heute für mich nicht mehr so die Priorität wie er dies sehr lange Zeit hatte. Dafür sind mir jetzt andere Werte umso wichtiger geworden, die mir nun am Herzen liegen, sodass ich danach mein Leben nach und nach neu ausrichten mag.

So überlegen wir uns zum Beispiel schon als Teenager und junger Erwachsener, ob wir ein Leben nach den Werten unserer Herkunftsfamilie leben wollen. Dass wir darüber nachdenken und eine Veränderung anstreben, ist nur natürlich. In aller Regel findet mit der Adoleszenz der bewusste Wertewandel statt. Die Zeit der Pubertät bringt es mit sich, dass wir uns – oft durch den Freundeskreis oder die erste Partnerschaft bedingt – erste Gedanken machen und uns fragen, nach welchen Werten wollen wir eigentlich leben. Will ich weiterhin nach den Werten von Mama und Papa leben? Welche Werte, die sie mir vorgelebt haben, sind gut für mich, welche nicht? Und so fragen sich Sohn und Tochter: Will ich weiterhin an dem Rollenvorbild von Mama/Papa festhalten und einmal so werden und leben wie sie? Welche Werte meiner Mutter/meines Vaters haben für mich Bestand? An welchen Werten orientiere ich mich? Warum sind mir diese wichtig? Welche Werte bedürfen für mich der Veränderung? Wenn ja, warum?

Um von Jahr zu Jahr – vergleichbar einem Baum – zu wachsen und nach und nach zu dem Menschen zu werden, als der wir angelegt sind, dafür sind wir hier. Diese Reise „Leben" sind wir allein aus dem Grund angetreten, weil unsere Seele wachsen will. Dafür hat sie sich dieses Leben ausgesucht. Hat sich all diese Aufgaben in den „Lehrplan des Lebens" geschrieben, wohl wissend, dass Wachstum nur durch den Schmerz steter Veränderung und Wandlung geschieht.

Und so wie sich in unserem Leben im Außen von Zeit zu Zeit eine Veränderung vollzieht, findet dieser Phasenwechsel zyklisch auch im Bereich unserer Werte statt. Sobald in unserem Spiel des Lebens eine nachhaltige Veränderung geschieht und wir neue Menschen (Partner, Freunde, Kollegen) kennenlernen, führt das in aller Regel auch dazu, dass wir uns fortan nicht mehr nur an unseren eigenen Werten orientieren, sondern diese mit den anderen auch abgleichen, auch dann, wenn dies unbewusst geschieht.

Sinnvoll und wichtig ist es auf alle Fälle, dass wir unsere Werte kennen, da sie der Motor unseres Handelns sind. Sie zeigen an, was uns am Herzen liegt, was für uns erstrebenswert ist. Sie führen uns – vergleichbar einem Kompass – auf unserem Lebensweg und werden sogar zur Basis für das Bild, das wir uns von der Welt machen.

Um im Spiel des Lebens zu gewinnen und ein bewusstes Leben nach unseren Werten zu führen, ist es sinnvoll, unsere ganz *persönlichen* Werte zu kennen (zumindest die fünf wichtigsten), denn sind wir uns ihrer nicht bewusst, leben wir mitunter unbewusst selbst Jahrzehnte später noch immer nach den Werten, die uns unsere Eltern und Großeltern anerzogen haben. Damit stellt sich jedoch die Frage: Wessen Leben leben wir?

Kennen wir unsere Werte, erleichtert dies unser Leben, zumal sie der Referenzrahmen sind, über den wir gemeinsam mit Familie, Partner, Freunden, Kollegen sprechen können. In schwierigen Situationen oder in Zeiten der Unsicherheit helfen sie uns auch, wichtige Entscheidungen im Hinblick auf unsere Ziele zu treffen sowie Prioritäten zu setzen. Zugleich sind sie auch der Orientierungsrahmen für persönliche Bedürfnisse und Wünsche. Werte klären unseren Blick für das Wesentliche und verschaffen uns persönliche Freiheit. Sind wir im Einklang mit unserem *eigenen* Wertesystem, sind wir nicht nur glücklicher und zufriedener, sondern verfügen über mehr Lebensfreude und Energie.

Unsere Werte zu kennen lässt uns wissen: Lebe ich selbstbestimmt oder fremdbestimmt? Kenne ich meine Werte, dann bin ich in Verbindung mit mir. Sie helfen mir den Sinn *meines Daseins* zu erkennen und ein Ziel für *mein* Leben zu formulieren. Authentisch und integer sein heißt für mich: Wie sehr lebe ich in Übereinstimmung mit *meinen* Vorstellungen, Idealen, Zielen und Werten.

Jede Familie braucht ihre eigene *Wertekultur*. Jede Beziehung braucht ihre *Wertekultur*. Auch Freundschaften brauchen ihre *Wertekultur*. Jeder Betrieb, jedes Unternehmen braucht seine eigene *Wertekultur*. Ist das nicht der Fall, leben wir aneinander vorbei, weil wir auf Herzensebene nicht die gleiche Sprache sprechen.

Der wichtigste Wert ist für mich die Liebe. Sie ist der wertvollste Wert, den Eltern ihren Kindern mitgeben können. „*LIEBE*" – im Sinne von *Liebe zum Menschen an sich*. Was für mich so viel heißt wie: So wie ich das Göttliche in mir sehe, sehe ich auch das Göttliche in dir. Ich sehe meinen Bruder, meine Schwester in dir. Ich achte, respektiere und liebe dich so, wie du bist.

Sind wir mit unserem Gegenüber in einer wertschätzenden, wohlmeinenden und guten Beziehung und kommunizieren wir auf gleicher Augenhöhe mit ihm, dann lieben wir. Dann erziehen wir mit dem Herzen und erziehen in Liebe. Dann haben wir dem Kind wirklich etwas zu geben, was für sein weiteres Leben von größter Wichtigkeit ist.

Kein Schatz der Welt vermag diesen Schatz, der sich uns durch die Liebe offenbart, aufzuwiegen. Wenn wir alles, was wir tun, aus dem Herzen heraus und in Liebe tun, dann ist dies das Schönste, was es gibt. Vermögen wir dies, dann sind wir in wahrer Beziehung mit den anderen *und* mit uns selbst. Dann gelingt uns das Leben. Dann gehört uns die Welt. Dann zeigt sich uns bereits hier auf Erden das Paradies. Dann öffnen sich für uns Türen zu einem Leben, das wahrlich traumhaft ist.

Liebe ist und bleibt der kostbarste Schatz *und* Wert, den die Eltern ihren Kindern vorleben sollten, denn mit dem Vertrauen in die Liebe zwischen Eltern und Kind entwickeln diese auch das notwendige Vertrauen in sich und in ihr Leben. Wird ihnen beides von Anfang an gegeben, vermögen sie es, sich ihre eigene Welt ebenfalls in Liebe zu erschließen.

Zwar gibt es in jedem Leben von Zeit zu Zeit immer wieder auch einmal Enttäuschungen, Verletzungen, Auseinandersetzungen, kontroverse Diskussionen und Konflikte, doch ruht unsere Beziehung auf dem Fundament der Liebe, dann sind dies Erschütterungen nur vorübergehender Natur. Dann kann es – wenn es gar nicht anders geht – auch mal gewittern oder hageln, stürmen oder frostig sein. Sind wir wirklich von Herz zu Herz miteinander verbunden, ist die Liebe um ein Vielfaches stärker als jedes Zerwürfnis, als jeder Streit. Dann findet sowohl jeder für sich als auch die Familie untereinander wieder Zugang zum anderen. Dann führen neben der Herzverbundenheit Mitgefühl, Sympathie und Empathie auch wieder zusammen, was die Liebe vereint.

So wie nach einem Sonnentag oft ein Regentag folgt, so gilt es zu verstehen, dass hin und wieder auch einmal die Beziehung zum anderen einer Reinigung und Erneuerung bedarf. Leben dies Eltern ihren Kindern von Anfang an auf eine wohlwollende und konstruktive Art und Weise vor und begegnen sie sich trotz des Konflikts wertschätzend und die Würde des anderen achtend, so ist dies wohl das Gesündeste und Wertvollste, wie sie ihren Kindern zeigen können, wie dauerhafte Liebe im Leben wahrhaft funktioniert.

Auch in der Beziehung zu unseren Geschwistern bedarf es der Begegnung von Herz zu Herz, sonst nehmen unter Umständen Gefühle von Neid und Eifersucht überhand, wenn das eine Kind glaubt, dass sein Geschwister ihm ständig vorgezogen wird, und der Bruder oder die Schwester mehr an Liebe erhält als es selbst. Das verdunkelt nicht nur die Gedanken des Kindes und mindert seine Freude an den anderen, sondern zieht sich letzlich wie ein roter Faden durch alle seine Beziehungen. So hat es ständig das Gefühl, im Leben und in der Liebe zu kurz gekommen zu sein, was letztlich eine tiefe Seelenwunde nach sich zieht.

Erziehung als „Hemmschuh" der Liebe zu uns selbst

In der Antike machten sich die Menschen noch Gedanken darüber, wie sich Liebe am besten definieren und beschreiben lässt und welche Arten von Liebe es gibt. Heutzutage wissen wir von alledem nicht mehr viel. Liebe wird heute viel zu sehr reduziert auf die rein körperliche Liebe. Auf die Sexualität. Dabei ist die reine, wahre Liebe noch so unendlich viel mehr.

Ich weiß:

> „Liebe ist nicht alles, aber ohne Liebe ist alles nichts."
> *Autor unbekannt*

Ich bin davon überzeugt, dass es den Kindern und Jugendlichen guttäte, wenn sie zumindest ab dem Besuch einer weiterführenden Schule (ab dem 10. Lebensjahr) im Sinne einer Allgemeinbildung auch etwas über die verschiedenen Arten der Liebe erfahren würden. So könnten sie bereits früh lernen, dass es neben der körperlichen Liebe (dem Eros) noch weitere Arten an Liebe gibt, auf die unser Miteinander im Wesentlichen begründet ist.

Bislang wird an den Schulen vornehmlich im Fachunterricht Biologie die Sexualerziehung gelehrt, was ich nach wie vor gutheiße, denn es gibt selbst heute noch Eltern, die – aus welchen Gründen auch immer – mit ihren Kindern über die grundlegendsten und natürlichsten Dinge des Lebens nicht reden können oder wollen, so schambesetzt, wie sie selbst einst erzogen wurden.

Doch wenn Eltern dies nicht vermögen, wäre es ihre Pflicht im Interesse und der Liebe zu ihren Kindern, sich anzuschauen, woher ihre Befangenheit kommt, mit ihrem Kind über die Unterschiede des männlichen und weiblichen Körpers, der körperlichen Liebe und Sexualität, aber auch über die verschiedenen Arten von Liebe – auch die Selbstliebe – zu sprechen. Andernfalls geben sie – wenn auch unbewusst – diese Schwäche an ihre Kinder weiter, die das vertrackte Spiel quasi wieder von vorne beginnen im Sinne von: Schau ich mir meine Probleme diesbezüglich an oder gebe ich sie weiter? Was sagt die Liebe (zu meinen Kindern) dazu?

Mein Leben hat mich gelehrt: Ohne die Liebe zu mir selbst fehlt mir ganz entscheidend ein klarer Bezug zu mir. Dann bin ich in diesem Leben vielleicht „gehimmelt", aber nicht „geerdet". Dann funktioniere ich mehr, als dass ich lebe. Doch wäre es nicht bedeutend schöner, mit uns selbst im Einklang, in Harmonie, in der Verbundenheit und letztlich damit auch in der Liebe zu sein?

Ich finde, dass es für jeden Einzelnen von uns wichtig ist, sich viel mehr darauf zu besinnen, was unser Leben wirklich lebens- und liebenswert macht. Die Arbeit? Der berufliche Erfolg? Ein Leben im „Hamsterrad" der Pflichterfüllung? Unser Gewinn- und Profitstreben? Das schnelle Auto? Die vielen Reisen? Das viele Geld? ...

Oder sind es nicht ganz andere Werte, die von weitaus wichtigerer Bedeutung sind? Was, wenn es die Aufgabe von *Krankheit* und *Krise* ist, uns auf die Suche danach zu schicken, was die wahren Werte unseres Lebens sind? Was, wenn gerade sie eine wichtige Botschaft für uns haben, auf die wir sonst nie hören würden, würden uns die zwei „Ks" nicht auf ihre Art darauf aufmerksam machen? Nicht umsonst heißt es, dass in jeder Krise eine Chance zu finden ist.

Als ich mir meine Krise anschaute, um mich zu fragen, was sie mich lehrt, sollte ich so ziemlich als Erstes erkennen, dass ich mich – wenn auch unbewusst – mein Leben lang immer mehr von der Liebe entfernt habe, als ich dies ursprünglich einmal wollte. Und dies, weil ich eine riesige Angst davor hatte, in Liebe zu mir, zu meinen Bedürfnissen, meinen Wünschen und meinen Gefühlen zu stehen, weil ich befürchtete, dass ich dann die Liebe der anderen (Eltern, Partner, Freunde) verlieren könnte.

Stattdessen habe ich mich lieber in der Arbeit versteckt. Beruflich nach Erfolg gestrebt, um darüber die Anerkennung und Wertschätzung für meine Arbeit zu erhalten, die ich mir selbst nie gegeben hatte. War ziemlich unzufrieden mit mir und habe mich sehr viel mit anderen verglichen. Dabei stets auf diese laute, mitunter sogar recht aggressive Stimme meines inneren Kritikers gehört, sodass ich die kleine zarte Stimme meines Herzens gar nicht mehr hören konnte, die weiß Gott wie lange schon versucht hatte, mich völlig verzweifelt zu fragen: „Bist das denn überhaupt noch du?"

Auf diese und noch so manch andere Art und Weise habe ich mich selbst verbogen und wenn ich es genau nehme, sogar belogen und betrogen. Habe stets das Beste von mir verlangt, um nur ja zu genügen, um das zu bekommen, wonach sich mein *Ego* sehnte.

Wie oft habe ich mir dabei jedoch selbst die Liebe versagt, um nur ja im Hamsterrad des Funktionierens auch weiterhin schön brav vor mich hinzustrampeln, statt mir Gedanken darüber zu machen, was mein Leben wirklich schön und liebenswert macht.

Zuletzt habe ich mich sogar noch darin belogen, weil ich mir eingeredet hatte, dass ich das, was ich mache, von Herzen gerne tue. Wenn ich heute darüber nachdenke und ganz ehrlich bin, dann muss ich mir eingestehen, dass mich das Ganze vielleicht gerade einmal insoweit erfüllte, bis ich die wesentlichen Arbeitsprozesse einigermaßen gut erlernt hatte. Solange für mich alles neu war, fand ich Gefallen daran, weil ich ein sehr wissbegieriger Mensch bin.

Zudem hatte ich eine Vision von der Schule des 21. Jahrhunderts und glaubte in den ersten Jahren noch ganz fest daran, dass ich an der Institution Schule zumindest insofern etwas verändern könnte, dass der ganze Schulbetrieb nicht nur nach den Interessen von Wirtschaft und Politik funktioniert, sondern dass es möglich sein sollte, das Kind, den Lehrer und damit den Menschen an sich wieder mehr in den Mittelpunkt zu stellen.

Was ich wollte, war, den Schulbetrieb für alle Beteiligten (Lehrer, Schülern *und* Eltern) ruhiger, humaner, abwechslungsreicher, freudvoller und vor allem liebevoller zu gestalten. Wovon ich träumte, war, aus Schule einen Ort wahrer Begegnung zu machen, in der es mehr um den Menschen als um den Leistungsgedanken geht. – Von dem, was ich sonst noch träumte und was mich die Realität stattdessen lehrte, erzählt dann vielleicht mein drittes Buch.

Weil mir Kinder sehr am Herzen liegen und ich meinen Beruf über 27 Jahre liebte, habe ich wider die Vernunft gehandelt und versucht, nach wie vor durchzuhalten, statt mir einzugestehen, dass es bedeutend wichtiger für mich gewesen wäre, in Liebe zu mir selbst zu stehen und genau dann die Veränderung herbeizuführen, als ich gemerkt hatte, dass die Vorzeichen im Spiel meines Lebens immer mehr von Dur nach Moll wechselten.

Vor lauter Pflichtgefühl, aber auch, weil ich mich vor der Wahrheit fürchtete, versteckte ich mich lieber hinter meiner Arbeit, sodass es letztlich des kompletten Zusammenbruchs bedurfte, bevor ich lernte zu erwachen und mir mein bisheriges Leben genauer anzusehen. In diesem Sinne war die Krise unausweichlich für mich, auch wenn sie noch so kräftezehrend und dramatisch war.

In meinem Falle musste erst mein ganzes System kollabieren, weil ich es anders nicht gewagt hatte, dem Rechnung zu tragen, was ich intuitiv bereits seit längerer Zeit in mir spürte, auch wenn ich es noch so geschickt verdrängte. So habe ich mich vergleichbar einem Marathonläufer bis zum Äußersten getrieben, ohne auf all die Vorzeichen zu sehen und zu hören, die mir sowohl mein Körper als auch meine Umwelt als Botschaften verschiedenster Art bereits sandten.

Wie die drei Affen wollte ich weder etwas sehen noch hören noch verstehen. So gut war ich zu einem braven und systemgetreuen Menschen erzogen und habe dabei bestens funktioniert. Habe mich selbst dabei aber von Jahr zu Jahr immer mehr verloren, statt auf mein Herz zu hören. Im Grunde genommen habe ich nämlich ein Leben gelebt, das nicht in jeder Hinsicht wirklich das meine war. Indem ich mich den Bedürfnissen und Wünschen anderer viel zu sehr angepasst hatte, habe ich den Bezug zu mir selbst komplett verloren. Hat sich dies für mich ausgezahlt? – *NEIN!*

Erst die Krise vermochte es, mich aus meinem Dornröschenschlaf nachhaltig zu erwecken, für die ich hier heute – vier Jahre später – mehr als dankbar bin. Ich musste erst in allen Bereichen meines Lebens alles verlieren, woran ich je geglaubt hatte. Egal, ob dies ideelle oder materielle Werte sind. Der Krise war dies egal. Sie nahm mir einfach alles, um mich aus dem Zustand des Dämmerschlafes herauszuholen. Mich quasi auf „null" zu setzen. Sie zwang mich richtiggehend in die Knie.

Und so, wie das Loslassen im Außen (von Partner, Beruf etc.) für mich unabwendbare Realität wurde, verlangte das Leben von mir die Hinwendung zu mir selbst. Die Innenschau, um mir auch ja ganz genau die Welt meiner Schatten und Gespenster anzuschauen. Oft kam ich mir in dieser Zeit wie Odysseus vor, der auf seiner zehn Jahre währenden Odyssee auch in die Unterwelt hinabzusteigen hatte und sowohl dort als auch unter den Lebenden so manches Abenteuer zu bestehen hatte, das selbst ihn des Öfteren an den Rand der Erschöpfung trieb. Auch in diesem Sinne verlangte das Leben Demut von mir.

Heute weiß ich, dass ich selbst es war, die aufgrund meiner Gedanken und Gefühle dem Fluss des Lebens und damit aber auch dem Fluss der Liebe im Wege stand. Unser Leben – mit allem, was da ist – ist niemals gegen uns, auch wenn es manchmal so aussehen mag. Was ich für mich aus allem gelernt habe, ist: *Das Leben ist immer für uns.* Und dies jeden Tag. Egal ob es hagelt, stürmt oder schneit, oder ob die Sonne scheint. Von daher lohnt es sich, stets in der Liebe zu sein. In Liebe zu sich und in Liebe zu allen anderen. Laden wir statt der Angst die Liebe in unser Leben ein, gelingt uns das Leben, gelingt uns der Tag. Erwartet uns Freude und Sonnenschein. Eines meiner Lieblingsgedichte von *Joseph von Eichendorff* [15] war bereits zu Schulzeiten sein Gedicht von der „Wünschelrute".

---

15 Joseph von Eichendorff: Wünschelrute. Abrufdatum 06.01.2021, von http://www.lyriktheorie.uni-wuppertal.de/lyriktheorie/texte/1838_eichendorff.html

Schläft ein Lied in allen Dingen,
Die da träumen fort und fort,
Und die Welt hebt an zu singen,
Triffst du nur das Zauberwort.

Schon damals habe ich mich immer und immer wieder gefragt, was meint Eichendorff wohl mit dem „Zauberwort"? Über Jahrzehnte hinweg habe ich die Antwort nicht gefunden. Heute jedoch steht für mich fest: Es kann nur die *LIEBE* sein.

Doch was tun, wenn sich uns die Liebe aus welchen Gründen auch immer nicht so in unserem Leben zeigt, wie wir uns dies wünschen? Was haben wir dann falsch gemacht? Was? Was war bzw. ist der Auslöser dafür, dass es ist, wie es ist?

Kann ich dafür jemanden verantwortlich machen? Unseren Partner/unsere Partnerin oder gar unsere Eltern? Was, wenn wir die Verantwortung an sie abgeben? Geht es uns dann besser? Kann ich dann doch zumindest sagen: „Du, Mama, du, Papa, hast es versäumt, mir damals im Alter von xx dies oder das zu geben. Und weil dem so ist, habe ich heute dieses und jenes Problem?"

Ist es das, was mir dann im Hinblick auf meine eigene Situation Erleichterung zu geben vermag? – Stimmt das? Stimmt das wirklich so? Ist das gerechtfertigt, dass ich einfach behaupte, Mama, Papa, mein Partner oder meine Partnerin waren's oder gar der Kollege oder die Kollegin oder vielleicht mein Chef/meine Chefin? Zuletzt vielleicht sogar mein Kind, der Schüler, die Lehrerin, der Nachbar etc.?

Sie sehen, auch hier tut sich wieder eine ganz eigene Welt an Fragen auf. Doch machen wir es uns damit nicht einfach zu bequem? Sollte die Frage nicht vielmehr heißen: Wie finde *ich* die richtige Antwort auf dies alles? Die Antwort, die *mich* auch tatsächlich zur Ursache für dies alles führt? Wo fange *ich* diesbezüglich am besten zu suchen an?

In der Betrachtung des Problems kann ich für den Anfang vielleicht in meiner Partnerschaft beginnen, weil die Probleme, die sich hier zeigten, zunächst einmal der Auslöser dafür waren, dass alles genau so kam, wie es kam. Hätte es diese Probleme nicht gegeben, hätten wir alle doch schön brav genau so weitermachen können, wie wir dies schon über die Jahre hinweg praktiziert haben. Sie lesen schon, die Problematik an sich auf den Partner abzuwälzen ist *nicht* zielführend, auch nicht die Variante, sie meinem Chef/der Chefin oder irgendeiner anderen Person in die Schuhe zu schieben. Nichts davon hilft mir weiter. Da kann ich jahrzehntelang in die Therapie gehen.

Wenn ich nicht bereit bin, statt im Außen bei *MIR SELBST* nach dem Verantwortlichen zu suchen, komme ich definitiv nicht weiter. Alles andere sind nur Ablenkungsmanöver. Der wahre „Feind" liegt nicht in meinem Bett. Sitzt nicht mit mir an einem Tisch. Den treffe ich nicht bei mir auf der Arbeit. Und, und, und …

Im Laufe einer Therapie werden wir früher oder später auf das Thema einer *Mutter- bzw. Vaterwunde* zu sprechen kommen. Liegt doch irgendwie ganz nah. Schließlich habe ich es ihnen doch zu verdanken, dass es mich überhaupt gibt. Doch ist es damit getan, dass aus „Dank" im Hinblick auf mein Leben letztlich der „Undank" wird? Haben wir damit wirklich einen Täter? Stimmt das? Stimmt das wirklich?

Was, wenn nicht? Wen bitte schön dürfen und können wir jetzt verantwortlich machen? Wen? Ich brauche doch irgendein Gegenüber, dem ich die ganze Schuld an der Misere in die Schuhe schieben kann. Ich bin doch nur das arme Opfer. Und schon wieder bin ich mittendrin im Täter-Opfer-Spiel. Doch hat es mir jemals geholfen, bei diesem Spiel mitzuspielen? *NEIN!* Nicht wirklich.

Ich habe meine Probleme damit nur wieder einmal gekonnt auf jemand anderen projiziert, der sich, je nachdem, wie er sich verhält, vielleicht mehr oder weniger gut dieses Vorwurfs verwehren kann. Der wunde Punkt, der uns aber als Einziger zu dem Schlüssel führt, der mir früher oder später helfen kann, den wahren Auslöser für das Ganze zu finden, liegt einzig und allein in mir. Es ist von daher eine gänzlich verlorene Zeit, vertane Liebesmüh, den Verantwortlichen im Außen zu suchen, denn der Einzige, der in die Verantwortung zu nehmen ist, bin ich. *ICH, ICH, ICH* – kein anderer! Was nun? Dabei wäre es doch so einfach gewesen auf die Vater- und Mutterwunde zu sehen. Uns wären bestimmt viele Geschichten dazu eingefallen, mit denen wir uns verständlich hätten machen können, dass es der bzw. die andere Person sein muss. Was aber nun? – ??? Meine „Reise" bzw. „Odyssee", die mich meine Seele bei der Betrachtung meiner Seelenwunden machen ließ, hat auch mich zunächst über all die zuvor genannten Umwege (auslösende Momente im Beruf, in der Partnerschaft etc.) bis hin zu meiner vermeintlichen Mutterwunde geführt.

Warum thematisiere ich nachfolgend dann diese aber nicht? Im vorletzten Satz konnten Sie bereits lesen, dass ich das Wörtchen „vermeintlich" der Mutterwunde vorangestellt habe. Warum? Weil mein Schmerz nur *vermeintlich* mit ihr begonnen hat.

Ich gebe zu, dass ich selbst auch über einen viel zu langen Zeitraum hinweg an dieser Wunde durch meine Mutter festgehalten habe, weil ich mich immerzu fragte: „Ja wo bitte soll ich denn sonst noch dem Verantwortlichen suchen? Ich habe mir doch schon so viele Möglichkeiten angesehen. Worum geht es bei dem Ganzen denn wirklich? Bitte, Vater, hilf mir! Hilf mir, zu mir selbst und wieder zurück in die Liebe zu finden."

Was glauben Sie, was als Antwort kam? – „Die wahre Liebe kannst du nur dann in dir finden, wenn du durch den Prozess der Vergebung gehst. Erst wenn du sowohl dir als auch den anderen aus ganzem Herzen alles, was jemals war, vergeben kannst, kannst du wahren Frieden finden. Dieser lebt dann in dir und damit auch im Außen. Erinnere dich: *Frieden beginnt bei dir! Liebe beginnt bei dir! Heilung beginnt bei dir!* Erst wenn du dir deiner emotionalen und mentalen Wunden bewusst geworden bist, sie als wichtige Erfahrungen akzeptierst und auch mit der Welt deiner Gedanken in Frieden bist, kann auf einer tieferen Ebene Transformation und damit letztlich auch das Wunder der Heilung geschehen."

So sollte ich also die Erfahrung machen, dass wir alle nur allzu gerne bei einer Wunde stehen bleiben, die wir einem unserer Eltern zuweisen können. Je nach Ausmaß unserer Verletzung würden wir sie vielleicht sogar am liebsten beide in die Verantwortung nehmen.

Doch wenn wir genauer hinschauen, dabei ganz offen und ehrlich sind, und in der Betrachtung unseres Themas noch ein paar Schritte weitergehen, dann stellen wir irgendwann fest, dass auch sie im Hinblick auf diese Thematik nur ihre eigene Wunde an uns weitergegeben haben. Wie kommt das?

So wie wir selbst, haben auch sie von ihren Eltern gelernt. Und so wie wir das Gute, wie auch die Anteile übernommen haben, die uns heute nicht bzw. weniger zum Vorteil gereichen, so können wir die gesamte Ahnenreihe zurückgehen und werden immer und immer wieder Eltern finden, die ihren Kindern neben all dem Wunderbaren auch die eine oder andere „Last" (ein bestimmtes Lebensthema) mitgegeben haben. Auch wenn dies zwischen Mutter und Kind vollkommen unbewusst geschieht.

Was dabei aber wichtig ist, ist zu wissen, dass die Energie, die dieser Last anhaftet, selbst über Generationen hinweg niemals verloren geht. Wie uns das Energieerhaltungsgesetz lehrt, löst sich Energie niemals auf, sondern erhält sich im System. In diesem Falle eben im Familiensystem.

Nicht nur Körpermerkmale wie die Form der Nase oder die Größe der Ohren werden von Generation zu Generation weitergegeben, sondern auch bestimmte Themen, die im Hinblick auf das gesamte Familiensystem der Heilung bedürfen. Manchmal geschieht dies ganz direkt von Eltern zu Kind. Es kann aber auch sein, dass es vergleichbar einem rezessiven Gen eine Generation überspringt und sich dann erst in der Generation der Enkel zeigt. Treffen bei diesem Kind zu gegebener Zeit verschiedene auslösende Faktoren zusammen, wird das entsprechende Thema aktiviert.

Auch dann, wenn der Ursprung des Ganzen bereits Generationen zurückliegt. Dann keimt das Problem so lange auf, bis diese destruktive Energie von dem betroffenen Familienmitglied als solches erkannt und durch einen Prozess der Akzeptanz und Bewusstmachung befreit wird.

Verstehen wir, dass wir, wie in einer Wiederholungsschleife gefangen, das entsprechende Thema immer wieder re-inszeniert haben und dass wir dabei von Zeit zu Zeit nur die Protagonisten (Eltern, Partner, Kollegen etc.) ausgetauscht haben, dann können wir jetzt durch bewusstes Handeln den negativen Kreislauf für alle Beteiligten unterbrechen.

Sind wir zudem bereit, unsere Verantwortung für das, was war, selbst zu übernehmen und sowohl uns selbst als auch den Eltern und Ahnen zu vergeben und tun dies wiederholt mit der Kraft unseres Herzens, kann Transformation und damit auch Heilung auf einer viel tieferen Ebene geschehen.

Das Thema samt destruktiver Energie, das wir erlösen, hat jetzt nicht mehr die Kraft, noch länger im Familiensystem zu wirken und muss nicht mehr weitergegeben werden. Stattdessen löst es sich auf und das in alle Richtungen von Zeit: in die Vergangenheit, die Gegenwart und die Zukunft.

Wenn wir uns unsere Eltern, Großeltern, Urgroßeltern etc. ansehen und dabei berücksichtigen, in welche Zeit sie hineingeboren wurden und mit welchen Herausforderungen sie zu leben hatten, lernen wir viel besser verstehen, warum sie waren bzw. sind, wie sie sind. Dann erklärt sich uns auch so manches in ihrer Art.

Schauen wir jetzt noch dazu auf das Ganze nicht mit Groll, Verbitterung und Wut, sondern mit Akzeptanz, Mitgefühl und Empathie, können wir ihr Verhalten vielleicht nicht verstehen, weil wir es uns anders gewünscht hätten und weil in uns der Schmerz unter Umständen noch lebt, doch wir können uns mit der ganzen Geschichte viel besser aussöhnen. Können endlich beginnen, unseren Frieden mit der Vergangenheit zu schließen. Die alten Geschichten loslassen und stattdessen uns selbst sowie den Eltern und Ahnen vergeben.

Nach und nach wird uns bei diesem Prozess auch bewusst, auf welche Art wir uns – wenn auch unbewusst – mit unseren Gedanken, Emotionen und Ängsten ein energetisches Feld erschaffen hatten, indem alte Glaubenssätze und Verhaltensweisen samt ihrer destruktiven Energie immer wieder aufleben und keimen konnten.

Gelingt es uns stattdessen, wieder versöhnlicher und liebevoller zu handeln, finden wir wieder unseren Frieden und können wieder lernen sowohl zu uns selbst als auch zu den anderen in Wertschätzung und Liebe zu sein.

Da die Zahl „7" für das Vollkommene steht, können wir auf diese Art und Weise die Themen heilen, die sich über die letzten sieben Generationen hinweg in unserem Familiensystem eingenistet haben. Wenn ich – um ein Beispiel zu geben – das Durchschnittsalter einer Elterngeneration aufgrund der jeweiligen Zeit, in die sie hineingeboren ist, mit sechzig Jahren ansetze und diese mal sieben nehme, sind das insgesamt 420 Jahre. In der Rückblende führt uns dies zurück bis ins 16. Jahrhundert. Also in die Zeit des ausgehenden Mittelalters und des Dreißigjährigen Krieges (1618–1648). Ein entsetzlicher Krieg, der mit seinen katastrophalen Folgen in ganz Mitteleuropa tobte und dessen zerstörerische Energie auch heute noch sowohl in unserem Energie- als auch in unserem Ahnensystem erhalten ist.

Zwar mussten die nachfolgenden Generationen weder Reparationszahlungen noch andere Formen irgendeiner Art von Entschädigung leisten, wie es für Deutschland nach dem Ersten und Zweiten Weltkrieg der Fall war, doch da die Schuld der Teilnahme an diesem verheerenden Krieg von den nachfolgenden Generationen auf diese Art nicht abgegolten wurde, wirkt diese Energie noch immer in unserem Feld. Wir können es glauben oder nicht. Fakt ist, dass selbst diese kriegerische Energie von damals durch uns heute noch immer transformiert werden will.

Wie wir dies tun? Indem wir anerkennen, dass wir nicht immer nur das vermeintliche Opfer sind, sondern dass wir allesamt in einem früheren Leben auch Täter waren.

Sich dies jedoch einzugestehen, ist für viele nicht leicht, weil bereits mit dem Konzil von Konstantinopel (553) die Reinkarnationslehre verworfen wurde, sodass den nachfolgenden Generationen der Glaube an und das Wissen um die Reinkarnation der Seele genommen wurde. Stellt sich die Frage: War diese Entscheidung wirklich von Gott gewollt oder vielmehr von Menschen gemacht? – Eine äußerst interessante Frage, die sich jeder Einzelne von uns für sich selbst beantworten kann, indem er sein Gewissen prüft, seine Seele fragt und ihren Antworten vertraut.

Erziehung bedarf eines bewussten Denkens und Handelns

Wenn wir uns in Erinnerung bringen, dass wir nur zu 5 bis10 Prozent mit unserem bewussten Verstand, jedoch zu 90 bis 95 Prozent mit unserem unbewussten Verstand handeln, dann können wir uns viele Probleme – egal ob im Elternhaus, in Schule oder Arbeitsplatz – aus einer ganz anderen Ebene heraus anschauen und gemeinsam versuchen, künftig sowohl bewusster als auch lösungsorientierter zu denken und zu handeln. Und das im Interesse aller.

Ob wir wollen oder nicht, für jedes Kind ergibt sich früher oder später eine Situation, in der es von einem erwachsenen Gegenüber oder von einem anderen Kind verletzt wird. Dass dies geschieht, können wir selbst beim besten Willen nicht ausschließen. Die Frage ist nur, wie sehr wir verletzt werden und wie wir auf eine solche Verletzung reagieren.

Wie ich an anderer Stelle schon erwähnt habe, speichern wir alles, was wir je an Positivem und Negativem erlebt haben, sowohl in unserem Geist (mind) als auch in unserem Unterbewusstsein ab. Werden die negativen Dinge, die uns mit einem anderen passiert sind, sowohl besprochen als auch reflektiert, dann speichert unser bewusster Geist das soeben Erlernte ab und lernt nicht nur für das Jetzt, sondern auch für die Zukunft dazu.

In diesem Fall sprechen wir von einem Lernzugewinn, da es uns die neu gebildeten Verschaltungen in Gehirn ermöglichen, in künftig ähnlichen Situationen um ein Vielfaches bewusster und schneller zu reagieren, wenn uns Ähnliches noch einmal widerfährt. Dann sind wir in erster Linie nicht mehr verletzt, sondern handeln bewusst, weil wir bereits Lösungswege kennen, um den Sachverhalt zu klären. Dann thematisieren wir, was uns nicht gefällt und teilen dem anderen sowohl unsere Verletzung als auch unsere Wünsche und Bedürfnisse mit. So kann durch das klärende Gespräch zwischen beiden ein neues Beziehungsmuster entstehen. Beide lernen für ihr Leben dazu. Das Feld der Beziehung ist wieder geklärt. Die Energien sind frei.

Ganz anders ist dies jedoch, wenn wir irgendwelche Sachverhalte, die uns mehr oder weniger schwer verletzt haben, nicht mit dem anderen klären. Diese ungeklärten Energien ziehen wir wie einen Rattenschwanz oder einen Nebel hinter uns her und verschaffen uns entweder mit der gleichen oder mit einer anderen Person ganz ähnliche Situationen, bis wir endlich verstehen, dass es da bestimmte sich wiederholende Muster-Themen gibt, die dringend einer Klärung bedürfen. – Doch wie kommt es dazu? Warum können wir die einen Dinge klären, andere wiederum nicht?

Hier kommt unser Unterbewusstsein ins Spiel. Da es alles zu speichern vermag, weiß es genau um die Lernaufgaben, die noch der Bearbeitung bedürfen. Dies können Themen aus diesem, aber auch aus früheren Leben sein. Da es uns helfen will, die alten unausgesprochenen und damit unreflektierten Geschichten zu lösen, bringt es uns zusammen mit unserer Seele in genau die Situationen, die der Bewusstwerdung bedürfen. Und hofft von Mal zu Mal, dass wir es inzwischen vermögen, aus einer anderen Handlungsebene heraus die anstehenden Aufgaben zu lösen.

Bei dieser Vorgehensweise konzentriert sich das Unterbewusstsein vor allem auf die Themen, die karmischen Ursprungs sind. Die wir – aus welchen Gründen auch immer – in einem früheren Leben nicht zu lösen vermochten. Diese zeigen sich uns im jetzigen Leben noch einmal. Bevorzugt bereits im Alter zwischen 0 und 10 Jahren. So werden wir bereits in diesem Alter an genau die Themen herangeführt, die wir mit unseren Eltern, Freunden, Erziehern und Lehrern haben.

Können wir sie bereits in diesem Alter lösen, wenn sie sich uns zum ersten Mal in diesem Leben zeigen, dann ist ja alles gut. Doch wenn nicht, dann sind sie so lange unser heimlicher Lebensbegleiter, bis wir die Angst überwinden, uns das anzusehen, was das ursprüngliche Thema hinter unserem gerade aktuellen Problem denn wirklich ist.

Vermögen wir es bereits als Jugendlicher den Sachverhalt zu lösen, wird die grundständige Energie frei und das Problem gehört der Vergangenheit an.

Anders jedoch, wenn uns das Thema selbst heute noch immer so sehr verletzt, ängstigt, triggert und schmerzt, dass wir nicht aus der souveränen Position des Erwachsenen heraus handeln, sondern nach wie vor als das verletzte Kind. Dann nehmen wir das Problem auch weiterhin als Gepäckstück mit auf die weitere Reise durch unser Leben. Von Partner zu Partner. Von Arbeitsplatz zu Arbeitsplatz. Auch mit auf die Weltreise oder auf unsere Yacht. Und das so lange, bis es sich wirklich löst.

Wenn nicht in diesem Leben, dann in einem künftigen Leben. Zwar wechseln wir von Mal zu Mal unser menschliches Erscheinungsbild mit Körper und Geist, doch was bleibt, sind die Lernaufgaben unserer Seele, die wir von Inkarnation zu Inkarnation mit uns führen. Schließlich sind wir in diesem Erdenrund, um nicht nur Mensch unter seinesgleichen zu sein und unsere menschlichen Bedürfnisse zu leben, sondern um als Seele zu lernen. Um als Seele zu wachsen. Als Seele sind wir hier, haben uns genau dieses Leben, diese Zeit mit allem, was dazugehört (auch mit Krise, Krankheit, Krieg und Leid) gemeinsam mit Gott, unserem himmlischen Vater, ausgesucht, um als Seele das zu lernen, was wir nur in einem menschlichen Körper erfahren können.

Und was noch dazugehört, ist, dass wir uns – egal in welchem Alter – unserer Seelenaufgabe wieder bewusstwerden sollten, die Verantwortung für diese übernehmen, um sie bestmöglich zu leben. Um auch so dem Plan unseres Schöpfers und dem größeren Ganzen zu dienen. Tun wir dies, brauchen wir uns die Frage nach dem Sinn unseres Lebens nie mehr zu stellen, da wir sie ja bereits leben.

Erziehung bedarf bewusst der Liebe

Erziehung bedarf eines Mehr an Liebe, um einander zu vertrauen. Um einander angstfrei zu begegnen, um all die alten Verletzungen und noch bestehenden Wunden zu heilen. Um Karma aufzulösen, sowohl unser eigenes als auch das des gesamten Kollektivs. Als Seele tragen wir in dieser Hinsicht sogar eine doppelte Verantwortung: Einmal gegenüber uns selbst, aber auch gegenüber der Familie und der Gesellschaft, in die wir hineingeboren sind.

Um diese Verantwortung bewusst übernehmen zu können, bedarf es zum einen dem besseren Verständnis für unsere eigene Lebenssituation, aber auch des Wissens darüber, dass wir gegenüber dem großen Ganzen eine Verpflichtung haben.

Das, was jeder Einzelne von uns für sich in seiner kleinen Welt als Krankheit, Krise o. Ä. erfährt, hält uns nur einen Spiegel vor, mit dem es uns zeigt, was es gesamtgesellschaftlich gesehen ebenfalls zu heilen gilt.

So wie wir uns im Einzelschicksal dem Krebs, dem Burnout, der Depression, der Diabetes, dem Übergewicht oder einer anderen x-beliebigen Krankheit gegenübersehen oder uns gar in einem bestimmten Suchtverhalten verlieren, so sind dies alles nur Erscheinungsformen, die uns im Grunde genommen zeigen, was sowohl beim Einzelnen als auch innerhalb der Gemeinschaft zu transformieren und zu heilen ist.

Ganz nach dem Geistigen Gesetz von Ursache und Wirkung geschieht im Kleinen das, woran auch das Große krankt, und einer Veränderung bedarf. Wir sprechen immerzu von der Veränderung des Lifestyles beim Einzelnen, übersehen jedoch total, dass auch hier, was unsere Arbeits- und Lebenszeit angeht, ganz vieles der Bewusstmachung und Veränderung bedarf.

Was innerhalb der Familien geschieht, wiederholt nur im kleinsten gesellschaftlichen System das, woran es uns auch in den größeren gesellschaftlichen Strukturen fehlt. Das zu begreifen und nach und nach hier ganz bewusst wichtige Veränderungsprozesse herbeizuführen, ist für mich die wichtigste Aufgabe derer, die wir als Vertreter des Volkes gewählt haben.

Was wäre die Welt, wenn es zum Beispiel das Konkurrenzdenken, den überhöhten Leistungsanspruch, nur das auf Erfolg ausgerichtete Denken sowie das dafür notwendige rigorose Handeln, die Profitgier und den Machtmissbrauch nicht gäbe?

Was wäre die Welt, wenn es dafür zum Beispiel ein Mehr an sozialer Gerechtigkeit, an Aufrichtigkeit und Ehrlichkeit, an Hilfsbereitschaft, an Toleranz, an Einfühlungsvermögen, an Mitgefühl, an Harmonie, an Frieden, an Liebe und an humaneren Lebensbedingungen für alle Lebewesen gäbe?

Wo fängt die Liebe an? Wo keimt sie? Wo findet sie den Halt, um immer mehr zu wachsen und zu erblühen, um sich in unsere Beziehungen und damit auch in die Welt hinein zu entfalten?

Liebe fängt in der Familie an. Hier liegt ihr Ursprung. Die Keimzelle, von der aus alles erblüht. Über Jahrhunderte und Jahrtausende hinweg hat der Mensch die Essenz des Lebens, auf der alles beruht, immer mehr aus seinem Denken, seinem Handeln damit aber auch aus seinem Bewusstsein und letztlich seinem Leben verdrängt, weil ihm so viele andere Dinge um so vieles wichtiger waren, als die wahre Liebe zu leben und auch in Wertschätzung und Liebe gegenüber sich selbst zu sein.

Von wem lernen wir die Liebe?

Hier ist in erster Linie wieder einmal die Mutter gefragt. Warum? Die Mutter ist sowohl das empfangende als auch das weibliche, das nährende, das gebende Prinzip.

Wir kommen aus ihrem Schoß, haben uns dort pudelwohl gefühlt. Doch auf einmal ist nach neun Monaten dieses nette Spiel vorbei. Im Grunde genommen erlebt der Mensch mit seiner Geburt bereits die erste Krise, die ihm das Leben abverlangt, denn neben der Trennung ist auch noch der ganze Geburtsschmerz angesagt. Unsere erste Wunde, unser erster gravierender Schmerz, unser erster richtiger Verlust.

Und das auf beiden Seiten begleitet von jeder Menge Geburtsstress und Angst. Sowohl für die Mutter, die sich zusätzlich zu dem Ganzen die Frage stellt: Ist das Kind auch ja gesund? Ist es ein Bub oder ein Mädchen? – Und auch schon das Neugeborene hat Fragen. Fragen wie: Werde ich es schaffen, durch diesen engen Geburtskanal zu gehen oder werde ich der Hilfe anderer bedürfen? Wie wird das Leben da draußen ohne diese Verbindung zur Mutter wohl sein? Wird es mir jemals wieder so gut gehen, wie es bisher war?

Was, wenn die Mutter diese Aufgabe gar nicht mehr so erfüllen kann, wie dies bislang der Fall war? Wie viele Mütter haben weder Zeit noch Geld, um zumindest für die ersten drei Lebensjahre ganz bei ihrem Kind zu sein, um damit der Aufgabe nachzukommen, die für eine Frau von Anbeginn der Zeit, die ihre war? Wie schaut unsere Realität diesbezüglich wirklich aus?

Ist es nicht vielmehr so, dass die Mütter unter extremen Doppel- wenn nicht sogar Mehrfachbelastungen stehen? Da gibt es den Job, den Haushalt, das Kind (unter Umständen auch Geschwister) und nicht zu vergessen, den Partner/den Ehemann. Stellt sich nur die Frage: Wo bleibt bei dem Ganzen denn eigentlich sie? Was bitte ist mit ihren eigenen Bedürfnissen und Wünschen? Emanzipation hin oder her. Selbst wenn sie keiner eigenen Berufstätigkeit nachgeht, bleibt jede Menge an Arbeit und Verantwortung nach wie vor bei ihr.

Zwar ändern sich bereits seit etlichen Jahrzehnten die klassischen Rollenmuster zwischen Mann und Frau, doch kann von einer wirklichen Gleichberechtigung noch lange nicht in allen Bereichen gesprochen werden. Im Hinblick auf die Fürsorgepflicht für die Familie wird noch immer ein Mehr an Belastung auf den Schultern der Frauen ausgetragen.

Was, wenn das Kind krank ist oder Hunger hat? Ist es der Vater, der das Kind dann beruhigt bzw. stillt? Beispiele dieser Art ließen sich zwar noch etliche anführen, doch worauf es mir wirklich ankommt, ist die Frage: Wie wird „Frau" sowohl für all ihre familiären Verpflichtungen als auch in ihrem Job entlohnt? Ist das fair? Wirklich?

Wen wir uns die gesamte Situation der Mutter einmal genauer anschauen, wird uns bewusst, dass das Kleinkind sehr oft genau zu der Zeit (erstes bis drittes Lebensjahr), in der es der Aufmerksamkeit und Liebe der Mutter am meisten bedürfte, diese häufig entbehren muss, vor allem dann, wenn die Mutter überlastet und überfordert ist. Muss es uns da noch wundern, wenn wir als Kinder im Hinblick auf die nährende Liebe unserer Mutter gegebenenfalls sehr hungrig und bedürftig geblieben sind?

Kommen für das Kind dann noch andere Belastungsparameter wie Krankheit, Frühgeburt etc. dazu, kann man im Grunde nur noch verstehen, dass diese Kinder gegebenenfalls unter Traumata leiden oder andere Defizite haben, da ihr kindlicher Organismus schon so extrem früh gefordert war, um mit all den Gegebenheiten irgendwie zurechtzukommen.

Ein solches Kind wird auf der Grundlage seiner Startbedingungen ins Leben ganz anders reagieren, als dies im Vergleich dazu ein gesundes Geschwister tut. Es kann sein, dass es bereits sehr früh körperliche Symptome (Allergien, Ess- und Darmprobleme etc. bis hin zu Schlafproblemen) zeigt, dass es auf alles viel sensibler reagiert, sich alles mehr zu Herzen nimmt. Sowohl emotional als auch in seinem Denken ganz anders reagiert als ein anderes Kind in seinem Alter.

Im Grunde genommen gilt es sich dies alles anzusehen, wenn wir im Sinne des holistischen Prinzips den Menschen auch wirklich als Ganzes verstehen wollen, denn dies alles prägt ihn und beeinflusst seine gesamte Entwicklung. Und nicht nur die, sondern auch die Beziehung zu seiner Mutter, zu sich selbst und letztlich zu anderen Menschen.

Eltern haben hier zusätzlich die Verantwortung, sich nicht nur die Einzigartigkeit ihres Kindes anzusehen und dieser im Hinblick auf die Förderung ihres Kindes gerecht zu werden, sondern sich in der Begleitung des Kindes auch der Bedingungen bewusst zu sein, unter denen das Kind ins Leben gestartet ist und diese im weiteren Verlauf der Entwicklung zu beobachten und wo immer nötig mit Verständnis, Gesprächen und Liebe auf die Bedürfnisse des Kindes einzugehen.

Erziehung, Beziehung und Kommunikation

Wenn es um Erziehung und Beziehung geht, so liegt für mich in unserer Sprachlosigkeit, im Schweigen die Wurzel allen Übels, des Pudels Kern. Warum? Wir werden nicht so erzogen, dass wir jederzeit frei über unsere Gedanken und Gefühle sprechen. Auch dies ein Problem, das sich bereits über Generationen hinweg in unser Familiensystem eingeschlichen hat. In vielen Familien ist es selbst heute noch so, dass die Kinder kaum etwas zu sagen haben. Stattdessen haben sie den Anweisungen der Erwachsenen Folge zu leisten und im Hinblick auf alles, was diesen Anweisungen widerspricht, zu schweigen.

Kinder lernen es nicht, sich den Eltern oder anderen Personen zuzumuten, weil sie viel zu viel Angst davor haben, zu viel Porzellan zerbrechen zu können, wenn sie sagen, was sie denken und fühlen.

Statt aufzubegehren und damit auch in eine Ich-Stärke und Ich-Position hineinzuwachsen, passen sie sich lieber der Erwartungshaltung sowie den Werten der Eltern an, was leider dazu führt, dass sie gar nicht lernen, wie wichtig es für sie ist, eine eigene Meinung sowie eigene Werte zu haben und diese selbstbewusst zu vertreten. Brav, angepasst und bedürftig nach Harmonie, wie sie erzogen wurden, gehorchen sie lieber, weil sie befürchten, die Wertschätzung und die Liebe des anderen zu verlieren. Dabei ist es letztlich egal, ob diese kindliche Angst vor dem Verlust der Liebe der Eltern überhaupt gerechtfertigt und zutreffend ist. Das Problem besteht vielmehr darin, dass das Kind sich so verhält, wie es den anderen gefällt. Sich selbst damit aber am meisten schadet, weil es niemals lernt zu seinen eigenen Bedürfnissen und Wünschen zu stehen, geschweige denn, diese überhaupt mit der Zeit noch wahrzunehmen.

Ein sehr ungesundes Verhalten, wenn man bedenkt, dass diese Harmoniesucht und Bedürftigkeit nach der Wertschätzung und Liebe anderer mit all den Konsequenzen daraus auch die späteren Beziehungen zu Freunden, Partnern, Kollegen etc. ungünstig beeinflusst. Das Kind hat zwar gelernt zu gehorchen, mustergültig und angepasst zu sein ähnlich, wie man einen Hund erzieht. Doch zu welchem Preis? Kann es damit denn das Selbstwertgefühl und die Selbstwirksamkeit erlangen, dessen es bedarf, um später einmal in anderen Systemen als der Familie überhaupt bestehen zu können? Ist dem Menschen mit dieser Art von Erziehung wirklich gedient? Wäre es nicht bedeutend besser, diese Erziehungsmethoden endlich loszulassen, und sich gemeinsam mit dem Kind die Zeit zu nehmen, um über weitaus bessere Alternativen eines gesunden Miteinanders zu sprechen?

Wozu haben diese alten Erziehungsformen geführt? Zu „Duckmäusertum" statt Selbstentfaltung. Zu Jasagern statt mündigen und selbstbewussten Bürgern. Zu Menschen, die sich schwer damit tun, anderen Grenzen aufzuzeigen. Oder die sich lieber selbst verletzen, als anderen ein Leid zuzufügen. Lieber fügen sie sich dies durch Krankheit, Kummer, Sorgen, Ängste, Krisen, Suchtverhalten etc. selbst zu, statt ihre Wahrheit auszusprechen und diese zu leben.

Wozu hat es noch geführt? Zu jeder Menge an verletzten Kindern, die selbst irgendwann wiederum nur verletzte Kinder erziehen, weil sie es anders nicht gelernt haben und für sich selbst den Mut nicht fanden, gegen das alte System aufzubegehren und entsprechende Veränderungen herbeizuführen, die dringend angesagt gewesen wären. Stattdessen versinken sie lieber in einer Opferrolle, die sich bereits seit Generationen wiederholt und die sie genauso unreflektiert wieder an die eigenen Kinder weitergeben …

Lassen Sie mich an dieser Stelle noch einmal ganz bewusst daran erinnern: Ich will mit allem, was ich hier sage, *NICHT* Unmut zwischen den Generationen stiften. Will den Müttern, weil sie uns als Töchter nun einmal wesentlich stärker prägen als unsere Väter, damit *NICHT* wehtun im Sinne dessen, dass ich sage „Weil das damals so und so war, deshalb ist meine Situation heute so, wie sie ist." Auch wenn es sich vielleicht so liest, gilt meine Kritik, die ich äußere, *NICHT* der Mutter an sich, sondern dem System, das über Jahrhunderte hinweg dafür gesorgt hat, dass unsere Mütter uns so erziehen, wie sie selbst erzogen wurden, ohne dies jemals kritisch zu hinterfragen.

Der wesentliche Unterschied für mich liegt darin: *NICHT* unsere Mütter sind die Schuldigen, sondern der Erziehungsstil, der sich irgendwann eingeschlichen und behauptet hat und hierbei im Laufe der Zeit dann Formen angenommen hat, die, wenn ich es ganz genau betrachte und in diesen Schmerz hineinfühle, menschenverletzend und mitunter sogar menschenverachtend sind.

Stellt sich die Frage: Wem diente ein solch diktatorischer Erziehungsstil? Wem diente er wirklich? Von welchen Interessen war diese Art der Erziehung wirklich getragen? Wer hatte davon profitiert?

Wem dient es, wenn man Kinder auf diese Art mit Angst erzieht und sie damit irgendwie mundtot macht oder sie gar zu Heuchlern erzieht, die ihren Eltern gegenüber immer alles schön brav „abnicken", anstatt zu ihren wahren Gefühlen zu stehen und diesen auch eine berechtigte Stimme zu geben? – Wem? Wem? Wem?

Sie hören es schon an meiner dreimaligen Wiederholung der Frage „Wem?", dass hier eine Stimme aus meinem Herzen spricht, die mich wachrüttelt und beschäftigt, um endlich Antworten darauf zu bekommen, was im Verlauf der Geschichte der Menschheit passiert ist, um die wirklich Verantwortlichen dafür zu finden, die diese Missetat an den Kindern dieser Welt begangen haben. War dies so alles gottgewollt? – *NEIN!!!*

Für mich selbst habe ich fast sechzig Jahre gebraucht, um endlich offen über diese Ohnmacht, diesen ganzen Schmerz, den ich in mir fühle, reden zu können. Um überhaupt erst einmal die Zusammenhänge zu verstehen, wie sich das Ganze von Jahrhundert zu Jahrhundert immer mehr aufgebaut und dabei immer ungesündere Formen angenommen hat. Um dem Schmerz endlich eine Stimme zu geben. Um aufzuzeigen, wie wir uns mit unserem unreflektierten und unbewussten Handeln sowohl selbst als auch den Kindern, die uns anvertraut sind, immer weiter Schmerzen zufügen.

Auch wenn ich keine eigenen Kinder habe, so fühle ich doch extrem mit ihnen und kann und darf bei alledem nicht länger zusehen. Sowohl mit meinem jahrzehntelangen Schweigen als auch mit meinem System angepassten Verhalten will endlich gebrochen sein, denn es tut mir nicht länger gut.

Meine Wut darüber, dass ich mich mein Leben lang lieber hinter meiner Arbeit versteckt und schön brav funktioniert habe, anstatt die Stimme meines Herzens sprechen zu lassen und gegen all diese Missstände im Kleinen wie im Großen aufzubegehren, *muss und will* endlich Raum bekommen. Manches will einfach ausgesprochen sein. Will gehört sein.

Diese Ohnmacht, diese Wut muss raus! Schluss mit dem Angepasstsein. Schluss mit dem Bravsein. Wo hat es mich letztlich denn hingeführt? – Mitten hinein in Burnout, Depression und posttraumatische Belastungsstörung plus diverser anderer Grunderkrankungen. – Hat mir dies geholfen? Zunächst lautet meine Antwort auf diese Frage *NEIN!* – Doch je länger ich darüber nachdenke, lautet die Antwort *JA!!!* Warum dies?

So verrückt es klingen mag: Das Schicksal hat es letztlich gut mit mir gemeint. Hätte mir mein Leben diese ganzen Verletzungen und Wunden nicht gezeigt, hätte ich zwar für unbestimmte Zeit so weitergemacht wie bisher. Doch wäre es mir auch nicht geglückt, mir bereits in diesem Leben all die Themen anzusehen, die für mich der Heilung bedürfen. Stattdessen hätte ich sie mir wieder in mein nächstes Leben eingeladen. Müsste mich im nächsten Leben erneut vor die Aufgabe gestellt sehen, sie doch wenigstens diesmal zu lösen. Heute weiß ich stattdessen, dass ich zumindest im Hinblick auf diese Thematik ganz entspannt meinem nächsten Leben entgegensehen kann.

Zudem will ich mit sechzig Jahren auch endlich einmal ganz erwachsen werden, und dies nicht nur an Jahren, sondern auch im Hinblick darauf, wie ich mit meinen Gedanken, Gefühlen und Handlungsweisen auf das Leben reagiere. Ich will nicht mehr länger auf ein bestimmtes Problem im Jetzt mit dem Verhalten eines Babys oder einer Drei-, Fünf- oder Siebenjährigen reagieren, nur weil mich die Problematik an sich an eine Verletzung aus dieser Zeit erinnert und ich dann unbewusst schneller, als ich denken kann, viel zu emotional reagiere, statt mir den Sachverhalt bewusst und in aller Ruhe anzuschauen. Ich will endlich lernen, altersgemäßer, souveräner und vor allem bewusster auf all die Fragen und Herausforderungen zu reagieren, die mir mein Leben noch stellen wird.

Meine persönliche Geschichte will ich mit Ihnen an dieser Stelle nicht weiter thematisieren. Als Person bin ich letztlich vollkommen unwichtig. Mir tut es nicht mehr weh, nicht mehr als die erfolgreiche Frau, die ich einmal war, vor Ihnen zu stehen. Meine Motivation mit Ihnen über Erziehung und Beziehung zu sprechen ist eine viel wichtigere:

Ich will verstehen helfen, was die tatsächlichen Ursachen hinter den Geschichten unserer Wunden der Kindheit sind, die wir uns selbst immer und immer wieder re-inszenieren.

Mir ist es wichtig, Sie wissen zu lassen, dass wir nicht länger in die Opferhaltung gehen müssen, sondern dass es bei dem Ganzen allein darum geht, endlich aufzuwachen und uns die Geschichten, die wir uns nun schon so lange erzählen, einmal aus einer ganz anderen Perspektive anzusehen. Erkennen wir nämlich, was wirklich hinter dem Ganzen steht, lebt es sich nicht nur leichter, sondern um ein Vielfaches auch intensiver, erfüllender, beglückender, friedvoller und vor allem liebevoller.

Denn ein Leben ohne eine gute Beziehung zu uns selbst ist wie ein Sonnentag ohne Sonne. Oder gar ein Regentag ohne Regen. Es ist alles und doch nichts, denn die entscheidende Zutat zu einem erfüllten Leben fehlt. Wir werden stattdessen vielmehr stets in einer Art von Mangel- und Opferbewusstsein gefangen bleiben, anstatt unser Leben wirklich mit allem, was dazu gehört auch wirklich zu lieben, und mit einem offenen und strahlenden Herzen, das von Liebe erfüllt ist, zu leben.

Zudem stellt sich die Frage, wie wir denn überhaupt einem anderen Menschen Liebe geben können, wenn wir im Hinblick auf die Liebe zu uns selbst noch immer bedürftig sind? Wenn wir nicht leben, was wir sind, unterdrücken wir unsere ureigene Wesensart. Begehen damit im Grunde genommen ein Verbrechen an uns selbst. Verbieten uns ein Leben, das einzigartig ist, weil es nun einmal unserem ganzen Wesen und Naturell entspricht, mit dem uns Gott erschaffen hat. Indem ich mich nicht wirklich lebe und liebe, mit allem, was da ist, auch mit dem Rebellen in mir, verleugne ich mein Leben. Dann sehe ich auch keinen Sinn darin. Wenn ich nicht zu mir stehe, unterwerfe ich mich stattdessen dem Willen anderer oder gar einem System, das mir nicht länger dienlich ist. Dann verbiege ich mich nur, anstatt die zu sein, die ich in Wahrheit bin.

Jahrzehntelang habe ich mehr oder weniger bewusst versucht, mich mit all meinen Gedanken und Gefühlen zurückzuhalten, still zu halten, um meine Eltern zu ehren. Sie sie zu achten, zu respektieren, sie wertzuschätzen und zu lieben für all das, was sie mir ermöglicht und gegeben haben. Habe versucht, mein Handeln nach dem vierten Gebot auszurichten, anstatt dabei auch auf die Worte von Jesus zu hören, der uns zudem gelehrt hat: „Liebe den anderen *wie* (!) dich selbst!" Heute weiß ich, ich kann den anderen nur lieben, indem ich es mir selbst erlaube, in der Liebe mit mir selbst zu sein. Und die Person, von der wir vor allem als Mädchen die Liebe lernen, ist wieder einmal unsere Mutter. Sie sehen schon, es ist eine sehr vielfältige und sehr komplexe Aufgabe, vor denen unsere Mütter stehen.

Wir sollten uns von daher alle wieder mehr darauf besinnen, wie wichtig die Rolle der Frau und Mutter in unserer Gesellschaft ist, denn mit ihrer Hilfe werden wir nicht nur geboren und kommen rein körperlich gesehen zur Welt. Unseren Müttern kommt im Hinblick auf die Ausbildung unseres Geistes, unserer Seele und unseres Herzens eine sehr bedeutende Rolle zu. Nicht von ungefähr kommt es, dass viele Menschen, die ein Gesundheitsthema mit ihrem Herzen haben, gleichzeitig sehr oft auch ein verstecktes Mutter-Thema haben, das angeschaut und geheilt sein will.

Zudem gilt für mich als Resümee: Schweigen ist Gift! Gift für uns selbst! Gift für unsere Beziehungen! – Das Einzige, was uns aus jeder noch so misslichen Lage befreien kann, ist, dass wir den Mut fassen, über alles miteinander zu reden, denn unsere Konflikte müssen sich in die Liebe hinein verwandeln. Egal, in welcher Beziehung wir zum anderen stehen, unsere Liebe zu ihm/ zu ihr kann sich erst dann bewähren, wenn wir gemeinsam *und* bewusst auch durch die schlechten Zeiten gehen. Dieses Sich-öffnen und über die Dinge sprechen bedarf selbstverständlich des Vertrauens in den anderen und des Muts, sich dem anderen mit allen Gefühlen zu zeigen und zu den Verletzungen zu stehen, die geklärt sein wollen. Nur so können wir künftig im Interesse beider besser und vor allem mitfühlender und liebevoller handeln.

Im Sinne des Geistigen Gesetzes der Polarität bzw. Dualität geht es in unserem Leben keineswegs um die Vermeidung von Konflikten, indem wir dem Irrglauben folgen, dass uns unser Leben nur dann gelungen ist, wenn unser Miteinander immer nur harmonisch und friedlich ist. Ganz im Gegenteil.

Konflikte sind nicht nur sinnvoll und notwendig, sondern im Grunde genommen sehr wertvoll, weil sie uns helfen, die „verstaubte Luft" zwischen uns zu klären und die Liebe in der Familie wie auch in der Partnerschaft wieder zu erneuern. Auch wenn innerhalb eines Konflikts die beiden Pole von männlich und weiblich aufeinandertreffen und wir Wut, Verletzung und Trauer erst wieder in Liebe, Verbundenheit und Harmonie verwandeln müssen, lautet die indirekte Botschaft eines nahezu jeden Konflikts doch immer: „Du bist mir wichtig und wertvoll. Du bedeutest mir sehr viel. Und weil ich dich liebe, setze ich mich bewusst mit dir auseinander und reibe mich notfalls auch an dir." Denn letzten Endes ist es bei jedem von uns stets die Sehnsucht nach der Liebe, die unser Handeln motiviert. Auch wenn dies manchmal des Umwegs über den Konflikt bedarf, damit mithilfe der Auseinandersetzung wieder Liebe aus allem neu erwachsen kann. Wichtig ist außerdem, regelmäßig im Gespräch miteinander zu bleiben, anstatt sich wieder im Alltag zu verlieren, denn unsere alten Verhaltensweisen haben uns noch immer sehr fest im Griff. Wollen wir jedoch in unsere Beziehungen investieren und diese zum Besseren wenden, bedarf es immer von beiden Seiten her eines Gesprächs. Schaffen wir es dabei, die Angst vor der Kommunikation mit dem anderen (Mutter, Eltern, Partner, Kind etc.) zu überwinden, öffnen sich uns Tür und Tor für ein Leben mit mehr Freiheit sowie für ein Leben im Frieden und in der *LIEBE*.

In meinem ersten Buch thematisiere ich ein solches Familien- bzw. Beziehungsgespräch. Dort nenne ich es „Versöhnungsgespräch", weil es im Kapitel über die Vergebung zu finden ist. In Anlehnung an das hawaiianische Vergebungsritual Ho'oponopono.

3 DEN WEG DES HERZENS IN LIEBE GEHEN!

Egal, durch welche Situation wir gerade für uns allein oder auch im Miteinander mit anderen gehen, das Leben meint es gut mit uns. Was ich inzwischen gelernt habe, ist: *Das Leben ist immer für uns!* Egal, wie es sich uns gerade zeigt. Wir mögen das, was gerade geschieht, vielleicht als ungerecht empfinden. Wollen uns dagegen wehren. Nennen es Schicksal. Doch im Grunde ist das Einzige, was wir zu akzeptieren haben, dass uns unser Leben zwar in bestimmte Situationen führt, die wir Herausforderungen, Dramen, Tragödien bzw. Krisen nennen, dass es sich dabei in Wirklichkeit aber um Lernaufgaben handelt, die wir im Verlauf unserer Lebenszeit hier auf Erden gemäß dem Lehrplan unserer Seele zu lösen haben.

Kommen wir diesen Aufgaben nach, kann unsere Seele daran wachsen, und wir können uns unseres Denkens und Handelns viel bewusster werden und im Falle der Wiederholung einer ähnlichen Situation ganz anders regieren. Dann handeln wir nicht mehr länger wie das verletzte Kind von damals, sondern als der Erwachsene von heute, der andere Lösungswege kennt.

Es kommt also weniger darauf an, *WAS* uns geschieht, sondern vielmehr, *WIE* wir damit umgehen, denn Ziel unseres Lebens ist, wieder ganz (= heil) zu werden und mit allem, was war, wieder in Harmonie und Frieden zu sein. Letztlich kann nur da, wo das Fundament unseres Lebens aus Harmonie und Frieden besteht, die Liebe wachsen und in unserem Leben immer mehr erblühen. Es ist folglich *die Kraft, die aus der Liebe wächst*, die alles wieder zusammenführt und heilt.

Vermögen wir diesen Weg zu gehen, der uns wieder mit uns selbst und den anderen in Liebe vereint, werden wir wieder so vollkommen und ganz, wie uns Gott gemeint hat.

Damit wir in uns diesen wahren Frieden und die Liebe finden, ist es wichtig, uns unsere Gefühle anzuschauen, denn schließlich sind sie die Sprache unserer Seele. Unsere Gefühle, vor allem die negativen, sind nicht unsere Feinde, die wir unterdrücken müssen. Ganz im Gegenteil. Sie wollen einfach nur mit allem, was ist, wahrgenommen, gehört, gesehen, gefühlt, entsprechend kommuniziert und gelebt werden. Oft sind gerade sie unsere besten Lehrer, denn sie zeigen uns unsere Themen, unsere Ängste und die Verhaltensweisen auf, die der Bewusstwerdung und Klärung bedürfen. Erst wenn wir unsere Gefühle akzeptieren und erkennen, in welchem Zusammenhang sie mit bestimmten Geschichten unseres Lebens stehen, erschließt sich uns unser weiterer Weg. Dann finden wir wesentlich leichter die wirkliche Ursache, die sich hinter dem Gefühl verbirgt, blockieren uns nicht länger, lernen unser eigenes Handeln und das des anderen besser zu verstehen und können so den Weg der Vergebung gehen. Sind wir dazu aus ganzem Herzen bereit, kann aus dem ursprünglichen Gefühl der inneren Zerrissenheit wieder etwas Ganzes, Harmonisches, Lichtvolles und Liebevolles entstehen.

Was hat Yin & Yang mit Erziehung, Beziehung und Liebe zu tun?

Warum werden die Menschen immer kränker statt gesünder? Warum sind die Zahlen für die an Burnout, Depression, an Traumata, an Krebs oder an anderen psychosomatischen Erkrankungen leidenden Menschen von Jahr zu Jahr immer mehr im Ansteigen begriffen trotz medizinischer und therapeutischer Bestversorgung? Warum sind so viele Menschen nicht mehr in ihrer Mitte und vermögen es nicht, mit Leichtigkeit und Freude durch ihr Leben zu gehen?

Konflikte, Krankheiten und Krisen entstehen, wenn unsere weiblichen und männlichen Anteile in uns nicht mehr in der Balance sind, wenn wir sozusagen in die Dysbalance, ins Ungleichgewicht, in die Disharmonie gefallen sind. Den Weg der Heilung beschreiten wir, wenn wir lernen, beide Anteile in uns wieder zu verbinden, sozusagen in den Gleichklang, in die Balance, in die Harmonie zu bringen.

Doch wie kommt es, dass wir überhaupt in eine solche Disharmonie fallen? Was können wir tun, um die beiden Anteile in uns wieder zu vereinen? Um miteinander den Tanz des Lebens zu tanzen und das Leben zu feiern, statt uns gegenseitig im Wege zu stehen und uns an einem erfüllten Leben zu behindern?

In der Betrachtung meiner gesundheitlichen Situation und Lebenskrise sollte ich erkennen, dass es in erster Linie nicht um die Trennung von meinem Mann oder um die Mehrbelastung im Beruf ging, die mich in meine Diagnose führte, sondern darum, in welcher Beziehung ich zu mir selbst, meinem Frausein und zu meiner Weiblichkeit stand.

Meine Geschichte als Baby kennen Sie inzwischen. Dieser frühkindliche Ur-Schmerz einer Trennung, die sich über einen längeren Zeitraum hinzog, führte bei mir letztlich dazu, dass ich mich Zeit meines Lebens in der Familie nicht wirklich angekommen sah.

Wie jedes verletzte Kind suchte ich nach möglichen Gründen. Glaubte mein Leben lang, dass diese entweder in mir selbst liegen, weil ich nicht liebenswert genug bin, oder dass sie in der Beziehung zu meiner Mutter begründet sind. Überlegte hin und her, was ich tun kann, damit meine Beziehung mit ihr genauso liebevoll werden kann wie die Beziehung zwischen meinem Bruder und ihr, denn ich wollte von ihr genauso geliebt sein.

Folglich suchte ich nach jedem noch so kleinen Fehler. Sowohl bei ihr als auch bei mir. Somit gab ich mal ihr, dann wieder mir selbst die Schuld und versuchte, mit nahezu jeder Begegnung aufs Neue ihre Zuwendung und Liebe zu gewinnen. Doch je mehr ich mich um ihre Gunst und Aufmerksamkeit bemühte und meiner Meinung nach dafür alles tat, was sie beglücken könnte, umso mehr nistete sich in mir das Gefühl ein von „*mutterseelenallein*".

Wer mein erstes Buch bereits kennt, weiß, wie ich dieses Gefühl damals als Baby in der Zeit meines Klinikaufenthaltes als sehr dramatisch und traumatisch erlebt habe. Seitdem hatte es sich in meinem Unterbewusstsein verankert, mich in vielen Träumen wie auch im Alltag begleitet und sollte mich noch vieles lehren. Zudem hatte sich der Gedanke, dass mich meine Mutter weniger liebt als meinen Bruder, in jeder Zelle meines Körpers und meines Geistes „festgefressen", sodass ich diesen Schmerz, der Zeit meines Lebens mein Begleiter war, immer wieder einmal mit jeder Faser meines Seins verspüren sollte. So fühlte ich mich trotz Familie vor allem ab meinem 13. Lebensjahr immer mehr nur noch einsam und allein und sollte auch weiterhin diese Erfahrung machen.

Wie ein Alkoholiker seinen Alkohol braucht und ein Nikotinsüchtiger sein Nikotin, war auch ich stets auf der Suche nach der Liebe, die mir meiner Meinung nach nicht nur in den ersten Tagen und Wochen meines Lebens verwehrt blieb, sondern meinem Gefühl nach weit darüber hinaus. Im Grunde genommen kann ich heute sagen, dass ich süchtig („Such-t" kommt von „such-en") nach der Liebe war. Nicht nach einer körperlichen Liebe, sondern nach mehr. Ich suchte nach einer viel größeren Version der Liebe. Meine „Sehn-sucht" galt der *bedingungslosen Liebe,* aus der ich einst gekommen war.

Ich suchte nach dem Gefühl von: „Ich liebe dich und ich werde dies immer tun, egal, was du tust, denn meine Liebe zu dir ist nicht an irgendwelche Bedingungen geknüpft! Du bist für mich wichtig und wertvoll. Du bist in Ordnung, ganz so, wie du bist. Ich liebe dich! Und werde dies tun, solange ich lebe."

Dass ich mir stattdessen mit Gedanken wie „Ich werde weniger wertgeschätzt, gesehen, gehört und geliebt!" genau die Realität erschuf, vor der ich mich am meisten fürchtete, wusste ich viel zu lange nicht. Dieses Wissen habe ich leider erst in den letzten Jahren erlernt. Das Wissen um die Bedeutung des Geistigen Gesetzes von Ursache und Wirkung.

So habe ich mir in Bezug auf die Beziehung zu meiner Mutter auf der Grundlage meiner Gedanken mehr oder weniger eine

Welt erschaffen, in der für mich immer mehr der Glaubenssatz lebte: „Der Liebe meiner Mutter kann ich nicht wirklich vertrauen, weil ich ihre Liebe weder fühlen noch wahrnehmen noch spüren kann."

Und im Hinblick auf diesen Satz bin ich im Laufe meines Lebens mit meinen Vorwürfen nicht nur bei meiner Mutter stehen geblieben, sondern habe diesen Glaubenssatz indirekt auch auf alles Weibliche und somit auch auf meine Freundschaften zu anderen Frauen übertragen. Es gab Tage in den letzten Jahren, da hat mich die Einsamkeit so gequält, doch hatte ich es nicht vermocht, aus mir selbst heraus zum Telefonhörer zu greifen und eine Freundin zu bitten für die Länge eines Telefonats oder eines Spaziergangs für mich da zu sein. In solchen Augenblicken fühlte ich mich wie abgestorben. Im Kontakt mit anderen wie tot. Weder konnte ich meinen Wunsch nach einem Gegenüber aussprechen noch für mich selbst zu fassen kriegen, warum ich es nicht vermag, andere um Hilfe zu bitten. Folglich erlebte ich auch innerhalb meiner Freundschaften vermehrt Situationen, die mir mein Gefühl von „mutterseelenallein" mehr bestätigten, anstatt mir diesbezüglich meine Zweifel zu nehmen.

Insgesamt gesehen habe ich in meinem Leben bereits sehr früh damit begonnen, das Mutter- und Frausein sehr kritisch zu betrachten, was sich mir letztlich dann auch mit den Freundschaften, die ich hatte, nicht nur im Außen zeigte, sondern vor allem auch in der Liebe zu mir selbst.

Wo ich konnte, kritisierte ich mich mehr, als dass ich in einer liebevollen Beziehung zu mir selbst gewesen wäre. So hatte ich mir schon von klein auf einen ziemlich strengen inneren Kritiker und übergroßen Richter erschaffen, die (was für eine Ironie des Schicksals!) kein gutes Haar an mir ließen. Nichts war ihnen gut genug. Alles hätte immer bedeutend besser sein müssen.

Mein Arbeitstempo war ihnen entschieden zu langsam. Die Ergebnisse meiner Arbeiten stellten sie bestenfalls „bedingt zufrieden". Da, wo mich andere für irgendetwas lobten, konnte ich dieses Lob schon gar nicht mehr hören bzw. befürchtete, dass es nicht ehrlich gemeint war. In mir hörte ich nur noch die ewig an meinen Kräften und an meiner Substanz zehrenden Stimmen von Kritik. – Kritik! Kritik! Kritik! – Und das mit der Zeit sowohl beruflich als auch privat. Ich konnte es drehen und wenden, wie ich wollte. Konnte noch so viel Engagement zeigen, stets war es da, das Gefühl von „Ich genüge nicht! Ich genüge einfach nicht! Ich bin nicht gut genug! Ich kann das nicht"!

So wertete ich mich im Laufe der Zeit und von Erfahrung zu Erfahrung, die sich mir im Außen sowohl beruflich als auch privat immer mehr zeigte, selbst zusehends ab. Wen wundert es da, wenn von einem Selbstbewusstsein, geschweige denn Selbstwertgefühl keine Rede mehr war.

Indirekt machte ich für das alles mein Frausein verantwortlich. Hatte ich doch schon als Teenager keinen wirklich guten Zugang zu meinem weiblichen Geschlecht. Wäre lieber als Mann zur Welt gekommen, weil ich bei meinem Bruder die besseren Startbedingungen in ein erfolgreiches Leben sah. Und weil in mir der Glaubenssatz lebte, dass es der Mann um ein Vielfaches leichter hat, in der Welt zu bestehen als eine Frau.

Doch obwohl dies so war, rebellierte ich nicht. Zumindest nicht nach außen in dem Sinne, dass ich ein trotziges, rebellisches, aggressives, lautes, unangenehmes, wütendes Kind gewesen wäre. *Nein!* Diesen Weg wählte ich nicht, denn schließlich *musste* ich meinem Dafürhalten nach meiner Mutter doch gefallen, obwohl ich trotz allem niemals einen richtigen Zugang zu ihr gefunden habe.

Der Weg, den ich bei alledem beschritt, ist im Grunde genommen vergleichbar mit dem Weg, den viele Jugendliche gehen, indem sie zum Beispiel magersüchtig werden, an Bulimie oder Adipositas erkranken, sich ritzen, sich selbst Verletzungen übelster Art zufügen oder in irgendein anderes Suchtverhalten abrutschen bzw. im schlimmsten Falle sogar Suizid begehen.

Unbewusst wählte ich für mich den Weg einer Selbstzerstörung auf Raten über all die Jahre hinweg, bis ich im Alter von 49 Jahren jetzt auch für die anderen äußerlich sichtbar mich selbst so sehr „verletzte", dass ich alle meine Haare verlor.

Heute weiß ich, dass auch dafür kein anderer verantwortlich ist als ich selbst. Weder ein direktes Gegenüber (Familie, Partner, Freunde, Kollegen) noch meine Schilddrüse (Diagnose Hashimoto) oder meine Hormone, weder meine Krebserkrankung noch die Depression etc.

So wie ich kein gutes Haar an mir als Tochter, als Partnerin, als Schwiegertochter, als Freundin, als Lehrerin und Schulleiterin, geschweige denn an mir als „Frau" überhaupt ließ, kann ich heute die Bedeutung der Worte, die ich damals anlässlich eines Streites mit meinem Ex-Mann sprach, um ein Vielfaches besser verstehen. In völliger Verzweiflung sagte ich damals in Anbetracht meiner Gesamtsituation: „Ich kann nicht mehr. Ich will nicht mehr. Das ist doch *ALLES* nur noch zum Haare ausreißen!"

Hätte ich das besser einmal nicht gesagt, denn ein halbes Jahr später holten mich diese Worte wie ein Bumerang ein. Auch hier wirkte das Geistige Gesetz mit: „Was du aussendest, kehrt zu dir zurück!" bzw. „Wir ernten, was wir säen!"

Es begann mit der Pubertät, dass ich anfing, das Weibliche an sich immer weniger wertzuschätzen, weil ich nicht wusste, wie ich am besten mit all den Veränderungen in mir klarkommen kann. Weder mit meinem Körper noch mit meinen Gefühlen. Irgendwann ließ ich mir sogar vor lauter Wut und Ablehnung gegenüber meiner Entwicklung als Frau meine Haare von schulterlang auf radikal kurz abschneiden. Bin mir damals also schon unbewusst an die Haare gegangen.

Im Grunde genommen hatte ich keine Vorstellung davon, was Frausein denn überhaupt ausmacht. Ich habe für mich nur gemerkt, dass ich scheinbar besser im Leben zurechtkomme, wenn ich die ganzen weiblichen Anteile möglichst kleinhalte bzw. am besten negiere.

Welche wundervollen Qualitäten sich in einer Frau jedoch alles zeigen können, war mir nicht wirklich bewusst. Stattdessen suchte ich Zeit meines Lebens vielmehr nach einem „Prototypen" für Mutter-Sein und Frausein. – Doch muss es diesen denn überhaupt geben? Wer sagt das, außer das verletzte Kind in mir?

Wenn ich mir meine Geschichte als „Frau" anschaue, dann bestätigen mir alle meine Probleme, auch alle meine körperlichen Symptome, die ich ab der Pubertät nach und nach entwickelt hatte, dass sie alle miteinander ein Abbild einer Frau ergeben, die es nie gelernt hatte, sich selbst wertzuschätzen, geschweige denn zu lieben. Stattdessen lehnte ich das Weibliche ab.

Doch indem ich dies tat, lehnte ich nicht nur meinen Körper ab, sondern mein ganzes Sein und damit letztlich auch mein Leben. Und damit wiederum auch das Geschenk, das Gott mir als Seele gab.

Die Art der Geringschätzung betraf sowohl meinen Körper als auch meinen Geist. Und so, wie ich lebte, konnte ich folglich auch vor meiner Seele nicht mehr länger bestehen. Dabei war sie es, die mir schon von klein auf mittels meiner Gefühle eine Botschaft nach der anderen brachte, im Sinne von: „Achtung! Hier stimmt etwas nicht. Du hast dich schon viel zu sehr von dir selbst, deiner eigentlichen Wesensart, deiner Natur entfernt!"

Doch so laut wie die anderen Stimmen in meinem Kopf waren, konnte ich diese zarte Stimme meiner Seele nicht hören. Vermutlich hat deswegen meine Seele irgendwann zu meinem Körper gesagt: „Geh Du voran, auf mich hört sie nicht. Vielleicht hört sie ja auf Dich." Sodass mein Körper darauf antwortete: „Ich werde krank werden, dann wird sie Zeit auch für Dich haben!" Dieses Zitat wird dem Fotografen und Schriftsteller Ulrich Schaffer[16] zugesprochen.

Aus dem ursprünglichen Personalpronomen „er" des Originaltextes habe ich letztlich einfach nur ein „sie" gemacht, um dieses Zitat auf meine eigene Situation zu übertragen. Mit sehr einfachen Worten zeigt es uns, wie Körper, Geist *und* Seele zueinander in Verbindung stehen, um uns wissen zu lassen, wenn etwas der Veränderung bedarf, weil wir nicht mehr in unserer Mitte sind.

---

16 Ulrich Schaffer: Geh du voran. Abrufdatum 06.01.2021, von
   https://www.aphorismen.de/zitat/54696

Krankheiten werden somit zu Wegbereitern, die es keineswegs schlecht mit uns meinen, sondern uns vielmehr den Bereich aufzeigen, wo etwas in unserem Leben in Unordnung geraten ist. Mit ihrer Hilfe können wir da ansetzen, wo sich uns das Symptom als erstes zeigt. Von da aus können wir dann immer mehr in Erfahrung bringen, was der Bewusstwerdung und somit der Heilung bedarf.

Konflikte und Krisen hingegen sind nichts anderes als ein Abbild dessen, wie wir denken, sprechen, fühlen und handeln. Wie sich ein Künstler verschiedener Materialien oder Farben bedient, um damit eine Botschaft, die in ihm lebt, zum Ausdruck zu bringen, so wählen auch wir mit unserer Sprache, unseren Worten auf der Grundlage unserer Gefühle, die wir gerade in uns wahrnehmen und fühlen die entsprechenden „Farben" in den verschiedensten Hell- und Dunkeltönen, um uns damit ein Abbild dessen zu erschaffen, was in Wahrheit in uns lebt. Und dies bestimmt bzw. motiviert letztlich unser gesamtes Handeln. So erschaffen wir uns im Kleinen wie im Großen unsere Welt. Fragt sich nur, ob uns diese immer so gefällt. Vor allem so, wie sie sich uns derzeit zeigt.

Gemeinsam halten uns Körper, Geist und Seele einen Spiegel vor, in den wir allesamt schauen sollten, um besser zu verstehen: Was ist mein Beitrag an alledem? Bin ich mir der Konsequenzen meines eigenen Denkens, Sprechens und Handelns immer bewusst? Wie erlebe *und* lebe ich es für mich? Was hat mich dazu gebracht, mich so zu verhalten, dass ich diese Art der Kommunikation mit mir selbst und mit anderen wähle? Welche Gedanken füttere ich? Die liebevollen oder mehr die aggressiven? Lebe ich mehr nach dem verbindenden weiblichen oder mehr nach dem trennenden männlichen Prinzip? Wie bewusst bin ich mir meines eigenen Handelns? Was kann ich konkret tun, um eine Veränderung im Hinblick auf die derzeitige Situation herbeizuführen? Was kann ich und was will ich wirklich tun, um zu einem besseren und gesünderen Miteinander sowohl im Kleinen (Familie, Beziehung, Arbeitsplatz etc.) als auch innerhalb unserer Gesellschaft sowie im großen Weltgeschehen beizutragen? Was bin ich bereit, konkret zu tun, damit wir alle wieder deutlich mehr zurück in die Balance und damit in die Harmonie, in den Frieden und in die Liebe finden?

So wie sich uns die Welt derzeit zeigt, bestimmen in uns allen noch viel zu sehr die männlichen, zerstörerischen und aggressiven Energien unseren Alltag und unser Miteinander, weil wir es nicht gelernt haben, zu den weiblichen Anteilen in uns beherzt „JA" zu sagen.

Was ist da irgendwann in der Geschichte der Menschheit passiert, um eine Erklärung dafür zu finden, warum wir größtenteils mehr den aggressiven „Wolf" (Gedanken) in uns füttern, statt dem liebevollen mehr Daseinsberechtigung zu geben und diesen mit Liebe zu nähren?

Wenn ich mir meine eigene Geschichte dazu noch einmal ansehe, kann ich sagen: Je instabiler meine gesundheitliche Situation wurde, und je mehr ich fühlte, wie ich physisch wie psychisch an die Leistungsgrenze kam, gesellten sich zu alledem noch alte Glaubensmuster dazu, die in meinem Kopf rumspukten, als wollten auch sie mich auf Herz und Nieren prüfen, im Sinne von: „Glaubst du denn immer noch, dass du ein glückliches Leben und Erfolg überhaupt verdienst?" – „Wer glaubst du denn, wer du bist!" – „Fühlst du dich denn überhaupt in der Lage dazu? Wie willst du das denn eigentlich alles schaffen, was du dir vorgenommen hast? Schließlich bis du nur eine Frau!"

„Aua!" – Das saß! Vor allem wieder einmal der Hinweis auf mich als Frau. Und schon waren sie da, die Gedanken von: „Darf eine Frau denn überhaupt wirklich erfolgreich sein?" „Darf ich als Frau erfolgreicher sein als mein Partner? Darf ich als Frau erfolgreicher sein als die anderen Frauen in meiner Familie?" „Bin ich als Frau denn überhaupt gut genug?" ...

Wieder einmal wurde das Geistige Gesetz von Ursache und Wirkung maßgebend für mich, denn indem ich mich verunsichern ließ und von mir selbst dachte, dass ich etwas Bestimmtes nicht kann, weil ich eine Frau bin, dann kann ich das auch nicht. Ganz egal, worum es sich dabei handelt (Self-fulfilling prophecy) – steht doch schon in der Bibel: „Euch geschehe nach Eurem Glauben!" (Die Bibel. *Jesus* in Matthäus 15-28, siehe Literaturverzeichnis)

Problematisch ist nur, dass es uns niemand beigebracht hat, weder die Eltern noch die Lehrer, worin die wahre Bedeutung dieser Botschaft „Euch geschehe nach Eurem Glauben!" besteht und wie sich uns dies im Alltag zeigt.

Schließlich wirkt das Geistige Gesetz von Ursache und Wirkung in allen Bereichen unseres Lebens und bestätigt uns genau das, von dem wir glauben, dass es so sein muss, weil es uns irgendwann einmal jemand gesagt hat, dass es so und nicht anders zu sein hat.

Mit der Zeit glaubt jedes Kind das, was es von klein auf von Eltern, Erziehern und Lehrern gesagt bekommt. Warum das so ist? Weil diese Personen für das Kind zunächst einmal so etwas wie „Göttinnen und Götter" sind, zu denen man voller Respekt aufsieht, die man ob ihres Wissens und ihrer Weisheit bewundert. Außerdem sind sie die Erwachsenen und müssen es – so der Irrglaube des Kindes – von daher bestimmt besser wissen. – Doch ist das wirklich so? Das bleibt eine mitunter berechtigte Frage, auf die ich irgendwann einmal mit einem anderen Buch nach einer Antwort suchen werde.

Lassen Sie mich stattdessen noch einmal zurückkommen auf die Tatsache, dass ich mein Frausein so sehr abgelehnt habe, um herauszufinden, was mich überhaupt dazu veranlasst hat.

Heute merke ich immer mehr, dass ich das Frausein geringer schätzte, weil ich glaubte, dass die Frau ein viel zu schwaches und viel zu duldsames Wesen ist. Statt für sich selbst einzustehen und an ihrer Situation, die sie für ungerecht empfindet, etwas zu verändern, hörte ich die meisten Frauen immer nur jammern und wehklagen. Was ihnen stattdessen fehlte, war der Mut, grundlegend und vor allem auch nachhaltig etwas an ihrer Situation zu verändern.

155

Was mir somit nicht gefiel, war ihre Schwachheit, ihr inkonsequentes Verhalten, das sie mitunter sehr unzufrieden sein ließ, sowie ihre Unterwürfigkeit, was letztlich dazu führte, dass die meisten von ihnen wohl ein Leben lebten, das ihnen im Grunde genommen nicht wirklich gefiel.

Statt einmal so zu werden, wollte ich viel lieber stark sein, auch wenn mir die direkten Rollenvorbilder einer wirklich starken Frau fehlten. Intuitiv kam für mich jedoch nur in Frage: Wenn schon ein Leben als Frau, dann als eine Kämpferin. Dann will ich es zumindest versuchen, als Frau „meinen Mann" zu stehen.

Dabei drängte es mich vor allem nach finanzieller Unabhängigkeit, weil ich es als ungerecht empfand, dass die Frau von dem abhängig sein sollte, was ihr der Mann zu geben bereit ist. In eine solche Abhängigkeit wollte ich mich nie begeben. Vielmehr war mir danach, mir ein eigenes sicheres Leben aufzubauen, indem ich von dem, was mir ein Mann gibt, nicht abhängig bin.

Indirekt wollte ich den Männern zeigen, wie stark eine Frau sein kann, wenn sie vom Leben die Chancen dazu bekommt. Wollte beweisen, dass eine Frau genauso gut mit den Herausforderungen eines anspruchsvollen Berufes klarkommen kann wie ein Mann. Was mich dazu motivierte, das Ganze so zu sehen? – Als Schülerin hatte ich zwei Lehrer, die schon lange nicht mehr leben, aber immer noch in meinem Kopf rumspuken, weil sie mir im Hinblick auf mein Frausein folgende Fragen mitgaben:

1. „Wozu braucht ein Mädchen – noch dazu aus einer Arbeiterfamilie heraus – denn überhaupt Abitur?"
2. „Reicht es nicht, wenn der Bub der Familie sein Abitur macht und einen guten Beruf ergreift?"
3. „Wäre es nicht wesentlich sinnvoller, das Mädchen erlernt einen sozialen Beruf? Dann kann es sich immer noch einen erfolgreichen Mann angeln, heiraten und Kinder bekommen, das ist nun einmal ihre Wesensart."

Können Sie sich vorstellen, wie kränkend und verletzend dies für mich als 14-Jährige war, die gerade damit beschäftigt war, ihre eigene Identität zu finden? Was bilden sich diese Lehrer denn überhaupt ein? Dürfen die denn einfach so über mich als Frau und meine Zukunft bestimmen? … Heute sehe ich das Ganze anders als damals als Schülerin, die zutiefst beleidigt war, dass diese Lehrer nicht an mich glaubten. Heute bin ich ihnen dankbar. Auf ihre wenig charmante und auch pädagogisch nicht gerade feine Art pflanzten sie immerhin den Gedanken in mich, dass ich es ihnen beweisen werde, dass auch ein Mädchen aus einer Arbeiterfamilie es durchaus vermag, ihr Bestes zu geben und im Leben erfolgreich zu sein.

Im Grunde genommen habe ich es ihnen zu verdanken, dass ich die Schule nicht abgebrochen habe, sondern mich durchgeboxt habe, auch dann, wenn mir das nicht immer so leichtfiel wie meinem Bruder.

Irgendwie haben es ihre Worte, die mich zunächst so sehr verletzt hatten, vermocht, das Feuer in mir zu entfachen, das mich mein Abitur machen und studieren ließ. So gesehen haben sie mich indirekt sogar dazu gebracht, selbst Lehrerin zu werden, weil ich es einmal bedeutend besser machen wollte als sie, wenn es darum geht, das Selbstvertrauen der Kinder zu stärken und ihnen dabei zu helfen, sich selbst mit ihren Fähigkeiten besser kennenzulernen, damit sie früh genug ihr wahres Potenzial erkennen und entfalten können.

Zusammenfassend kann ich sagen, dass mein Blick auf die Frau nicht frei von Vorurteilen war. Mein Leben lang fühlte ich mich hin- und hergerissen im Hinblick auf das Bild, das ich von einer Frau hatte. Wie es dazu kam, kann ich im Grunde genommen nicht wirklich sagen, denn den Typus Frau, den ich hier zumindest in Ansätzen skizziere, fand ich so weder bei meiner Mutter noch bei den Frauen, die ich zu dieser Zeit als Jugendliche kannte.

Was mich bei den Frauen insgesamt störte, war eine für mich spürbare jedoch unausgesprochene Unzufriedenheit, die ich als sehr negativ und damit auch als störend empfand. Erschienen mir die einen als zu farblos und gesichtslos, weil sie dem Manne eine allzu unterwürfige Dienerin waren, bedauerte ich andererseits das Schicksal derer, die sich den ganzen Tag abmühten, um zu dienen und zu gefallen, selbst wenn dies für sie bedeutete, ihre eigenen Interessen nicht mehr wahrnehmen zu können.

Wie steht es eigentlich um die Daseinsberechtigung einer Frau ganz aus sich selbst heraus? Als Schülerin fand ich nicht wirklich einen Zugang zu der Frau, die ich sein wollte. Zudem fühlte ich mich durch die meisten männlichen Lehrer, die ich hatte, nicht wirklich wahrgenommen, gehört, gesehen oder gar gefördert, sodass ich auch immer mehr das Gefühl entwickelte, dass an mich als Mädchen sowieso niemand glaubt. So musste ich schon früh lernen, dem Ganzen die Stirn zu bieten, um mir mein Ziel mit Abitur und Studium irgendwie zu ermöglichen.

Was meine Motivation war, war, dass ich hoffte, es irgendwann so weit zu bringen, um es den Männern zu zeigen, was eine Frau alles zu leisten vermag. Dass eine Frau keineswegs schwach sein muss, sondern dass sie durchaus auch mit den Männern konkurrieren kann.

Irgendwann war es dann so weit, dass ich nicht einmal mehr wusste, gegenüber wem meine Wut nun eigentlich größer war. Gegenüber den Frauen, die sich vor lauter Angst nicht trauten, zu ihrer wahren Größe zu stehen und sich zu zeigen, oder gegenüber den Männern, die auf ihre Art die Entwicklung der Frau nicht förderten, sondern sie vielmehr kleinhielten, wenn nicht gar unterdrückten oder sie zu ihrer „Barbie-Puppe" machten.

Dabei hatte ich als Kind das Männliche sogar einmal „vergöttert". Sowohl meinen Vater als auch später jeweils meine Partner. Habe sie unbewusst auf einen „Thron" gesetzt, statt mich gleichermaßen selbstbewusst neben sie zu setzen und ebenfalls die „Göttin" zu sein, die mir qua Geburt zusteht.

Mein Leben ging wie ein Pendel hin und her. Mal war ich die starke, dann wieder die extrem schwache und bedürftige Frau. Auch hier zeigt sich letztlich das Prinzip der Dualität. Im Nachhinein habe ich erst gemerkt, dass ich vor allem in den Phasen, in denen ich mich als Frau schwach fühlte, das Männliche überhöhte. Habe damit dem Mann mehr an Wertschätzung zugesprochen als mir selbst und dabei immer wieder einmal den Kontakt zu mir selbst verloren.

Heute weiß ich, wie wichtig es ist, dass wir – egal ob Mann oder Frau – immer beides in uns verbinden, denn sowohl die männlichen als auch die weiblichen Anteile gehören zu unserem Leben dazu.

Warum bedürfen wir der Harmonie zwischen den männlichen und weiblichen Anteilen in uns?

Visionen und Ziele zu haben ist die eine Sache. Doch damit wir unsere Vorhaben auch wirklich in die Tat umsetzen können, brauchen wir sowohl die kreative, verträumte weibliche Schöpfungsenergie (Yin/Minus-Pol) als auch die energische und klar auf das Ziel fokussierte männliche Energie (Yang/Plus-Pol). Ist die männliche Energie die Aktivität, die realisierende Kraft, der sog. „Macher", können wir bei der mütterlich weiblichen Energie eher von der „Künstlerin" sprechen. Nur wenn wir beide Anteile in uns vereinen, können wir unsere Vorhaben mit Leichtigkeit und Freude realisieren und erfolgreich sein.

Beim weiblichen Prinzip spricht man von Qualitäten wie Fantasie, Hingabe, Entspannung, Empfangen, Nach-innen-gerichtet-Sein sowie Geschehen-Lassen (Passivität). Zudem vermittelt sie aber auch ein Gefühl von Geborgenheit sowie von einem Gehalten- und Genährt-Sein. Mit dem männlichen Prinzip stehen dem Qualitäten gegenüber wie Kontrolle, Durchsetzungskraft, Abgrenzung und ein Nach-außen-gerichtet-Sein (Aktivität).

Um unsere Visionen, kreativen Ideen und Vorhaben möglichst gut in die Welt zu bringen, bedarf es der Ergänzung der klaren, geordneten, auf das Ziel ausgerichteten männlichen, väterlichen

Energie mit den wundervollen Impulsen der weiblichen, der mütterlichen Seite.

Sind beide Kräfte in uns vereint, in sich ausgeglichen und in Balance, bilden sie gemeinsam ein wirklich starkes Team.

Ist dieses Miteinander der Kräfte aus welchen Gründen auch immer nicht mehr gegeben, wird es immer schwieriger für uns, unser Ziel überhaupt noch vor uns zu sehen.

Überwiegt zum Beispiel die männliche Kraft, zieht sich mit der Zeit die weibliche Energie immer mehr zurück, was wir sogar körperlich spüren, denn je mehr in uns die männliche Energie wirkt, verhärten sich die Muskeln, was sich uns u. a. auch in Form von Verspannungen der Nacken-, Schulter- und Rückenmuskulatur oder als Kopfschmerzen zeigt.

Ist dies der Fall, fühlen wir uns blockiert, was zur Folge hat, dass wir unser Vorhaben nicht mehr entspannt und in Ruhe realisieren können. Stattdessen treiben wir uns mit Sätzen wie „Reiß dich endlich zusammen, das muss jetzt doch gehen!" oder „Stell dich nicht so an. Da musst du jetzt einfach durch!" wie einen Sklaven an.

Je öfter wir auf diese Art und Weise die weibliche Seite in uns jedoch ignorieren, wird sie immer schwächer und schwächer und zieht sich zurück, was letztlich wiederum dazu führt, dass jetzt die männliche Energie interessanterweise überfordert ist, weil sie nur noch sich selbst in der Verantwortung sieht. Vielleicht gelingt es uns unter Einsatz der letzten Kräfte unser Ziel gerade noch zu erreichen, doch zahlen wir dafür einen ziemlich hohen Preis, der zulasten unserer Gesundheit geht.

Ist dies der Fall, dann lassen die Körpersymptome links auf einen Verlust an weiblicher Energie schließen. Zeigen sich die Symptome rechts, betrifft es die männliche Energie.

Dominiert die weibliche Energie, zieht sich die männliche zurück, was zur Folge haben kann, dass wir vielleicht den Kopf noch voller wunderbarer Ideen haben, jedoch nicht wissen, wie wir diese umsetzen können. Was jetzt fehlt, sind innere Ruhe und Klarheit, Konzentration auf das Wesentliche, Fokussierung auf das Ziel sowie Orientierung und Halt.

Erst wenn beide Energien in Balance sind, können wir wirklich erfolgreich sein.

Doch wie kommen wir von der Dysbalance wieder zurück in die Balance? Wie lässt sich die Harmonie wiederfinden, sodass wir wieder geerdet (weiblich) und gleichzeitig aber auch gehimmelt (männlich) sind?

In Anlehnung an meine Geschichte zeigte sich mir das Ungleichgewicht darin, dass ich den Bezug zum Weiblichen immer mehr verloren hatte. Was ich in den letzten Jahren feststellen konnte, war, dass ich erst dadurch wieder in meine Kraft fand, indem ich in meinem Leben dem Weiblichen wieder mehr Bedeutung gab.

Für mich hieß das in erster Linie: Verbindung mit Mutter Natur. Lange Spaziergänge und Aufenthalte vor allem in den Wäldern und an den Gewässern. Wo immer möglich barfuß gehen. Eine Ernährung, die überwiegend aus den Lebensmitteln bestand, die in der Erde bzw. ganz knapp über ihr wachsen. Also Süßkartoffeln/Kartoffeln, Karotten, Lauch, Rote Beete, Broccoli, Zucchini usw. Kohlensäurefreies Wasser von guter Qualität, am besten noch energetisiert mit der Energie von Kristallen. Die Pflege und Kultivierung meiner Pflanzen. Das Malen und Schreiben sowie Yoga und freies Tanzen. Viel Ruhe und mindestens zweimal am Tag Meditation. Und wenn Musik, dann rein zur Entspannung von Körper, Geist und Seele.

Doch wie lerne ich, das Weibliche an sich insgesamt wieder viel besser zu würdigen?

Durch die starke Konkurrenzsituation mit meinem Zwillingsbruder (sowohl innerhalb der Familie als auch in der Schule) war ich stets gefordert, mich mit ihm zu messen und das im Grunde genommen über die ersten zwanzig Jahre unseres Lebens. Erst in den Jahren danach wurde das Ganze leichter für mich, als jeder von uns seinen eigenen beruflichen Interessen nachging.

Was ich zwischenzeitlich jedoch bereits gelernt hatte, war, mich stets mehr zu Leistung und diszipliniertem Verhalten anzutreiben, anstatt das Leben auch einmal von seiner leichten Seite her zu sehen und es vor allem bewusst zu genießen.

Meine inneren Antreiber wie auch mein Kritiker „halfen" mir dabei stets, mein Bestes zu geben. Doch auf diese Art und Weise lebte ich mehr das männliche als das weibliche Prinzip und habe mir damit so kopfgesteuert, wie ich war, eine Lebensweise angewöhnt, die sehr kräftezehrend war.

Heute verstehe ich bzw. kann mir nun endlich die Antwort darauf geben, warum ich mich immer und immer wieder einmal fragte: „Warum nur fühlt sich mein Leben wie ein einziger Kampf an? Darf es für mich denn auch einmal einfacher gehen?"

Ich hatte zwar gemerkt, dass meine Kraftressourcen von Jahr zu Jahr etwas weniger wurden, hatte es dann aber entweder auf eine Allergie oder ein anderes körperliches Symptom geschoben, statt mir überhaupt einmal die Zeit zu nehmen, um herauszufinden, was mir diese ganzen Botschaften meines Körpers in Wirklichkeit zu sagen haben.

Inzwischen weiß ich, unser Körper, Geist und Seele sind so phänomenal, sie arbeiten so klug, so raffiniert und bis ins letzte Detail ausgefeilt zusammen, dass wir im Grunde nur lernen müssen, auf das zu hören, was sie uns zu sagen haben. Am besten funktioniert dies ganz einfach in der Meditation. So lernte ich: „Stelle deinem Körper, deinem Geist oder deiner Seele eine Frage und sie antworten dir!" Wir müssen uns dabei nur auf die Kraft konzentrieren, die in unserem Herzen wohnt und auf ihre Stimme hören.

Nach und nach wurde ich mir so bewusst, dass die männliche Art sehr stark geprägt ist durch die Dominanz unseres Denkens. Mit ihr können wir zwar zum „Macher" werden, unsere Ziele verfolgen und dabei erfolgreich werden. Doch stellt sich mir heute im Vergleich dazu immer mehr die Frage: Wie erfolgreich sind wir in unserem Leben denn wirklich ohne unsere Träume, ohne das Genießen, das Spielen, das gesellige Miteinander mit anderen etc.

Erfolg ist das, was „er-folgt". Folgt auf Erfolg Krankheit und Krise, ist das nicht wirklich ein Erfolg, sondern vielmehr ein Hinweis auf jahrelangen Raubbau an unseren Kräften, unseren

Ressourcen. Erst wenn aus Erfolg ein „Er-füllt-Sein" wird, ist es auch wirklich ein Erfolg, der uns strahlen lässt, der uns unser Leben mit allem, was dazugehört, genießen lässt.

Die Dysbalance zwischen den männlichen und weiblichen Anteilen in uns führt letztlich nicht nur zu Krankheit und Krise, sondern führt sowohl innerhalb der Familien und Partnerschaften als auch im Beruf zu immer mehr Belastungssituationen. Zu Hektik, Nervosität und Stress, zu Gereiztheit, Unruhe bis hin zu schwereren Konflikten, weil wir alle nicht mehr mit Vertrauen in das Leben und mit einem offenen Herzen sowie aus der Ruhe heraus leben, sondern uns immer mehr zu den Sklaven einer Leistungsgesellschaft sowie der Wirtschafts- und Arbeitswelt gemacht haben. Doch zu welchem Preis? Ist uns dies bewusst? Wirklich bewusst?

Vor allem wir Frauen haben uns in den letzten Jahrzehnten immer mehr auf den männlichen Weg begeben. Dabei nach Unabhängigkeit und Gleichberechtigung gestrebt, statt auf die Stimmen unseres Herzens zu hören. War Ihre Motivation, liebe Leserinnen, dabei auch das Ziel „Ich will es einmal ganz anders machen als meine Mutter!", das Sie sich bereits als Jugendliche gesetzt hatten? Und obwohl wir es einmal ganz anders machen wollten als sie, sind wir ihr immer ähnlicher geworden. Sind wie sie den steinigen Weg gegangen.

Mussten unsere Mütter allein schon aus der Not der Nachkriegszeit heraus geboren in ihrem Leben mehr, als es ihnen vielleicht lieb war, nach dem männlichen Prinzip leben, um überhaupt zu überleben, hätten wir es für uns selbst einmal vielleicht besser machen können, wenn wir früh genug in unserem Leben vor allem durch die Schule nicht nur mit Wissen überfrachtet worden wären, um in möglichst vielen Kompetenzbereichen fit zu werden, sondern wenn uns gelehrt worden wäre, was das Leben wirklich von uns will.

Auch wenn ich 27 Jahre lang dem System Schule – so, wie es ist – treu gedient habe, erlaube ich es mir heute zu sagen, dass so vieles in der Schule einer Reform und Neuausrichtung bedürfte, um dem Zeitgeist und damit auch dem Menschen des 21. Jahrhunderts gerecht zu werden. Um nicht gegen das Leben, sondern mit dem Leben zu gehen. Warum wird der Mensch selbst heutzutage noch immer nur sehr einseitig geschult und zu einem unmündigen Menschen erzogen, der vielleicht eines Tages ein guter „Befehlsempfänger" wird, dafür aber seine Individualität und seine Gesundheit aufs Spiel setzt? Beruht diese Entwicklung unseres Bildungswesens auf Unwissenheit oder auf Absicht?

Warum werden die Menschen von klein auf schon so gelenkt, dass sie bereits ab der dritten/vierten Klasse mit gerade einmal sieben/acht Jahren nur noch auf Leistung hin erzogen und getrimmt werden? Ist dieses Mehr an Bildung und Leistungsdenken wirklich ein Zugewinn? Ist es für die Entwicklung des Menschen als Ganzes gesund? Soll es tatsächlich unser aller Los sein, überwiegend nur kopfgesteuert durchs Leben zu gehen?

Ich finde, dass da, wo es das Elternhaus nicht leisten kann, in all diesen Dingen ihren Kindern ein gutes Basiswissen als Kernkompetenzen mitzugeben es die Pflicht der Schule wäre, sowohl den Kindern und Jugendlichen als auch ihren Eltern entsprechendes Wissen zu vermitteln, damit wir allesamt nicht länger gegen das Leben leben, sondern schon früh lernen, mit dem Fluss des Lebens zu schwimmen.

In allem, was ich in den letzten Jahren gelernt habe, sehe ich nichts, was man Schülern und Eltern vorenthalten müsste. Was es nicht wert wäre, gesagt zu werden. Ganz im Gegenteil. Die wahre Fülle unseres Lebens erschließt sich erst dem, der um all diese Dinge weiß. Dieses ganze Wissen ist nichts Unnatürliches, sondern entspricht ganz und gar unserer ursprünglichen menschlichen Natur. Die Natur könnte dabei unsere beste Lehrerin sein, wenn der Mensch nur auf sie hören würde, statt gegen sie zu arbeiten und zu leben. – Was wäre das Leben doch schön, wenn der Mensch wieder mehr naturverbundener wäre.

Um wie viel entspannter könnte der Familienalltag sein? Wie viele Partnerprobleme würden sich mitunter gar nicht erst entzünden, wenn beide etwas mehr von der Wesensart des anderen und den Geistigen Gesetzen, die unser aller Leben bestimmen, wüssten? Wie stressfreier und erfüllender könnte unser Arbeitsalltag in allen Berufssparten sein, wenn wir statt des Konkurrenzverhaltens und all der negativen Ausprägungen, die diese mit sich bringen, uns auch wirklich teamorientiert und aufgeschlossen gegenüber dem Gedankengut und den Vorschlägen anderer zeigen könnten? …

Wie schöner, entspannter, erfüllter, glücklicher, harmonischer, friedvoller und liebevoller könnte unser Leben sein? – Sind wir uns das nicht wert?

Welchem „Herrn" wollen wir wirklich dienen? Dem Mammon Geld? Den Mächtigen der Welt? Denen, die ihre Machtposition und damit ihre Autorität missbrauchen?

Warum entscheidet sich der Mensch lieber für ein Leben mit den Risiken von Burnout, Depression, Krebs, Schlaganfall, Herzinfarkt, Diabetes, Adipositas, Gelenkserkrankungen und anderen Symptomen, statt auf die Intelligenz zu hören, die ihm qua Geburt durch Gott unseren Schöpfer mitgegeben ist? – Warum? Warum? Warum?

Unsere Krisen und Krankheiten weisen uns immer mehr auf dieses eklatante Ungleichgewicht zwischen dem männlichen und weiblichen Prinzip hin, das wir uns selbst im Laufe mehrerer Jahrhunderte immer mehr erschaffen haben.

Wie wir es in Form der Jahreszeiten und anderer natürlichen Gegebenheiten bereits in der Natur als Gesetzmäßigkeit erleben, verlangt auch unser Energiesystem nach einem sinnvollen Ausgleich zwischen dem männlichen und weiblichen Prinzip.

Mit dem Wissen darum, dass tatsächlich in jeder noch so kleinen oder großen Krise eine unglaubliche Chance auf einen Neuanfang liegt, werden auch wir weltweit dazu aufgefordert, uns vermehrt dessen bewusst zu werden, was uns tatsächlich in diese Krise geführt hat.

Es gilt, sich das wieder zurückzuholen, was wir bereits über Jahrzehnte hinweg verdrängt haben: Unsere Weiblichkeit. Und damit auch wieder den Zugang zu unserer Innenwelt sowie der Welt unserer wahren Gefühle. Erst durch sie und indem wir alle unsere Masken fallen lassen und uns mit dem, was ist, auch verletzlich zeigen, finden wir wieder zurück zu unserem wahren Sein. Zu einem sinnerfüllten Leben, einem natürlichen Glücklichsein. Sowohl mit uns selbst als auch mit anderen.

Unsere Weiblichkeit ist alles andere als eine schwache Kraft, weil sie keine künstlich erzeugte Kraft ist, die mitunter auf ganz falschen Wertmaßstäben und einem überzogenen Selbstbewusstsein beruht, sondern weil sie in sich ruht. Weil sie sich durch sich selbst nährt. Weil sie sich durch sich selbst immer wieder erhält und gebärt.

Unsere wahre Stärke zeigt sich nicht im Außen, sondern in unserem Inneren. Sowohl der Mann als auch die Frau finden ihre weibliche Kraft, indem sie nach innen gehen, sich das Herz fassen und mutig genug sind, um sich die Bereiche ihres Lebens anzuschauen, die nicht mehr im Fluss sind, die sie an einem wirklich wahren und an einem gesunden Leben hindern.

Wird zudem die Seele genährt, weil wir auch mit ihr immer weniger in Kontakt waren, erfreut sie sich mit uns gemeinsam des Lebens. Zusammen mit ihr, einem gesunden Körper und einem bewussten und klaren Geist vermögen wir es immer mehr in Leichtigkeit und Freude zu leben sowie uns unseres Schöpfer-Bewusstseins bewusst zu sein.

Erst in der Einheit von Körper, Geist *und* Seele wird es uns möglich, uns auch wirklich das Leben zu erschaffen, das unseren schönsten und kühnsten Träumen entspricht.

Rainer Maria Rilke[17] wusste dieses Wissen bereits auf eine sehr schöne Art und Weise mit seinem Gedicht „Vorwärts" auszudrücken.

---

17 Rainer Maria Rilke: Vorwärts. Abrufdatum 06.01.2021, von https://www.viabilia.de/innere-staerke/

Vorwärts

Immer vorwärts! Deine Stärke
liegt in deiner eignen Brust,
nur dass du sie erst durch Werke
unermüdlich wecken musst.

Tändelnd hüpft mit Liebestönen
wohl der Bach durchs flache Land,
doch er stürzt mit Donnerdröhnen
nieder von der Felsenwand.

Erst bei jenen Hindernissen
fühlt er, dass er Stärke barg,
Eichen hat er mitgerissen!
Das bedenke! – und sei stark!

Lass nie ungenützt ein Heute
rasch entfliehn bei Lust und Scherz,
manch gute Körnlein streute
dir dein Schicksal in das Herz.

Lass ein jedes sorgsam reifen,
denn für jedes kommt die Frist;
so erst lerne, zu begreifen
wie unendlich stark du bist.

Tief aus deinem Innern ranke
mählich sich zum Licht die Saat,
erst Empfindung, dann Gedanke,
Wort hierauf, und endlich: Tat!

Mit welchen Augen schauen wir in die Welt?

Erziehung gibt uns nicht nur Verhaltensegeln und Wertmaßstäbe vor, an die wir uns zu halten haben, damit ein Leben innerhalb einer Gemeinschaft wie Familie, Schule etc. funktionieren kann. Wir werden indirekt vor allem auch dadurch erzogen, indem wir uns bei unseren Eltern insgesamt abschauen, wie sie ihr Leben leben. Dabei nehmen wir alles auf, was wir an Informationen im Hinblick auf unser Sein als Mann bzw. als Frau (Geschlechteridentifikation) bekommen können, sowie auch darauf, wie das Leben funktioniert.

Dazu gehört zum Beispiel, wie Papa und Mama sowohl mit sich selbst als auch untereinander und mit anderen sprechen. Wie Konfliktgespräche geführt und Konflikte gelöst werden. Wir schauen uns den ganzen Lebensstil der Eltern an und übernehmen ihn zunächst vollkommen unreflektiert. Achten darauf, wie sie denken. Berücksichtigen Mimik und Gestik, mit der sie bestimmte Worte begleiten oder wie sie überhaupt nonverbal kommunizieren. Ja wir achten sogar darauf, wie die Eltern mit ihren Gefühlen umgehen und lernen von ihnen, wann und auf welche Art es angebracht erscheint, diese auszudrücken, wann nicht. So gewöhnen wir es uns ebenfalls an, dies in entsprechender Art zu tun, ohne darauf zu achten, ob dies gut für uns ist.

Wir „kopieren" sozusagen alles, was wir für wichtig und richtig erachten, denn schließlich sind unsere Eltern unsere ersten Vorbilder, die uns nicht nur zeigen, wie ihrer Meinung nach ein Miteinander am besten funktioniert, sondern wir schauen uns von ihnen sogar ab, wie die Welt insgesamt funktioniert. Welche Gesetzmäßigkeiten darin herrschen. Lernen, wer das Sagen hat, und warum. Auf indirekte Art und Weise „erzählen" sie uns so auch, wie sie selbst erzogen wurden und geben uns dies alles mit, sodass sie zugleich unsere ersten Lehrer sind.

Neugierig und aufnahmebereit, wie wir als Kind sind, speichern wir erst einmal alles mit unserem kindlichen Bewusstsein ab. Stets im Vertrauen darauf, dass das Leben genauso funktioniert, wie wir dies am Beispiel unserer Eltern sehen. Mit dem Ergebnis, dass wir uns mit der Zeit selbst immer mehr an dem orientieren, was wir durch sie vermittelt bekommen.

So werden die „Farben", mit denen unsere Eltern die Welt betrachten ganz automatisch auch zu unseren „Farben". Wir schauen sozusagen durch ihre „Brille" in eine Welt, die irgendwann auch die unsere ist. Von Generation zu Generation wiederholt sich dieses Spiel. Die Kinder lernen wieder von den Erwachsenen und geben das Gelernte mehr oder weniger unreflektiert weiter. Was sich auf diese Art und Weise erhält, ist, dass auch sie mit den Augen und dem Bewusstsein ihrer Eltern in die Welt und auf das Leben schauen. Die Farben ihres eigenen Lebens zeigen mit der Zeit immer mehr die gleiche Zusammenstellung der Farbnuancen wie die Farbpalette ihrer Eltern.

Alles kann auf diese Weise so bleiben, wie es immer schon war. Alle scheinen froh und glücklich, denn die familiäre Ordnung bleibt bestehen. Die Eltern geben die Regeln vor. Das Kind hat zu gehorchen. Erziehung mittels Autorität und Macht. Gehorsam als oberste Pflicht gegenüber Eltern, Kirche und Staat.

Doch spätestens dann, wenn das Kind zum jungen Erwachsenen heranwächst und das bisher gelernte einer kritischen Überprüfung unterzieht, verändert sich das Bild von der heilen Welt der Familie. Dann wird die Ordnung des Familiensystems auf den Prüfstand gestellt, damit sich das Kind im Hinblick auf das, was es bislang an Erziehung erfahren hat, eine eigene Meinung bilden kann. Ein sehr wichtiger Prozess für das Kind, will es doch mit dem Erwachsenwerden auch zusehends mehr an Einfluss auf die Gestaltung seines eigenen Lebens nehmen (Individuationsprozess).

Das geschieht nicht in böser Absicht, sondern ist ein ganz natürlicher Prozess, der sich im Kind vor allem dadurch entwickelt, dass sein Denken durch andere Erzieher, Lehrer sowie durch Freunde und Medien neue Impulse bekommen hat, die der junge Mensch nun in Abstimmung mit dem, was er früher gelernt hat, auf die eigene Richtigkeit hin überprüfen will.

So geschieht nun einmal der Prozess eines fortlaufenden Lernens, denn das Einzige, was in unserem Leben Beständigkeit hat, ist letztlich die Veränderung, die notwendig ist, damit immer wieder etwas Neues geschieht. Ist dies nicht der Fall, bleibt der Mensch im Prozess seiner Entwicklung irgendwann stehen und dreht sich letztlich dann aber nur noch im Kreis.

Zudem will der junge Mensch ab einem bestimmten Alter nicht mehr nur als das zu erziehende Kind gesehen werden, sondern auch ein Mitsprachrecht haben, wenn es um seine Entwicklung geht. Er muss für sich selbst prüfen können, ob die Kombination aus Farben, Gedankenmustern, Glaubenssätzen und Verhaltensweisen der Eltern auch für ihn immer noch seine Gültigkeit hat. Dabei will und muss er auch dem Ruf der eigenen Stimme seines Lebens folgen.

Von daher ist es nur natürlich und keineswegs verwunderlich, dass er sich den Vorgaben der Erwachsenen immer mehr entzieht. Schließlich will und muss er lernen, seinen eigenen Lebens- und Interessensraum gegenüber anderen abzustecken und Grenzen zu ziehen.

Ein ganz natürlicher Prozess, bei dem er seine eigene Persönlichkeit (Identität) entdecken will. Schließlich will er erwachsen werden und seine eigene Individualität entfalten. Bei diesem Entwicklungsschritt wird er neben den äußeren Einflüssen, die auf ihn einwirken, insgesamt gesehen jedoch sehr stark bereits von seiner Seele motiviert, die von Anfang an weiß, was in ihm an Fähigkeiten und Potenzial angelegt ist, damit er immer mehr in dieses hineinwachsen kann, um es irgendwann mit der Welt zu teilen.

Was für den jungen Menschen in dieser Phase sehr wichtig ist, ist, dass sich sowohl im Elternhaus als auch in der Schule die Art und Weise der Erziehung verändert. Der junge Mensch braucht jetzt ein Gegenüber, mit dem er sich gegebenenfalls auch einmal ordentlich reiben kann, damit aus *Er*-ziehung ein immer mehr an *Be*-ziehung entsteht. Dabei muss er auch testen und ausprobieren können, wie weit er gehen kann. Je vertrauensvoller dabei das Verhältnis zwischen Eltern/Lehrer und Kind/Schüler ist, umso mehr kann zwischen beiden eine ganz neue Art von Beziehung entstehen.

Statt Erziehung will der junge Mensch ab jetzt einfach nur vermehrt gesehen, gehört und wahrgenommen werden. Er braucht ein Gegenüber, das ihn mit seinen Wünschen und Bedürfnissen ernst nimmt und diese gemeinsam mit ihm reflektiert. Er braucht die Sicherheit, dass ihm der andere auch dann noch wohlwollend zur Seite steht, wenn er Fehler macht. Zumal Fehler in Wirklichkeit niemals Fehler sind, sondern einfach nur Erfahrungen, die uns lehren, dass die Art und Weise, in der wir einen bestimmten Sachverhalt angegangen sind, nicht zielführend war oder uns gar geschadet hat.

Doch es ist wichtig für den Jugendlichen, dass er zusehends immer mehr in dieses „Abenteuer Pubertät" entlassen wird, damit er sich ausprobieren kann, mit dem, wovon er meint, dass es die bessere Alternative für ihn ist. Hat er seine eigenen Erfahrungen mit bestimmten Sachverhalten erst einmal gemacht, wird er daraus lernen und es beim nächsten Mal besser machen. Er muss sozusagen lernen, in diesem Alter für die eigenen Konsequenzen seines Handelns einzustehen und dafür die Verantwortung zu übernehmen. Egal, was dies in letzter Konsequenz für ihn bedeuten mag.

Für diesen ganzen Entwicklungsschritt, der nicht gerade leicht, aber dennoch sehr wichtig für ihn ist, braucht er eine möglichst liebevolle Begleitung und Unterstützung durch Eltern und Lehrer. Um Vertrauen in sich selbst, aber auch in sein Gegenüber aufbauen zu können, muss er das Gefühl haben, dass er letztlich sogar mit jedem Thema kommen kann und dennoch weiß: „Ich kann als deine Mutter/als dein Vater/als dein Lehrer dein Verhalten und dein Handeln in dieser Sache zwar keineswegs verstehen und billige es auch nicht, aber nach wie vor wertschätze und liebe ich dich! Lass uns nun gemeinsam sehen, welche Möglichkeiten des Handelns es noch gibt." Was auf keinen Fall sein darf, ist, dass dem Kind aus welchen Gründen auch immer die Liebe und Wertschätzung der Erwachsenen entzogen wird, denn dies ist für ihn in gewisser Weise auch ein Spiegel für die Wertschätzung und Liebesfähigkeit seiner eigenen Person.

Nur mit der Würdigung und Achtung seiner Person, die er durch den Erzieher mit einer positiven Botschaft erhält, lernt der Mensch auch zu sich selbst zu stehen bzw. eine gesunde Beziehung zu sich selbst aufzubauen. Da ihm die anderen nach wie vor wohlgesonnen sind, kann auch er einen Schritt auf sie zugehen, sich ihnen gegenüber öffnen und zeigt sich letztlich mehr denn je gewillt, aus dieser Erfahrung, die er gemacht hat, fürs Leben dazuzulernen und sein eigenes Verhalten bzw. Handeln zu reflektieren.

Da er als Person trotz seiner „Fehler" immer noch die Wertschätzung und Liebe der anderen erhält, kann er sich diese nach wie vor auch selbst geben und zu sich sagen: „Ich bin mir bewusst, dass ich schwache Seiten habe. Dass es immer wieder einmal etwas geben wird, wo ich gegebenenfalls falsch handeln werde. Doch ich akzeptiere, wertschätze und liebe mich sowohl mit meinen guten als auch mit meinen schwachen Seiten."

Wächst er nach und nach in ein solches Selbstvertrauen hinein, lernt er nicht nur selbstbestimmt zu sein, sondern sich seiner selbst (seiner Stärken und Schwächen) *bewusst* zu werden. So entsteht ein ganz natürliches Selbstbewusstsein, das weder irgendwelcher Masken noch sonstiger Attribute bedarf, um sich anderen gegenüber stark und vermeintlich selbstbewusst zu fühlen.

Erziehung muss sich meiner Meinung nach spätestens ab Beginn der Pubertät immer mehr zu einem *In-Beziehung-Sein* wandeln. Der junge Mensch bedarf der Führung durch andere, aber nicht mehr länger der Erziehung. Wer sein Kind oder den Schüler jetzt noch glaubt erziehen zu müssen, muss sich letztlich vielmehr fragen: „Warum ist das so? Was braucht diese Beziehung zwischen dir und mir, damit wir im Interesse von uns beiden auf eine freundschaftliche, liebevollere und vertrautere gemeinsame Ebene kommen können?"

Es gibt vieles, was man im Hinblick auf die Pubertät eines Kindes sagen kann. Entsprechend viele Ratgeber finden sich. Doch für mich zeigt es sich immer mehr, dass unser Miteinander nur dann gelingt, wenn wir in Anlehnung an das Prinzip der Dualität erkennen, dass es auch hier die zwei Seiten einer Medaille gibt. Die eine Seite ist geprägt von den Farben und der Sichtweise der Eltern und bildet diese ab. Die andere ist im Vergleich dazu zunächst vergleichbar mit einer Leinwand, die noch ganz weiß ist. Über die Jahre der Erziehung hinweg (0 bis bestenfalls 13 Jahre) werden ganz vorsichtig zunächst einmal nur diverse Skizzen angefertigt, um zu sehen, inwiefern die Ausmaße der Leinwand das spätere Bild denn überhaupt wiedergeben können. Denn wird die Leinwand zu klein gewählt, wird sie unter Umständen dem großen Ganzen nicht gerecht. Und ist sie in ihren Ausmaßen viel zu groß angelegt, kann es sein, dass sich die zunächst nur schemenhafte Zeichnung vollkommen in diesen Dimensionen eines Raumes verliert, den das Kind jedoch nie auszufüllen vermag. Es kommt also bereits hier auf die richtige Abstimmung, das richtige Verhältnis der Proportionen zueinander an.

Des Weiteren sollte berücksichtigt werden, dass es weder die Eltern noch die Lehrer sind, die diese Leinwand letztendlich zu bemalen haben. Sie können bestenfalls bei der Skizzierung der in der Person angelegten Fähigkeiten und Potenziale helfen, indem sie dem Kind den Raum geben, nach und nach in diese Figur hineinzuwachsen.

Zu berücksichtigen gilt es auch, dass es im Laufe der Zeit durchaus auch sein kann, dass sich das Skizzenbild unter Umständen gänzlich verändern muss, weil durch diverse Prozesse im Außen Veränderungen geschehen, die sich nachhaltig auf den weiteren Entwicklungsprozess auswirken können. In diesem Falle bedarf es unter Umständen einer völligen Neuorientierung, um dem Bild, das hier später einmal in seiner ganzen Schönheit und Farbenpracht entstehen will, eine neue Basis und Richtung zu geben.

Zudem darf nicht vergessen werden, dass jedes Kind in seiner Art vollkommen einzigartig ist und dass es auch aus früheren Leben bereits Erinnerungen und Erfahrungen mitbringt, die es für dieses Leben ebenfalls zu integrieren gilt. Damit dies letztlich gelingt, kann die endgültige Form- und Farbgebung des Bildes nur durch das Kind selbst geschehen.

Indem es jedoch durch die Erwachsenen begleitet wird und sich somit in Sicherheit weiß, kann es sowohl sich selbst als auch seinem Leben immer mehr vertrauen und somit das richtige Farbkonzept für sein ganz individuelles Bild wählen. Erst jetzt wird es seiner Individualität gerecht und kann somit auch den Auftrag seiner Seele leben und der Stimme seines Herzens folgen.

Meiner Meinung nach besteht die Aufgabe der Eltern zwar darin, das Kind durch Erziehung zu sozialisieren, damit es lernt, wie ein gutes Leben in Gemeinschaft funktioniert. Doch darf es trotz bestimmter Regeln im Hinblick auf seine Persönlichkeitsrechte und die Ausformung/Ausbildung seiner Selbst keineswegs begrenzt werden. Das wäre für mich die schlimmste Form von Autoritäts- und Machtmissbrauch, weil der Mensch dadurch in seiner persönlichen Freiheit gänzlich beschränkt wird.

In meinem ersten Buch habe ich das *Stufenmodell der psychosozialen Entwicklung* nach E. H. Erikson[18], einem deutsch-amerikanischen Psychoanalytiker, bereits thematisiert, welches er gemeinsam mit seiner Frau Joan Erikson entwickelt hat. Lassen Sie mich an dieser Stelle noch einmal darauf eingehen, weil ich das Wissen um dieses Modell für jeden von uns (Eltern, Erzieher, Lehrer und Kind/Jugendlicher) für sehr wichtig erachte.

Grundlage für Eriksons Stufenmodell ist, dass unsere menschliche Entwicklung ein lebenslanger Prozess ist, der sehr stark geprägt ist von der Familie, dem Gesellschaftssystem und der Kultur, in der wir aufwachsen. Das Modell geht davon aus, dass sich jeder Mensch in Stufen entwickelt, die in jedem von Geburt aus angelegt sind. Nach Erikson durchläuft der Mensch im Verlauf seines Lebens acht Stadien, in denen bestimmte Entwicklungsthemen oder Krisen vorherrschend sind. Diese gilt es erfolgreich zu lösen, um jeweils ein neues Entwicklungsniveau zu erreichen.

---

18 Erik H. Erikson. Phasen der psychosozialen Entwicklung. Abrufdatum 06.01.2021, von http://www.lern-psychologie.de/skripte/erikson.pdf

Wurde eine Entwicklungsaufgabe in einem Lebensabschnitt wie zum Beispiel der Kindheit oder Pubertät/Adoleszenz zu wenig bzw. nicht gelöst, wird sich diese Aufgabe in späteren Jahren noch einmal zeigen, um jetzt erfolgreich bewältigt zu werden, weil sie sonst eine gesunde Entwicklung hemmt. Das Thema zeigt sich als Krise, die bewältigt werden will, bevor die nächste Entwicklungsstufe folgt. Nach Erikson entfaltet sich die Entwicklung im Spannungsfeld zwischen den Bedürfnissen und Wünschen des Menschen und den sich im Laufe der Entwicklung verändernden Anforderungen der sozialen Umwelt.

Mit seinem Stufenmodell baut Erikson auf der psychoanalytischen Theorie nach Freud auf. Im Vergleich zu Freud gibt er dem Unbewussten der psychosexuellen Dimension jedoch weniger Raum. Der wesentliche Inhalt des Lebens besteht für Erikson im *Streben nach Identität,* in dem der Einzelne eine neue Orientierung zu sich selbst und zu den Personen seiner Umwelt findet, wobei es zu berücksichtigen gilt, dass sich das Gefühl der eigenen Identität von Lebensphase zu Lebensphase wandelt.

Erikson betont, dass die Entwicklung des Menschen einem *epigenetischen Prinzip* folgt, d. h., die Entwicklung verläuft nach *angeborenen* Gesetzmäßigkeiten, die es dem Menschen ermöglichen, mit Bezugspersonen und Umwelt zu interagieren. Je nach Alter lernt er neue Verhaltensweisen und Reaktionsweisen dazu. Außerdem fördern die Gesellschaft und die Kultur, in der das Kind lebt, sein Verhalten. Es passt sich an – jede Phase, die der Mensch durchlebt, baut auf der vorangegangenen auf und beeinflusst die nachfolgende.

Die Stufen der psychosozialen Entwicklung nach Erik Homburger Erikson

Stufe 1: Vertrauen vs. Misstrauen (1. Lebensjahr)
„Ich bin, was man mir gibt." – Entscheidend für eine gesunde Entwicklung ist, dass sich das Vertrauen mehr entwickelt als das Misstrauen. Kann das Kind den Eltern bzw. den Erziehungsberechtigten vertrauen, entwickelt es Selbstvertrauen und Selbstsicherheit. Vertrauen entsteht aus der Erfahrung heraus, dass es eine Übereinstimmung gibt zwischen den Bedürfnissen des Säuglings und der Umwelt, in die er hineingeboren ist. Indem die Bezugspersonen einfühlsam auf die Bedürfnisse eingehen und dem Kind signalisieren, dass sie da sind, vermitteln sie Ur-Vertrauen. Zur erfolgreichen Bewältigung dieser Stufe gehört das Erlernen eines gesunden Maßes an Misstrauen dazu, um später Gefahren und Risiken besser einschätzen und erkennen zu können.

Stufe 2: Autonomie vs. Scham und Zweifel (3. Lebensjahr)
„Ich bin, was ich will." – In dieser Phase lernt das Kind seinen eigenen Handlungsspielraum innerhalb der Regeln und Normen kennen, die ihm seine Umwelt vorgibt. Indem es sich ausprobiert, seine Autonomie (Selbständigkeitsstreben) lebt, gerät es in Konflikt mit anderen bzw. erfährt, wie abhängig es von den anderen ist. Mit zunehmender körperlicher Unabhängigkeit (Gehen, Sprechen, Stuhlkontrolle) ergeben sich neue Möglichkeiten der Entwicklung für das Kind, aber im Prozess des Lernens läuft es auch Gefahr, Misserfolge zu erleben (Beispiel Sauberkeitserziehung). Das Kind lernt, dass es ein Einzelwesen ist. Im gesamten Lernprozess sind ihm die Bezugspersonen Vorbild. Bildet sich die Autonomie (Selbstständigkeit) deutlicher heraus als Schuld und Zweifel, gilt diese Stufe als erfolgreich bewältigt.

Stufe 3: Initiative vs. Schuldgefühle (4. und 5. Lebensjahr)

„Ich bin, was ich mir vorstellen kann zu werden." – Das Kind probiert sich spielerisch in verschiedenen Rollen aus und erforscht seine Umgebung. Es lernt, Dinge aus sich selbst heraus (Eigeninitiative) ohne fremde Hilfe anzugehen und entwickelt immer mehr ein *Ich-Bewusstsein*. Es lernt, Ziele zu entwickeln und diese zu verwirklichen, indem es Initiative ergreift, selbstständig handelt und mit anderen konkurriert. Gleichzeitig identifiziert es sich mit der Bezugsperson gleichen Geschlechts, übernimmt Einstellungen und geschlechtsspezifische Verhaltensweisen und erlernt so seine Geschlechterrolle (Identifikation). Indem es Krisen durchlebt, bildet sich sein Gewissen aus. Nach und nach lernt es, durch die verschiedensten Situationen geführt, Schuldgefühle kennen. Diese Stufe gilt als erfolgreich erlebt, wenn das Kind gelernt hat, mit den Schuldgefühlen richtig umzugehen und von sich aus Initiative zu einem besseren Handeln zu ergreifen.

Stufe 4: Wertesinn vs. Minderwertigkeitsgefühl (6. Lebensjahr bis zur Pubertät)

„Ich bin, was ich lerne." – Das Kind ist lernbegierig. Sein Lern- und Entwicklungsraum verändert sich. Neben Familie lernt es sich nun in Schule, Freundeskreis, Wohngegend etc. zu behaupten. In der Schule sieht es sich den Lernanforderungen und Leistungsbewertungen ausgesetzt, die ihm signalisieren, ob es den eigenen Fähigkeiten, dem erlernten Wissen vertrauen kann. Mitunter wird es mit Misserfolgserlebnissen konfrontiert, die im Vergleich mit anderen zu Gefühlen von Unfähigkeit, Unvollkommenheit und Minderwertigkeitsgefühlen führen können. Nur, indem es Erfolg erlebt, fühlt es sich kompetent, entsteht das Gefühl, gut zu sein, etwas wert zu sein. Für eine gesunde Entwicklung und ein erfolgreiches Durchleben dieser Stufe ist es wichtig, dass den Kindern eine Vielfalt an Erfolgserlebnissen ermöglicht wird. Jedes Kind möchte seinen Beitrag leisten und etwas Zielführendes und Nützliches machen. Es möchte in die Welt der Erwachsenen hineinwachsen.

Stufe 5: Identität vs. Identitätsdiffusion/Rollendiffusion (13. bis 20. Lebensjahr)

„Ich bin, was ich bin." – Im Vordergrund steht das Finden der eigenen Identität. Die aus der Kindheit übernommenen Vorstellungen, Überzeugungen, Identifikationen müssen mit den neuen Impulsen zu einer eigenen Identität heranreifen, um sich selbst zu finden und sich in sich selbst wohlzufühlen. Um ein eigenes Selbstbild bzw. Selbstkonzept zu entwickeln, gilt es, sich mit Bezugspersonen und Gleichaltrigen gleichermaßen auseinanderzusetzen, um die eigenen Bedürfnisse, Interessen und Vorlieben kennenzulernen. Es stellt bisher Erlerntes in Frage und setzt sich mit dem anderen Geschlecht sowie den eigenen Vorstellungen im Hinblick auf Beruf, Partnerschaft, Familie etc. auseinander.

Das Finden einer Antwort auf die Frage *Wer bin ich?* ist wichtig und besteht darin, die bisher bewältigten Krisen mit den eigenen Fähigkeiten, Kompetenzen und Wünschen zu einer neuen Ich-Identität zusammenzufügen. Die Identitätsbildung gelingt dabei umso besser, je mehr der Jugendliche auf positive Erfahrungen zurückblicken kann und ein gesundes Selbstvertrauen besitzt.

Ist dies nicht der Fall, spricht man von einer Identitäts- bzw. Rollendiffusion. Die Gefahr dabei ist, dass sich der Jugendliche/ die Jugendliche bei mangelnder Ich-Identität und Instabilität unter Umständen Gruppen anschließt, die über klare Strukturen verfügen und ihm vorschreiben, wie er zu leben hat.

Stufe 6: Intimität vs. Isolation (20 bis etwa 45 Jahre)

„Wir sind, was wir lieben." – Erikson beschreibt diese Phase als ein Sich-verlieren und Sich-finden im anderen. Doch nur mithilfe einer gefestigten Ich-Identität ist es möglich, in einer Paarbeziehung Intimität zu erleben, ansonsten ist die Angst zu groß, sich in der Beziehung zu verlieren. Erst auf der Basis einer eigenen Identität ist es möglich, sich dem Partner/der Partnerin zu öffnen. Zentrale Entwicklungsaufgaben dieser Phase sind der Zugang zu den eigenen Gefühlen und Gedanken sowie die Pflege gleichgeschlechtlicher Freundschaften und einer Bindung zum anderen Geschlecht (Wir-Gefühl). Misslingt der Aufbau inti-

mer Beziehungen, so besteht die Gefahr der Isolation. Es gilt, für sich selbst ein gutes Verhältnis zwischen Intimität und Isolation zu finden.

Stufe 7: Generativität vs. Stagnation (45 bis 65 Jahre)

„Ich bin, was ich bereit bin zu geben." – Entwicklungsziel dieser Stufe ist die Generativität: Erikson versteht darunter das Erziehen der nächsten Generation, der eigenen Kinder und/oder anderer junger Menschen. Generativität meint aber auch ein bewusstes Leben der eigenen Kreativität bzw. eines sozialen, beruflichen oder politischen Engagements. Damit diese Entwicklungsstufe erfolgreich verlaufen kann, bedarf es eines positiven Weltbilds und des Vertrauens in die Zukunft. Ein Mangel an Generativität führt zu Stagnation und dem Gefühl von innerer Leere.

Stufe 8: Ich-Integrität vs. Verzweiflung (65 Jahre bis Tod)

„Ich bin, was ich mir angeeignet habe." – Ziel dieser letzten Stufe ist das Erreichen der „Ich-Integrität", was so viel meint, wie das bisherige Leben mit allen positiven und negativen Erlebnissen und Ereignissen so zu akzeptieren, wie es war. Der Mensch zieht Bilanz, akzeptiert den Lebensweg, für den er sich entschieden hat, sowie die eigene Unvollkommenheit und Begrenztheit seines Lebens. Durch diese Akzeptanz und Integration seiner Erfahrungen erfährt er inneren Frieden und kommt in Harmonie, in Einklang mit sich selbst. So erreicht er Integrität. Gelingt es ihm nicht, sein Leben zu akzeptieren, stellen sich Enttäuschung, Verbitterung, Unzufriedenheit und Verzweiflung ein. Der Mensch trauert um das, was er versäumt hat und fürchtet sich gegebenenfalls vor dem Tod.

Es ist sehr wichtig für uns, diese Entwicklungsstufen in den jeweiligen Lebensaltersstufen erfolgreich zu meistern, um das Ziel der *Ich-Integrität* zu erreichen. Denn nur so können wir letztlich dankbar und erfüllt auf unser Leben schauen und uns unserer Einzigartigkeit erfreuen. Haben wir es zum Beispiel, aus welchen Gründen auch immer, versäumt, bewusst durch die Phase der Pubertät zu gehen, kann sich dies sehr nachhaltig auf unseren gesamten weiteren Lebensweg auswirken. Lassen sie mich hierzu ein Beispiel geben in Anlehnung an den sehr autoritären und strengen Erziehungsstil, den sowohl unsere Eltern als auch ihre Eltern unter Umständen ja sogar noch wir selbst erfahren haben.

Erziehung und das Erbe unserer Eltern und Ahnen

Mit wie viel Liebe, Zärtlichkeit und Zuwendung wurden unsere Eltern, Großeltern und Ahnen erzogen? – Wie wirkt sich dies heute immer noch auf uns aus?

Unsere Eltern, Großeltern und Ahnen wurden nicht nur in den Dreißigjährigen Krieg bzw. in den Ersten und Zweiten Weltkrieg mit seinen Widrigkeiten hineingeboren, sondern ihre Stellung als Kind war damals noch eine vollkommen andere. Erst in den letzten fünfzig bis sechzig Jahren hat sich zum Glück im Hinblick auf die Wertschätzung und Akzeptanz von Kindern bereits ein sehr deutlicher Wandel zum Positiven hin vollzogen, dennoch erscheint es mir wichtig, noch einmal an den anderen Erziehungsstil zu erinnern, um zu verstehen, warum Erziehung für uns alle ein so wichtiges Thema ist, das noch viel mehr unserer Bewusstwerdung bedarf.

In der Zeitschrift Gehirn&Geist erschien am 12. September 2018 unter dem Titel *Warum Hitler bis heute die Erziehung von Kindern beeinflusst* ein sehr aussagekräftiger Artikel über die Erziehungsmethoden der Kinder in der Zeit des Nationalsozialismus auf der Grundlage des damaligen Erziehungsratgebers der Ärztin Johanna Haarer *Die deutsche Mutter und ihr erstes Kind* von 1934. Haarers Bücher galten in der NS-Zeit als Bestseller, die zum Teil noch nach dem Krieg in deutschen Haushalten zu finden waren.

Frau Anne Kratzer[19], Psychologin und Journalistin, nennt einige dieser Erziehungsmethoden und führt Gründe an – die mit wissenschaftlichen Studien abgesichert sind –, warum diese Erziehungspraxis mitunter heute noch anzutreffen ist, und vor allem welche Auswirkungen dies für den Einzelnen haben kann. – Nachfolgend ein paar Beispiele die Erziehungsphilosophie von Frau Haarer betreffend, damit Sie sich einen Eindruck davon machen können, unter welchen familiären Bedingungen unsere Eltern und Großeltern aufgewachsen sind. Natürlich trifft diese Erziehungspraxis nicht auf alle Familien zu, aber ein Großteil der Kinder dürfte davon betroffen gewesen sein.

In ihrem Ratgeber empfiehlt Frau Haarer Müttern, die Bedürfnisse ihrer Babys gezielt zu ignorieren, denn ein Baby galt in ihren Augen als ein Quälgeist, dessen Wille gebrochen werden muss. Es galt, Kinder möglichst bindungsarm aufwachsen zu lassen, damit sie selbst möglichst emotions- und bindungsarm werden. Wichtig war, übermäßige Zärtlichkeit zu vermeiden, damit das Kind nicht verwöhnt wird. Fängt es an zu schreien oder zu weinen, solle man es ignorieren. Selbst ein Zuviel an Körperkontakt galt es zu vermeiden. Mütter sollten ihre Kinder möglichst wenig berühren und ihnen nicht in die Augen blicken, wenn sie sie ansahen usw. Eine Erziehung dieser Art sollte *gefühlskalte Soldaten* hervorbringen.

Dass solche Erfahrungen traumatisieren könnten, darüber machte sich niemand Gedanken.

Erst heute interessieren sich immer mehr Wissenschaftler für die Spätfolgen und Ausmaße dieser Art von Erziehung. Und das nicht nur aus historischen Gründen, sondern weil viele *Kriegsenkel* (Kinder, die in den 50er-, 60er- und 70er-Jahren geboren

---

19 Anne Kratzer (12. Sept. 2018): Warum Hitler bis heute die Erziehung von Kindern beeinflusst. Erschienen in Gehirn&Geist. Abrufdatum 06.01.2021, von https://www.zeit.de/wissen/geschichte/2018-07/ns-geschichte-mutter-kind-beziehung-kindererziehung-nazizeit-adolf-hitler?utm_referrer=https%3A%2F%2Fwww.google.com%2F

sind) therapeutischer Unterstützung und Hilfe bedürfen, je nach persönlichem Schicksal und individueller Veranlagung. Bei vielen von ihnen zeigen sich Bindungsstörungen sowie psychosomatische Erkrankungen. Dafür spricht auch, dass Themen wie Entwicklungstraumata und Hochsensibilität immer mehr ins Interesse der Öffentlichkeit rücken.

In der Zeit des Nationalsozialismus galt das Interesse ausschließlich Kindern, die manipulierbar und verführbar sind. Die selbst am besten *nicht* denken und *nicht* fühlen, weil sie dann am leichtesten zu instrumentalisieren und zu führen sind. Wenn ein Kind aber auf diese Art und Weise lernt, dass die Mutter auf die Signale, die es aussendet, nicht reagiert, dann folgert es daraus, dass seine Äußerungen nichts wert sind. Ja mehr noch: dass es selbst nichts wert ist. Außerdem erleben die Kinder Todesangst, wenn sie zum Beispiel in Situationen wie Einsamkeit oder Hunger spüren, dass sie von ihren Bezugspersonen weder gehalten noch beruhigt werden.

Solche Erfahrungen können bei den Betroffenen zu Entwicklungs- und Bindungstraumata führen. Diese verursachen wiederum Bindungsstörungen und machen es den Betroffenen schwer, Kontakte zu anderen Menschen zu knüpfen. Selbst zu den eigenen Kindern oder Enkeln, denn es ist davon auszugehen, dass diese Erziehungsmuster von Generation zu Generation weitergegeben werden. Zumindest so lange, bis sie bewusst durch andere Erziehungsideale abgelöst werden. Und selbst dann ist die Gefahr noch gegeben, dass die Eltern trotz bewusster Erziehungspraxis in stressigen Momenten wieder in die alten unbewussten Muster ihrer eigenen Kindheit und Erziehung zurückfallen.

Die Erziehungsziele entsprachen früher sehr stark sozialen, leistungsbezogenen und von der Religion geprägten Verhaltensstandards wie eine ordentliche Arbeit verrichten, immer schön höflich und freundlich sein, brav und gehorsam sein, angepasst sein im Sinne von Unterordnung, rücksichtsvoll gegenüber anderen sein, bescheiden sein, ordentlich sein, ehrlich sein, diszipliniert sein, sparsam sein, auf das Geld achten, Vater und Mutter ehren und achten etc.

Erziehung und Pubertät

Galten Babys/Kinder früher als „Quälgeister, deren Wille gebrochen werden muss" (siehe Text oben), so erfahren sie heute zum Glück zwar bereits mehr an Wertschätzung, Respekt und Liebe, dennoch kommt es in den besten Familien vor, dass gerade die Zeit der Pubertät sowohl für die Kinder als auch für ihre Eltern zu einer wahren Zerreißprobe für ihre Liebe und den respektvollen Umgang miteinander wird.

Da, wo der junge Mensch verständlicherweise versucht, sich selbst, seine Persönlichkeit, seine eigenen Werte und Ideale immer mehr zu entdecken, wo er gegebenenfalls auch damit experimentiert, wie weit er mit seinen eigenen Vorstellungen gehen kann, um seinen Weg zu finden, kommt es nicht selten zu heftigen Auseinandersetzungen und Zerwürfnissen zwischen ihm und den Eltern, sobald er noch dazu versucht, ihren Erziehungsstil in Frage zu stellen.

Das, was für das Kind zu einem ganz natürlichen Prozess seiner persönlichen Entwicklung als Individuum gehört, wird andererseits für die Beziehung und Liebe der Eltern zu ihrem Kind zu einer extremen Belastungsprobe, die alle Beteiligten umso härter trifft, mit je mehr Angst und Unsicherheit die Eltern dieser Entwicklungsphase ihres Kindes gegenüberstehen bzw. ihre eigenen Probleme aus dieser Zeit auf das Kind übertragen.

In dieser Zeit wird nicht nur ihre Liebe zwischen Eltern und Kind auf die Probe gestellt, sondern sie zeigt auch, wie gut in den Jahren zuvor das Vertrauen des Kindes zu seinen Eltern wachsen konnte. So wie das Kind in dieser Zeit vor bestimmte Entwicklungsaufgaben gestellt wird, sieht hier das Leben auch für die Eltern einen ganz wesentlichen Entwicklungsschritt vor, bei dem es um die Bewusstmachung dessen geht, wie die Art und Weise ihrer Erziehung ihre künftige Beziehung zum Kind gestaltet und prägt.

Je strenger und unnachgiebiger das Kind dabei erzogen wurde, wird es jetzt unter Umständen umso heftiger reagieren, weil ihm die Liebe der Eltern oder eines Elternteils fehlt. Ein Schmerz, der für das Kind unerträglich ist, vor allem dann, wenn sich das Erleben seiner Gefühle wiederholt und sich das Kind immer wieder einmal Situationen gegenübersieht, in denen es sich nicht wirklich willkommen, geherzt und angenommen fühlt.

Dass das Kind so fühlt, bedeutet zwar noch lange nicht, dass ihm die Eltern ihre Liebe und Wertschätzung tatsächlich vorenthalten haben. Dieser Vorwurf steht hier keineswegs zur Diskussion, sondern in der Betrachtung der Situation zeigt sich vielmehr, dass das Kind in Bezug auf seine Eltern oder einem Elternteil anders denkt und fühlt als es diesen/diesem möglich ist.

Was ich hier nicht will, ist in die Beweisführung zu gehen, ob das Kind denn überhaupt berechtigt ist, so zu fühlen. Sind diese Gefühle da, gilt es, sich diese in jedem Falle gemeinsam anzuschauen, denn wenn das Kind fühlt, wie es fühlt, wird es auch Gründe dafür geben.

Ein Gefühl ist ein Gefühl und will in jedem Fall Beachtung finden. Vor allem auch deswegen, weil die Gefühle des Kindes zugleich eine wichtige Botschaft für die Eltern sind, die ihnen zeigen, in welcher Art von Beziehung sie zu ihrem Kind stehen. Begegnet man diesen Gefühlen neutral und angstfrei, kann es den beteiligten Personen sehr helfen, friedvoller und liebevoller aufeinander zuzugehen. In unserem Leben geschieht nichts umsonst. Das gilt auch für die Welt der Gefühle. Sie sind genauso wichtig wie jedes bewusst gesprochene Wort.

Letztlich geht es bei dem ganzen pubertären Konflikt im Grunde genommen nur darum, gemeinsam die Botschaft zu entschlüsseln, die hinter den Gefühlen des Kindes liegt, um gemeinsam zu verstehen, warum es sich verhält, wie es sich verhält. Wird das Verhältnis zwischen Eltern und Kind auf eine wertschätzende, respektvolle und liebevolle Beziehungsebene gebracht, kann für alle Beteiligten etwas Neues entstehen.

Bekommt das Kind nie die Gelegenheit dazu, sich mit seinen Gefühlen den Eltern anzuvertrauen, bleibt selbst dann, wenn es keiner von ihnen will, eine negative Energie zwischen beiden bestehen, die sich so lange hält, bis es irgendwann ein klärendes Gespräch zwischen beiden geben wird.

Für alle Beteiligten könnte dabei ein erster Schritt zur Klärung sein, dass die Eltern sowohl sich selbst als auch das Kind fragen, warum es sich so fühlt. Ob es Beispiele geben kann, in welchen Situationen es ganz besonders so fühlt. So wie es zu fragen, was es braucht, damit es sich angenommener, wertgeschätzter und geliebter weiß.

Bleibt dieses Interesse der Eltern im Hinblick auf ein Gespräch mit ihrem Kind unerfüllt, zieht sich das Kind je nach Temperament unter Umständen immer mehr in sich selbst zurück. Verliert dabei völlig das Vertrauen in sein Gegenüber, was dann die Beziehung natürlich zusätzlich erschwert, denn ohne ein klärendes und versöhnliches Gespräch kann die Beziehung niemals das werden, was unter anderen Umständen möglich wäre.

Gilt die Reaktionsweise des Kindes, die ich soeben beschrieben habe, vermehrt dem schüchternen, dem in sich gekehrten, dem introvertierten Kind, so wird sich das extrovertierte Kind in der Zeit der Pubertät ganz anders gebärden. Auch sein Verhalten entspricht seiner Natur, die sich ebenfalls auch daraus ergibt, wie wertschätzend und liebevoll seine Beziehung zu den Eltern war und welches Vertrauen er in sie hat. Zwar muss jedes Kind lernen, sein Temperament zu zügeln und sich insgesamt respektvoll und angemessen zu verhalten, doch wird die Art und Weise, wie es sich verhält, ebenfalls zu einem Gradmesser für seine verletzten Gefühle.

Was die Pubertät für die Eltern zusätzlich problematisch macht, ist, dass sie gleichzeitig auch verstehen lernen müssen, dass jedes ihrer Kinder anders reagiert. Sie können und dürfen also nicht von der Erinnerung daran ausgehen, dass die Zeit der Pubertät vielleicht mit der älteren Tochter unproblematisch verlaufen ist, und dies dann auch von der anderen Tochter erwarten. Das Gleiche gilt natürlich auch für den Sohn.

Jedes Kind wird nicht nur in seinem eigenen Sternzeichen und Geschlecht geboren und bringt diesbezüglich gewisse Eigenschaften und Charaktere mit, sondern es hat auch jede Menge an Seelen-Hausaufgaben im Gepäck, die zum einen für das

Kind selbst gelten, zum anderen aber auch für die Beziehung zwischen Eltern und Kind. In diesem Sinne geht es bei der Erziehung nicht darum, den Willen des Kindes durch entsprechende Erziehungsmaßnahmen zu brechen, sondern gemeinsam an den bestehenden Herausforderungen zu wachsen.

Die Zeit der Pubertät ist nicht ein Problem, das man am besten unter den Teppich kehrt oder mit dem Siegel des Schweigens aus der Welt zu schaffen versucht. Die Pubertät ist kein Problem. Sie wird nur von den Menschen dazu gemacht, die es sich aus welchen Gründen auch immer nicht anschauen wollen, welche Lernaufgabe sowohl für den Erzieher als auch für den jungen Menschen dahintersteht. Pubertät ist nichts anderes als eine gemeinsame Lernlektion, die nach der Bewusstwerdung eines bestimmten Themas schreit.

Zu einem ernsthaften Problem wird sie erst dann, wenn es dem Kind untersagt wird, diese Phase der Pubertät bewusst zu erleben bzw. wenn sich die Eltern ihrem Kind gegenüber diesbezüglich aus der Verantwortung nehmen.

Wird gemäß dem Stufenmodell von Erikson diese *fünfte Stufe der Identität vs. Identitäts- und Rollendiffusion mit „Ich bin, was ich bin"* im Alter zwischen 13 und 20 Jahren als Entwicklungsaufgabe nicht bewusst erfahren und gelebt, behindert dies die weitere Entwicklung des Menschen und wird sich diesem dann zu einem späteren Zeitpunkt in seinem Leben als eine Krise zeigen, die bewältigt werden will, bevor die gesunde Entwicklung des Menschen weitergeht, damit er sich nach und nach auch wirklich in das Potenzial hinein entfalten kann, das für ihn vorgesehen ist.

So gesehen bekommt die Zeit der Pubertät für mich neben der biologischen und intellektuellen Ausbildung des Kindes zum jungen Erwachsenen noch einmal eine viel tiefere Bedeutung im Sinne von „Ent-wick-lung".

Was ich damit meine, ist ein sich freimachen von etwas. Sich aus alten Mustern, die sich überholt haben, herausschälen, um sich neu zu begegnen und sich neu zu entfalten. Gelingt es uns gemeinsam, die alten Verhaltensweisen und Muster loszulassen, die unserer Entwicklung und Beziehung nicht länger dienlich sind, kann etwas wirklich Neues entstehen und neues Leben kann erblühen.

So wird aus einem *DU* und einem *ICH* nach und nach immer mehr ein liebevolles *WIR*, was letztlich auch die Chance ist, die sich hinter der vermeintlichen Krise einer Pubertät verbirgt.

In Wirklichkeit ist die Pubertät kein Problem, sondern ein Geschenk. Ob wir sie jedoch als Chance oder als Krise sehen wollen, entscheiden wir selbst. Wie in vielen anderen Bereichen unseres Lebens kommt es auch hier wieder einmal ganz darauf an, mit welchem Bewusstsein und mit welchen Augen wir auf die zahlreichen Lernaufgaben unseres Lebens schauen.

Was mir in diesem Zusammenhang noch erwähnenswert erscheint, ist das Wirkprinzip des Geistigen Gesetzes von Ursache und Wirkung. Wie lässt sich dies am Beispiel eines in der Pubertät auftretenden Konflikts mit dem Kind erklären? Was gilt es hier zu wissen?

Im Grunde genommen ist es nicht das Kind, das mit seinen Eltern, einem bestimmten Elternteil oder dem Lehrer ein Problem „heraufbeschwört". Nein. Ganz und gar nicht. Es ist die Erwartungshaltung des Erwachsenen, seine Angst und Unsicherheit im Hinblick auf das, was geschehen könnte, die das Kind unbewusst dazu bringt, sich genauso zu verhalten, wie es der Erwachsene befürchtet. Um es an einem Beispiel konkret zu machen:

Habe ich als Mutter oder Vater keine gute Erinnerung an das, was ich während meiner eigenen Zeit der Pubertät mit meinen Eltern erlebt habe, dann trage ich diesbezüglich eine negative Erinnerung in mir, die sich jetzt mit Beginn der Pubertät meines Kindes in mir selbst wieder aktiviert.

Urplötzlich kommen alte Gefühle und Verletzungen hoch, die ich damals mit meiner eigenen Mama oder dem Papa erlebt habe. Manches dieser Gefühle scheint sogar noch eine solche Intensität zu haben, dass mich die Erinnerung daran noch einmal richtig wütend sein lässt. In einem Bruchteil von Sekunden sind sowohl diese Erinnerung als auch die dazu abgespeicherten Emotionen wieder da und haben die Kraft, sich begleitet von den Gefühlen der Wut, Traurigkeit etc. in meinen Gedanken festzusetzen.

Was hier geschieht, ist, dass uns unsere Seele gemeinsam mit dem Unterbewusstsein die Erinnerung an eine bestimmte Situation verschafft, die wir für uns selbst bislang noch nicht gelöst haben. Diese Seelen-Hausaufgabe plus die dazugehörenden Gefühle hatten wir damals einfach nur verdrängt, statt genauer hinzuschauen, welche Botschaft sowohl hinter dem Thema an sich als auch in den Gefühlen liegt, die zu dieser Situation gehören.

Diese Erinnerung „ploppt" innerhalb kürzester Zeit auf und hat die Power, sich in unseren Gedankenschleifen wieder „festzufressen", sodass uns das eigene Thema von damals mehr oder weniger unbewusst begleitet und damit auch unser jetziges Verhalten bestimmt. Das soll heißen: Ich reagiere auf dieses Angst-Thema, das *ich* habe, mit sehr ähnlichen Gedankenmustern und Verhaltensweisen wie früher, weil noch immer diese ganze ungelöste Energie von damals in mir lebt. Auch wenn ich heute der/die Erwachsene bin, beschäftigt mich die Situation/das Thema von damals unbewusst noch immer so sehr, dass ich es indirekt auf mein Kind übertrage.

Je nachdem, wie bewusst bzw. wie unbewusst ich nun reagiere, laufe ich Gefahr, mein eigenes Pubertätsthema mit dem eigenen Kind zu re-inszenieren. Obwohl es *meine* Hausaufgabe ist, die *ich* mir anzuschauen habe, ziehe ich mir den Sachverhalt über mein Kind erneut in mein Leben, um mir dieses Thema mit dem Wissen und den Möglichkeiten des Erwachsenen, der ich heute bin, noch einmal anzusehen. So erhalte ich die Gelegenheit, etwas Altes, das sich noch immer ungelöst in meinem Energiefeld befindet, aufzulösen.

Und so wie mich die Gedanken und Gefühle von damals einholen, aktiviere ich nicht nur das Thema, sondern übertrage es mit all meinen darunterliegenden Sorgen und Ängsten unbewusst auf mein Kind. Mit dem Ergebnis:

Die Erwartungshaltung (positiv oder negativ), die ich an mein Kind habe, wird sich ganz genau so erfüllen, wie ich mir das vorstelle, denn mit der Kraft unserer Gedanken erschaffen wir uns unsere Realität.

Das heißt auch: Befürchte ich für mein Kind, dass sich meine eigene Geschichte von damals in ihm noch einmal wiederholt, dann wird sie dies tun. Dies kann zu 100 Prozent der Fall sein, kann sich aber auch in einer abgewandelten, schwächeren Form zeigen. Wie stark das Thema gelebt wird, ist davon abhängig, wie das Kind reagiert, denn es bringt ja auch seine eigenen Seelen-Aufgaben mit und trägt bestimmte Charaktereigenschaften in sich, die mitbestimmen, wie sich das Ganze in der Realität letztlich dann zeigen wird.

Doch aufgrund meiner Erwartungshaltung und Angst übertrage (projiziere) ich *mein* Thema, das ich mir anzuschauen und zu lösen habe, auf das Kind. Erlebe es sozusagen vergleichbar einem Film noch einmal im Außen, damit ich die Chance habe, es mir anzusehen, um es diesmal erfolgreich für mich zu lösen. Wie gut ich dies vermag, wird sich mir im Verhalten meines Kindes zeigen, denn mein Kind ist mein Spiegelbild für meine Gedanken und Gefühle.

Arbeiten Eltern und Kind im Hinblick auf diese Entwicklungsaufgabe positiv zusammen, können sie gemeinsam sowohl das alte wie auch das neu entstandene Pubertätsproblem gemeinsam erfolgreich lösen. Und das sogar in alle Richtungen von Zeit: Für die Vergangenheit, die Gegenwart und Zukunft. Wir können dabei davon ausgehen, dass dieses Thema durch keines der Kinder mehr von Generation zu Generation weitergegeben werden muss, denn einmal aufgelöst ist und bleibt gelöst – darin liegt das Geschenk. Sowohl für uns selbst als auch für das Kind.

Schaue ich mir die Pubertätsproblematik übertragen auf die Schule an, können auch Lehrer und Schüler daraus lernen. Hat eine Schülerin, nennen wir sie Silke, aktuell ein sehr angespanntes Verhältnis zu ihrer Mutter, dann kann es sein, dass sie ihre Wutgefühle und den ganzen häuslichen Ärger auf ihre Lehrerin überträgt, die selbst davon natürlich nichts weiß und nicht verstehen kann, warum sich Silke ihr gegenüber heute so aggressiv und zornig verhält.

Ist die Lehrerin selbst gerade in einer sehr angespannten Situation, weil sie eine sehr hohe Arbeitsbelastung hat oder sich von der Schülerin aufgrund ihres Verhaltens emotional verletzt fühlt, kann es sein, dass sie auf Silkes unpassendes Verhalten bzw. ihren Wutausbruch nicht souverän reagiert.

Eine Folge daraus kann sein, dass sich nun beide im Verlauf des Ganzen immer mehr über den anderen ärgern, sodass ihre Wut aufeinander zusehends eskaliert. Beide haben anfangs aus einem Gefühl des Verletztseins heraus reagiert, projizieren jetzt aber ihren Ärger, ihre Verbitterung und Wut auf den jeweils anderen. Sie verfangen sich in einem Konflikt, der dringend der Lösung bedarf, um die Wogen zwischen den beiden wieder zu glätten. Geschieht dies nicht, schwingt die negative Energie, die ursprünglich einmal einen ganz anderen Auslöser (Silkes Wut auf ihre Mutter) hatte, zwischen den beiden so lange mit, bis sie ein klärendes Gespräch führen, um gemeinsam zu überlegen, wie es zu dieser Problematik kam, was beide hätten besser machen können bzw. wie sie sich in Zukunft verhalten wollen.

Findet ein solches Gespräch nicht statt, bleibt bei beiden die Wut-Energie mehr oder weniger stark erhalten und bestimmt die weitere Beziehung zwischen Schülerin und Lehrerin. Dann kann es zwischendurch zwar Phasen geben, wo sich beide wieder etwas besser verstehen, doch auf einmal wird sich diese Wut-Situation nur mit einem anderen Sachverhalt wiederholen. Und das wiederum so lange, bis sich beide ihre Lern-Aufgabe gemeinsam angeschaut haben. – Warum ist das so?

Nach dem Streit mit der Lehrerin hat sich Silke in der darauffolgenden Pausenzeit vielleicht mit ihren Freundinnen über das aufbrausende und negative Verhalten ihrer Lehrerin unterhalten. Schimpft wie ein Rohrspatz auf sie. Verärgert, wie sie noch immer ist, wird urplötzlich aus der gerade noch sympathischen Lehrerin eine unmögliche Person. Vielleicht sogar mit einem Schimpfwort wie dem der „blöden Kuh" belegt. Da keines der Kinder auf Silke beschwichtigend einredet, sondern ihr diese unter Umständen vielleicht sogar noch aufgrund eigener Enttäuschungen zustimmen, verstärkt sich in Silke das negative

Bild der „blöden Kuh". Jedes Mal, wenn sie ihrer Lehrerin nun begegnet, aktiviert sie unbewusst dieses Bild.

Parallel dazu kann sich die Lehrerin Silkes aggressives und verletzendes Verhalten ebenso nicht erklären. Aus Silke, die zuvor einmal eine unauffällige, angenehme Schülerin war, wird nun in der Erinnerung die „Problemschülerin", die sich Erwachsenen gegenüber nicht mehr zu benehmen weiß. Dass dem so ist, zeigt Silke ihr gegenüber ja bereits seit mehreren Wochen. Zudem bestätigen auch die anderen Kollegen das Bild, dass Silke, seit sie in der Pubertät ist, ganz schön problematisch geworden ist. Beide können sich nicht mehr wirklich in die Augen schauen. Haben den Zugang zueinander aufgrund des Vorfalls und der Art und Weise, wie sie sich beide im Anschluss daran verhalten haben, verloren. Ihre Beziehung zueinander ist angeschlagen und bleibt es so lange, bis einer der beiden auf den anderen zugeht und ein klärendes Gespräch sucht. So lange tragen beide im Hinblick auf die andere Person das negative Bild in sich, demzufolge sich nun täglich die „blöde Kuh" und die „Problemschülerin" gegenüberstehen, weil es beide immer wieder so aufeinander projizieren.

Was hier wirklich geschieht, ist, dass jeder nach wie vor negativ über den anderen denkt und zudem sogar noch glaubt, dass dies gerechtfertigt ist, denn immerhin trägt jede die Erinnerung an die negative Ursprungssituation in sich und schaut auf den anderen nicht mit einem freundlichen Blick, sondern sieht im anderen nur das, was er seitdem sehen will. Selbst dann, wenn diese Bilder vom anderen negativ geworden sind.

Ein weiteres Beispiel für Eltern, Kind und Schule möchte ich an dieser Stelle noch anführen, weil es vor allem für jene Eltern wichtig ist, die mehrere Kinder haben. Das Thema ist aber auch für Lehrer sehr interessant.

Familie Niederlande hat drei Kinder im Alter von achtzehn, sechzehn und vierzehn Jahren. Das älteste Kind, ein Mädchen, ich nenne sie Carla, war sowohl als Schulkind als auch im Verhalten ihren Eltern gegenüber gänzlich unproblematisch. Benedikt, der sechzehnjährige Sohn ebenso. Er ist zudem Mamas Liebling. Wer da jedoch etwas aus der Reihe tanzt, ist die vierzehnjährige Sofie. Mit ihr scheint alles ein wenig anders zu sein. Mit ihrem Vater versteht sie sich zwar ganz gut, doch er nimmt sich kaum Zeit für sie. Ihre Mutter ebenso. Sofie fällt das Lernen nicht ganz so leicht wie ihren Geschwistern. Sie ist eine Träumerin und lebt im Vergleich zu den anderen Familienmitgliedern in ihrer eigenen Welt. Sie gibt zwar ihr Bestes, doch es reicht an die guten Zensuren ihres Bruders nicht heran. Es sind viel zu viele Dinge, die sie gerade beschäftigen. Die Schule. Die Pubertät. Ihre Beziehung zu ihrer Mutter. ...

Sowohl von ihrer Mutter als auch von den Lehrern bekommt sie immer wieder einmal gesagt: „Warum kannst du das nicht? Nimm dir doch ein Beispiel an deinem Bruder." Leicht gesagt, doch in der Praxis leider nicht so leicht gelebt. Dennoch gibt sie ihr Bestes.

Warum gelingt es ihr nicht wirklich, schulisch genauso erfolgreich wie ihr Bruder zu sein? Wie gerne würde auch sie mit guten Noten die Aufmerksamkeit ihrer Lehrer und noch viel mehr auch die ihrer Mutter auf sich ziehen, um ebenso wie der Bruder ihre Wertschätzung und Liebe zu bekommen. Sie kann tun, was sie will. Schulisch bleibt sie mit ihren Noten nur im Mittelfeld. – Warum?

Auch wenn Sofie eine Träumerin ist, und anzunehmen ist, dass ihre schwächeren Leistungen demnach in einer mangelnden Konzentrationsfähigkeit begründet sind, wirkt hier zusätzlich das universelle Gesetz von Ursache und Wirkung. – Wie?

Sowohl die Eltern als auch die Lehrer haben gegenüber Sofie eine ganz bestimmte Erwartungshaltung und vergleichen ihre Leistungen mit denen des Bruders. Das blockiert. Denn wie frei ist man denn, mit den eigenen Fähigkeiten gesehen zu werden, wenn es ständig nur den Vergleich gibt? Eine Tatsache, die Sofie traurig macht und deprimiert. Wie soll sie lernen, an sich selbst zu glauben, wenn die anderen gar nicht auf sie, sondern immer nur auf den Bruder schauen?

Aufgrund ihrer Noten glaubt Sofie, dass sie nur eine mittelmäßige Schülerin ist. Da kann sie tun, was sie will. Erschwerend kommt für sie hinzu, dass weder die Eltern noch die Lehrer das in ihr sehen, was ihre wahren Fähigkeiten sind. Dies scheint keiner so wirklich zur Kenntnis zu nehmen. Zumindest fehlt ihr in dieser Hinsicht eine Bestätigung.

Was ich mit diesem Beispiel erläutern will, ist, dass für das richtige Verständnis der Situation von Sofie sowohl der Blick auf das Ganze (holistisches Prinzip) als auch das Wissen über das Gesetz von Ursache und Wirkung fehlt. In ihrem Fall wird scheinbar von allen Beteiligten nur auf die Noten gesehen. Sie scheinen das Einzige zu sein, was wirklich interessiert. – Öffnen wir uns jedoch für einen ganzheitlichen Blick auf dieses Kind, um ihre Situation besser zu verstehen, dann zeigt sich uns:

Sofie: 14 Jahre jung, Pubertät, Beziehung zur Mutter nicht so, wie Sofie es sich wünscht, der ständige Vergleich mit dem Bruder, sie selbst eine Träumerin, Vater und Mutter haben kaum Zeit für sie …

Die Eltern, v. a. die Mutter, schauen mit allem scheinbar mehr auf den Sohn der Familie als auf ihre Töchter. Sofie glaubt sich im Hinblick auf ihre eigenen Fähigkeiten und Potenziale weder gewürdigt noch gesehen.

Der Glaube ihrer Eltern, dass der Sohn der bessere Schüler ist, bestätigt sich für sie genauso wie ihre Zweifel an den Fähigkeiten ihrer Tochter.

Das Gleiche lässt sich auch von den Lehrern sagen. Auch sie haben den Blick anscheinend eher nur auf die Noten als auf Sofie gerichtet.

Was sich hier zeigt, ist: Die Erwartungshaltung, die wir an den anderen haben, wird sich über kurz oder lang stets erfüllen, egal, wie positiv oder negativ diese ist. So wie ich in den Wald hineinrufe, schallt es zurück. Eine alte Redensart, die dieses Gesetz von Ursache und Wirkung ebenfalls wiedergibt.

Denken wir von unserem Gegenüber hingegen positiv, verstärken wir mit unserem Glauben an seine Person, an sein Verhalten sowie an seine Leistung (seine Fähigkeiten und Potenziale) im anderen genau das, was wir im positiven Sinne auch erfahren wollen. Sind wir fest im Vertrauen darauf, dass unser Kind ein Gewinner ist, dann ist es das auch.

Glauben oder befürchten wir jedoch, dass es ein Verlierer ist, dann erschaffen wir mit der Macht unserer Gedanken leider auch diese Realität, denn das geistige Prinzip unterscheidet nicht zwischen dem, was sich uns in letzter Konsequenz positiv oder negativ zeigt. Es reagiert allein auf unsere Gedanken. Was geschieht, ist, dass sich das Kind unbewusst genau so verhalten wird, wie wir es von ihm erwarten. Und das gilt nicht nur im Hinblick auf seine Leistungen und den damit verbundenen Erfolg, sondern auch im Hinblick auf sein Verhalten als pubertierender Schüler oder als pubertierendes Kind. Denke ich von Anfang an positiv und glaube fest daran, dass die Pubertät meines Kindes frei von Problemen ist, ist sie dies auch.

Diese Gesetzmäßigkeit gilt jedoch nicht nur im Hinblick auf das pubertierende Kind. Sie gilt generell. Wir sollten uns von daher stets sehr gut überlegen, was unsere Erwartungshaltung und unsere persönliche Einstellung gegenüber dem anderen ist, egal, ob dies das Kind, der Partner, unsere Eltern oder eine andere Person ist.

Es ist so wichtig, dass wir uns immer mehr bewusstwerden, dass es im Leben darauf ankommt, worauf wir unsere Aufmerksamkeit richten. – Mit welchem Blick schauen wir auf den anderen? Schauen wir auf seine Schwächen oder auf seine Stärken? Auf das, was uns gefällt, oder auf das, was uns missfällt? Woran halten wir fest? Woran glauben wir?

Die Macht, die in den Worten „Ich vertraue dir!" bzw. „Ich glaube an dich!" verborgen liegt, ist unvorstellbar groß.

Ich bin heute mehr denn je davon überzeugt, dass Jesus mit seiner Botschaft „Dir geschehe nach deinem Glauben!" damit nicht nur unseren Glauben an die Kirche meinte, der wir uns durch unsere Taufe und Erziehung zugehörig fühlen. Die Kirche an sich wusste die Bedeutung dieser Worte bereits schon sehr früh für sich als Institution sehr wirkmächtig zu nutzen. Das ist keine Kritik, sondern eine Feststellung, die mich mein Leben lehrt.

Gott hat uns mit der Kraft unserer Gedanken ein unglaublich starkes „Instrument" an die Hand gegeben, das machtvoller ist, als wir uns dies vorstellen können, weil wir uns damit alles erschaffen und somit selbst zum Schöpfer unseres Lebens werden. Und das sowohl im Kleinen als auch im Großen.

Mit der Kraft unserer Gedanken kreieren wir uns selbst unsere Welt, egal, wie bewusst oder unbewusst wir dies tun. Egal, wie gut uns diese dann gefällt. Wir kreieren uns Leichtigkeit, Freude und Glück genauso wie Sorgen, Krankheit, Krise und Leid. Angst, Hass und Krieg genauso wie die Verbundenheit, den Frieden oder die Liebe.

Für mich kann nicht früh genug mit der Unterweisung dieses Wissens begonnen werden. Hierbei hat jeder von uns eine große Verantwortung zu tragen, die mit einer bewussten Elternschaft beginnt, dann aber auch von den Erziehern und Lehrern dringend fortgeführt werden sollte, damit sowohl die Erwachsenen als auch die Kinder von Anfang an in der Wahrnehmung ihrer Gedanken, Stimmungen und Gefühle geschult werden, um sich dessen bewusst zu werden, wie diese unsere Sprache und unser ganzes Handeln bestimmen. Nur das Sprechen und Lesen darüber hilft nicht allzu viel.

Was wir hier brauchen, ist ein regelmäßiges, tägliches Training, um vergleichbar einem Muskel unseren Geist dahingehend zu „trimmen", das Positive, das Friedvolle, das Lebens- und Liebenswerte an Gedankengut hervorzubringen. Denn es gilt: Nur mit einem wirklich gesunden Geist kann auch ein wirklich gesunder Körper erschaffen werden, der wiederum der „Tempel unserer Seele" ist.

In welcher Art von Tempel wollen wir physisch wie psychisch wohnen? Wir sollten uns hier nicht länger mit dem Wenigen zufriedengeben, sondern dürfen hier qua Geburtsrecht auch wirklich nach den Sternen greifen. Und das in dem Wissen, dass für uns *ALLE* genug da ist. Dass es unser Recht ist, uns unserer Schöpferkraft bewusst zu sein, um uns endlich einmal wieder vermehrt nach dem wirklich Wahren, Edlen, Schönen und Guten zu strecken.

Zudem ist dieses Wissen mit von grundlegender Bedeutung für ein gesundes Erwachsenwerden, ein gutes Selbstbild, ein wirklich starkes Selbstbewusstsein, ein sicheres Auftreten, eine gute Selbstwirksamkeit, ein positives Selbstwertgefühl sowie für die Liebe zu uns selbst, die es dann dem Menschen auch möglich macht, durch eine wirklich gute Beziehung zu sich selbst auch eine gute, friedvolle, wertschätzende und liebevolle Beziehung zu anderen aufzubauen.

Zudem stärkt sie wichtige Charaktereigenschaften und Werte wie Willensstärke, Disziplin, Verantwortungsbewusstsein, Führungsstärke (im Sinne von sich selbst führen können!) etc. sowie den Glauben an sich selbst und das Vertrauen in sich und das Leben.

Erst durch den Glauben in all die Fähigkeiten und Potenziale, die Gott uns gegeben hat, werden wir gemeinsam mit ihm zu einem wirklich *selbst-bewussten Schöpfer unseres Lebens*. Das ist der Weg, den sich unsere Seele einmal ausgesucht hat, um in der Welt der Menschen zu inkarnieren, damit sie hier Erfahrungen machen und Einsichten gewinnen kann, die sie nur als Mensch machen kann.

Wir sollten von daher bereits in jungen Jahren lernen, dieses „Instrument" unseres Geistes im Sinne einer regelmäßigen „Gedanken-Hygiene", die so regelmäßig werden muss wie die Körperhygiene, auch wirklich gut und sinnvoll zu gebrauchen.

Unser Geist ist ein so wirkungsvolles und mächtiges Instrument, das ähnlich einem Musikinstrument einer sehr feinen „Grund-Stimmung" bedarf, damit die Töne bzw. Gedanken, die damit erzeugt werden, auch wirklich harmonisch, stimmig und rund sind. Und dies sowohl für uns selbst als auch zum Wohle aller, denn nur diese Haltung zeichnet den Menschen als ein soziales Wesen aus.

Es ist so wichtig zu verstehen, dass wir wirklich jede noch so kleine Konsequenz aus dem, was wir denken, sagen und tun zu tragen haben. Egal, ob Selbstgespräche oder in Gesprächen mit anderen. Selbst unsere Mimik und Gestik wirkt sich entsprechend auf uns aus. Und dies gilt immer. Sowohl im positiven als auch im negativen Sinn.

Dieses Wissen um die Kraft unserer Gedanken sollte nicht länger nur ein paar Wenigen vorbehalten bleiben, die es in den letzten Jahrtausenden, Jahrhunderten und Jahrzehnten leider nicht immer nur zum Wohle der Menschheit genutzt haben. Ganz egal, wie bewusst oder unbewusst sie dies taten. Ich bin nicht hier, um dies zu beurteilen.

Ich will nur darauf aufmerksam machen, dass wir allesamt die Konsequenzen aus dem zu tragen haben, was sich andere Kraft ihrer Gedanken, ihrer Position, ihres Einflusses und der Macht ihres Geldes erschaffen haben. Doch indem wir Stillschweigen bewahren und akzeptieren, dass dies so ist, weil wir uns ihnen und ihren Machenschaften in keinster Weise widersetzen und dem Ganzen so aber auch keine Grenzen setzen, werden wir indirekt mitschuldig daran, dass die Verhältnisse weltweit heute so sind, wie sie sind.

Durch unser Inaktivbleiben, unsere Obrigkeitshörigkeit, unser Schweigen, unser Gefühl der Ohnmacht, mit dem wir den weitreichenden Entscheidungen anderer größtenteils wortlos gegenüberstehen, werden wir in dem Sinne für uns selbst und die kommenden Generationen schuldig, dass wir Entscheidungsträger gewähren lassen, bei denen wir uns leider nicht mehr sicher sein können, dass diese Entscheidungen auch wirklich immer zum Wohle aller getroffen werden.

Was ist der Mensch sich selbst noch wert, dass er dies alles mit sich geschehen lässt? Hat er sich selbst so wenig lieb, dass er sich in die komplette Abhängigkeit von der Willkür und den Machenschaften anderer begibt? Wollen wir weiterhin in der Depression bzw. im Dornröschenschlaf verharren und auf unseren Prinzen (einen Retter) warten?

Ich glaube vielmehr, dass es höchste Zeit wird, dass wir allesamt nicht nur an Jahren älter werden und glauben, damit bereits erwachsen zu sein, sondern dass es darum geht, wieder ein selbstbestimmter, freier und mündiger Bürger zu werden, der für sich und sein Leben sowie auch für das Wohlergehen anderer wieder mehr die Verantwortung übernimmt.

Mir wird es immer bewusster, wie wichtig es ist, das sichere „Nest" meines Elternhauses endgültig zu verlassen und das nicht nur körperlich, was ich schon vor vierzig Jahren getan habe, sondern auch im Hinblick auf mein Denken und Handeln sowie auf meine ganz persönlichen Wertvorstellungen und Prinzipien, nach denen *ICH* leben will, damit ich nicht nur das Echo meiner Eltern bin und ihre Vorstellungen in mir weitertrage, sondern mich in meiner ganzen Individualität zeige. Damit ein Schmetterling auch wirklich ein Schmetterling werden kann, muss die Raupe sterben. Nur so kann sie in verwandelter Form als ein Schmetterling neu geboren werden. Nur so kann der Vogel Phoenix aus der Asche wieder zum Leben auferstehen. Erst, indem wir bedingungslos durch den Tod gehen, öffnen sich uns die Türen für ein neues Leben.

So hat mich mein Leben mit fünfundfünfzig Jahren erst einmal mitten hinein in eine Krise geführt, damit ich mir dessen bewusstwerde, dass ich es in jungen Jahren versäumt hatte, den Rebellen in mir sprechen zu lassen. Zudem habe ich in der Beurteilung meiner Person viel zu sehr auf die Worte anderer vertraut, statt mir meiner Fähigkeiten und Talente bewusst zu werden. Der Verrat, den ich damals an mir beging, bestand darin, nicht an mich zu glauben, um mutig, kraftvoll und selbstbestimmt durch die Zeit der Pubertät zu gehen und mir im Anschluss daran auch wirklich frei von all den alten Glaubenssätzen, Denkgewohnheiten und Verhaltensweisen das schönste Leben meiner Träume zu erschaffen.

Insofern kann ich bestätigen, was uns der Psychoanalytiker Erich H. Erikson mit seinem Stufenmodell erklärt: Haben wir es versäumt, zu gegebener Zeit eine bestimmte Stufe erfolgreich zu meistern, so zeigt sich uns diese Lernaufgabe zu einem späteren Zeitpunkt noch einmal in unserem Leben.

Als Kind und Jugendliche war ich viel zu brav und eingeschüchtert, um gegen das aufzubegehren, was ich damals schon als für mich nicht stimmig und unfair empfand. Habe diverse Verletzungen sowie den Schmerz darüber lieber geschluckt als ihn auszusprechen. Damals fehlte mir das nötige Selbstbewusstsein sowie der Mut, um meine Stimme zu erheben. War einfach viel zu brav und angepasst. Als junge Frau hegte ich dann andere Interessen und verfolgte andere Ziele. Heute, mit sechzig Jahren, will es das Leben von mir, dass ich endlich zu mir selbst stehe, meine Stimme gebrauche, und mir das von der Seele schreibe, was mir Zeit meines Lebens auf dem Herzen liegt.

Heute ist es mir wichtig, nicht mehr nur mit meinem Kopf (und damit mit dem bloßen Willen meines Egos) durchs Leben zu gehen, sondern Kopf und Herz miteinander zu vereinen, sodass ganz bewusst ein Kohärenzgefühl entsteht, das mich kraftvoll durch mein weiteres Leben führt.

Für mich heißt es heute „Vogel, lerne endlich zu fliegen!" Lerne „flügge" zu werden, mutig, kraftvoll und selbstbewusst für dich selbst einzustehen, um dir mit der Kraft deiner positiven Gedanken das Leben zu erschaffen, das du wirklich leben willst.

Sprechen wir bei einer Katze von sieben (im englischsprachigen Raum sogar von neun) Leben, die Gott ihr gegeben hat, so hat er uns Menschen ebenfalls mindestens zwei gegeben:

Ein Leben vor der Krise, indem wir vermehrt den Weg unseres Egos gehen, weil wir uns als Mensch mit unseren Möglichkeiten ausprobieren wollen. Hierzu gehören auch die scheinbaren „Fehler", die wir machen, um zu lernen, wie ein wirklich gutes und erfülltes Leben *nicht* wirklich funktioniert.

Und *ein Leben nach der Krise*, indem wir die großartige Chance auf einen völligen Neuanfang bekommen und lernen können, endlich auch auf die Stimme in unserem Herzen zu hören, die uns zu einem wahrhaft glücklichen und einzigartigen Leben in Verbundenheit mit unserer Seele (damit auch mit unserem Schöpfer, mit der Quelle, mit Gott), unserem *bewussten* Geist und einem gesunden Körper führt.

Jetzt liegt es an uns, uns mithilfe des Schöpfergeistes, den uns Gott gegeben hat, das Leben unserer Wahl auf das Schönste, Glücklichste, Erfüllteste, Friedvollste und Liebevollste selbst zu erschaffen. Ob es so sein wird, liegt in unserer Macht. Diese Macht hat Gott uns allen gegeben, damit wir sie für uns selbst aber gleichzeitig auch zum Wohle aller sowie zum höchsten Wohle des Ganzen (eines Aufstiegs in ein neues Zeitalter hinein) positiv gebrauchen.

Gott hat entschieden, den Menschen zu helfen, sich von altem Karma zu befreien

Gott kann und will der Selbstzerstörung des Menschen und der Welt nicht mehr länger zusehen. Da er uns trotz unserer Schwächen und „Fehler" liebt, hat er sich entschieden, uns aus diesem immerwährenden Alptraum, den wir uns nun schon seit Jahrtausenden selbst inszenieren, zu befreien und uns zu helfen, damit wir uns wieder an unsere Schöpferkraft erinnern, um uns gemeinsam mit ihm das schönste Leben zu kreieren, das wir uns nur vorstellen und erträumen können.

Darauf bereitet er die Erde und ihre Bewohner bereits seit Längerem vor. Eine maßgebliche Veränderung, die daraus resultiert, ist, dass die Kinder der heutigen Zeit vermehrt gegen ihre Eltern rebellieren, statt weiterhin das Fähnchen der Tradition hochzuhalten und gemeinsam mit ihnen ein Loblied auf die gute alte Zeit zu singen.

All die lichtvollen Kinder, die bereits hier sind, sind Wegbereiter dieser neuen Zeit. „Lichtbringer" in eine Welt hinein, in der es sich der Mensch so sehr im Feld seiner Schatten und Annehmlichkeiten eingerichtet hat, dass ihm, wenn er so weitermacht, der sichere Untergang droht.

Die Lichtbringer werden derzeit zwar vom Gros der Menschheit noch für sonderbar bzw. verrückt gehalten. Manche sind gar als Verschwörungstheoretiker verschrien. Mit dem Wort

„verrückt" stimme ich Ihnen, liebe Leser, liebe Leserinnen, sogar zu, jedoch im Sinne von *„ver-rückt"*, weil sie sich nicht mehr länger den derzeit geltenden Systemen unterordnen wollen, sondern vermehrt nach einem Weg in die Freiheit und Unabhängigkeit suchen, in der Themen wie soziale Ungerechtigkeit, Ausgrenzung Andersgläubiger und noch so vieles andere mehr keine Gültigkeit mehr haben.

Nach dem Zweiten Weltkrieg hatte der Mensch zunächst die große Chance, seine „Fehler" aus früheren Zeiten wiedergutzumachen. Das sah anfangs auch sehr vielversprechend aus und zeigte sich im Außen als die „rosige" Zeit, die gemeinhin „Wirtschaftswunder" heißt. Ja, unsere Eltern und Großeltern haben es vermocht, aus Schutt und Asche wieder etwas aufzubauen. Erstaunlich! Dafür gebührt ihnen sowohl unser Dank als auch unser aller Wertschätzung und Respekt.

Doch wie alles im Leben hat auch diese Entwicklung zwei Seiten. Das Positive daran war ohne Zweifel die Zeit des Wirtschaftswunders. Durch den raschen Aufbau der Wirtschaft erfuhr Deutschland auch wieder die Wertschätzung anderer Länder. Und je mehr die private Kaufkraft stieg, blieb dem einzelnen Bürger mehr Geld für den Konsum, was sich auch weiterhin in einem wachsenden Wohlstand zeigte. Mit der Zeit wurden in Deutschland sogar immer mehr Arbeitnehmer gesucht, die auf dem innerdeutschen Markt gar nicht mehr zu finden waren, sodass es zu den ersten Zuwanderungen aus anderen Ländern wie Italien, Türkei, Griechenland, Spanien usw. kommt. Die deutsche Wirtschaft baute sich nach und nach immer mehr aus. Doch was versäumt wurde, ist eine konstruktive und bewusste Auseinandersetzung mit dem Krieg und der Zeit des Nationalsozialismus.

Sind wir uns dessen überhaupt bewusst, auf welchen Schultern dieses Wirtschaftswunder ausgetragen wurde? Was ist die Kehrseite der Medaille? Worin liegen ihre Schatten?

Durch den erhöhten Arbeitseinsatz unserer Eltern und Großeltern hatte der Wiederaufbau einen extrem hohen Preis und der begründet sich nicht nur in den Reparationszahlungen, die wir als Nation zu leisten hatten. Was ich hier vielmehr thematisieren will, ist, wie sich der vermehrte Arbeitseinsatz der Nachkriegsgeneration letztlich auf die Familie als die Keimzelle für zwischenmenschliche Beziehungen, soziale Interaktion und Kommunikation sowie die physische wie psychische Gesundheit aller Beteiligten (jung und alt) ausgewirkt hat.

Aufgrund meiner eigenen gesundheitlichen Situation habe ich mich in den letzten vier Jahren eingehender mit den psychosomatischen Krankheiten beschäftigt. In erster Linie natürlich mit meiner eigenen Diagnose (Burnout, Depression und posttraumatischer Belastungsstörung) sowie den Autoimmun- und Autoaggressionserkrankungen, weil bei näherer Betrachtung alle meine anderen Erkrankungen dieser Gruppe zugeordnet werden können. Meine Motivation dabei war, die wirklichen Ursachen hinter diesen Krankheitsbildern zu finden, weil ich mich mit den Antworten, die ich von den Ärzten bekam, so nicht wirklich zufriedengeben konnte.

Ich hatte vielmehr immer das Gefühl, dass es da noch so viel mehr gibt, was erkannt und verstanden werden will. Und da ich inzwischen gelernt hatte, dass alles, was uns im Leben geschieht, nicht umsonst geschieht, sondern eine viel tiefere Bedeutung hat, wenn wir nur lernen, aus verschiedenen Perspektiven auf das Ganze zu sehen, so wollte ich lernen, den Sinn, der hinter dem Formenkreis meiner Erkrankungen liegt, um ein Vielfaches besser zu verstehen. Ich wollte wissen, was mich *wirklich* in der Mitte meines Lebens in diese für mich extreme Situation gebracht hatte, von der ich in meinem ersten Buch sehr ausführlich erzähle. Ich konnte und wollte die Dinge nicht einfach auf sich beruhen lassen, sondern ich wollte sie verstehen und wissen, was die tatsächliche Ursache dahinter ist.

Sie werden sich jetzt vielleicht fragen, wie ich das denn überhaupt in Erfahrung bringen will. Eine berechtige Frage, auf die ich ihnen sehr gerne eine Antwort geben will. Da ich nach meinem Zusammenbruch ohnehin nur noch das Gefühl hatte, dass ich im Leben nichts mehr verlieren, sondern nur noch gewinnen kann, wandte ich mich frech, wie ich auch sein kann, gleich direkt an die oberste Stelle, an Gott. Ja, Sie lesen richtig. An ihn. Neben zahlreichen Beschwerdebriefen, die ich ihm schrieb, und in denen ich ihm meine Situation bis ins letzte Detail schilderte, um mir all den Schmerz von meiner Seele zu schreiben, begann ich immer mehr gleich direkt mit ihm zu sprechen.

Stellte ihm meine Fragen und bat um Antworten. An manchen Tagen stritt ich sogar regelrecht mit ihm. Polterte mit meinen Worten nur so drauf los. Ich glaube, er hatte in dieser Zeit so einiges mit mir auszuhalten, denn im Grunde genommen führte ich mit ihm die ganzen Streitgespräche, die ich mit meinen Eltern versäumt hatte. Dabei dürften ihm so manches Mal die Ohren ganz schön geglüht haben. Doch auf diese Art bekam er meinen ganzen Schmerz sowie alle meine Vorwürfe und Fragen mit. Diese sandte ich ihm direkt als Paket mit der Aufschrift „Empfänger Gott" regelmäßig zu, ohne dabei auch nur irgendeinen Dienstweg einzuhalten.

Nachdem ich mich in einer ersten Beschwerderunde erst einmal so richtig ausgeschimpft hatte, begann ich immer mehr nur noch Fragen zu stellen. Und ob Sie es glauben oder nicht, die Antworten kamen zu mir. Manchmal mittels Menschen, die ich *neu* kennenlernen sollte. Dann mittels neuer Selbsthilfemethoden, die ich erlernen sollte. Das nächste Mal war es die Empfehlung zum Besuch eines Seminars, das er mir ans Herz legte. Parallel dazu erhielt ich regelmäßige Unterweisungen von Erzengel Raphael, um im Hinblick auf meine Ernährung, Bewegung und den gesamten Lifestyle insgesamt noch viel besser zu werden und um alles noch viel feiner auf *meine* ganz individuellen Bedürfnisse abstimmen zu können.

Er war es auch, der mich auf meine Hochsensitivität und erhöhte Empathiefähigkeit aufmerksam machte, damit ich mir besser erklären konnte, warum ich auf vieles ganz anders reagierte als andere Menschen bzw. bestimmte Nahrungsmittel wie auch andere Stoffgruppen (z. B. im Bereich der Kosmetika oder Kleidung) einfach grundsätzlich nicht vertrage. Mit seiner Hilfe kam eine Antwort nach der anderen in mein Leben, für die ich ihm sehr dankbar bin, weil ich um all dies bisher so gar nicht wusste. Nach und nach wurde mir damit auch klar, warum ich ganz andere Pausen und viel mehr Zeiten der absoluten Stille und Ruhe bedarf als andere.

Raphael war es auch, der mich ein Buch und einen Artikel nach dem anderen aus den Bereichen der Psychoneuroimmunologie, Epigenetik, Psychologie, Pädagogik etc. lesen ließ, die mir mehr und mehr Informationen dahingehend gaben, sodass ich vergleichbar einem Puzzle die einzelnen Bausteine in der Betrachtung meiner Symptome immer mehr zu einem Gesamtbild zusammenfügen konnte. Damit fing es für mich erst so richtig an, spannend zu werden und auch weiterhin mit ihm auf Entdeckungsreise zu gehen.

Und das Schönste von alledem war: Nach und nach kamen immer mehr dieser wundervollen himmlischen Helfer in mein Leben. Bald waren wir schon ein richtiges Team, an das ich mich jederzeit wenden konnte. Manchmal gab es so etwas wie „Fachkonferenzen", in denen sie mich im Hinblick auf ein bestimmtes Thema coachten. Zwischendurch natürlich auch jede Menge an „Krisensitzungen", in denen ich mir immer wieder einmal eines meiner Themen und meiner Schattenaspekte anzusehen hatte. Doch egal, wie sehr mich diese in meinen Grundfesten erschütterten, ich konnte mir stets sicher sein, dass mir dieses „himmlische Dream-Team" hinterher auch wieder half, wieder zu Kräften zu kommen.

Und so lernte ich nach und nach, dass ich aus jeder „Therapiesitzung" um ein Vielfaches gestärkter hervorgehen konnte, wenn ich im Anschluss daran das jeweilige Thema in die Hände Gottes legte mit der Bitte um Transformation und Heilung sowohl für mich als auch für all die, die auf die eine oder andere Art im Hinblick auf dieses Thema meine „Lernpartner" waren.

So wurden meine himmlischen Freunde immer mehr zu meinen wichtigsten Begleitern. Und Gott-Vater selbst zu meinem allerbesten Therapeuten, den ich mir für mich nur vorstellen konnte. Denn das, was die Therapiesitzungen mit ihm so einzigartig machte, war, dass er mich jedes Mal, wenn ich mal wieder „ausbüchsen" wollte, klarmachte, dass es keinen Sinn macht, noch länger mit irgendwelchen Masken durchs Leben zu gehen.

Stattdessen forderte er mich auf, eine nach der anderen abzulegen und mich ihm gegenüber mit all meiner Verletzlichkeit zu zeigen, zumal er mich ja ohnehin aufs Beste kennt und weiß, wie ehrlich ich in der Betrachtung meiner Themen bin. Er konnte mir genau sagen, wann ich mir mal wieder etwas vormachte und versuchte, die Verantwortung für einen bestimmten Sachverhalt anderen in die Schuhe zu schieben. In diesen Fällen kannte er kein Pardon und forderte mich auf, so lange hinzusehen, bis es mir dämmerte, worin mein eigener Beitrag bestand, dass sich bestimmte Bereiche meines Lebens genauso entwickeln sollten, wie sie dies im Laufe der fünfundfünfzig Jahre taten. Von Sitzung zu Sitzung zeigte er mir immer mehr auf, wie die Dinge untereinander jeweils in Beziehung standen und wie ich aufgrund meiner eigenen unausgesprochenen Gefühle und Gedanken immer mehr zum Schöpfer dieser Realität wurde, in der ich mich nach und nach immer mehr verfangen hatte.

Zudem lehrte er mich, mehr auf die Stimme meines Herzens zu hören und mich mindestens zweimal am Tag mit ihm zu verbinden, damit er mir nicht nur im Schlaf, sondern auch tagsüber seine Botschaften übermitteln kann. Also lernte ich in die Stille zu gehen, mich selbst dabei immer mehr auszuhalten, den „Zappelphilipp" in mir zu überwinden und zu meditieren, um auch auf diesem Weg mit Gott immer mehr direkt zu sprechen und auf seine Antworten zu hören.

So fühlte ich mich von Tag zu Tag immer mehr geführt und wusste, dass ich diese ganze Situation überdauern kann, und dass ich aus alledem für mich extrem viel lernen kann. Seitdem lasse ich mich auch weiterhin von Gott führen und weiß mich und mein Leben in allen Bereichen stets sicher in seiner Hand.

Und so wie ich von Tag zu Tag lernte, in Gott wieder zu vertrauen, kam auch das Vertrauen in mich selbst und in mein Leben wieder zurück. Und je mehr dies geschah, wurde meine Situation zusehends annehmbarer und damit auch wieder lebbarer.

Hatte ich es als Kind versäumt, meine Pubertät zu leben, so kann ich heute wirklich sagen, dass ich diese Phase dafür umso bewusster mit Gott nachgeholt habe. Mit dem wunderschönen Ergebnis, dass Gott für mich nicht mehr der unnahbare Gott meiner Kindheit ist, sondern mein himmlischer Vater *und* meine Mutter zugleich. Seitdem habe ich, wie Sie es an meiner Widmung und meinem Dank auf den allerersten Seiten dieses Buches bereits sehen konnten, zwei Elternpaare: ein himmlisches und ein irdisches. Für die ich beide sehr dankbar bin.

Heute weiß ich zudem, dass wir immer die richtigen Eltern haben, auch dann, wenn wir dies anfangs nicht so recht glauben wollen. Weder sind sie uns „passiert" noch wir ihnen. Es ist kein Zufall, dass wir zusammengekommen sind, denn als Seelen haben wir uns diese Verbindung ausgesucht.

Haben dabei darauf geachtet, dass wir genau die Eltern bekommen (bzw. sie uns als Kind), damit wir bestmöglich voneinander lernen können, denn wir sind uns gegenseitig nicht nur Eltern und Kind, sondern „Spiegelpartner". Soll heißen, dass wir im anderen nicht nur das Schöne erfahren und sehen, sondern vor allem auch das, was wir nicht gerne sehen, weil es unsere eigenen Schatten sind. Warum dies so ist? Damit wir von der Wesensart des anderen am direktesten und am einfachsten lernen können.

Da dies jedoch so ist, und sich im Alltag daraus verständlicherweise auch jede Menge Problemsituationen ergeben, ist es extrem wichtig, dass wir lernen, gemeinsam über alles zu reden, statt uns ins stille Kämmerchen zurückzuziehen und dort allein vor uns hin zu schmollen.

Unser Schweigen, unsere Verbitterung, unser Schmollen gibt den ungeklärten negativen Energien zu viel Raum und führt letztlich dazu, dass es sich insgesamt ungesund auf die Beziehung zum anderen auswirkt, was sich dann immer mehr darin zeigt, dass wir zum anderen sowohl innerlich als auch äußerlich auf Distanz gehen.

Irgendwann sind die Probleme dann so groß, dass ganze Partnerschaften, Familien etc. daran zugrunde gehen, weil sich die

Fronten immer mehr verhärten, als dass es zu klärenden Gesprächen kommt. Nichts wiegt schwerwiegender und ist ungesünder, als unsere Probleme schön fein säuberlich unter einen Teppich zu kehren, um nach außen hin immer nur schön brav das Bild einer perfekten Familie oder Partnerschaft zu geben, nur um den schönen Schein zu wahren.

Unsere Probleme wollen ernst genommen werden. Wollen von uns gehört und gesehen werden, denn sie enthalten wichtige Botschaften für uns. Wir sollten ihnen von daher viel mehr Zeit und Raum in unserem Leben geben. Dabei müssen wir keineswegs stundenlang über irgendeine Sache debattieren. Es ist allein wichtig, wenn ich gerade mit meinen Eltern, meinem Kind, meinem Partner bzw. Arbeitskollegen eine bestimmte Situation erlebe, darauf zu achten: Was fühle ich gerade? Was macht es mit mir? Warum bringt mich die Situation gerade so aus der Fassung? Was hat es mit mir zu tun? Was zeigt mir diese Situation? An was erinnert es mich? ...

Des Weiteren liegt es an uns, die andere Person um ein Gespräch zu bitten, um den Sachverhalt möglichst bald (am besten noch am gleichen Tag) auf eine für beide Seiten wohlwollende Art und Weise zu klären.

Ist es unsere ernsthafte Absicht, das Thema mit dem anderen friedvoll zu klären, dann geschieht dies auch. Wollen wir stattdessen lieber noch in einer Art von „Opfer-Modus" verharren, um den anderen (wenn auch unbewusst) indirekt zu manipulieren oder ihm gar Schuldgefühle zu machen, dann wird sich die Geschichte zum derzeitigen Zeitpunkt nicht klären lassen, weil dann in aller Regel noch andere ungelöste Themen und negative Energien mit im Feld sind, die erst noch als solches erkannt und geklärt werden müssen.

Indem ich mein Gegenüber jedoch um ein Gespräch bitte, kann auch er sich im Hinblick auf das gemeinsame Thema Gedanken machen. Sich ähnliche Fragen stellen. Sich ebenfalls auf das Gespräch vorbereiten und so auch von seiner Seite her zur Klärung des Sachverhalts beitragen.

Unser „Ja" zu einem solchen Gespräch kann bereits der Türöffner sein, damit letztlich im Hinblick auf die gesamte Problematik Heilung geschehen kann. Doch kommt es dabei sehr darauf an, mit welcher Absicht wir das Gespräch zum anderen suchen. Wollen wir ihn verletzen, weil wir gerade selbst so verletzt sind und unter Umständen sogar so etwas wie Rachegedanken hegen? Oder wollen wir, dass wirklich für alle an der Situation beteiligten Personen Heilung geschieht? – Unsere Motivation, die diesbezüglich hinter unserer Absicht steht, wird uns das entsprechende Ergebnis bringen.

Das A & O für ein solches Gespräch ist natürlich auch jede Menge Einfühlungsvermögen (Fingerspitzengefühl) und Mitgefühl für die Situation des anderen sowie die sichere Beherrschung der Grundregeln für eine gute Kommunikation. Je sicherer wir uns dabei fühlen und je früher wir bereits in der richtigen Gesprächsführung geübt sind, umso besser wird unser Gespräch verlaufen, und umso besser kann sich uns dies dann auch in einer wirklich gesunden Beziehung zeigen.

Neben einer guten „Gesprächskultur" kommt es hier vor allem auf ein rechtzeitiges Erlernen einer gesunden „Streitkultur" an. Und weil diese fürs ganze Leben sehr wichtig ist, plädiere ich in diesem Sinne für eine regelmäßige Unterweisung im Erlernen sowohl der allgemeinen Regeln der Gesprächsführung als auch der Konfliktgespräche. Und das sowohl in den Kindergärten als auch an den Schulen.

Diese Institutionen sollten dringend dabei helfen, das, was als Basiswissen im Elternhaus bereits vermittelt wurde, in lebenspraktischen Situationen vermehrt einzuüben, damit sich jedes Kind immer schneller, immer souveräner und damit auch immer bewusster in den verschiedensten Gesprächssituationen auch wirklich sicher fühlen kann.

So wie ein regelmäßiges Bewegungstraining wichtig ist, erachte ich auch ein regelmäßiges Gesprächstraining für unablässig, denn wie in vielen anderen Bereichen gilt auch hier: Erst in der regelmäßigen Anwendung und Praxis liegt der Erfolg!

Dazu bedarf es meiner Meinung nach nicht einmal eines Lehrplans, denn das Leben bietet uns tagaus und tagein so viele Situationen. Dafür müssen wir nur einmal vor die Türe gehen, dann zeigen sie sich uns sofort. Und um es noch einmal zu betonen: In wirklich jeder Situation, die sich uns im Leben zeigt, egal, mit wem, das kann auch Nachbars „Lumpi" sein, gibt es etwas Wichtiges zu lernen. Unsere Seele wird es uns sehr danken, wenn wir in dieser Hinsicht öfter mal *bewusster* durch unser Leben gehen.

Vielleicht fragt sich jetzt der eine oder andere Leser, warum ich im Hinblick auf die Thematik der psychosomatischen Erkrankungen so lange über Gesprächskultur schreibe. Auch hier gilt: Oberflächlich betrachtet gebe ich Ihnen recht. Stimmt, es schaut so aus, als wäre ich von meinem ursprünglichen Weg abgekommen und hätte mein Ziel aus den Augen verloren. Doch gilt dies nur auf den ersten Blick, denn bei genauerem Hinsehen merkt man, dass es mir insgesamt gesehen um die Betrachtung der psychosomatischen Erkrankungen geht, und ich das Wort „psychosoma-tisch" etwas tiefgründiger erforschen will.

So wie unser Körper (soma) mit unserem Geist (mind) und unserer Seele (Psyche) kommuniziert, so hat auch jedes Gespräch mindestens zwei Gesprächspartner, die entweder in positiver oder negativer Absicht zueinanderstehen können.

Wendet sich einer unserer „Gesprächspartner" aus dem Verbund von Körper, Geist und Seele von den anderen ab, gerät das ganze System aus der Balance. Dann findet innerhalb des Systems keine ausreichend gute Kommunikation mehr statt und aufgrund der Dysbalance können Krankheiten entstehen. Genauso ist es, wenn der eine Gesprächspartner dem anderen das Gespräch – aus welchen Gründen auch immer – vorenthält oder gar verwehrt.

Wird ein Kind nach einem Konflikt mit seinen Eltern zum Beispiel nur aufs Zimmer geschickt, um sich dort zu beruhigen oder bekommt gesagt „Sei still. Du hast jetzt nichts zu sagen!", dann kann das je nach Naturell für das Kind mitunter schlimmer als jede Ohrfeige sein, und die Verletzung, die für das Kind daraus entsteht, kann schwerwiegendere Folgen haben, als wir uns dies vorstellen können, weil das Kind fühlt „Ich bin hier nicht erwünscht!", „Das was ich zu sagen habe, interessiert keinen!" oder gar „Ich bin es nicht wert, gehört zu werden!" ...

Wird dieses feinfühlige und sensible Kind mit diesen Gefühlen allein gelassen und wird der Gesprächsverlauf durch eine positive Zuwendung der Eltern im Nachhinein nicht korrigiert (wie z. B durch ein besänftigendes Wort, eine Entschuldigung oder eine Umarmung), können im Kind Gedankenmuster entstehen, die der Seele des Kindes (und damit seiner Psyche) alles andere als zuträglich sind.

„Psychosomatisch" bedeutet für mich in diesem Sinne, dass sich das Kind die Ablehnung, die es gerade erfahren hat, so zu Herzen nimmt, dass es mit den Mustern darauf reagieren wird, die es bisher gelernt hat bzw. sich sogar von einem Erwachsenen abgeschaut hat. Dies kann dann entweder eine offene Aggression sein, mit der sich die verzweifelte Seele versucht, Gehör zu verschaffen, auch wenn die Art und Weise, wie sie dies tut, insgesamt gesehen nicht gut ist. Eine zweite Möglichkeit wäre, dass das Kind (unter Umständen sogar noch von diversen anderen Ängsten begleitet) mitunter auch erst zeitlich versetzt mit körperlichen Symptomen wie Erbrechen, Schlafstörungen, Magenschmerzen etc. reagiert. Und die dritte Variante wäre mentaler Art, indem sich das Kind in sich selbst zurückzieht und somit in die Welt seiner Gedanken und Träume entflieht.

Vielleicht können Sie nach der Lektüre meiner Ausführungen zu den exemplarisch angeführten psychosomatischen Erkrankungen noch besser verstehen, warum mir diese etwas längere Einleitung in das Thema so wichtig ist. Inhaltlich beschränke ich mich dabei auf das Burnout, die Depression, die posttraumatische Belastungsstörung sowie auf eine allgemeine Betrachtung der Autoaggressions- und Autoimmunerkrankungen, denn bereits diese vier Krankheitsformen in Summe betrachtet verraten uns schon sehr viel, worin die *wahren* Ursachen für so viele Probleme unserer heutigen Zeit begründet sind. Zumindest im Bereich der körperlichen und psychischen Gesundheit sowie im Hinblick auf die Beziehungsunfähigkeit. Die Version, die Sie hier lesen, ist im

Vergleich zu meinen Ausführungen in meinem ersten Buch, Kapitel 7, eine gekürzte Fassung. Mit den Auslassungszeichen (…) zeige ich Ihnen an, an welchen Stellen ich die Beschreibung dieser Diagnosen gekürzt habe. Sollten Sie Interesse an der Erstfassung meiner Betrachtungen im Hinblick auf die jeweilige Symptomatik haben, empfehle ich Ihnen mein erstes Buch.

Warum es mir am Herzen liegt, auf diese Erkrankungsformen auch hier im zweiten Buch zu verweisen, begründet sich daraus, dass es mich schon von Berufswegen her immer wieder beschäftigt hat, warum bereits so viele Jugendliche die Diagnose Depression erhalten.

Vielleicht kann ich mit meinen Ausführungen einen Beitrag dazu leisten, dass Eltern wie Lehrer diese Kinder im Hinblick auf ihr Fühlen, Denken und Verhalten besser wahrnehmen und begleiten können, statt dieser Diagnose genauso ohnmächtig gegenüberzustehen wie diese jungen Menschen. Vielleicht gelingt es mir, Eltern und Lehrern zu helfen, leichter in ein Gespräch mit den betreffenden Kindern zu kommen, indem ich Ihnen von mir erzähle, und somit wissen lasse, wie ich sehr oft gefühlt und gedacht habe. Vielleicht hilft es ja, die Situation dieser Kinder dadurch besser zu verstehen.

Bereits schon als Kind, doch noch viel mehr als Jugendliche, hatte ich keine Worte gefunden, um über meine Gefühle und Gedanken sprechen zu können. Fühlte mich ihnen einfach nur ausgeliefert. Kam mir wie gefangen in mir selbst vor. Da ich über all die dunklen Gedanken und Gefühle, die da oft da waren, nicht reden konnte, wusste ich nicht, ob diese nicht einfach zum Leben dazugehören. Ich redete mir ein, so fühlt sich wohl das Erwachsenwerden an. Mit jemandem darüber sprechen kam mir gar nicht in den Sinn. Zudem war da vielmehr das Gefühl, als hätte mir jemand meinen Mund zugeklebt. Also akzeptierte ich, dass es war, wie es war und versuchte einfach nur so gut ich konnte, damit zurechtzukommen. Sagte mir, das ist also die sogenannte Pubertät, von der alle sprechen. Zwar fiel mir auf, dass ich nach und nach nicht mehr so lustig und vergnügt sein konnte wie meine Freundinnen. Dass ich auf alles irgendwie anders reagierte. Nahm ich dies wahr, dann sagte ich zu mir: „Denke dir nichts. Du bist halt einfach nur viel ernster als sie. Dich interessieren dafür andere Dinge. Es wird schon okay sein, wie es ist. Da, wo sie Freunde haben, und das Leben genießen, da hast du deine Bücher und genießt auf deine Art. Das meint wohl Erwachsenwerden und Erwachsensein." Zudem hatte ich genügend mit der Schule zu tun, um mir mein schulisches Fortkommen zu sichern, weil mir das Lernen nicht so leichtfiel wie meinem Bruder.

In den Jahren nach Abitur, Studium und den ersten Dienstjahren hatte ich die Zeit gar nicht, um groß darüber nachzudenken, ob mit mir alles in Ordnung ist oder nicht. So gut ich konnte, lebte ich vor mich hin und organisierte mich so, wie es damals das Leben von mir wollte. Somit hatte ich zwischenzeitlich meine Probleme der Jugendzeit weitestgehend verdrängt. Gab es zum Glück doch so viel Neues, dem ich meine ganze Aufmerksamkeit schenken konnte. So wurde ich älter und älter. Näherte mich der Lebensmitte immer mehr an. Doch so ab meinem 48. Lebensjahr wechselten auf einmal die Vorzeichen in meinem Leben immer mehr von Dur nach Moll. Da ich beruflich jedoch eine Veränderung herbeigeführt hatte, glaubte ich, dass vieles damit in Verbindung steht und dass alles auch wieder besser wird, sobald ich nur in das neue Amt wieder eingearbeitet bin. Dann könnte wohl alles wieder anders und vor allem auch wieder leichter werden. Dass dem nicht so war, ist dann aber eine andere Geschichte, die ich hier nicht erzählen werde, da ich diesen Part meines Lebens bereits mit meinem ersten Buch thematisiert habe.

Mit knapp fünfundfünfzig Jahren sagte meine Seele dann aufgrund der Vielfalt der Vorkommnisse, die sich inzwischen in meinem Leben ereignet hatten: „Ob du willst oder nicht, du schaust dir das jetzt endlich an und lernst darüber zu sprechen, denn so, wie es bislang war, kann es in deinem Leben nicht mehr weitergehen! Also habe Mut! Spring! Dir kann nichts dabei passieren! – Und vergiss vor allem nicht, dein Wissen anschließend mit der Welt zu teilen, denn du bist nicht die Einzige, die vor derartigen Herausforderungen steht. Es hat seinen Grund, warum du dies alles erleben solltest. Doch mit allem, was du zwischenzeitlich erfahren und gelernt hast, kannst du anderen sehr wohl helfen. Vergiss nicht, jeder Einzelne von euch hat der Welt so vieles zu geben. Jeder auf seine Art. Es ist nur wichtig, dass ihr euer Wissen mit der Welt teilt, denn nur so können andere wiederum davon profitieren. Leben meint nicht gegeneinander konkurrieren, sondern miteinander verbunden sein und die Dinge, die wichtig sind, miteinander zu teilen, denn nur gemeinsam seid ihr wirklich stark!"

Nicht verheilte Wunden – nicht gelebte Gefühle – tiefer Seelenschmerz

Was ich als Erstes verstehen lernen sollte, war: Geben wir unseren Gefühlen von Traurigkeit, Wut, Zorn, Ärger, Verbitterung und Groll über eine tiefe Verletzung, einen Verlust, einen Herz-Schmerz, eine bestimmte Erfahrung etc. nicht den gebührenden Raum und drücken diese unter Umständen sogar über Jahre hinweg nicht aus, bewegen sie sich immer mehr in Richtung Körper und zeigen sich dort dann in Form von Krebs, Erschöpfungszuständen, zunehmender Stresssymptomatik, chronisch-entzündlichen Prozessen und diversen anderen Krankheiten.

Haben wir unsere Gefühle viel zu lange unbeachtet gelassen, dann drängen sich diese Empfindungen selbst noch Jahrzehnte später wieder in unser Bewusstsein, weil sie endlich wahrgenommen, empfunden und aufgelöst werden wollen. Ihre häufigste Sprache ist dabei der Schmerz.

Wir können diese alten Empfindungen nicht einfach abschütteln. Wir können sie bestenfalls in Schach halten, abspalten und verdrängen, sodass wir glauben, sie sind nicht mehr da. Doch was wir übersehen, ist: Ihre nicht gelebte Energie bleibt in unserem

Feld. Kommen dann noch neue belastende Faktoren, angstauslösende Momente dazu oder wird gar ein ganz bestimmtes altes Gefühl aktiviert, dann zeigen sich uns unsere alten Emotionen mit ihrer bisher nicht gelebten Kraft und entwickeln so eine Wucht, dass dies meist auf Kosten unserer Beziehungen geschieht, denn solange uns eine wirklich gute Beziehung zu uns selbst und unseren Gefühlen fehlt, können auch im Außen keine wahrhaft glücklichen Beziehungen entstehen. Gibt es in uns selbst bzw. innerhalb unserer Herkunftsfamilie eine Blockade dieser Art, kann sich die Liebe niemals frei ausdrücken und entfalten.

Diagnose Burnout

Auf das *Burnout* möchte ich nur kurz eingehen. Meist liegt eine versteckte Depression dahinter, denn das Burnout und die tiefe Traurigkeit der Seele gehören wie Geschwister zusammen. Wenn wir spüren, dass unsere Seele weint, tut sie dies nicht erst seit gestern. In aller Regel haben wir es schon viel zu lange versucht, Stärke zu zeigen, obwohl wir uns innerlich schwach fühlen.

Sich leer und ausgebrannt zu fühlen ist ein Zeichen der Frustration und Erschöpfung. Meistens verursacht durch zu viel Stress, der in aller Regel begleitet ist von einem sehr hohen Anspruchsdenken an sich selbst und dem Glaubenssatz „Ich muss stark sein, auch wenn ich nicht mehr kann."

Auch Wut, Ärger, Frust und Groll werden nur allzu gerne unterdrückt, statt dass die eigenen Bedürfnisse durchgesetzt werden und die Wahrheit so ausgesprochen wird, wie sie sich uns mittels der Gefühle zeigt. Das Problem, das meist dahinter liegt, ist, dass keine klaren Grenzen gesetzt werden, dass ein Nein oft zu einem Ja wird, auch wenn wir dies unter Umständen so gar nicht wirklich wollen.

Irgendwann fängt der Mensch an, sich überwiegend nur noch über die Anerkennung und Wertschätzung seiner Leistung zu definieren. Was das Leben aber an sich von ihm will, wird immer mehr in Frage gestellt. Viel zu sehr versteckt man sich hinter der

Arbeit, weil man befürchtet, ohne sie ein *Nichts* zu sein. Wer jedoch über einen längeren Zeitraum so lebt, begeht immer mehr einen Verrat an seinem Herzen und somit auch einen Verrat an seiner Seele, weil ihm der Wert seiner eigenen Persönlichkeit viel zu wenig bewusst ist.

Was es stattdessen zu lernen gilt, ist, dass wir nichts über *das Leben an sich* stellen sollten. Weder die Leistung noch die Ehre noch das Finanzielle. Dass wir nicht geboren sind, um uns einem bestimmten System (egal ob Familie oder Gesellschaft) unterzuordnen, nur weil wir glauben, uns anpassen zu müssen. So wie es auch für die Liebe gilt, ist es hier wichtig zu lernen: Wir können anderen nur dann Gutes tun, wenn wir als Erstes gut für uns selbst sorgen, denn andernfalls brennen wir aus.

Diagnose Depression

Hinsichtlich der *Depression* sollte ich lernen, dass nur dann eine Menge an Energie, Lebenskraft, Chi durch uns fließt, wenn wir mit positiven, freudvollen, lichtvollen und liebevollen Gedanken angefüllt sind, die unsere Energiebahnen offenhalten und es uns somit ermöglichen, dass die Lebensenergie frei fließt.

Werden unsere Energiebahnen hingegen durch vermehrt negative Erfahrungen und die damit einhergehenden Gefühle wie Wut, Hass, Neid, Kummer, Groll etc. blockiert, fühlen wir uns mit der Zeit immer lustloser, hilfloser, vor allem aber auch ohnmächtiger und machtloser.

Hält dieser Zustand von negativen Gefühlen über einen längeren Zeitraum an, öffnen wir uns nach und nach unbewusst immer mehr den schweren und düsteren Gedanken und verfallen so in die Depression. Was wir während der Depression dann vor allem spüren, sind neben der Angst und den Sorgen vor allem Gefühle von tiefer Verzweiflung, von Ohnmacht, von Hoffnungslosigkeit und Hilflosigkeit.

Werden also Emotionen und die mit ihnen einhergehenden Energien nicht bewusst gelebt, so bauscht sich all das Unterdrückte in uns auf. Es raubt uns Energie. Saugt uns förmlich aus und führt uns auf direktem Weg in ein schon sehr früh erlerntes Opfer-Bewusstsein.

In der Folge davon leben wir nicht mehr ausbalanciert. Soll heißen: Die weiblichen und männlichen Aspekte in uns sind nicht mehr im Gleichgewicht, weil wir unter Umständen schon viel zu lange die linke Seite, unsere weibliche Seite (die „angepasste, liebe, brave" Eva) leben, obwohl bestimmte Lebenssituationen von uns verlangen, dass wir mehr die Kraft des starken Mannes bzw. der starken Frau (die Kriegerin, die Lilith, die Amazone) in uns aktivieren, um kraftvoll unsere eigenen Bedürfnisse und Interessen durchzusetzen.

Erst wenn kein Teil (weiblich wie männlich) unterdrückt wird, lenken wir unser Leben auf eine autonome Weise. Dann können wir uns in allem, was da ist, selbst erleben und können unser Leben und unsere Liebe mit anderen teilen. Es bedarf also einer stabilen Basis sowie des Glaubens an uns selbst. Erst wenn dies der Fall ist, können wir unsere innere Sonne für uns und andere strahlen lassen. (…)

Mehr, als wir denken, geht es darum, ein tradiertes und uraltes Opfer-Bewusstsein loszulassen. (…) Zudem gilt es, mehr an sich selbst zu glauben, mit der Liebe zu sich selbst in Resonanz zu treten sowie in Harmonie und Frieden mit sich selbst zu sein. Mit jeder Faser des Seins anzuerkennen, dass es gut ist, dass ich bin, wie *ICH BIN*, weil mich Gott genau so gemeint hat. Das heißt: Nicht länger die Kopie von „…" zu sein, sondern sich auf die ur-eigene Individualität, auf das „Göttliche" in uns selbst zu besinnen und so den *Weg der Individuation* ganz bewusst zu gehen.

Was hat mich die Depression noch gelehrt? – Bei all der Literatur, die es zur *Depression* gibt, kommen die Ausführungen von Dr. Ruediger Dahlke am treffendsten an die Beschreibung der Symptomatik heran, wie ich sie erlebt habe.

Dr. Ruediger Dahlke schreibt in seinem Buch „Krankheit als Symbol" (S. 246 ff), dass bei einer Depression alle Körperebenen betroffen sein können. „Speziell das Gehirn im Sinne einer überzogenen Schutzreaktion in scheinbar aussichtsloser (Stress-)Situation."

Auf der *Symptomebene* nennt er unter anderem das Thema der unterdrückten Aggression; Lebensenergie, die gegen sich selbst gerichtet als Selbstmordtendenz, in Schuldgefühlen oder maskiert in Form verschiedener Symptombilder (larvierte Depression) zutage tritt; ein Mangel an Sinn und Inhalt im Leben bzw. ein fehlender Gefühlsbezug zum Leben; unterdrückte Trauer, ein Blockiertsein zwischen Wut und Trauer; Unterdrückung der Lebensenergie an einem Wendepunkt des Lebens; Flucht vor dem Druck (De-pression im Sinne von De-kompression); die Unfähigkeit zu leben und zu sterben; eine unerlöste Form der Beschäftigung mit dem Sterben (Selbstmordgedanken) und mit dem „dunklen" weiblichen Archetyp.

Diagnose Posttraumatische Belastungsstörung (= PTBS)

Bereits von Geburt an haben wir ein starkes biologisches Bedürfnis nach der Bindung zu unseren Eltern, vor allem zur Mutter. Nur dank ihrer Unterstützung, Feinfühligkeit und Verlässlichkeit kann sich unser *Urvertrauen* sowie unsere spätere *Beziehungsfähigkeit* ausreichend entwickeln. Verfügt die Mutter über eine feine Wahrnehmung hinsichtlich der Bedürfnisse des Kindes sowie über Empathie (= Einfühlungsvermögen bzw. die Fähigkeit und Bereitschaft, Empfindungen, Emotionen, Gedanken, Motive und Persönlichkeitsmerkmale einer anderen Person zu erkennen), kann sich das Kind ungestört entwickeln.

In der Psychopathologie (= Lehre von den Leiden der Seele) können *Bindungsdefizite* eine mögliche Ursache für eine Erkrankung beim Erwachsenen sein. Neurowissenschaftliche Studien belegen heute, dass frühkindliche Erfahrungen an der Ausbildung des Netzwerkes an Neuronen im Gehirn maßgeblich beteiligt sind und unsere Persönlichkeit formen. Wird zum Beispiel ein zweijähriges Kind durch seine Bezugsperson des Öfteren lautstark getadelt, so wird dieser Reiz direkt in der Großhirnrinde verarbeitet. Ähnlich einer „Narbe" schreibt sich diese Wahrnehmung unlöschbar im impliziten Gedächtnis fest (Priming) und führt unter Umständen selbst noch im Erwachsenenalter zu einer Angststörung oder zu einer unsicheren sozialen Kompetenz, ohne dass die betreffende Person um die eigentliche Ursache für eine solche Störung weiß.

Hat das Kind jedoch einen engen Körperkontakt zur Mutter, die sich ihm empathisch zuzuwenden vermag, entwickelt sich ein Beziehungsverhalten, das vom Kind positiv verinnerlicht wird. Diese inneren Gedächtnisinhalte (Repräsentanzen) durch frühe Beziehungserfahrungen sind so stark, dass ihre unbewusste Festschreibung in der Großhirnrinde unmittelbar über den Grad an Wohlbefinden sowohl beim Kind als auch beim Erwachsenen entscheidet.

Heute ist bekannt, dass die ersten drei Lebensjahre und die mit ihr erfahrene Sozialisation maßgeblich an der Ausbildung unseres neuronalen Netzwerkes im Gehirn zusammenhängt. Diese Struktur bestimmt letztlich sogar, wie wir unsere Beziehungen (Partnerschaften, Freunde ...) suchen und gestalten. Ein Kind wird somit nur dann zu einer starken Persönlichkeit, wenn ihm seine Bezugspersonen immer wieder vermitteln, dass es gehört, gesehen und wahrgenommen wird. Dass es nicht allein ist. Dass es gut ist, so, wie es ist, weil es in seiner Art wertvoll und einzigartig ist. Dass es geliebt ist. (...)

Symbiosetrauma –
Können wir durch Verbundenheit belastet sein?

Leben wir als kleine Kinder noch sehr stark in einer Symbiose mit unseren Eltern, vor allem mit der Mutter, baut sich diese mit dem Älterwerden in der Regel immer mehr ab. Tut sie das jedoch nicht, spricht man von einer krankhaften Symbiose. Vor allem dann, wenn wir als Erwachsene unser Wohlbefinden allzu sehr von anderen Menschen abhängig machen bzw. so auf andere fixiert sind, dass wir uns selbst dabei übersehen. Dabei versucht die abhängige Person, den anderen an sich zu binden und tut viel, um die Beziehung aufrechtzuerhalten. Wenn es sein muss, sogar bis zu Selbstaufopferung.

In der Beziehung zwischen Mutter und Kind entspricht die Symbiose einer ganz normalen und vor allem sehr wichtigen Entwicklungsphase während der Schwangerschaft und frühen Kindheit. Für die ersten neun Monate sind wir – was unsere Entwicklung angeht – über die Nabelschnur bestens versorgt und müssen uns um nichts kümmern. Unsere Bedürfnisse scheinen somit gestillt. Wir sind mit der Mutter zu einer Einheit verschmolzen, und alles, was sie erlebt, erleben auch wir. Alle positiven, aber auch alle negativen Gefühle und Erfahrungen der Mutter gehen in dieser pränatalen Zeit über die Nabelschnur ungefiltert auf das Ungeborene über. Somit fühlen wir, was sie fühlt und teilen mit ihr Empfindungen der Freude und des Glücks, aber auch ihre Erwartungen, Ängste und Sorgen oder gar ihren Schmerz.

Auch wenn wir mit unserer Geburt den ersten entscheidenden Schritt in die Selbstständigkeit unseres Lebens wagen, bleiben wir vor allem in der Zeit nach der Geburt und in den ersten drei Jahren noch sehr stark davon abhängig, dass uns die Mutter auch weiterhin gut und liebevoll umsorgt. Erleben wir in diesen ersten Jahren eine gute symbiotische Phase zwischen Eltern und Kind, entwickelt sich daraus eine gute, gesunde kindliche Autonomie und die Phase einer gesunden Ablösung beginnt.

Doch was geschieht, wenn diese lebensnotwendigen Bedürfnisse nach Verbundenheit und Liebe in der Beziehung zwischen Mutter und Kind aus welchen Gründen auch immer nicht ausreichend gesichert und gewährleistet waren?

Als Säugling und Kleinkind brauchen wir einen Erwachsenen (v. a. unsere Mutter) als Spiegel, der uns unsere Gefühle und ersten Erfahrungen erklärt und reflektiert. Nur so können wir uns selbst als eigenständiges Wesen immer mehr und immer besser erfahren. Uns selbst dabei kennenlernen und damit auch ein gutes Selbstbewusstsein entwickeln. Zudem gibt uns die Zuwendung und Liebe der Mutter sowie ein intensiver Körperkontakt mit ihr vornehmlich die Sicherheit und den Halt, den wir brauchen, um im Sinne einer ganzheitlich gesunden Entwicklung immer mehr auf unsere eigene Entdeckungsreise „Leben" zu gehen.

Nicht immer ist eine derart gesunde Autonomieentwicklung des Kindes möglich, v. a. dann, wenn es während der Schwangerschaft oder vor bzw. nach der Geburt zu diversen Komplikationen kam. Liegen solch schwierige Startbedingungen vor, die eine sichere Bindung zwischen Mutter und Kind behindern, laufen die Bedürfnisse des Kindes im Hinblick auf Körperkontakt, Zuwendung und Liebe ins Leere, mit dem Ergebnis: Das Kind fühlt sich nicht ausreichend wertgeschätzt, nicht geliebt und ist emotional unterernährt.

Kommt dann noch ein Gefühl von Unsicherheit dazu bzw. bleiben im Verlauf der späteren Entwicklung die Bedürfnisse des Kindes weiterhin unerfüllt, so kommt es nicht zur vollständigen Abnabelung von den Eltern und wir entwickeln uns nur unzureichend zu einem autonomen, selbstsicheren und selbsterfüllten Menschen. In uns bleiben unerfüllte Bedürfnisse zurück, die wir scheinbar damit befriedigen, dass wir uns vermehrt um die Bedürfnisse anderer kümmern. So entstehen jedoch Verstrickungen und Abhängigkeiten, die mehr schaden als nützen.

Gibt es bei den Eltern selbst auch unerfüllte Abhängigkeiten und Strukturen, weil sie aufgrund ihrer eigenen Biografie an Liebe und Zuwendung durch ihre Eltern ebenfalls zu wenig bzw. gar „nicht satt geworden" sind, ist es ihnen nicht möglich, das Kind in die Selbstständigkeit zu entlassen. Aus eigener Bedürftigkeit binden sie ihre Kinder an sich, um ihre eigene Bedürftigkeit und die damit einhergehenden ungelösten Gefühle nicht spüren zu müssen.

Derartig „frühkindliche Verstrickungen" sowie die frühe Traumatisierung durch eine solche symbiotische Liebe bezeichnet der Psychotraumatologe Professor Dr. Franz Ruppert aus München als „Symbiosetrauma". Hat ein Kind derartige Verletzungen oder Traumata erfahren, kann das – je nach Sensitivität des Kindes – unter Umständen gravierende Folgen für die weitere Entwicklung der Persönlichkeit und Psyche haben.

Übertragen auf den Bereich der Beziehung kann das zum Beispiel bedeuten: Da wir auf eine bestimmte Art und Weise hinsichtlich eines intensiven Kontakts mit der Mutter unerfüllt und somit auch „hungrig" geblieben sind, suchen wir selbst noch als Erwachsene ständig nach ihrer Bestätigung, um uns ja endlich sicher und daseinsberechtigt zu fühlen. Bekommen wir diese Rückmeldung jedoch nicht, fühlen wir uns nicht angenommen, nicht gesehen. In diesen Fällen manifestiert sich in uns nur allzu leicht der Glaubenssatz: „Ohne eine Bestätigung von dir bin ich nicht wertvoll genug. Ich bin nicht gut genug. Kann meinen eigenen Wert weder wahrnehmen noch fühlen." (…)

In uns bleibt diese unerfüllte Beziehung zurück, die wir dadurch zu kompensieren versuchen, indem wir uns vermehrt um die Bedürfnisse anderer kümmern, um uns selbst auf diese Art eine Daseinsberechtigung zu geben. Doch in uns selbst bleiben wir „unfrei" und mit der Mutter verstrickt. Sind ewig Suchende nach dieser Liebe.

Das Problem dabei ist: Wer die Liebe sucht, der findet sie nicht. Je mehr er sie sucht, umso mehr entzieht sie sich ihm, denn sie will nicht im Außen gefunden werden, sondern erst in der Person selbst, die nach ihr sucht. Erst dann stehen wir sozusagen mit beiden Füßen in der Welt und können endlich nach der physischen Geburt – die mitunter schon Jahrzehnte zurück liegt – auch psychisch geboren werden.

Erst mit der Liebe zu uns selbst sind wir wirklich beseelt und können ein Leben in wahrem Glück mit viel Leichtigkeit und Freude leben. Dann ruhen wir in uns, fühlen uns erfüllt und können wahrhaft gesunde Beziehungen pflegen, weil wir endlich in der Beziehung zu uns selbst angekommen sind. Sie ist der Schlüssel für ein in jeglicher Hinsicht erfülltes Leben. (…)

Transgenerationales Trauma

Menschen, die Traumata aus der Eltern- oder Großelterngeneration in sich tragen, haben es neben ihren eigenen Erlebnissen und Gefühlen zusätzlich mit einer Flut von Gefühlen und Ereignissen zu tun, die nicht die ihren sind. Auch wenn wir versuchen, diese irgendwie zu verarbeiten, so können wir dies nicht, denn wir können immer nur unsere *eigenen* Gefühle lösen. Diese *fremden* Gefühle, die wir da in uns aufgenommen haben, verhalten sich anders als unsere eigenen. Man könnte auch sagen: Sie führen unter ihren eigenen Vorzeichen ihr eigenes Leben in uns. Als Kriegsenkel tragen viele von uns die Traumata ihrer Eltern und Großeltern in sich, weil diese schon von Anfang an in unserem System heimisch geworden sind. Mitunter versuchen wir vielleicht schon seit Jahren bzw. Jahrzehnten, ihrer habhaft zu werden, sie irgendwie zu kompensieren, nur gelingt uns dies nicht. Stattdessen nehmen wir sie als Energieräuber, als angstauslösend oder gar depressiv machend war und haben immer wieder ein Gefühl, als würden wir über einem dunklen Abgrund schweben.

Die unverarbeitete übernommene Trauer kann sich uns zum Beispiel auch dadurch zeigen, dass wir zwar viel weinen, aber nicht wie üblich nach dem Weinen eine Erleichterung verspüren, sondern eher noch das Gefühl haben, noch tiefer in eine nicht enden wollende Traurigkeit abzurutschen.

So sehr uns diese Gefühle belasten und in die Knie zwingen, sind sie dennoch kaum greifbar für uns. Gelingt es uns nicht, ihrer trotz innerer Arbeit und Reflexion habhaft zu werden und sie aufzulösen, dann ist dies ein untrügliches Zeichen dafür, dass es die Energien und Traumata unserer Eltern und Ahnen sind, denn wären es unsere eigenen Belastungen und die daraus resultierenden Energien, dann könnten wir sie uns bewusst machen und lösen.

Für uns Betroffene ist es wichtig, diesen ganzen Ballast „fremder" Energien zurückzugeben, denn erst wenn wir wirklich frei davon sind, können wir in unsere eigene Lebenskraft und Lebensfreude finden. Erst dann kommen wir bei uns selbst an und erfahren nun neben der körperlichen auch die seelische Geburt. Fühlen uns gehimmelt und geerdet, stehen mit beiden Füßen im Leben und können nun endlich erleben, wie schön es ist, aus einem freien Herzen heraus zu leben. (…)

Wir leben schon in der dritten Generation (Eltern, Großeltern, Urgroßeltern) in einer Welt, die in den Erinnerungsfeldern unseres Unterbewusstseins noch viel aus Schutt und Asche (Erster und Zweiter Weltkrieg), seelischen Trümmern, Not und Verzweiflung etc. besteht. Drei Generationen Ahnen, die sich – was ihre persönliche Entwicklung angeht – hauptsächlich den Wiederaufbau auf die Fahnen geschrieben hatten. Ihre Rettung war ihre Art von „Flucht" in diverse Abwehrmechanismen, um entsprechend ihrer Lebensbedingungen möglichst gut zu funktionieren und das auszublenden, was für Schmerz, Trauer, Kummer, Angst, Sorgen etc. steht. Für das, was sie aus dem Nichts heraus geleistet haben, gebührt ihnen größte Anerkennung, Wertschätzung, Achtung, Respekt und Dank. – Doch müssen wir auch die andere Seite sehen.

Durch die Aufarbeitung meiner Vergangenheit und die Geschichte der Ahnen wurde mir immer mehr klar, dass sie im Grunde genommen stets ihr Bestes gegeben hatten, auf der Grundlage dessen, was sie selbst erfahren und erlernt hatten. Die Welt unserer Eltern und Ahnen konnte nicht aus Träumen bestehen. Da waren harte Fakten (Skills) gefragt. Für die weicheren Skills stehen jetzt wir, die nachfolgenden Generationen. Wo unsere Eltern mit dem wirtschaftlichen Aufbau einer Gesellschaft gefordert waren, und die entsprechenden Werte lebten, sind jetzt wir gefordert, uns unserer eigenen Werte und Ziele bewusst zu werden und vermehrt nach diesen zu leben, damit sich ein struktureller Wandel vollziehen kann. Jetzt ist die Zeit, um neue Ideale, Werte und Ziele ins Leben zu bringen. Ein Auftrag, vor dem wir im Kleinen wie im Großen weltweit alle stehen.

Um die Ressourcen, die in der Vergangenheit liegen, zu sehen, ist es wichtig, die eigene Vergangenheit zu reflektieren, um unseren Frieden damit zu machen. Das bedeutet aber auch, noch viel mehr in die Verantwortung für den Umgang mit sich selbst und mit den anderen zu gehen. Dazu gehört: unsere Schwächen genauso anzunehmen wie unsere Stärken. Den eigenen Gefühlen zuzuhören. Alle Gefühle bewusst zu leben und authentisch zu sein. Sich für andere zu öffnen, auch wenn es dabei heißt, die eigene Verwundbarkeit zu zeigen. Die Beziehung zu sich selbst liebevoll auszubauen und zu gestalten, um frei zu werden für ein Mehr an gesunden Beziehungen mit anderen.

Autoimmun- bzw. Autoaggressionserkrankung

Von der Schulmedizin werden unter dem Begriff der *Autoimmun-erkrankung* Krankheiten zusammengefasst, die auf der Grundlage chronisch-entzündlicher Prozesse basieren, bei denen es durch eine Fehlsteuerung des Immunsystems zur Zerstörung körpereigener Strukturen (Zellen und Organe) kommen kann. Wie und warum es jedoch zu solchen Fehlregulationen der Abwehrkräfte kommen kann, gilt trotz intensiver Forschungsarbeit als nicht geklärt. Stattdessen geht man davon aus, dass diese Erkrankungen unheilbar sind. Interessant ist auf jeden Fall, dass es in den letzten Jahren in den westlichen Industrieländern immer mehr Personen gibt, die von Autoimmunerkrankungen betroffen sind. Die Zahl der Erkrankten soll allein nur in Deutschland inzwischen bereits bei fünf bis acht Prozent liegen. Demnach stehen nach den Krebs- und Herz-Kreislauf-Erkrankungen die Autoimmunerkrankungen bereits an dritter Stelle. (...)

Doch wo kommt diese auf uns selbst gerichtete Aggression her? – Warum bekämpfen wir uns? – Was lehnen wir an uns ab? – Warum leben wir ein solches Selbstzerstörungsprogramm? – Wen bekämpfen wir wirklich? – Gegen wen befinden wir uns wirklich im „Krieg"? – Wer ist es, gegen den wir unsere Waffen richten, um uns zu schützen? – Wer ist unser Gegenüber? – Wer ist stärker als wir selbst, weil wir ihm Macht über uns gegeben haben? – Wer entscheidet darüber, ob es uns gut geht oder nicht? – Von wem sind wir so abhängig, dass er oder sie so sehr beeinflussen kann, wie es uns geht? – Wann und womit hat das alles angefangen?

Nun, zum Teil kennen Sie ja schon ein paar Details aus meinem Leben, um vielleicht besser zu verstehen, warum ich die bin, die ich bin. – Neugierig, wie ich bin, starte ich bereits als Neugeborene alles andere als sanft in dieses Leben. Im Grunde genommen wird bereits mit dem Symbiosetrauma, das ich Ihnen bereits vorgestellt habe, meine lebenslange Suche nach Halt, Vertrauen, Geborgenheit, Akzeptanz etc. unbewusst durch das Fehlen der Verbundenheit mit meiner Mutter aktiviert.

Mein Verstand sagt mir zwar, dass weder sie noch ich etwas für diesen Umstand einer längeren Trennung zwei Tage nach der Geburt können. Genauso wenig wie ich selbst hat sich dies wohl meine Mutter für mich gewünscht. Ich kann mir vorstellen, dass sie das gerne anders gehabt hätte, wäre ihr damit doch eine Sorge um ein krankes Kind erspart geblieben. Doch auch wenn wir uns dies nicht gewünscht haben, sollte es unser Schicksal werden, getrennt voneinander durch diese Zeit zu gehen.

Das ist ein Teil der Geschichte, die ich mit meiner Ratio sehr gut zu erfassen vermag, und dennoch lebt in mir ein Schmerz, der sich mir immer und immer wieder zeigt, auch dann, wenn ich ihn zu verdrängen versuche. Es gelingt mir nicht wirklich, ihn zu betäuben, auch wenn ich versuche, ihn mit Arbeit zu ersticken. Es gelingt mir nicht, ihn loszuwerden. Zyklisch kehrt dieser Schmerz immer wieder zu mir zurück. Richtet sich häuslich bei mir ein, ohne groß zu fragen, wie mir dies gefällt.

Ist er da, ziehe ich mich mit dem Gefühl einer tiefen Ohnmacht und Einsamkeit beschämt und traurig zurück. Werde für andere nahezu unsichtbar, zumindest unerreichbar. Mache alle Türen zu. Zieh mich in mein Schneckenhaus zurück und lasse keinen wissen, wie es mir geht, weil ich keine Worte dafür finde, warum meine Gefühle gerade so sind, wie sie sind. Ich bin dann so verunsichert und gelähmt, dass ich nicht darüber sprechen kann.

Mein Gehirn überschlägt sich zwar förmlich darin, Worte zu finden, mit denen ich versuchen will, diesen Zustand anderen zu beschreiben. Doch bleiben mir die Worte unausgesprochen im Halse stecken, sodass ich im Grunde genommen nicht weiß, wie ich mich dem anderen erklären soll, denn die richtigen Worte kommen mir nicht in den Sinn.

Ich bleibe dann wie versteinert und gelähmt mit den Gefühlen des Verlassenseins, einer schmerzhaften Einsamkeit und tiefen Traurigkeit zurück. Während mein Herz vor lauter innerem Aufgewühltsein bis hoch in meine Kehle pocht, was mir zusätzlich meine Stimme verschlägt, habe ich das Gefühl, als bohre sich mir ein Schmerzkörper in meinen Bauch. Direkt zwischen

Bauchnabel und Herz. Ich habe erst sehr spät in meinem Leben erfahren, dass dies genau der Bereich ist, der Solarplexus Chakra heißt, das für unsere gesamte Lebenskraft und Vitalität steht. Inzwischen kann ich von daher um vieles besser verstehen, warum ich mich in solchen Situationen meiner Lebensenergie beraubt sehe. Ist dieses Muster aktiv, erstarre ich förmlich, „friere ein", werde unfähig zu handeln und ziehe mich so lange zurück, bis ich wieder gleichmäßig und ruhig atmen kann. Das war in den ersten zwanzig Jahren meines Lebens so. Am ausgeprägtesten in der Zeit der Pubertät. Und speziell dann, wenn es irgendwelche Differenzen zwischen mir und meiner Mutter gab, denen ich innerlich aufgebracht und dennoch wortlos gegenüberstand. (…)

Was hat das Ganze mit Autoaggression zu tun? – Die Botschaft, die mir den entsprechenden Impuls dazu gab, das Ganze einmal aus einer vollkommen anderen Perspektive heraus zu betrachten, kam von Gott und lautete: „Ich habe gehört, dass du sehr hart mit dir selbst bist, und ich halte dich an und bitte dich, dich zu lieben, dich wertzuschätzen und dich selbst zu ehren." Gleichzeitig gab er mir den Impuls, über seine Worte zu meditieren, um weitere Antworten zu erhalten.

Während ich dies tat, sollte ich erkennen, dass ich mich quasi schon mein ganzes Leben lang neben all dem äußeren Stress, dem wir alle auf die eine oder andere Art einmal mehr mal weniger ausgesetzt sind, selbst massiv und das auf eine sehr subtile und selbstzerstörerische Art und Weise unter Druck gesetzt habe. Das Problem ist nur, ich war mir dessen nicht bewusst. Beziehungsweise, ich glaubte, das Leben hat so zu sein, weil ich es von Anfang an gar nicht anders kannte. Zudem habe ich die Welt um mich herum unbewusst ständig danach abgescannt, wo eine mögliche Gefahrenquelle für mich verborgen liegt, um mich sofort verteidigen zu können, wenn etwas zu erwarten war, das mir gefährlich werden könnte. Irgendwie hatte ich mir damit aber so etwas wie ein eigenes Gefängnis erschaffen, in dem ich vor mich hinlebte. So gesehen stand ich den Großteil meines Lebens – wenn auch unbewusst – ständig unter Strom. (…)

Nach und nach erklärte sich mir, warum ich ein inneres Bild von mir hatte, indem ich quasi eine Art von Rüstung trug. „Meine Rüstung", mit der ich durch mein Leben ging. Ich trug sie vermehrt in der Zeit meiner Pubertät bis circa zum zwanzigsten Lebensjahr, und ich legte sie mir unbewusst wieder an, als ich ab 2008 immer mehr mit den Herausforderungen diversester Art konfrontiert wurde. Leider hatte ich es in den Jahren dazwischen nie gelernt, mit derart vielen Schwierigkeiten auf einmal klarzukommen.

In allen Bereichen meines Lebens entbrannte ab dieser Zeit beruflich wie privat eine „Art von Flächenbrand" (Schwiegerfamilie, Partnerschaft, Beruf), dem ich anscheinend nicht mehr anders „Frau" werden konnte, als mich in diverse Krankheiten zu flüchten. Zumal es aufgrund meiner Harmoniesucht einer meiner Kardinalfehler war, dass ich mich nach außen hin möglichst beherrscht, ruhig und verhalten zeigte, obwohl es in mir tobte. Kein Wunder, dass sich – ausgehend von diesem „Flächenbrand" im Außen – gleichzeitig auch immer mehr Entzündungsherde in meinem Körper zeigten. Ich habe nur den Zusammenhang nicht gesehen.

Doch so, wie ich es schon in meiner Jugend gelernt hatte, wählte ich den Weg des scheinbar geringsten Widerstands und fand es auch noch „edel" von mir, nach dem erlernten Muster von „der Klügere gibt nach" auf all die Herausforderungen im Außen zu reagieren. Ich war tatsächlich davon überzeugt, dass es mir so gelingt, besser in meiner Kraft bleiben zu können, um all den Verpflichtungen entsprechen zu können, die ich beruflich eingegangen war. – Was für ein Irrsinn! – Statt meine Wut im Außen da zu leben, wo sie hingehörte, verlagerte ich den Schauplatz meiner Auseinandersetzungen, die ich innerlich (im Geiste) sehr wohl mit den anderen führte, in meinen Körper.

Können Sie sich das vorstellen, wie das ist, dem anderen nicht bzw. viel zu wenig Parole zu bieten und stattdessen alle diese Gefühle mit sich selbst auszumachen, sie in sich „hineinzufressen" und sie in sich zu ersticken. Im Grunde genommen habe ich mich mit jedem Wort, das ich *nicht* sprach, mit jeder Situation, in der ich dem anderen zu wenig Widerstand bot und keine Grenzen setzte, mich selbst im Hinblick auf meine Gefühle belogen und betrogen.

Mir fehlte sozusagen der Wille zu einem bedingungslosen Ja zu mir selbst. Für mein zuvorkommendes, braves und überangepasstes Verhalten habe ich im Außen letztlich keine „Lorbeeren" geerntet, sondern immer mehr an persönlicher Substanz und an Selbstsicherheit verloren.

So vermehrte sich in mir von Jahr zu Jahr immer mehr eine Wut, die ich – ähnlich der Lava in einem Vulkan – letztlich als Aggression in mir trug. Da ich mir diese aber zu leben verboten hatte, richtete sie sich in Form von Entzündungen gegen mich selbst. Meine nicht gelebte Wut wurde so – mir selbst jedoch leider nicht bewusst – zu einer täglichen Dosis an Gift, das ich mir nach und nach selbst injizierte. (…)

Die Auseinandersetzungen, die ich im Außen nicht gelebt habe, habe ich 1:1 nach innen verlagert und so gegen mich selbst jahrelang Krieg geführt – zu welchem Preis?

Heute weiß ich: Es gilt sich mit jeder Herausforderung konstruktiv auseinanderzusetzen, statt zu resignieren und daran zu Grunde zu gehen. Und es gilt, jedes Gefühl dann zu leben und es angemessen auszudrücken, wenn die Situation dies verlangt. Harmoniesucht ist keine Option. Resignation ist keine Option. Unterordnung ist keine Option. – Niemals! Nie! – Lieber aussprechen, was gesagt sein will. Auch auf die Gefahr hin, dass die Harmonie (die dann aber ohnehin nur Schein war) und Beziehung zu den anderen zerbricht. Lieber mit sich allein sein, statt mit einem überangepassten Verhalten sich selbst und der persönlichen Entwicklung weiterhin im Wege zu stehen.

Zusätzlich war für mich wichtig zu erkennen, dass ich mit meiner Bedürftigkeit nach Liebe, nach einem Gesehen- und Gehörwerden meine Familie genauso überfordere wie Freunde bzw. einen Partner oder Kollegen. Inzwischen habe ich gelernt, dass es besser ist, keine Erwartungshaltung mehr an irgendwen zu haben, sondern einfach nur dankbar für das zu sein, was ist. – Nicht weniger! Aber auch nicht mehr!

„Diagnose" Zusammenbruch der Wirtschaft – wie innen, so außen!

Neben der exemplarischen Betrachtung einiger Krankheitsbilder, die für den Einzelnen mitunter schwerwiegende Folgen hat, möchte ich noch auf eine andere Entwicklung eingehen, die sich uns im Hinblick auf ihre dramatischen Konsequenzen weltweit immer mehr zeigt. Nach der Beschreibung der vorgenannten Diagnosen kann man hier ebenfalls von einer „Diagnose" Zusammenbruch der Wirtschaft sprechen, die in ihrer Art dem Burnout, der Depression sowie der Autoaggression nicht sehr unähnlich ist. Ja, ebenfalls sogar sehr traumatische Züge in sich trägt und schwerwiegende Folgen nach sich zieht. Auch diese „Krankengeschichte" hat uns so manches zu sagen und fordert uns auf, genauer auf die wahren Ursachen dieses Zusammenbruchs zu schauen.

Wenn wir uns alleine nur die gesellschaftliche Entwicklung in Deutschland seit den 60er-/70er-Jahren des zwanzigsten Jahrhunderts ansehen, können wir feststellen, dass die Menschen nach den ersten fünfzehn Jahren des Wiederaufbaus und des Erstarkens der Wirtschaft (die Zeit des Wirtschaftswunders) auf die weitere positive wirtschaftliche Entwicklung des Landes vermehrt mit einem gesteigerten Interesse am Konsum reagierten, was nach dieser langen Zeit der Arbeit und Entbehrung nur verständlich ist.

Endlich konnte man sich wieder etwas leisten und nach und nach auch wieder vermehrt die schönen Seiten des Lebens genießen. Es sich entweder im Kreis der Familie und Freunde zu Hause schön und gemütlich machen oder gar verreisen. Sich wieder schöne Häuser bauen, auch anderen Besitz erwerben und sich im Bereich der täglichen Gebrauchs- und Verbrauchsgüter Artikel kaufen, die es zuvor mitunter noch gar nicht gab, weil sich durch den Ausbau des Straßen- und Verkehrswesens sowie durch Schiff-, Bahn- und Flugverkehr nach und nach erst ganz andere Märkte erschlossen hatten, als dies bislang der Fall war.

Der über viele Jahre herbeigesehnte Wohlstand zeigte sich immer mehr. Die Wirtschaft blühte nachhaltig auf. Auch die politischen

Beziehungen Deutschlands zu anderen Ländern erstarkten wieder, weil es die Bürger des Landes vermochten, insgesamt wieder bessere Kontakte und Beziehungen zu pflegen. Deutschland gewann trotz seiner jüngsten Vergangenheit weltweit wieder an Ansehen. Soweit gesehen, hört sich alles gut an und ist auch wunderbar. Doch wie in jeder Entwicklung gibt es auch hier wieder einmal eine Schattenseite.

Und je mehr sich das Volk immer mehr darauf konzentrierte, Besitztümer und Güter zu erwerben, um somit auch ihren neu erworbenen Wohlstand zu zeigen und diesen auf die verschiedenste Art und Weise immer wieder einmal zu feiern, begab es sich nach und nach immer stärker in die Hände derer, die ihm letztlich die Angebote im Hinblick auf zu erfüllende Bedürfnisse und Wünsche offerierten.

Damit wurden die Bürger, was ihr Einkaufs-, Konsum-, Genuss- und Freizeitverhalten, ja sogar ihr Medienverhalten anging, immer verführbarer und somit im Hinblick auf ihre persönlichen Bedürfnisse und Interessen noch lenkbarer. Sie verzeihen mir nachfolgenden Vergleich, aber es drängt sich mir geradezu auf, diese gesamtgesellschaftliche Entwicklung mit folgendem Bild zu vergleichen: Als hätte man einem Kind ein entsprechendes Spielzeug in die Hand gegeben, damit es schön brav ist und nicht ständig quengelt bzw. am Rockzipfel der Mama (Regierung bzw. der Machthaber der Welt) hängt, damit diese möglichst frei agieren kann, weiß sie doch ihre Kinder möglichst gut versorgt und ausreichend abgelenkt.

Der Einzelne tauchte verständlicherweise immer mehr ein in die Welt des schönen Scheins. Doch was dabei leider übersehen wird, ist, dass man anderen damit auch Tür und Tor öffnet, um sich mit der Zeit an denen zu bereichern, die sich der Vielfalt der ganzen Angebote hingaben, denn der Mensch ist nun einmal für das Schöne, Wertvolle und Kostbare sehr empfänglich. Eine nur natürliche Entwicklung, die ich keineswegs als solche kritisieren will.

Auf der Grundlage meines eigenen Zusammenbruchs und Kollateralschadens sehe ich mich heute veranlasst, uns allen einmal einen Spiegel vorzuhalten und möchte Sie einladen, gemeinsam mit mir in diesen zu schauen.

Ich gebe an dieser Stelle ganz offen zu, dass auch ich mich viele Jahre meines Lebens zu den Annehmlichkeiten des Konsums und der ganzen Ablenkungsindustrie stark hingezogen fühlte. Doch haben sie mir geholfen, ein gesunder, glücklicher und zufriedener Mensch zu werden? *NEIN!* – Sie sehen: Bei der Betrachtung dieser Thematik fasse ich mir zuallererst an die eigene Nase und beurteile die Entwicklung eines Konsumverhaltens, das sich aus alledem ergeben hat, keineswegs als nur negativ. Doch inzwischen schaue ich mit vielmehr Bedacht auf alles, weil ich zu lernen hatte, dass alles seine zwei Seiten hat. Ausnahmslos. Manches sogar mit einem doppelten Boden.

Da gibt es immer eine Seite, die sogenannte „Schokoladenseite", die wir uns gerne ansehen, weil sie uns gefällt. Sie tut ja auch gar nicht weh. Doch da ist auch eine andere Seite, bei der wir den Blick auf die Realität, so wie sie sich uns im Ergebnis zeigt, sehr gerne scheuen, denn das, was wir dann sehen, tut in aller Regel verdammt weh und gereicht uns keineswegs mehr zum Besten. Selbst wenn wir über Jahrzehnte hinweg die Augen zumachen und uns ausreichend Ablenkung suchen, um diese zweite Seite bloß nicht näher betrachten zu müssen, übersehen wir bei dem Ganzen Entscheidendes:

Auch wenn wir unseren Blick auf diese uns unangenehme Seite nicht richten wollen, geschieht die negative Entwicklung des Ganzen dennoch und nimmt mit der Zeit leider immer wieder einmal Ausmaße und Formen an, die sich zwar an vielen Beispielen aus der Geschichte der Menschheit bereits belegen lassen. Doch als wäre der Mensch lern-resistent, vermag er es anscheinend nicht aus den Erfahrungen derer zu lernen, die sich die Konsequenzen solch negativer Entwicklungen bereits früher anzusehen hatten, um fürs weitere Leben dazuzulernen. Anscheinend bedarf es immer erst eines Zusammenbruchs mit der totalen Krise und der daran anschließenden Phase der Läuterung, damit der Mensch wieder voller Demut wird und sich im Anschluss daran auf die wesentlichen Dinge des Lebens zu besinnen vermag.

Was ich mit dem Ganzen sagen will, ist, dass wir zum einen zwar äußert attraktive Angebote in verschiedensten Farben, Formen und Ausprägungen erhielten, doch zum anderen dafür wieder einmal einen extrem hohen Preis zu zahlen haben.

Dieser besteht darin, dass wir mit der Art und Weise, wie wir als Nation auf die zunächst positiven Entwicklungen reagiert haben, denen, die uns diese ganzen lukrativen Angebote offerierten, zunehmend auch Entscheidungs- und Machtbefugnisse gegeben haben, deren Folgen wir gar nicht mehr überblicken können, weil wir nie eine Form von Berichterstattung über das Schalten und Walten derer eingefordert haben, denen wir uns in unserem Konsumverhalten mehr oder weniger blind anvertraut haben.

Selbst haben wir es uns jedoch viel zu sehr und schon viel zu lange viel zu bequem gemacht und allein aus dieser Position heraus unser Leben irgendwie gelebt, anstatt uns früh genug in die eigene Verantwortung zu nehmen. So wurden wir mehr „genormt" und „gelebt", anstatt selbst-bewusst und vor allem auch selbst bestimmt sowie autark über unser Leben zu bestimmen.

Auch eine sehr spannende „Mutter-Kind-Beziehung", die es sich gesamtgesellschaftlich gesehen einmal anzuschauen gilt, um zu verstehen, warum wir heute mitten in der größten Krise sind, die wir zwar erhofft hatten, nicht erleben zu müssen, obwohl es immer wieder einmal „kritische Stimmen" gab, die versuchten, uns noch rechtzeitig zuzuflüstern, dass es allerhöchste Zeit wird, endlich aufzuwachen und die Verantwortung für unser Leben wieder vermehrt in die eigene Hand zu nehmen. Sie versuchten noch uns zu warnen, dass es irgendwann diesen großen Kollaps geben muss, aber wir waren alle viel zu sehr auf das Beste abgelenkt und an anderen Dingen interessiert, als uns wirklich um die Botschaften derer zu kümmern, die uns mit ihren kritischen Betrachtungen der gesamtgesellschaftlichen Entwicklung zum Mitdenken und noch rechtzeitigen Handeln auffordern wollten. Wer kümmert sich denn schließlich auch schon gerne freiwillig um die Behebung negativ aufkommender Themen?

Aufgrund meiner eigenen Geschichte und meines heutigen Wissens um das universelle Gesetz, dass wir im Kleinen immer auch das erleben, was sich uns im großen Ganzen zeigt, drängt sich mir sehr stark der Vergleich auf, dass die Aggression, die Wut, die Verzweiflung, der Groll jedes Einzelnen von uns gesamtgesellschaftlich gesehen ebenfalls eine Art von „Schwersterkrankung" verursacht hat, die durchaus mit einem Krebsgeschwür zu vergleichen ist. Denn auch die Entstehung des Krebses geschieht nicht von heute auf morgen, sondern entwickelt sich vielmehr über Jahre/Jahrzehnte hinweg.

Im Hinblick auf diese „Krankengeschichte" sitzt jedes Land zunächst einmal für sich selbst gesehen, aber letztlich auch wiederum weltweit vernetzt im gleichen Boot. Die Frage ist nur: Welchen Namen geben wir diesem Krebs? Wer war das auslösende „Organ"? Hat dieser Krebs bereits Metastasen gebildet? Wenn ja, wo? Welche Organe sind davon noch so alles betroffen? Wo kann hier mit einer Ersttherapie begonnen werden? Welche Maßnahmen haben wir diesbezüglich denn überhaupt zu ergreifen? Welcher Klinik, welchen Ärzten wird dieser Patient zugewiesen? Wie hoch sind die Überlebenschancen? Bedarf es der Chemo, der Bestrahlung oder bestimmter Alternativ- bzw. Naturheilverfahren? Womit mag dieser Patient wohl gerettet werden? Welcher dieser Behandlungswege vermag die besten Heilungschancen zu prognostizieren, damit wir überhaupt noch optimistisch in die Zukunft blicken und lösungsorientiert denken können? Was wird uns diese Behandlung wohl kosten? Wer übernimmt überhaupt diese ganzen Kosten?

Worin bestand gesamtgesellschaftlich gesehen unser größtes Versäumnis, sodass sich dieser Krebs überhaupt so allumfassend und großflächig ausbreiten konnte? Wo haben wir vergessen, aufmerksam zu werden und besser auf die ersten Symptome zu schauen? Hätte uns das auffallen können? Hätten wir den Schaden früher noch eingrenzen und unter Zuhilfenahme aller Kräfte beheben können oder in zumindest bestimmte Bereiche umlenken können, sodass sich der Kollateralschaden nicht so vehement zeigen muss, wie er dies jetzt tut?

Zwar wurde zwischendurch von einigen immer wieder einmal an dem einen oder anderen Sachverhalt heftige Kritik geübt, doch kümmerten wir uns gesamtgesellschaftlich gesehen wirklich um diese Kritik? Nahmen wir sie ernst oder war sie uns einfach nur lästig? Ist es nicht vielmehr so, dass wir indirekt manchmal sogar hoffen, dass sich der entsprechende „Quäl-Geist" doch bitte auch wieder beruhigen möge, denn alles, was er sagt, mag im Grunde genommen ja sogar zutreffend sein, doch stört seine Kritik den Verlauf des Lebens, in dem wir es uns doch gerade erst so gemütlich eingerichtet haben.

Als Ergebnis davon geschieht nichts, weil man hofft, dass betretenes Schweigen den Kritiker irgendwann auch wieder mundtot macht. ... Und schon hat die Bequemlichkeit, die den Namen „Ego" trägt, gesiegt. Ganz nach dem Motto: „Sollen doch die, die nach uns kommen, die Kastanien aus dem Feuer holen und beweisen, dass sie es einmal besser machen können. Wir wollen jetzt allesamt erst einmal unseren schönen und wohlverdienten Lebensabend genießen. Da passen Kritik und Reformen keineswegs dazu." ...

Anfangs, bis in die 80er-/90er-Jahre hinein, war die Entwicklung, die sich in allen Bereichen unseres Lebens vollzogen hat, vielleicht noch vertretbar. Vielleicht sogar wünschenswert. Denn immerhin wirkte sich diese indirekte Führung des Endverbrauchers über viele Jahre, sogar Jahrzehnte hinweg, sehr positiv auf die weitere Entwicklung der einzelnen Betriebe und somit insgesamt gesehen auch auf die gesamte Wirtschafts- und Arbeitsmarktpolitik des Landes im Sinne eines anhaltenden Wachstums aus.

Doch birgt eine solche Entwicklung stets die Gefahr, dass sich mit der Zeit die Interessenspolitik der einzelnen Funktionäre aus den Bereichen von Wirtschaft, Politik und Finanzwesen auch in eine Richtung entwickeln kann, die für den einzelnen Bürger nicht mehr nachvollziehbar ist. Und je geschickter die einen ihre Interessen vertreten, verlieren die anderen immer mehr an Mitspracherecht. Damit letztlich aber auch an *persönlicher Freiheit*.

Der Mensch gerät somit immer mehr in die Abhängigkeit derer, die etwas zu sagen haben und lässt diese im Hinblick auf ihre Macht immer mehr erstarken, während er selbst sich oft nur noch überfordert, verzweifelt und ohnmächtig sieht. Erlauben Sie mir hierzu Fragen zu stellen. Vielleicht kann sie mir der eine oder andere von Ihnen beantworten. Dann bitte gerne, denn ich lerne fürs Leben gerne dazu.

Wem dient eine solche Entwicklung wirklich? Dem einzelnen Bürger? Der Gesellschaft? Den einzelnen Konzernen und ihren Funktionären? Wie stark ist der Einfluss des Finanzwesens und der Wirtschaft sowie der Großkonzerne und Pharmaunternehmen auf unsere politischen Entscheidungsträger? Wessen Interessen und Ziele sind tatsächlich bestimmend für die weitere Entwicklung eines Landes? Wer regiert hier wen? Wie sind die Machtverhältnisse in Wirklichkeit verteilt? Wie lauten die Ziele derer eigentlich wirklich, die immer mehr den Anspruch für sich erheben, noch mächtiger als mächtig werden zu müssen? Werden sie für die Konsequenzen, die sich aus ihrem Verhalten ergeben, denn überhaupt jemals zur Rechenschaft gezogen? Wenn ja, von wem? Was hat der einzelne Bürger denn überhaupt noch zu sagen? Ist der Einflussbereich von einigen wenigen Mächtigen inzwischen bereits so groß, dass der Mensch an sich nur noch eine Marionette in den Händen der anderen ist? … Fragen über Fragen. Wie konnte dies nur alles geschehen?

Damit wir uns nicht länger wie unmündige und „hölzerne" (weil ohnmächtige) Marionetten fühlen, sondern unsere Selbstachtung, den Selbstrespekt, unsere Selbstbestimmung sowie vermehrt auch wieder die Kontrolle über bestimmte Lebensbereiche zurückzugewinnen können, halte ich es für wichtig, dass wir uns unseres eigenen Wertes und unserer Würde als die Kinder Gottes, die wir allesamt sind, wieder bewusster werden und mehr Verantwortung übernehmen, um auf eine friedvolle und respektvolle Art und Weise eine andere Informationspolitik sowie basisdemokratisch gedacht wieder mehr Mitspracherecht einzufordern.

Es gilt, sich selbst wieder mehr um die einzelnen Belange des eigenen Lebens zu kümmern, anstatt immer nur das, was uns von anderen angeboten wird, stillschweigend und kritiklos zu akzeptieren. Meiner Meinung nach wäre es wichtig, wieder *selbst-bewusster* (im positiven Sinne!) zu werden. Damit meine ich auch, sich seiner wahren Werte, Wünsche und Bedürfnisse wieder bewusst zu werden, um so auch eine gesündere Beziehung zu sich selbst aufzubauen, die sich letztlich dann auch wieder nachhaltig besser auf unsere anderen Beziehungen sowohl privat als auch beruflich auswirken kann.

Wünschenswert wäre es außerdem, unseren Kopf (mind), der sich über Jahrzehnte hinweg so selbstständig gemacht hat, wieder mehr mit dem Herzen zu verbinden, damit unser aller Leben wieder eine herzlichere Basis und damit auch von vornherein eine andere Qualität bekommen kann. Und um vermehrt auch wieder wahrzunehmen und zu spüren, was der Mensch im Grunde genommen denn wirklich für ein gesundes, erfülltes, zufriedenes und glückliches Leben braucht.

Wenn ich mir mein Leben heute anschaue, dann brauche ich im Grunde genommen sehr, sehr wenig. Auch wenn ich es nicht erwartet hatte, dass mein Leben einmal diese sehr grundlegende Veränderung erfahren wird, kann ich heute eines auf alle Fälle schon sagen: So schwer die Krise mit all ihren Folgen in allen Bereichen meines Lebens für mich hinzunehmen war, weiß ich inzwischen, ich habe sie genau mit all der Vehemenz gebraucht, um endlich aufzuwachen, mich wieder auf meine grundlegendsten Werte zu besinnen, nach denen ich heute mein Leben gestalte.

Ich mag vielleicht viel an äußerem Prestige und Reichtum verloren haben, kann heute aber mir meiner selbst bewusst sagen, dass ich an persönlicher Freiheit extrem viel dazugewonnen habe. Es zeigt sich mir heute ein innerer Reichtum, ein Schatz besonderen Ausmaßes, den mir keiner mehr nehmen kann, egal was im Außen geschieht. Ich habe meinen Frieden gemacht und bereits so viel an einem *gesunden* Selbst-Bewusstsein und an Selbst-Liebe gelernt, dass ich mich heute sogar traue, mit meiner Geschichte an die Öffentlichkeit zu gehen. Mich mit all meinen Verletzungen und Wunden zu zeigen, meine Gefühle sowie meine Wahrheit auszusprechen und vom Urteil anderer nicht mehr abhängig zu sein. Zugegeben, es hat seine Zeit gedauert und es war ein sehr langwieriger und mitunter auch sehr tränenreicher Prozess, um bis hierher zu kommen, aber ich bin um so viele

Erfahrungen reicher, dass ich heute endlich weiß, was es heißt, ein wahrlich erfülltes und gesegnetes Leben führen zu können. Und dass dem so ist, dafür bin ich undenklich froh, und danke aus ganzem Herzen der Kraft, die aus der Liebe wächst, die genährt wird von Gott, der Quelle und dem Ursprung allen Seins. Ich danke, dass ich *SEINE* Liebe täglich so vielfach auf das Schönste und Wunderbarste erfahren kann. Für mich ist dies ein Geschenk, das mit nichts von all den äußeren Dingen, die ich im Leben einmal „besaß", aufzuwiegen ist. Was ich hier vielmehr erlebe, ist wahre Liebe, die an keine Bedingungen geknüpft ist. Um es kurz zu sagen: einfach *MAGISCH und WUNDERBAR!*

4 AUFBRUCH IN EINE NEUE ZEIT UND IN EIN NEUES BEWUSSTSEIN

Bereits beginnend mit den 60er-Jahren kamen nach und nach immer mehr Kinder in die Welt, deren Aufgabe es ist, an den alten Systemen innerhalb von Familie und Gesellschaft zu rütteln, um die alten und bereits längst überholten Strukturen nach und nach aufzubrechen.

Diese Kinder, die Sie als „Indigo-Kinder" auf der Grundlage meiner Ausführungen bereits kennengelernt haben, sind unter anderem mit einem sehr starken Willen und Gerechtigkeitssinn sowie einer raschen Auffassungsgabe gesegnet, die es ihnen ermöglicht, die Dinge einmal auch aus einer ganz anderen Perspektive wahrzunehmen, als dies bislang der Fall war.

Geplant war, dass diese Kinder ihre Aufgabe bereits um die Jahrhundertwende herum vermehrt wahrnehmen sollten, doch die alten Strukturen waren so restriktiv, dass sich viele dieser Kinder, auch wenn sie inzwischen erwachsen waren, noch so sehr in den alten Mustern, Verhaltensweisen, Glaubenssätzen und Ängsten verfangen hatten, dass viele davon noch nicht fähig waren, gegen diese hartnäckigen und bereits über Generationen hinweg tradierten Muster aufzubegehren. Stattdessen waren sie vielmehr in ihren persönlichen Ängsten gefangen und fühlten sich oft auch ohnmächtig, weil ihnen als „Einzelkämpfer" die Möglichkeiten der Vernetzung mit ihresgleichen zu sehr fehlte. Die bestehenden gesellschaftlichen wie familiären Kräfte, die auf sie einwirkten, und ihre daraus resultierende Ohnmacht führten vielfach dazu, dass starke Selbstzweifel ihr Selbstwertgefühl und ihre Durchsetzungskraft schwächen konnten.

Viele von ihnen fühlten sich von den Gegebenheiten, in die sie hineingeboren waren, so überfordert, dass diese Strukturen eher kranke als rebellische Kinder hervorbrachten, die sich daraufhin – wenn auch vollkommen unbewusst – aufgrund ihrer Ohnmacht, der inneren Leere und der großen Frage nach dem Sinn ihres Lebens vermehrt in die Depression flüchteten, um wenigstens so über den Weg ihrer Erkrankung darauf aufmerksam zu machen, dass diese alten Verhaltensweisen und Muster keineswegs gesund für sie sind.

Waren die Eltern motiviert, mehr über die gesundheitliche Situation ihres Kindes in Erfahrung zu bringen und öffneten sie sich ohne irgendwelche Vorbehalte einem klärenden Gespräch (gegebenenfalls auch im therapeutischen Rahmen), so konnten mit ihrer Hilfe die alten negativen Muster und Differenzen zwischen ihnen und ihrem Kind zur Sprache gebracht und der Sachverhalt geklärt werden, was wieder Licht in die Beziehung zwischen Eltern und Kind brachte und letztlich zur Heilung der Familiengeschichte (Familienkarma) beitrug.

Auch die Kinder heilten von ihrer Depression, weil sie der Flucht in diese Krankheit nicht mehr bedurften, da sie sich nun endlich von ihren Eltern mit ihren Wünschen und Bedürfnissen wahrgenommen, gesehen und gehört fühlten. Was letztlich wiederum zu einem freudvollen, glücklicheren, friedvolleren und liebevolleren Familienleben führte, weil sich nun alle angenommen, wertgeschätzt, respektiert und geliebt fühlten.

In Kapitel 2 (Kinder der neuen Zeit) bin ich zum Teil ja schon auf die Wesensart dieser Kinder der neuen Zeit und deren besondere Aufgaben für die Welt eingegangen. Lassen Sie mich hier noch einmal anknüpfen und uns anschauen, wie vielfältig sich das Aufgabenfeld der Indigos beschreibt, die vermehrt vor allem in den 70er -und 80er-Jahren zur Welt kamen.

Warum passen sich die „Indigos" den Vorstellungen ihrer Eltern, Lehrer, Arbeitgeber etc. nicht mehr an, sondern „rebellieren" auf ihre Art gegen das jeweilige System?

Diese Kinder „kämpfen" gegen alles, was für sie nicht mehr zeitgemäß und ihrem Fühlen nach auch nicht mehr länger hinnehmbar ist und von daher dringend einer Bewusstmachung und der Reformen bedarf. Was ihren Vorstellungen nach ausgedient hat und der weiteren Entwicklung (Evolution) des Menschen nicht länger zuträglich ist.

Instinktiv wissen, fühlen und erspüren sie, in welchen Bereichen unserer Gesellschaft es der Reformen bedarf. Und dies nicht nur zu ihrem eigenen Wohle, sondern zum Wohle von Jung und Alt. Zum Wohle der ganzen Welt.

Was uns diese Kinder als aufmüpfig, unbequem, egozentrisch etc. beschreiben lässt, ist allein der Tatsache geschuldet, dass sie dieses sehr starke Gerechtigkeitsempfinden haben. Dass sie es sich zum Beispiel nicht länger gefallen lassen wollen, dass sie viel zu wenig Mitspracherecht haben, oder dass sie es sich nicht länger anschauen wollen, wie ungerecht die Besitz- und Machtverhältnisse unter den Menschen verteilt sind.

Indem sie sich mit den Erwachsenen „streiten" (Autoritätskonflikt), weil sie eine andere Vorstellung von Gerechtigkeit, Kommunikation und einem gesellschaftlichen Miteinander haben, wollen sie bewusst auf die bestehenden sozialen Missstände aufmerksam machen. Wollen nicht länger zusehen, wie eine Handvoll sehr machtbeflissener Menschen mit ihrem Kapital versuchen, die Menschheit zu kontrollieren, diese zu manipulieren und zu beherrschen, um so letztlich die ganze Welt zu regieren.

Bereits von Geburt an sehen die Indigos die Welt mit anderen Augen. Haben andere Wertvorstellungen als ihre Eltern, weil sie bereits von klein auf um ihren Auftrag wissen, der darin besteht, am globalen Veränderungsprozess der Welt mitzuwirken. Sie sind hier, um ganz bewusst ihren Beitrag zu leisten, um nicht länger den einseitigen Ego-Interessen, sondern dem Wohle des großen Ganzen zu dienen.

Damit ihnen dies gelingt, wurde ihnen ein stärkeres Selbst-*Bewusstsein* sowie eine sehr rasche Auffassungsgabe mitgegeben. Bei der Betrachtung der einzelnen Themen, die einer Reform bedürfen, bleiben sie nicht an der Oberfläche stehen, sondern fordern alle auf, tiefer zu schauen sowie den Verstand bewusst dahingehend zu gebrauchen, um die notwendigen Reformen und Veränderungen im Interesse aller herbeizuführen.

Mit ihren sehr hohen Idealen haben sie sich der Suche nach der Wahrheit verpflichtet. Fordern insgesamt in allen Bereichen mehr Offenheit, Ehrlichkeit und Klarheit ein. Ihre höchsten

Werte, für die sie einstehen, sind die Gleichberechtigung, die Freiheit, der Frieden und die Liebe.

Sie können nicht länger das Echo ihrer Eltern sein, sondern müssen und wollen ihre eigene Stimme finden. Sie wollen das Alte, das nach wie vor mit zu viel negativen Energien behaftet ist, auflösen (daher auch ihr vermehrtes Interesse für Spiritualität und Energiearbeit), damit im Interesse aller nach einer Phase der Bewusstwerdung und Läuterung *gemeinsam* auch wieder eine menschenwürdigere, friedvollere und vor allem auch wieder liebevollere Welt gestaltet werden kann. Und das sowohl im Kleinen (innerhalb der Familien) als auch im Großen (gesellschaftliche Strukturen).

Zudem liegt ihnen nicht nur das Wohlergehen des Menschen am Herzen. Sie wollen zum Wohle aller Lebewesen wirken. Wollen dabei nicht mehr nur ein „Erd-Bewohner", sondern vielmehr ein „Erd-Bewahrer" sein. Was auch ihre verstärkte Verbundenheit mit Mutter Natur sowie ihr völlig anderes Umweltbewusstsein erklärt.

Statt die Probleme der Welt immer nur von Generation zu Generation zu verschieben, fordern sie die Menschheit auf, endlich die Verantwortung für ihr Denken, Sprechen und Handeln selbst zu übernehmen. Sich dabei wieder ihrer Schöpferkraft bewusst zu werden, um sie im Hinblick auf bestimmte Themen nicht länger unbewusst und damit unter Umständen sogar negativ zu gebrauchen, sondern sie vielmehr positiv zu nutzen.

Ihnen ist sehr wichtig, wieder mehr nach den universellen Gesetzmäßigkeiten zu leben, die Individualität des Einzelnen hoch zu achten, sowohl im Privatleben als auch im Beruf neue Wege eines echten Miteinanders zu gehen, nach Gleichheit statt nach Hierarchie zu streben, soziale Reformen einzuführen, den Menschen wieder mehr als Ganzes, als eine Einheit von Körper, Geist und Seele zu sehen, im Einklang mit sich selbst zu sein, für Gleichberechtigung und Frieden einzustehen und ihre Träume und Visionen sowie die universelle Liebe ganz *bewusst* zu leben.

Diese Kinder wollen wieder daran erinnern, dass Gott den Menschen für anderes vorgesehen hat, als für das, wonach die

Menschheit Jahrtausende lang gestrebt und gelebt hat. Diese Kinder wollen und müssen „wachrütteln", weil sich die Menschheit in allen Bereichen ihres Lebens von den ursprünglichen spirituellen Werten (= den Tugenden) dem *Glauben, der Hoffnung und der Liebe* sowie den anderen *Kardinaltugenden*, von denen ihr Handeln einst motiviert war, schon viel zu sehr entfernt hat.

Unter ihnen gilt die *Liebe* nach wie vor als das wichtigste Prinzip menschlichen Seins und Handelns, wie uns dies der Apostel Paulus[20] als ein Vermächtnis hinterlassen hat, das wir heute als „Das Hohelied der Liebe" (Neues Testament, 1. Korintherbrief, Kapitel 13) kennen. Es endet mit den Worten: „Nun aber bleiben Glaube, Hoffnung, Liebe, diese drei; aber die Liebe ist die größte unter ihnen."

Aus unserem *Glauben* erschließt sich uns der Weg unseres Fühlens, Denkens und Handelns. Aus der *Hoffnung* erwachsen die wichtigsten Prinzipien unseres Miteinanders. Und die *Liebe* sollte zu jeder Zeit unser Begleiter für ein wahrhaft glückliches und sinnerfülltes Leben sein, damit wir dieses mit der schönsten Blüte zur wundervollsten Entfaltung bringen können.

Das Hohelied der Liebe

„Wenn ich mit Menschen- und mit Engelzungen redete und hätte der Liebe nicht, so wäre ich ein tönendes Erz oder eine klingende Schelle.

Und wenn ich prophetisch reden könnte und wüsste alle Geheimnisse und alle Erkenntnis und hätte allen Glauben, sodass ich Berge versetzen könnte, und hätte der Liebe nicht, so wäre ich nichts.

Und wenn ich alle meine Habe den Armen gäbe und meinen Leib dahingäbe, mich zu rühmen, und hätte der Liebe nicht, so wäre mir's nichts nütze.

---

20 Apostel Paulus: Das Hohelied der Liebe. Abrufdatum 06.01.2021, von https://www.die-bibel.de/bibeltext/1kor13,1-3/

Die Liebe ist langmütig und freundlich, die Liebe eifert nicht, die Liebe treibt nicht Mutwillen, sie bläht sich nicht auf, sie verhält sich nicht ungehörig, sie sucht nicht das Ihre, sie lässt sich nicht erbittern, sie rechnet das Böse nicht zu, sie freut sich nicht über die Ungerechtigkeit, sie freut sich aber an der Wahrheit; sie erträgt alles, sie glaubt alles, sie hofft alles, sie duldet alles. Die Liebe höret nimmer auf, wo doch das prophetische Reden aufhören wird und das Zungenreden aufhören wird und die Erkenntnis aufhören wird.

Denn unser Wissen ist Stückwerk und unser prophetisches Reden ist Stückwerk.

Wenn aber kommen wird das Vollkommene, so wird das Stückwerk aufhören.

Als ich ein Kind war, da redete ich wie ein Kind und dachte wie ein Kind und war klug wie ein Kind; als ich aber ein Mann wurde, tat ich ab, was kindlich war.

Wir sehen jetzt durch einen Spiegel in einem dunklen Bild; dann aber von Angesicht zu Angesicht. Jetzt erkenne ich stückweise; dann aber werde ich erkennen, gleichwie ich erkannt bin.

Nun aber bleiben Glaube, Hoffnung, Liebe, diese drei; aber die Liebe ist die größte unter ihnen."

Im Internet habe ich unter www.bibleserver.com eine sehr schöne Übersetzung dieser dreizehn Verszeilen in die Sprache des 21. Jahrhunderts[21] gefunden, die ich Ihnen, liebe Leser, liebe Leserinnen, an dieser Stelle keineswegs vorenthalten will.

---

21 Bibeltext der Neuen Genfer Übersetzung – Neues Testament und Psalmen; Copyright © 2011 Genfer Bibelgesellschaft. Die Liebe – größer als alle Gaben. Abrufdatum 06.01.2021, von https://www.bibleserver.dom/NGÜ/1.Korinther13

Die Liebe – größer als alle Gaben

„Wenn ich in Sprachen rede, die von Gott eingegeben sind – in irdischen Sprachen und sogar in der Sprache der Engel –, aber keine Liebe habe, bin ich nichts weiter als ein dröhnender Gong oder eine lärmende Pauke. Wenn ich prophetische Eingebungen habe, wenn mir alle Geheimnisse enthüllt sind und ich alle Erkenntnis besitze, wenn mir der Glaube im höchsten nur denkbaren Maß gegeben ist, sodass ich Berge versetzen kann – wenn ich alle diese Gaben besitze, aber keine Liebe habe, bin ich nichts.

Wenn ich meinen ganzen Besitz an die Armen verteile, wenn ich sogar bereit bin, mein Leben zu opfern und mich bei lebendigem Leib verbrennen zu lassen, aber keine Liebe habe, nützt es mir nichts.

Liebe ist geduldig, Liebe ist freundlich. Sie kennt keinen Neid, sie spielt sich nicht auf, sie ist nicht eingebildet. Sie verhält sich nicht taktlos, sie sucht nicht den eigenen Vorteil, sie verliert nicht die Beherrschung, sie trägt keinem etwas nach. Sie freut sich nicht, wenn Unrecht geschieht, aber wo die Wahrheit siegt, freut sie sich mit. Alles erträgt sie, in jeder Lage glaubt sie, immer hofft sie, allem hält sie stand.

Die Liebe vergeht niemals. Prophetische Eingebungen werden aufhören; das Reden in Sprachen, die von Gott eingegeben sind, wird verstummen; die Gabe der Erkenntnis wird es einmal nicht mehr geben.

Denn was wir erkennen, ist immer nur ein Teil des Ganzen, und die prophetischen Eingebungen, die wir haben, enthüllen ebenfalls nur einen Teil des Ganzen.

Eines Tages aber wird das sichtbar werden, was vollkommen ist. Dann wird alles Unvollkommene ein Ende haben.

Als ich noch ein Kind war, redete ich, wie Kinder reden, dachte, wie Kinder denken, und urteilte, wie Kinder urteilen. Doch als Erwachsener habe ich abgelegt, was kindlich ist.

Jetzt sehen wir alles nur wie in einem Spiegel und wie in rätselhaften Bildern; dann aber werden wir Gott von Angesicht zu Angesicht sehen. Wenn ich jetzt etwas erkenne, erkenne ich immer nur einen Teil des Ganzen; dann aber werde ich alles so kennen, wie Gott mich jetzt schon kennt.

Was für immer bleibt, sind Glaube, Hoffnung und Liebe, diese drei. Aber am größten von ihnen ist die Liebe."

Mit noch einfacheren Worten gesagt, verstehe ich darunter, dass es wichtig ist, dass wir uns im Hinblick auf den Gebrauch unserer Worte, unseres Denkens, unseres Handelns und Seins insoweit bewusster werden sollten, damit wir auch wirklich jeden Moment unseres Lebens in der *universellen Liebe* leben können, denn aus ihr kommt alles Leben und kehrt eines Tages auch dorthin wieder zurück.

Das meint für mich ein Leben, in dem ich die Liebe *bedingungslos* lebe. Also uneigennützig und frei vom menschlichen Ego. Und das gegenüber allen Lebewesen, die da sind. Denn jeder von uns kommt aus der Liebe Gottes, unseres Vaters, und trägt somit sowohl den göttlichen Funken als auch Gottes Schöpferkraft in sich.

Was wir hier auf Erden als Mensch unter Menschen wieder zu lernen haben, ist, dass wir dieses Göttliche im anderen wieder vermehrt sehen, denn erst dies macht uns wirklich frei von sämtlichen Bewertungen des Handelns einer anderen Person. Macht uns frei von unseren Urteilen über die Wesensart des anderen. Erst die Liebe ermöglicht uns die Nächstenliebe und lehrt uns die Vergebung, aus der heraus der persönliche Friede sowie der Friede innerhalb der Familie, der Gesellschaft, einer Nation sowie der Welt erwachsen kann.

Wachsen wir immer mehr in diese Form der Liebe hinein, dann verstehen wir die Worte von Jesus: „Ein neues Gebot gebe ich euch: Liebt einander! Wie ich euch geliebt habe, so sollt auch ihr einander lieben. Daran werden alle erkennen, dass ihr meine Jünger seid: wenn ihr einander liebt." (aus Die Bibel, *Jesus* in Johannes 13:34 und 35, siehe Literaturverzeichnis)

Die Liebe *bedingungslos* leben bedeutet, dass es unerlässlich ist, die Liebe wieder zu allen Geschöpfen Gottes auszudehnen. Die

Liebe, die wir als eine unendliche Kraft in uns tragen, sollte sich uns von daher auch in einem bewussten und pfleglichen Umgang mit den Tieren, den Pflanzen, der Natur und Mutter Erde zeigen. So gesehen gilt es wieder, viel wertschätzender, fürsorglicher und sorgsamer mit allem umzugehen, was uns Gott für dieses Erdenleben anvertraut hat.

Etwas *bedingungslos lieben,* bedeutet außerdem, dass wir das, was wir tun, stets *bewusst und mit Sorgfalt und Liebe* tun. Dann bleibt alles, was wir tun, auch wichtig für uns. Dann ist jeder Beruf auch wirklich wieder ein Beruf, zu dem wir uns „be-*ruf*-en" fühlen, und wird über kurz oder lang nicht einfach nur ein Job, der halt sein muss, damit wir uns damit unseren Lebensunterhalt verdienen.

Mit je mehr Motivation und Engagement wir eine Sache tun, sind wir im Hinblick auf die Arbeit nicht nur inspiriert, sondern fühlen uns letztlich von ihr sogar erfüllt und beseelt. Dann ist es vollkommen egal, ob wir Mutter oder Busfahrer, ein Arbeiter auf dem Bau, eine Krankenschwester, ein Lehrer oder ein Manager sind. Um von den Aufgaben unseres Lebens auch tatsächlich erfüllt zu sein, sollten wir diese vermehrt mit der Kraft unseres Herzens und damit mit Liebe tun.

Nur wenn wir unserem Leben wieder mit mehr Leidenschaft (Passion) und Herzblut begegnen, lässt sich dieses mit viel mehr Leichtigkeit und Freude leben, was stress-reduzierend wirkt.

Ich könnte Ihnen hier mit Sicherheit noch ein paar gute Beispiele anführen, um zu begründen, warum die *Liebe* in allen Bereichen unseres Lebens stets an erster Stelle stehen sollte, denn alles, was wir in Liebe tun, trägt den göttlichen Funken in sich und entspricht somit auch der Natur unseres Herzens, denn unser Herz will stets in der Liebe sein. Sowohl in der Liebe zu uns selbst als auch zu allem anderen.

Ich glaube, wir alle sollten vermehrt wieder lernen, dieses Leben weniger als eine Pflicht anzusehen, sondern vielmehr als das, was es in Wahrheit ist: ein Geschenk Gottes an uns.

Lassen sie mich zu den Kindern noch so viel sagen: Entwicklungsgeschichtlich gesehen mögen sie zwar eine „physiologische

Frühgeburt" sein mit all der Erklärung, die ich Ihnen hierzu in Kapitel 2 gegeben habe. Doch schauen wir einmal aus einer ganz anderen Perspektive auf sie, dann sind diese kleinen Wesen aus spiritueller Sicht betrachtet keine Kinder, sondern die meisten von ihnen bereits sehr alte und vor allem sehr reife, erfahrene Seelen, die sich mitunter schon seit vielen Leben auf diese Aufgabe, die sie heute erfüllen, vorbereitet haben.

Während nur unser Körper von Leben zu Leben den Weg des Zerfalls und des Todes geht, bleibt unsere Seele ewig bestehen. Und mit ihr auch all das Wissen aus den früheren Leben. Das heißt, dass die Kinder von den Erwachsenen keineswegs als unreif oder gar unwissend angesehen werden sollten, nur weil sie aufgrund ihres biologischen Alters in diesem Leben durch Erziehung und Schule noch keine weitere Bildung erfahren haben.

Ihre Seele bringt − je nach Seelenaltersstufe − ganz individuelle Voraussetzungen sowie ein intuitives Wissen mit, das sie mitunter in manchen Situationen vielleicht sogar entschiedener, souveräner, klüger, weil „reifer" handeln lässt, als es der Erwachsene vermag, mit dem sie gerade ein bestimmtes Thema „teilt". Dessen sollten wir uns stets bewusst sein.

Das heißt, als Seele kommen wir nicht mit der Absicht in die Welt, um mit unseren Eltern und anderen Personen das „Spiel vom völlig hilflosen Kind, das sich einem allwissenden Erwachsenen gegenübersieht" zu spielen, aus dem sich der Erwachsene dann das Recht ableiten kann, dass er vorgeben kann, wie das Kind zu denken bzw. wie es sein Leben zu leben hat.

Es ist vielmehr so, dass vielleicht schon der Säugling, vielleicht aber auch erst das dreijährige Kind oder gar erst der Teenager eine wichtige Botschaft für den Erwachsenen hat, je nachdem, welche Seelen-Absprachen sie einst miteinander getroffen haben. Von daher gilt: Mal verbirgt sich für der einen, mal für den anderen, mal für beide eine bestimmte Lernaufgabe in der Situation, vor der sie gerade gemeinsam stehen. Je größer die Herausforderung dabei ist, je unangenehmer die Aufgabe, vor die wir uns gestellt sehen, umso mehr sollten wir uns daran erinnern, dass es hier sowohl im eigenen als auch im Interesse beider liegen sollte, nach der bestmöglichen Lösung zu suchen, um diese Seelenaufgabe zu lösen, ansonsten bleibt sie uns erhalten. Denn es gilt: „Aufgeschoben ist nicht aufgehoben!" Sie erinnern sich: Wir sind uns Spiegel-Partner. Im übertragenen Sinne sind wir somit immer beides: einmal „Lehrer", einmal „Schüler". Nichts geschieht umsonst. Alles macht Sinn.

Unsere Welt ist zwar die Bühne, auf der wir das Spiel unseres Lebens spielen, um miteinander und voneinander zu lernen, doch im Grunde genommen weiß jede Seele (egal ob sich unser Geist bewusst daran erinnert oder nicht), dass sie hier ist, um als Seele Erfahrungen zu machen, die sie *nur* in einem menschlichen Körper erleben kann. Das macht für die Seele ein Leben auf Erden so attraktiv, dass sie sich nach einer gewissen Zeit im Jenseits wieder für ein Leben als Mensch entscheidet. Ist dies der Fall, trifft sie im Hinblick auf ihre künftigen Seelen-Hausaufgaben mit anderen Seelen aus ihrer Seelenfamilie sowie mit Gott bestimmte Absprachen, bevor sie inkarniert (Inkarnation = Fleischwerdung bzw. Menschwerdung eines göttlichen Wesens).

Sehr vereinfacht könnte man sagen, dass wenn mich (egal ob als Kind oder Erwachsener) ein Wort, ein Verhalten, eine bestimmte Situation, die ich mit einem anderen erlebe, stört (triggert), dann zeigt mir dies, dass es da unter Umständen etwas sehr Wichtiges zu lernen gibt, das ich mir entweder alleine oder zusammen mit dem anderen anzuschauen habe, um mir der Aufgabe, die dahintersteht, auch wirklich bewusst zu werden, damit ich das entsprechende Thema bestmöglich lösen kann.

Was ich noch einmal betonen will, ist, dass ein Kind also nur scheinbar unreif und klein ist. Seelisch ist es deutlich reifer als sein Körper und Geist, die im Verlauf dieses Lebens erst wieder mitwachsen müssen, um letztlich im Verbund mit ihrer Seele ganz die Person zu werden, die sie in diesem Leben sein will.

Statt sich als Erwachsener erhabener und größer bzw. reifer als das Kind zu fühlen, wäre es angebrachter, dem Kind mit der gleichen Aufmerksamkeit und dem gleichen Respekt zu begegnen, den man für sich selbst wünscht.

Die Erwachsenen sollten auf das Kind niemals „herabsehen", weder im Hinblick auf die unterschiedliche Körpergröße noch dahingehend, dass wir den Intellekt/den Geist des Kindes vorschnell bewerten. Wir sollten stattdessen vermehrt lernen, dem Kind auf gleicher Augenhöhe zugewandt zu sein, vor allem dann, wenn wir ein Gespräch mit wichtigem Inhalt mit ihm führen. Ganz so, wie es Jesus und Mutter Maria getan haben, die sich den Kindern in all ihren Gesprächen stets auf gleicher Augenhöhe zugewandt haben, indem sie sich zu ihnen setzten oder sich zu ihnen herunterbeugten.

In ein praktisches Beispiel übersetzt heißt das: Haben wir dem Kind, das gerade im Sandkasten spielt, etwas Wichtiges zu sagen und wollen uns sicher sein, dass es die Worte auch wirklich hört, dann sollten wir uns in eine Körperhaltung zu ihm begeben, die es uns möglich macht, ihm während des Gesprächs auch in die Augen zu sehen. Ansonsten müssen wir uns nicht wundern, wenn das Kind unseren Anweisungen vielleicht nicht folgt, weil es selbst gerade so in sein Spiel versunken ist, dass es unsere Worte gar nicht wirklich bewusst hören kann. Als umsichtige Eltern könnten wir uns von vornherein manchen Ärger ersparen. So wie wir uns die ganze Aufmerksamkeit des anderen wünschen, so sollten auch wir gegenüber den Kindern aufmerksam sein und es bewusst da abholen, wo es derzeit steht. Egal, ob mitten im Spiel, bei den Hausaufgaben etc.

In diesem Sinne gilt es auch, die Dinge des täglichen Lebens nicht alle gleichzeitig bewältigen zu wollen, sondern nach und nach jedes für sich, damit wir bei allem, was wir tun, mit völliger Hingabe und Aufmerksamkeit bleiben können. Das so vielfach gepriesene Multitasking ist alles andere als gut. Deutlich besser und gesünder ist es, eine Sache nach der anderen zu tun. Das nimmt deswegen nicht mehr Zeit in Anspruch, lässt uns die Dinge aber viel entspannter, beherzter und damit auch viel gesünder, weil stressreduzierter tun. Schenken wir allem, was wir tun, wieder viel mehr unsere ungeteilte Aufmerksamkeit und damit auch unseren Respekt, dann können wir alles mit viel mehr Freude und Leichtigkeit tun.

Lassen Sie mich in diesem Zusammenhang noch einmal auf das Kind zurückkommen: Wenden wir uns ihm mit unserer ganzen Aufmerksamkeit zu, fühlt es sich gesehen, angenommen, gehört und damit auch ernst genommen. So lernt es in den anderen zu vertrauen, der ihm mit so viel Achtsamkeit und Liebe zugewandt ist.

Es ist so wichtig zu verstehen, dass unsere Beziehung zum anderen nur zum Teil über die Worte, die wir sprechen, erfolgt. Viel mehr als mit der Stimme kommunizieren wir mit dem ganzen Körper, der für den anderen ein Zugewandtsein oder ein Abgewandtsein bedeuten kann und ihm indirekt damit auch die Botschaft vermittelt: „Du bist mir wichtig. Du bedeutest mir viel. Von daher unterbreche ich das, was ich selbst gerade tue und wende mich dir ganz zu." Geschieht dies, fühlt sich das Gegenüber gesehen, wertgeschätzt und geliebt.

Eine gute Kontaktaufnahme und damit ein wirklich Mit-dem-anderen-in-Beziehung-Sein geschieht mehr, als wir denken, über unser Zugewandtsein sowie über Mimik und Gestik und vor allem den Augenkontakt. Nicht umsonst heißt es: „Ich habe den anderen aus den Augen verloren" oder „Mir ist der Blick für den anderen abhandengekommen" bzw. „Mir ist der Blick für das Wesentliche abhandengekommen".

Kann ich dem anderen nicht in die Augen schauen, dann sollte dies ein Signal dafür sein, dass innerhalb der Beziehung etwas nicht stimmt. Doch damit dies erst gar nicht geschieht, sollten wir wieder viel mehr über die Augen kommunizieren, denn sie sind das Tor zur Seele des anderen.

Schaue ich den anderen – aus welchen Gründen auch immer – nicht an, verletzte ich unter Umständen seine Seele. Ganz egal, wie bewusst oder unbewusst dies geschieht. Nicht umsonst war es den Müttern in der Zeit des Nationalsozialismus untersagt, ihren Kindern in die Augen zu schauen, sich ihnen zuzuwenden oder sie auf den Arm zu nehmen, geschweige denn sie zu herzen. Sie hätten ihre Kinder nie „für den Krieg rüsten" können, wenn sie der Seele ihres Kindes in bedingungsloser Liebe vollkommen zugewandt gewesen wären.

Unser Miteinander und damit alle unsere Beziehungen sollten vielmehr wieder so gestaltet sein, dass wir uns dessen bewusst sind, dass wir – egal wie jung oder alt wir sind – stets vom anderen lernen. Keiner von uns ist bereits eine so reife und erwachsene Seele, dass es sich nicht lohnen würde, auf die Botschaften und Signale einzugehen, die uns der andere sendet.

Sie erinnern sich: Nicht geschieht umsonst! Alles hat in irgendeiner Art und Weise immer mit uns selbst zu tun. Von daher sollten wir uns über den anderen nicht ärgern, sondern uns in einer uns fordernden Situation lieber fragen: Was hat das Ganze mit mir zu tun? Welche Lernaufgabe steht für mich dahinter, dass das Verhalten bzw. die Worte des anderen in mir gerade dieses Gefühl auslösen? Was hat mir das zu sagen? An was erinnert es mich? Was kann ich daraus lernen?

Uns so zu erforschen, dafür sind wir hier und wollen im Verbund unserer Seelen miteinander und voneinander lernen. Jeden Tag. Unser ganzes Leben lang. Dieses Lernen hier auf dem Planeten Erde endet erst mit unserem letzten Atemzug. Bis dahin sollten wir jede Lern-Chance nutzen, vor die uns das Leben stellt, denn sie hilft uns, uns unseres Denkens, Fühlens und Handelns viel bewusster zu werden. Darin liegt des Lebens Sinn.

Im Lernen, in der persönlichen Entwicklung sowie in der Ausformung unseres sozialen Wesens besteht unsere wahre Mission. Doch um für uns selbst sowie für andere etwas wirklich Neues, Gesundes und Nachhaltiges zu erschaffen, müssen wir erst die alten Wege verlassen. Auch wenn wir zunächst dabei gefordert sind, über unwegsameres Gelände mit viel Krise und Schmerz zu gehen. Letztlich ist es so, dass unsere Seele am meisten gerade durch Kummer und Schmerz zu lernen vermag, weil sie damit offen wird für das Neue und noch Unbekannte, das eines Tages aus dem Schutt und der Asche des Alten erwachsen mag (Prinzip „Phoenix aus der Asche").

Damit wir in eine neue Wohnung oder in ein neues Haus um-
ziehen können, empfiehlt es sich dringend, keineswegs mit dem
ganzen Hausstand umzuziehen, der sich in unserem Leben bislang über die Jahre hinweg alles so angesammelt hat. Wer schon
des Öfteren umgezogen ist, der kann ein Lied davon singen, wie
gut es tut, sich bereits vor dem Umzug von all den Dingen zu
trennen, die wir seit Jahren nur noch als einen Staubfänger in
einer Ecke stehen haben, oder sich derart im Keller bzw. Dach-
geschoß des Wohnraums stapeln, sodass wir bereits völlig den
Überblick darüber verloren haben, dass dies alles auch noch in
unserem Besitz ist.

Da gibt es vielleicht sogar noch die alten Erbstücke von Tante Olga, die uns noch nie wirklich gefallen haben. Doch da wir
die Tante nicht verletzen wollten, haben wir – so lieb wie wir
sind – dieses Erbe angetreten, obwohl die Erinnerung an die
Tante unter Umständen für uns nicht nur gute Energien in sich
trägt. Das Problem ist nur: Auch wenn die Tante bereits schon
seit Jahren verstorben ist, was ihrem Erbe anhaftet, ist nach wie
vor die Energie von gut bzw. weniger gut.

Wollen wir, statt tagaus tagein mit diesen alten Energien zu
leben, für uns jedoch wirklich einen guten Neustart haben, dann
gehören diese alten Erbstücke weg. Das hört sich jetzt vielleicht
sehr undankbar an. Doch die Frage ist: Interessiert es die Seele
der Tante wirklich, ob wir diese Dinge unser Leben lang in Ehren halten? Ich glaube, nein. In Liebe zu uns selbst müssen wir
in solchen Fällen ehrlich sein und uns von den Dingen trennen,
die für uns mit keiner positiven Erinnerung bzw. Energie auf-
geladen sind.

Dieses Bild eines Umzugs in eine neue Wohnung bzw. das
neue Haus lässt sich auch auf die ganzen gesellschaftlichen Systeme und Strukturen übertragen, die wir derzeit vorfinden. Spiritueller Spinner oder Verschwörungstheoretiker hin oder her,
ich glaube, inzwischen dürfte es bei jedem von uns irgendwie
angekommen sein, dass wir allesamt vor großen Herausforderungen verschiedenster Art stehen, die für uns alle sehr starke,
aber auch extrem wichtige Umwälzungen mit sich bringen. Wer

immer noch glaubt, dass die Dinge wieder einmal so werden, wie sie waren und noch immer an dem Bild von der guten alten Zeit festhält, tut eindeutig besser daran, die Erinnerung an dieses Bild endlich loszulassen, denn es existiert bereits nicht mehr. Keiner von uns kann noch länger die Augen verschließen. Irgendwann gilt es der Realität bewusst in die Augen zu schauen, um zu sehen, wie groß der Berg an Schutt und Asche ist, den es genauso gemeinsam abzutragen gilt, wie wir ihn allesamt durch unser mehr oder weniger bewusstes Zutun mitverursacht haben. Wir alle haben in diesem Sinne nicht nur unser eigenes Karma oder das der Familie zu erlösen. Bei jedem von uns befindet sich in dem unsichtbaren Rucksack, den ein jeder von uns auf seinen Schultern trägt, auch die gesamte kollektive Schuld, in der wir uns über Hunderte von Jahren bereits verfangen haben. Es wird Zeit, diese aufzulösen. Dafür muss jedoch das, was einmal war, sterben, damit etwas Neues entstehen kann. Diese Art von Aufräumarbeit muss jedes Land zunächst einmal für sich selbst angehen, weil hier jede Nation ihr eigenes historisches Erbe anzuschauen hat. Erst wenn diese Arbeit erfolgreich getan ist, macht es wieder Sinn, länderübergreifend zusammenzustehen.

Geht unser Interesse als Menschheit wirklich dahin, dass wir uns den Frieden für alle wünschen, dann ist es zunächst die Pflicht eines jeden Einzelnen, zu schauen, ob wir denn überhaupt mit uns selbst und innerhalb unserer Familien auch wirklich im Frieden sind.

Nicht umsonst wirft uns dieser kleine Virus auf uns selbst zurück. Er zeigt uns, wie wir es wieder lernen können, es mit uns selbst auszuhalten, anstatt ständig nach möglichst viel an Ablenkung zu suchen. Er zwingt uns diesbezüglich in die Knie. Fordert uns auf, einmal ganz ehrlich zu uns selbst zu sein, um zu sehen: Bin ich denn mit mir und meinem Leben, so wie es ist, wirklich im Frieden? Wenn nicht: Was bräuchte ich *wirklich*, damit dies anders wird? Was kann ich selbst dafür tun? Inwiefern sind meine Zufriedenheit und mein Lebensglück von anderen Menschen abhängig? Ist das gut für mich? Was gilt es zu berücksichtigen, damit wir jedem Familienmitglied gerecht werden können? Was braucht der Einzelne? Was wir alle zusammen? Was ist die gemeinsame Basis? Stimmen diesbezüglich die Rahmenbedingungen für alle?

Erst wenn wir diese grundständige, aber sehr wichtige Vorarbeit geleistet haben, die uns wieder mit uns selbst und mit unseren Liebsten in eine *wirklich* gute Beziehung zu bringen vermag, können wir erfolgreich auf dieses Wissen aufbauen, um dann gemeinsam weitere Strukturen zu erschaffen, die letztlich wiederum allen guttun können.

Das heißt, dass uns erst einmal Jahre bevorstehen, in denen es gilt, wieder einmal ganz ehrlich sowohl zu uns selbst als auch zu den anderen zu sein. Was ich damit sagen will, ist, dass es wichtig ist, die ganzen Masken (das liebe Kind, den selbstbewussten Teenager, den erfolgreichen Manager, die glückliche Hausfrau etc.) abzulegen, die wir uns im Laufe der Zeit angelegt bzw. antrainiert haben, weil wir dachten, dass wir nur so den anderen gefallen und ihre Liebe verdienen.

Das Leben will viel mehr von uns, als dass wir uns hinter diesen möglichst bunten Masken verstecken. Es will, dass wir uns offen, ehrlich und ganz authentisch (echt, wahr, als Original) zeigen. Auch dass wir uns verletzlich zeigen und wieder lernen, zu unseren Gefühlen zu stehen, statt immer nur den Starken zu spielen.

Unsere wichtigste Arbeit der nächsten Jahre dürfte wohl darin bestehen, wieder ganz zu uns selbst zurückzufinden, um in Erfahrung zu bringen, wer wir im Grunde genommen denn wirklich sind. Eben nicht die Kopie von „...", sondern im Sinne von: Das ist mein wahres *ICH BIN*. Hier hat jeder von uns erst einmal seine eigenen Hausaufgaben zu machen.

Jeder von uns muss hier in die eigene Verantwortung gehen und hat die Konsequenzen seines bisherigen Verhaltens zu tragen. Erst wenn wir die Dinge für uns selbst geklärt haben, können wir Schritt für Schritt gemeinsam weitergehen. Nicht umsonst wirft uns jede Krankheit und jede Krise zunächst einmal komplett auf uns selbst zurück. Auch wenn wir es anfangs nicht verstehen und es nur allzu gerne wieder anders hätten, das funktioniert nicht. Heißt es nicht schon bei einem Säugling, dass ihn jede Krankheit, jedes Dreitagefieber o. Ä. hinterher bedeutend stärker (weil resilienter) gemacht hat?

Ich glaube, ich habe es an früherer Stelle im Buch bereits erwähnt, dass sowohl der Friede als auch die Liebe sowie die Heilung immer erst bei uns selbst beginnen müssen. Erst wenn wir sowohl den Frieden (durch Vergebung) sowie die Liebe (in Form von Selbstliebe) in uns selbst immer mehr wirklich bewusst erfahren, gesellt sich zu den beiden noch die Heilung als ein weiteres göttliches Geschenk dazu.

Unsere gesamtgesellschaftliche Situation konnte sich so entwickeln, wie sie heute ist, weil wir alle unseren Anteil daran haben. Egal, ob dies gewollt oder ungewollt geschah. Was der Einzelne von uns tut, tut er immer auch dem großen Ganzen an. Dies gilt sowohl im positiven wie auch im negativen Sinne.

Wie viele von uns, bin auch ich viel zu lange diesem Irrglauben aufgesessen, dass ich ein schuldbeladener, unwürdiger, ein schlechter Mensch sein muss, weil mich Gott anscheinend mit so viel Krankheit und Krise „bestraft", der ich mich 2016 völlig ausgeliefert und ohnmächtig gegenübersah. Wie viele andere habe auch ich mich gefragt: „Wieso lässt Gott dies alles zu, wenn es doch immer heißt, dass er die Menschen bedingungslos liebt? Warum tut er mir das dann an?"

Damals wusste ich die Wahrheit noch nicht. Die Wahrheit, dass *nicht* Gott das Leid, die Krankheit, die Krise, den Zusammenbruch etc. über uns bringt, oder dass uns gar ein bestimmtes Schicksal ereilt, weil wir viel zu wenig gottesfürchtig gelebt haben. Viel zu lange habe ich an diesem strafenden Gott aus meinen Kindertagen festgehalten, anstatt mich früh genug von diesem Bild loszusagen und eine ganz andere Beziehung zu dem Gott aufzubauen, den ich vor allem in den letzten vier Jahren stets als den liebenden Gott kennenlernen durfte. Wer hat sich dieses alte Gottesbild, nach dem bereits etliche Generationen von uns erzogen wurden, denn eigentlich wirklich ausgedacht? Mit welcher Absicht? Eine äußerst interessante Frage, über die es ebenfalls einmal nachzudenken gilt.

Ob Sie es mir glauben oder nicht: Sowohl das Schöne als auch alles Chaos in unserem Leben wird von uns selbstgemacht. – Wie? – Mit unserem Denken, unseren Emotionen, unseren Worten, unserem Handeln. Ein paar Beispiele habe ich Ihnen diesbezüglich ja schon an mehreren Stellen mit dem Hinweis auf das Geistige Gesetz von Ursache und Wirkung gegeben.

Es stimmt, Gott hat uns Menschen den Schöpfergeist gegeben, aber nicht, damit wir mit ihm so viel an Unruhe, Chaos und Unfrieden in der Welt anrichten, wie wir dies immer mehr erschaffen haben, sondern vielmehr in der Hoffnung, dass wir diesen genial kreativen Geist positiv gebrauchen, um uns mit seiner Hilfe bereits hier auf Erden das Paradies zu erschaffen, von dem wir im Grunde genommen alle träumen.

Ob wir uns mit unserem Geist den Himmel oder die Hölle erschaffen, liegt allein in unserer Hand. Vom Universum aus gesehen gibt es definitiv keine Hölle, außer der Hölle, die wir uns bereits zu unseren Lebzeiten aufgrund des falschen Gebrauchs unserer Gedanken selbst erschaffen. Gott hat uns sowohl den freien Willen als auch diesen sehr mächtigen Geist mit einer unwahrscheinlichen Schöpferkraft gegeben. Doch statt diesen im positiven Sinne kreativ einzusetzen, sind wir – angeleitet durch unsere allzu menschlichen Bedürfnisse und Triebe – von Jahrtausend zu Jahrtausend immer mehr vom eigentlichen Weg abgekommen, der uns mit Gott vereint. Haben mitunter sogar unseren Glauben verloren. Haben uns immer mehr auf die niederen Instinkte berufen und sind dabei den Weg des Egos gegangen.

Heute stellen wir uns vielleicht die Frage: Wer hat in unserem Leben denn überhaupt noch wirklich das Sagen? Wer führt hier wirklich die Regie? – Wir selbst? Die Kirche? Der Staat? Die Wirtschaft? Bestimmte Konzerne? Das Finanzwesen? Wer? – Wer ist der Lobbyist?

Irgendwann hat der Mensch – durch welche Einflüsse auch immer – angefangen, sich von seinem Schöpfer abzuwenden. Menschliches Ego an seiner statt zu setzen. Doch Wege, die *ohne* Gott-Bewusstsein gegangen werden, führen nicht wirklich zum Ziel. Mag sein, dass das Ganze eine Zeit lang ganz gut funktioniert, doch da ein Weg *ohne* Gott auch ein Leben *ohne* Gott ist und damit auch ein Leben *ohne* Seelennahrung, hungert der Mensch diesbezüglich immer mehr aus.

Das mag vielleicht für zwanzig, dreißig, fünfzig Jahre ganz gut so gehen. Doch irgendwann meldet sich unsere Seele, die in Verbindung mit unserem Unterbewusstsein steht. Dann stellen sie uns gemeinsam immer mehr vor genau die Aufgaben, die es für uns durch den Prozess der Bewusstwerdung zu lösen gilt.

Meinen es die Seele und unser Unterbewusstsein böse? Soll das Ganze eine Art von Bestrafung sein? *Nein!* – Es dient vielmehr unserer Bewusstwerdung. Die Seele will, dass wir endlich aufwachen und uns unseres Denkens, Verhaltens etc. bewusstwerden. Dass wir endlich den Mut fassen, um in unserem Leben einmal ordentlich aufzuräumen. Dass wir hinschauen auf unsere sogenannten Baustellen. Auf all die Themen, die wir als noch unerledigte Emotionen in unserem Unterbewusstsein gespeichert haben.

Unser Unterbewusstsein ist genau der Ort, wo wir alle Erfahrungen deponiert haben, die wir jemals in diesem oder einem früheren Leben gemacht haben. Nach und nach bringt es uns diese wieder in Erinnerung, wenn davon auszugehen ist, dass wir im aktuellen Leben bereits so viel an Lebenserfahrung und Ressourcen gewonnen haben, damit wir uns diesmal der Lösung unserer Seelenhausaufgaben stellen können, die wir entweder noch immer aus einem alten Leben mitbringen oder neu mit in unseren derzeitigen individuellen Lehrplan aufgenommen haben.

Alles, was wir bis heute versäumt haben, will genauer angeschaut werden, damit wir uns der nicht gelebten Emotionen und ihrer Energie bewusstwerden, die noch immer an bestimmte Themen, Menschen, Orte, individuelle, aber auch historische Ereignisse gebunden ist. Erst indem wir uns klar darüber werden, was als Lernaufgabe dahintersteht und wir durch diesen Prozess der Bewusstwerdung gehen, haben wir die Möglichkeit, das Karma, das hier als energetisches Muster gebunden ist, zu lösen.

Gott hilft uns dabei. Er ermöglicht es uns, dass wir diese Themen in seine Hände legen mit der Bitte um Heilung und Transformation. Tun wir dies, erleichtern wir uns damit nicht nur unser Herz und lassen alten Seelen-Ballast los, sondern das, was wir hier tun, tun wir auch für den anderen, der genau wie wir noch immer in den alten Geschichten gefangen ist. Werden wir uns dieser Themen bewusst und vergeben sowohl uns als auch dem anderen, kann eine Transformation dieser Energie dadurch geschehen, dass wir Gott in einem Gespräch um Heilung bitten.

Für Gott gibt es keine „Fehler". Für ihn sind es ausschließlich Erfahrungen, die wir als Seele in einem menschlichen Körper machen, der begrenzt ist durch unseren menschlichen Geist. Von daher noch einmal die Erinnerung daran, dass wir unseren Geist gerade erst einmal zu 5 bis 10 Prozent nutzen, was unser bewusstes Denken und Handeln betrifft. Über die anderen 95 bis 90 Prozent führt nach wie vor unser Unterbewusstsein die Regie. Diese Prozentzahlen können uns in etwa veranschaulichen, zu welch enormen Denkleistungen wir Menschen im Grunde genommen fähig wären, wenn wir uns im Hinblick auf uns selbst unserer göttlichen Herkunft bewusst wären und mit Gott gemeinsam unser Leben gestalten wollten, statt es uns von unserem Ego diktieren zu lassen.

Lassen Sie mich noch einmal auf die Erziehung zu sprechen kommen. Dass wir glauben, mit unserem Verhalten den einen oder anderen Fehler gemacht zu haben, ist eine Erfindung der Menschen, die uns mit erhobenem Zeigefinger sagen: „Du hast hier etwas falsch gemacht." Es ist definitiv nicht Gott, der unser Verhalten in irgendeiner Art und Weise als negativ befindet, geschweige denn gar über uns zu Gericht sitzt.

Es ist ausschließlich der Mensch, der sich veranlasst fühlt, ein Geschehen, eine Sache bewerten zu müssen. Hier wird – wenn vielleicht auch unbewusst – die Bewertung des Verhaltens des anderen als ein Machtinstrument eingesetzt. Mit erhobenem Zeigefinger sagen wir zum anderen: „Wenn du das und das machst, dann …!" Diese Art der Erziehung dürften wir ebenfalls schon von unseren Ahnen übernommen haben. Was ist die Folge daraus? Das Kind wird mit angstmachenden Worten erzogen, um es gefügig zu machen und um es so dem Willen des Erwachsenen unterzuordnen.

Es selbst wird je nach Situation und der Art und Weise, wie diese Worte gesprochen wurden, unter Umständen immer kleinlauter und ängstlicher, sodass sich künftig bereits schon bei den kleinsten Situationen, in denen es sich ausprobieren mag, sofort der eigene innere Richter meldet, der es zur Räson ruft. In Sekundenschnelle sitzt der Mensch dann über sich selbst zu Gericht. Bewertet sein Tun als schlecht. Verurteilt sich. Bestraft sich. Kritisiert sich. …

Schlimmstenfalls werden Menschen auf diese Art sogar willenlos gemacht, denn waren die Worte, mit denen das Kind des Öfteren getadelt wurde, extrem angsteinflößend und sehr streng, wird das Urteil des inneren Richters anders ausfallen, als wenn es eine feinfühligere und vor allem verständnisvollere Erziehungsmethode war, die dem Kind zu sagen wusste. „Das, was du da gerade gemacht hast, finde ich aus dem und dem Grund nicht gut. Doch trotzdem habe ich dich lieb."

Es ist schon wichtig, dass wir dahingehend erzogen werden, dass wir für alles, was wir tun, auch lernen müssen, die Verantwortung zu übernehmen. Auch mit allen Konsequenzen daraus. Doch was noch wichtiger ist, als sich mit dem Kind nur über die Konsequenzen seines Fehlverhaltens zu unterhalten, ist, dass wir ihm aufzeigen, wie es künftig etwas besser machen kann.

Wichtiger als jede Art der Beschimpfung und Maßregelung wäre es, dass wir mit ruhiger und sachlicher Stimme sowie vor allem mit Wertschätzung der Person des anderen dem Kind erklären, warum es nicht gut ist, wenn es dies oder jenes macht. Wichtig wäre es, dass wir ihm Alternativen für sein Handeln aufzeigen, sodass es beim nächsten Mal bereits aus freien Stücken heraus besser zu handeln weiß. Heißt es nicht: „Der Ton macht die Musik." Das sollte auch ein wichtiger Grundsatz für eine wirklich gute, wertschätzende, respektvolle und liebevolle Erziehung sein.

Wie soll ein Kind denn von Anfang an immer gleich wissen, was an seinem Verhalten gut, bzw. was weniger gut ist. Wir lernen alle aus unseren Erfahrungen. Wollen wir selbst denn ständig getadelt werden? Wie fühlen wir uns dabei? Wie muss sich demzufolge das Kind fühlen, das sich noch nicht so zu verteidigen weiß, wie dies der Erwachsene mitunter vermag?

Ganz egal, ob das die Note in Mathematik, der Streit mit dem besten Freund, die zerbrochene Vase von Erbtante Agathe ist, die gerade leider an der Stelle stand, wo das Kind spielen wollte. Als Kinder handeln wir nicht vorausschauend, sondern vielmehr beherzt und spontan. Erst am Ergebnis unseres Handelns stellen wir dann fest, was für gut befunden wird und wofür wir bestraft werden, weil die Art und Weise, wie wir gehandelt haben, unseren Eltern, Erziehern, Pädagogen oder auch in späteren Jahren unseren Freunden, Partner, Arbeitgebern etc. nicht gefällt.

Das Leben ist ein stetes Sich-Ausprobieren. Leben heißt für mich, mit den Zutaten, die ich nach und nach erlerne, zu experimentieren. Leben heißt Erfahrungen machen. Erfahrungen, die manchmal sehr schön sind. Die genauso gut aber manchmal auch sehr schmerzhaft sind.

Die Art und Weise, wie wir auf diese Erfahrungen schauen, ist letztlich ausschlaggebend dafür, wie wir uns und unser Verhalten selbst bewerten. Lerne ich immer nur „Mach dies nicht, mach das nicht", welches Selbstbild habe ich dann mit der Zeit? Haben wir trotz der wiederholten Maßregelung denn überhaupt gelernt, wie es richtig gehen soll? Wurde uns erklärt, wie es besser geht? War uns der andere diesbezüglich auch Lehrer im Sinne von „Komm ich helfe dir, damit du verstehst, wie du es künftig besser machen kannst!"

Erziehung sollte meines Dafürhaltens nach kein Maßregeln sein, sondern vielmehr eine Einladung zu einem Gespräch im Sinne von: „Ich erkläre dir, ob dein Verhalten für mich richtig oder falsch ist und sage dir, was du in Zukunft anders machen kannst. Dabei zeige ich dir auch die Konsequenzen für dein Verhalten auf. Dann kannst du selbst überlegen, wie du dich künftig verhalten willst. Ich vertraue darauf, dass du die richtige Entscheidung treffen wirst."

Damit sagen wir dem Kind: „Ich glaube an dich. Ich halte dich für klug und stark genug, die richtige Entscheidung zu treffen. Und da ich an dich glaube, glaube auch du an dich."

Ist nicht der Glaube an uns selbst die wichtigste Basis für ein gutes Selbstwertgefühl sowie für unser Vertrauen in uns selbst. Meiner Meinung nach kann das Selbstvertrauen nur dann in einem Kind heranreifen und wachsen, wenn das „zarte Pflänzchen" Kind sorgsam und dennoch klar und wohlmeinend „gehegt und gepflegt" wird.

Zudem sind sowohl der Glaube an uns selbst, das Selbstvertrauen und das Selbstwertgefühl ein ganz wesentliches Fundament für die Liebe zu uns selbst. Nur wenn diese Voraussetzungen gegeben sind, lernen wir auch mit liebevollen Augen auf uns selbst zu schauen. Beziehungsweise erlauben es uns, einmal beherzt über unsere eigenen „Fehler" zu lachen, die nichts anderes als Erfahrungen sind.

Wenn wir uns selbst zugestehen, dass wir Erfahrungen machen dürfen, dann erlauben wir dies auch den anderen. Dann schauen wir sowohl bei uns selbst als auch beim Gegenüber nicht mehr länger auf die vermeintlichen „Fehler" und Schwächen, sondern konzentrieren uns vielmehr auf das, was das Zusammensein mit dem anderen schön macht. Diese kleine Veränderung im Blick auf den anderen könnte für so manche Beziehung bereits ein Heilmittel sein. Viel zu sehr schauen wir auf das, was nicht funktioniert, als auf das, was das Miteinander einzigartig macht.

Akzeptieren wir, dass wir alle unsere Schwächen und „Fehler" haben, müssen wir sie nicht länger nach außen projizieren, was ebenfalls unser Miteinander sehr entspannt. Wenn wir uns dann noch daran erinnern, dass genau das, was uns am anderen stört, unter Umständen unsere *eigenen* Lernaufgaben sind, können von diesem Bewusstsein unsere Beziehungen nur profitieren. So müssen wir dem anderen nicht mehr länger böse sein, nur weil er uns gerade mal wieder einen Spiegel vorhält, um uns indirekt auf etwas hinzuweisen, was unser eigenes Thema ist. Wenn wir mehr und mehr zu schätzen wissen, dass wir uns selbst im anderen erkennen können, kann das im Grunde genommen sehr bereichernd für unsere persönliche Entwicklung sein.

Doch lassen Sie mich noch einmal zurückkommen auf Gott oder wie auch immer Sie ihn nennen mögen. Gott kommt es nicht auf den Namen an, mit dem Sie zu ihm sprechen, sondern allein auf die Offenheit, Ehrlichkeit und Reinheit des Herzens, das sich an ihn wendet. Gott interessiert allein die Motivation, womit wir etwas tun. Er weiß, ob hinter unseren Absichten bestimmte Ego-Bedürfnisse stehen, oder ob wir auch wirklich ernsthaft daran interessiert sind, unseren eigenen Beitrag zu mehr Frieden zu leisten. Frieden sowohl in uns selbst als auch Frieden mit anderen und daraus resultierend dann auch letztlich Frieden in der Welt.

Gott bewertet uns und unser Verhalten nicht, weil er weiß, dass der Einzige, der es sich erlaubt, über uns selbst oder andere zu Gericht zu sitzen, unser Ego ist, das zusammen mit all den kritischen Stimmen in uns selbst unser Verhalten bereits ausreichend tadelt. Unser Ego ist so schlau und will uns immer wieder einmal ein X für ein U vormachen. Will uns immer noch die Geschichten erzählen von „Du bist gut. Der andere ist der Bösewicht", um sich selbst ja ausreichend in der eigenen Sonne suhlen zu können. Oder es erzählt uns: „Also so, wie du dies wieder einmal gemacht hast, geht das wirklich nicht. Kannst du nicht oder willst du nicht? Was soll nur einmal aus dir werden?"

Unser Ego ist andererseits aber gerade auch das, weswegen wir als Seele immer wieder einmal inkarnieren wollen, um genau auf diese ungewöhnliche/vertrackte Art und Weise zu lernen.

Sozusagen einmal um die Ecke gedacht: Ich inszeniere oder provoziere durch mein Denken und Handeln eine Situation mit einer Person. Diese Person reagiert auf mich und mein Verhalten. Endet dieses „Spiel" mit einem Lächeln, weil positiv, dann ist ja alles in Ordnung und gut. Dann dürfen wir uns gemeinsam mit dem anderen freuen, denn geteilte Freude ist doppelte Freude.

Reagiert mein Gegenüber jedoch auf eine Art, die mich irritiert oder gar verletzt/brüskiert, dann sollte ich, bevor ich ihm eine Antwort gebe, besser innehalten und mich fragen: Was verletzt mich da? Was an seiner Reaktion stört mich jetzt so, dass ich darauf am liebsten so und so reagieren wollte? Sind wir gegenüber diesen Fragen an uns selbst offen, zeigen sie uns, dass wir statt der Antwort, die wir vielleicht erwartet hatten, „getriggert" werden. Dieser Trigger löst in uns selbst wiederum Gefühle von Enttäuschung unter Umständen auch Wut aus. Dann kann und sollte ich mich fragen: Was an der Antwort oder dem Verhalten des anderen macht ich jetzt gerade so richtig wütend? Was enttäuscht mich an der Art und Weise, wie sich mein Gegenüber mir gegenüber verhält? Was genau macht das mit mir? Welche anderen Gefühle liegen gegebenenfalls noch unter der Enttäuschung oder Wut? Gab es irgendwann einmal in meinem Leben ein entsprechendes Ereignis, an das mich diese Situation jetzt gerade erinnert?

Unsere Seele und unser Unterbewusstsein haben uns in eine Situation geführt, auf die wir mit unserem Ego zunächst so reagieren, wie wir es gelernt haben. Ziel und Absicht von Seele und Unterbewusstsein sind es jedoch nicht, uns dabei leidend zu machen. Sie wollen uns nur durch den Schmerz der jeweiligen Situation hindurchführen, damit wir uns bewusst machen: Bisher habe ich auf ein derartiges Ereignis so und so reagiert. War das gut für mich? Lohnt es sich von daher, in künftig ähnlichen Situationen wieder mit den gleichen Verhaltensweisen zu reagieren, wie ich dies schon immer gemacht habe? Worin liegt hier für mich der Gewinn? Ist dieses Verhalten von Vorteil für mich? Wie könnte ich sonst noch reagieren? Was, wenn ich es jetzt einfach mal ganz anders mache? Mal sehen, was dann geschieht.

Weder unsere Seele noch unser Unterbewusstsein sind unser Feind. Ganz im Gegenteil. Wir haben diese Reise zur Erde unter anderem aus der Absicht heraus gemacht, um uns unsere Themen sowohl aus diesem als auch aus früheren Leben anzusehen. Doch wollen wir sie uns nicht immer nur anschauen, wie wir uns im TV irgendeine Seifenoper anschauen, und dann jedes Mal wieder auf die gleiche Art und Weise mit dem Taschentuch in der Hand darauf zu reagieren. Unsere Seele sagt vielmehr: „Komm, lass uns endlich einmal etwas Neues an Verhaltensweisen einfallen. Das alte Muster ist uns schon so lange bekannt. Das haben wir jetzt bereits schon über mehrere Leben oder Jahrzehnte so gelebt. Ich finde das langweilig, immer nur nach dem Schema F zu reagieren. Lass uns doch einmal etwas wagen und ein ganz anderes neues Verhalten ausprobieren. Mal sehen, wie unser Gegenüber darauf reagiert, und schon gibt es etwas Neues zu lernen." Sie sehen schon: Unsere Seele will wachsen. Sie will, ja, sie muss sich erweitern. Sie will neue Erfahrungen machen und einfach aus allem lernen. Das ist das Wichtigste für sie.

Was die Wiederholung unserer Themen angeht, dürfen wir davon ausgehen, dass alle Ereignisse, die Seelenschmerz verursachen und uns an Geschehnisse im Alter zwischen 0 bis 10 Jahren erinnern, karmischen Ursprungs sind. Das heißt: Dies sind Aufgaben, die wir bereits mit in dieses Leben gebracht haben, weil wir sie in einem früheren Leben aus welchen Gründen auch immer noch nicht zu lösen vermocht hatten. Mit dem jetzigen Leben hofft unsere Seele darauf, dass wir in der Lage sind, situativ besser zu handeln, um das Thema ein für alle Mal lösen zu können, damit wir auch die entsprechende Energie, die an diese Geschichte gekoppelt ist, freisetzen können. Setzen wir uns von daher bewusst mit einem entsprechenden Sachverhalt auseinander und erkennen unsere eigenen Anteile daran, dann vermögen wir es auch, uns mit der anderen Person auszusöhnen und können so unseren Frieden machen. Je mehr uns dies gelingt, finden wir inneren Frieden, der sich uns dann auch im Außen zeigt. Ganz nach dem Geistigen Gesetz: „Du erntest, was du säst!" oder „Wie innen – so außen!"

Wollen wir demnach den Frieden im Außen *WIRKLICH* für uns alle haben, liegt es an uns, zuerst unsere mitgebrachten Seelen-Hausaufgaben zu machen, zu denen auch die Schattenarbeit gehört.

Schattenarbeit ist ein großes Wort, doch im Grunde genommen meint es im Großen und Ganzen nichts anderes, als dass wir uns der eigenen Schwächen und Unzulänglichkeiten bewusstwerden. Aber nicht, um Berge von Schuld auf uns zu laden und uns noch länger für etwas zu bestrafen, wie wir dies schon so oft getan haben. Man denke nur an die Formen der Selbstgeißelung in früheren Leben zurück, die mich zudem stark daran erinnern, wie sich manche Jugendliche auch heute selbst Schaden zufügen, indem sie sich ritzen, Drogen konsumieren o. Ä., wenn sie sich seelisch gänzlich überfordert sehen.

Was will Schattenarbeit wirklich? Sie will uns nicht erdrücken, sondern uns helfen, zu erkennen, wo wir bislang mit unseren Gefühlen, unserem Denken, unseren Worten und vor allem unserem daraus resultierenden Verhalten unbewusst Realitäten erschaffen haben, die sowohl für uns selbst als auch für die Gemeinschaft, in der wir leben, nicht gut waren.

Für mich ist Schattenarbeit eher die Vorbereitung auf einen bewussten Vergebungs- und Friedensprozess im Interesse aller. Denn der Frieden lässt sich weder durch Machtmissbrauch noch durch Manipulation, weder durch angsteinflößende Erziehung noch durch Gewalt herbeiführen, sondern allein durch Bewusstmachung dessen, wer wir in Wirklichkeit sind. Kinder Gottes, und das egal, welcher Nationalität bzw. welcher Religion.

Gott hat jedem von uns genau das Rüstzeug fürs Leben gegeben, damit wir in diesem Leben alte karmische Verstrickungen bewusst lösen. Und um zu erkennen, dass wir selbst es sind, die wir uns mit unserem Schöpfergeist genau die Welt erschaffen, in der wir leben. Wie facettenreich, wie bunt, wie schön, wie friedvoll, wie angenehm diese letztlich dann aussehen mag, liegt folglich allein bei uns. Wichtig ist nur, dass jeder erkennt, dass die Verantwortung dafür in seinen eigenen Händen liegt. Hier ist also der Beitrag von jedem Einzelnen von uns gefragt.

Von daher meine Bitte an Sie: Seien Sie es sich, Ihren Lieben, Ihren Freunden, allen Lebewesen und Mutter Erde wert, immer mehr den wahren Frieden in dieser Welt zu erschaffen. Seien Sie sich sicher: Jeder Beitrag zählt!

Nur gemeinsam erschaffen wir uns eine *NEUE WELT*, in der wir dann auch wirklich ganz bewusst all das Schöne, Wahre und Gute genießen können, was Gott für uns vorgesehen hat. Sind wir es uns selbst wert, an der Gestaltung dieser Welt verantwortungsvoll mitzuwirken, leben wir künftig wahrhaftig im *PARADIES!*

Gott ist keineswegs der strafende Gott des Alten Testaments, auch wenn ich selbst noch dieses Gottes-Bewusstsein gelehrt bekam und mich an so manche Gottesdienste erinnere, wo wir als Gemeinde mit lauten Worten von der Kanzel heruntergesagt bekamen, wie schuldig wir als Menschheit doch geworden sind und welche Schuld wir demzufolge noch immer in uns tragen. Auch dies ein Erbe, das uns über Generationen hinweg weitergegeben wurde, ohne jemals darüber zu reflektieren, wie diese Worte auf den Einzelnen wirken.

Heute bin ich glücklich und froh, dass sich in mir das Gottesbild meiner Kindheit gewandelt hat. Heute kann ich voller Überzeugung sagen, dass Gott für mich reine, pure Liebe ist.

Zwar fordert er uns gerade auf, gemeinsam durch diese Krise zu gehen, doch bewahrt er uns andererseits vor den Auswüchsen und Folgen eines Dritten Weltkrieges, der zudem die gänzliche Zerstörung dieser Erde sowie die Auslöschung unserer Spezies als Mensch zur Folge gehabt hätte.

Zwar sind wir allesamt gefordert, durch den Prozess der Bewusstmachung und Läuterung zu gehen, um wieder demütig zu werden und uns auf die wirklich wahren Werte des Menschseins zu besinnen, doch ist dies keineswegs das Jüngste Gericht.

Gott will uns stattdessen nur helfen, dass wir die Erde und uns selbst wieder zu dem machen, was sowohl sie als auch wir einmal waren: ein Paradies mit göttlichen Kindern darin, denen dieses Erbe anvertraut war, um bewusst, wertschätzend und liebevoll damit umzugehen.

Gott wünscht sich für jeden von uns, dass das Paradies bereits auf Erden zu finden ist, denn – wie bereits ausgeführt – die Hölle an sich, die gibt es nicht. Auch dies ein Bild allein von Menschen gemacht – zu welchem Zweck? Die Beantwortung dieser Frage überlasse ich Ihnen selbst. Denn die Diskussion dieser Frage würde den Rahmen dieses Buches sprengen und wäre viel zu wichtig, um sie hier kurz auf ein paar wenige Sätze zu reduzieren.

Was sich Gott für uns wünscht, ist, dass wir wieder frei und selbstbestimmt (autark) leben können. Doch damit dies geschieht, bedarf es derzeit dieser ganzen strukturellen Umwälzungen sowie eines gänzlichen Neubeginns.

Ist es nicht so, dass jede Geburt (vergleichbar einer Krise) immer etwas sehr Schmerzvolles mit sich bringt, je nachdem, mit welcher Einstellung die werdenden Mütter an dieses Erleben herangehen. Die einen können sowohl die Schwangerschaft als auch die Geburt regelrecht genießen, je bewusster und dankbarer sie sich bereits im Vorfeld auf diese einzelnen Phasen vorbereitet haben. Andere hingegen sehen sich mitunter großen Herausforderungen gegenüber, worin auch immer diese begründet sein mögen.

Auch der Geburtsprozess selbst ist nicht für jede Mutter gleichermaßen erfüllend. Weder für sie noch für das Kind. Für manche beginnt das Risiko bereits darin, dass sich das ungeborene Kind unter Umständen erst noch drehen muss, um auf natürlichem Wege überhaupt geboren werden zu können. Als ein weiteres Hindernis kommt dann erst noch der enge Kanal durch das Becken der Frau, was sowohl für die werdende Mutter als auch für das Kind mit Angst und Schmerzen begleitet ist. Ist es für die Mutter wohl mehr der Schmerz, so hat das Kind vielmehr die Angst, diese enge Passage nicht selbstständig zu überwinden. Eine Phase im Prozess der Geburt, die für Mutter und Kind äußerst anstrengend ist. Gilt es doch für das Kind, sich unter Einsatz aller Kräfte durch die Enge dieses Beckens hindurch zu gebären. Damit dies gelingt, bedarf es des direkten Zusammenspiels zwischen Mutter und Kind sowie der Vereinigung beider Kräfte. Hier werden sie zum ersten Mal ein richtiges Team.

Dieser Kreislauf von Geburt, Wachstum, Entwicklung, Herausforderung, Weiterentwicklung bis letztlich hin zum Tod betrifft uns alle. Ein Kreislauf, den uns die Natur in den verschiedensten Bildern zeigt. Bei den Tieren. In der Pflanzenwelt. Auf jeden Sturm folgt auch wieder der Sonnenschein. Dieser immerwährende Kreislauf zeigt sich uns auch im Zyklus der Jahreszeiten. Auf jeden Tag folgt eine Nacht. Licht und Dunkelheit wechseln sich ab. Es kann nur dann Tag werden, wenn wir zuvor im Schlaf durch die Nacht als den kleinen Tod gegangen sind. Damit sich die Kräfte unseres Körpers und unseres Geistes wieder regenerieren können, brauchen wir diese Zeit der Ruhe und Stille. Schlaf- und Wachzeiten bedingen sich gegenseitig. Nicht nur nachts. Auch tagsüber sollte es immer wieder einmal diesen bewussten Wechsel zwischen den Ruhe- und den Aktivphasen geben, damit wir insgesamt leistungsfähig bleiben. So wie sich der Sonnenaufgang und der Sonnenuntergang regelmäßig abwechseln, gebiert sich auch der Mond Monat für Monat als Neumond neu.

Auch wir Menschen sind in diesen ganz natürlichen Zyklus eingebunden. Auch bei uns entsteht aus jedem Tod mit der Zeit wieder neues Leben. Unsere Seele will regelmäßig immer wieder einmal geboren werden. Will das Licht der Welt erblicken, will wachsen und nach und nach etwas Neues erschaffen. Das ist der Zyklus, nach dem im Universum alles funktioniert. Der Zyklus des weiblichen Prinzips.

Gott ist uns nicht nur unser Vater. Er ist uns auch unsere Mutter. So war es von Anfang an. Und so wird es immer bleiben, auch wenn die Menschen irgendwann beschlossen haben, unserem Schöpfer nur noch die männlichen Qualitäten zuzuweisen. Das räumte dem männlichen Prinzip zwar einen höheren Stellenwert ein, sodass sich der Mann immer mehr darin berufen sah, die Position der Frau für geringer anzusehen als seine eigene. So erschuf der Mensch – oder sollte ich hier besser vom menschlichen Ego sprechen – die Unterscheidung in Patriarchat und Matriarchat.

Eine Klassifizierung, die bereits seit mehr als zweitausend Jahren Bestand hat, obwohl sie von Gott so, wie der Mensch sie immer mehr spezifiziert hat, niemals gedacht war. Für Gott gehören das weibliche und das männliche Prinzip von Anfang an zusammen, nur hat sich der Mann im Laufe der Geschichte immer mehr erlaubt, sich über das Weibliche zu stellen. Hat über Jahrtausende hinweg die Frau mitunter sogar erniedrigt, obwohl es gerade die weiblichen Qualitäten sind, denen eine ganz besondere Rolle zukommt, wenn es um eine wirklich gute Beziehung zwischen Mutter und Kind geht, da auf dieser Basis letztlich auch die Beziehungsfähigkeit zwischen Mann und Frau begründet liegt. Wie wichtig diese Qualitäten des Mütterlichen/des Weiblichen sind, damit wir uns im Leben wirklich angekommen, geborgen und glücklich fühlen, das beschrieb Jean Liedloff, eine amerikanische Autorin, in ihrem Buch *Auf der Suche nach dem verlorenen Glück: gegen die Zerstörung unserer Glücksfähigkeit in der frühen Kindheit* (Originaltitel: The Continuum Concept) auf eine sehr ansprechende und anschauliche Art und Weise (siehe Literaturverzeichnis). Fasziniert von dem offenkundigen Glück des indigenen Volkes der Yequana in Venezuela lebte sie zweieinhalb Jahre unter ihnen, um die Ursachen dieses glücklichen und harmonischen Miteinanders von Männern, Frauen und Kindern zu studieren, die gleichberechtigt nebeneinander leben. Dabei erkannte sie, dass die Wurzeln für dieses anhaltende Glück ihren Ursprung im Umgang dieser Menschen mit ihren Kindern haben, denn bereits in dem Glück der Kinder wurzelt alles weitere Glück. In diesem Buch teilt Frau Liedloff ihr Wissen um die ursprüngliche Wesensart und die Bedürfnisse von Kleinkindern mit und begründet, welche tragende Rolle der Mutter innerhalb der ersten Jahre der Erziehung der Kinder zukommt. Dabei erzählt sie sehr anschaulich, was das tragende Fundament dieses glücklichen Miteinanders von Mann, Frau und Kindern ist. Die Autorin hebt mit ihren Ausführungen immer wieder hervor, mit wie viel Zuwendung und Liebe die Kinder dort vor allem im ersten Lebensjahr aufwachsen, sodass sie es später vermögen, nach und nach zu ungewöhnlich friedlichen, selbstbewussten und freundlichen Menschen heranzuwachsen. Ermahnungen oder Tadel, wie sie Bestandteil unserer westlichen Erziehung sind, konnte Frau Liedloff während der Zeit ihres Aufenthalts nicht beobachten.

Auf der Basis ihrer ethnologischen Beobachtungen bei den Yequanas in Venezuela und auf Bali, wo sie im Miteinander von Mutter und Kind ganz ähnliche Erfahrungen sammeln konnte, entwickelte Frau Liedloff ihr „Continuum Concept", das beschreibt, was alle Neugeborenen bis zum Kleinkindalter brauchen, um sich emotional, physisch und mental gesund zu entwickeln.

Zu den Anforderungen des Konzepts für die frühkindliche Betreuung zählt außerdem, dass die Betreuer mit dem Kind so entspannt und wertschätzend umgehen, dass sich diese jederzeit willkommen und wertvoll fühlen. Gleichzeitig wird aber auch darauf geachtet, dass sich die Kinder innerhalb der Gemeinschaft sozial und kooperativ zeigen und von ihren Bezugspersonen so viel an klarer Führung erhalten, dass sie an deren Beispiel lernend selbst ein gutes Mitglied der Gruppe werden können. Hierfür stehen den Kindern alle Mitglieder jeden Alters und jeden Geschlechts als Vorbilder jederzeit zur Verfügung.

Was dieses Buch für mich so wertvoll macht, ist, dass es mir half, mit einem anderen Blick auf meine frühkindliche Situation als das hilflose Baby zu schauen, um besser zu verstehen, warum ich meiner Mutter gegenüber immer wieder das Gefühl des Verlassenwordenseins hatte. Ganz anders als mein Bruder, der ab Geburt bei meiner Mutter blieb und von daher den klassischen Weg frühkindlicher Entwicklung nahm.

Mit den Ausführungen von Frau Liedloff bekam ich endlich Erklärungen dafür, warum meine Gefühle so anders waren, denn die Wochen nach der Geburt gelten als eine äußerst sensible Phase im Leben eines Kindes. Als Baby kommen wir mit einer bestimmten Erwartungshaltung an unsere Mutter zur Welt. Wir hoffen, dass die Verbindung zu ihr wieder so positiv und untrüglich werden kann, wie sie während der neun Monate der Schwangerschaft war. Doch die Realität ist eine andere. Werden wir in dieser nachgeburtlichen Zeit von unserer Mutter nicht genauso geherzt, gehegt und gepflegt, wie wir dies gewohnt waren, oder weil die Umstände gar zu einer Trennung führten, dann hinterlassen diese Eindrücke eine nachhaltige Wirkung sowohl auf die Mutter als auch auf das Kind.

Für das Kind ist eine solche Trennungserfahrung wie ein Sprung ins Nichts, wenn es nicht auch außerhalb des Mutterleibes weiterhin durch die Fürsorge der Mutter aufgefangen wird. Es muss die Mutter fühlen, riechen und schmecken können. Es will diese vertraute Stimme hören, um zu wissen, dass es auch weiterhin dieser Person vertrauen kann, von der seine weitere gesunde Entwicklung abhängig ist. Es braucht und sucht unmittelbaren Körperkontakt, um sich in der Nähe der Mutter angenommen, sicher und geborgen zu fühlen …

Wird dies alles durch das Auseinanderreißen dieser symbiotischen Mutter-Kind-Beziehung, die sich während der Schwangerschaft so stark ausgebildet hatte, jäh unterbrochen, löst dies nicht nur bei der Mutter eine Depression aus, sondern auch Todesangst beim Kind.

Der Säugling fiebert mit jeder Faser seines Seins der erwarteten Umarmung entgegen. Muss und will von der Mutter immer wieder gehalten werden. Braucht diese Sicherheit. Ist das über einen längeren Zeitraum hinweg nicht der Fall, wirkt sich dies nachteilig auf die Mutter-Kind-Bindung aus. Der Körperkontakt sowie das regelmäßige Getragenwerden ist jedoch nicht nur für eine gesunde Beziehung zwischen Mutter und Kind relevant, sondern beeinflusst auch die Entwicklung des Zentralen Nervensystems des Säuglings. Die Art und Weise, wie das Kind während dieser sensiblen Zeit die kleine Welt um sich her wahrnimmt und vor allem erfühlt, prägt nachhaltig sein Denken sowie seine ganze psychobiologische Entwicklung.

Fühlt es sich angenommen, wertgeschätzt, geliebt, sicher und erwünscht, so wird sich seine Sichtweise im Hinblick auf seine späteren Erfahrungen qualitativ von denen unterscheiden, die ein Kind erlebt, das sich aufgrund dieser fehlenden Erfahrungen nicht bzw. weniger willkommen, angenommen, wertgeschätzt und geliebt fühlt, obwohl die Erfahrungen, die beide Kinder im späteren Leben machen, identisch sind.

Ein solches Kind wird auch in einer ganz anderen Beziehung zu sich selbst stehen, weil ihm nicht nur die Gefühle von Sicherheit, Geborgenheit etc. fehlen, sondern sich dieses Fehlen auch ungünstig auf die Entwicklung seiner Selbstannahme, seines Selbstwertgefühls, seines Selbstbewusstseins sowie seiner Liebe zu sich selbst zeigen wird.

Dabei ist es so wichtig, in einer guten Beziehung mit sich selbst zu sein, sich an sich selbst zu erfreuen und sich ganz als die Person annehmen und lieben zu können, die wir sind. Und dies sowohl mit unseren lichtvollen Seiten als auch mit unseren Schattenseiten.

Erst wenn wir dies vermögen, können wir auch anderen Menschen Liebe geben. Wo keine Liebe oder diese zu wenig ist, kann keine Liebe fließen. Dann kommt für diese Menschen aber auch keine Liebe zurück. Zumindest nicht so, wie sie dies erwartet hätten. Dann bleibt ihr Leben im Hinblick auf die Liebe unerfüllt und leer, was sich ihnen auch in allen Bereichen ihres Lebens zeigen wird. Egal, ob uns dies bewusst ist oder nicht.

Die Liebe ist in unserem Leben die alles entscheidende Kraft, die alles beseelt und bedingt. Freude, Glück, Leichtigkeit, ein frohes Herz, Verliebtsein in sich selbst und in das Leben.– Zeit, dass sich der Mensch wieder mehr der wahren Liebe und der Kraft, die ihr innewohnt, erinnert, weil es sein ganzes Leben erfüllt und dieses zum Schönsten werden lässt, was er sich für sich selbst nur zu erträumen vermag. Was wäre das Leben ohne die Liebe? Und von wem lernt das Kind in erster Linie die Liebe? Wer gibt ihm Beispiel im Hinblick auf ein Leben in Liebe? Ganz egal, ob dies die körperliche oder die ideelle Liebe ist. Für all diese Qualitäten und noch so viel mehr steht in unser aller Leben an erster Stelle stets die Mutter.

So gesehen ist Muttersein ein echter „Fulltime-Job", den wir im Laufe der Zeit in unserer sehr männlich geprägten Leistungsgesellschaft immer mehr abgewertet haben. Zudem hatten die letzten vierhundert Jahre einen gravierenden Bewusstseinswandel auch dadurch herbeigeführt, dass spätestens ab der Zeit der Aufklärung sich unser Denken immer mehr in den Dienst des Menschen stellte. So aber auch die Qualitäten des Herzens als unserem Fühlorgan immer mehr ins Abseits drängten, weil fortan die „Ratio" als bedeutend wichtiger galt als ein Leben aus der Verbindung mit Mutter Natur und der Intuition heraus. Doch diese Veränderung geht nicht nur zulasten der Aufklärung. Lassen Sie mich von daher einen kleinen Ausflug in die Geschichte machen:

Kaum hatte sich Europa ein Jahrhundert nach dem Dreißigjährigen Krieg (1618–1648) wirtschaftlich und sozial auch nur annähernd erholt, gingen das 18. wie auch das 19. Jahrhundert als das Zeitalter der Revolutionen in die Geschichte ein.

Überall lehnten sich die Menschen gegen ihre Herrscher auf. Während es nach beschwerlichen Jahren in Amerika zur Unterzeichnung der amerikanischen Unabhängigkeitserklärung (4. Juli 1776) kam, in der festgeschrieben wurde, dass jedem Menschen die gleichen Rechte zugestanden werden sollten, antwortete das unterdrückte und notleidende Volk in Europa auf die bestehenden Missstände mit der Französischen Revolution (1789), die sich zunächst zwar auf Frankreich konzentrierte, doch mit ihren Forderungen und Auswirkungen auch in ganz Europa spürbar war.

Bis die Französische Revolution im Jahr 1799 jedoch ihr Ende fand, war noch ein langer und harter Weg zu verzeichnen. Bis dahin hielten die Konflikte zwischen Adel und Restaurationsbewegung sowie Bürgertum und Arbeitern an. Letztlich führte die Revolution aber nicht nur in politischer und sozialer Hinsicht gravierende Umwälzungen herbei. Mit ihr veränderten sich auch das Alltagsleben und die Kultur, sodass davon gesprochen werden kann, dass mit ihr die sogenannte *Neuzeit* beginnt.

Zwar war der Friede europaweit noch lange nicht gesichert, denn General Napoleon Bonaparte eroberte mit der französischen Armee große Territorien Europas und verbreitete so die Ideale der Französischen Revolution, doch allgemein hatten sich die Lebensbedingungen im Sinne eines Gemeinwohls grundlegend verbessert.

Erst, nachdem 1812 *Napoleons Russlandfeldzug* scheiterte, schlossen Russland, Preußen und Österreich eine neue Koalition gegen Frankreich, sodass mit der Völkerschlacht bei Leipzig (1813) die Napoleonische Zeit in Europa zu Ende ging. 1814 kam es zum Friedensschluss der Siegermächte mit Frankreich, dessen Grenzen jedoch wieder auf den Stand von 1792 zurückgesetzt wurden. Mit dem *Wiener Kongress* 1814/1815 setzte fürs Erste eine *neue Epoche des Friedens* ein. Unter der Federführung des österreichischen Außenministers *Fürst von Metternich* trafen sich die führenden europäischen Staatsmänner, um eine friedliche Neuordnung Europas zu gestalten. 1815 wurde der Rheinbund aufgelöst und die Gründung des Deutschen Bundes (ein lockerer Staatenbund aus souveränen Einzelstaaten) beschlossen. Fürst von Metternichs Ansinnen war es, ohne Zentralregierung und ohne eine allgemein gültige Verfassung ein ausgeglichenes Friedenssystem zu installieren.

Zielte der Wiener Kongress auf ein Gleichgewicht der Großmächte, so einigten sich die Monarchen Preußens, Österreichs und Russlands in der *Heiligen Allianz* (1815) auf eine gemeinsame Vorgehensweise gegen nationale und liberale Bewegungen. Ziel für diesen *neuen* Staatenbund war die Sicherung des Friedens mit den Prioritäten Solidarität, Legitimation und Restauration. Frankreich trat 1818 dieser Allianz bei, die in Europa für eine längere Friedensepoche sorgte, die erst mit der *Revolution von 1848/49* beendet wurde.

Insgesamt gesehen war es eine Zeit großer Herausforderungen, Umwälzungen und Umbrüche. Europa wurde immer wieder von etlichen Krisen heimgesucht. Dennoch erlebte die Welt selbst zu dieser Zeit einen großen wirtschaftlichen, technischen und wissenschaftlichen Aufschwung, der andererseits jedoch auch wieder andere Themen und Herausforderungen mit sich brachte.

So findet zum Beispiel zeitgleich mit den politischen Veränderungen in Europa die *Industrielle Revolution* (zweite Hälfte des 18.

Jahrhunderts und 19. Jahrhundert) statt. Sie bezeichnet die tiefgreifende Umgestaltung der wirtschaftlichen und sozialen Verhältnisse der Arbeitsbedingungen und Lebensumstände, die mit dem 19. Jahrhundert letztlich den dauerhaften Wandel von der Agrar- zur Industriegesellschaft herbeiführte. Diesem Wandel wurde der Name Industrielle Revolution gegeben, da die Veränderungen der gewerblichen Produktionsformen ähnlich bedeutsam erschienen wie der politische Umbruch in Frankreich durch die Französische Revolution.

Bedingt durch den technischen Fortschritt war die Industrielle Revolution mit grundlegenden Veränderungen im wirtschaftlichen Bereich verbunden, die sich mit dem Begriff des *Kapitalismus* zusammenfassen lassen. Und im Zuge der weiteren rasanten Entwicklung wurden immer mehr Kapitalgesellschaften gegründet, die gemeinsame wirtschaftliche Interessen verfolgten.

Dem schnellen wirtschaftlichen Wandel folgte ein sozialer mit neuen politischen Folgen, denn für alle Beteiligten veränderten sich die Lebensbedingungen. Und da, wo sich die Unternehmer schon bald in der Konkurrenz mit anderen behaupten mussten, sodass sie sich immer mehr für den Ausbau bzw. den Fortbestand ihrer Unternehmen interessierten, wurde das Elend der mittellosen Proletarier, die zu Hungerlöhnen in den Fabriken arbeiten mussten, immer größer.

Viele Bauern stiegen aus ihren Pachtverträgen aus oder verkauften ihr unrentabel gewordenes Stück Land, das sich nicht mehr länger profitabel bewirtschaften ließ, da ihre Waren mit der billigen Konkurrenz der Fabrikerzeugnisse nicht mehr mithalten konnten. Auf der Suche nach Arbeit, die ihre Existenz und die ihrer Familien sichern sollte, wanderten sie und andere Landlose immer mehr in die Städte ab (Urbanisierung). So kam es immer mehr zur Landflucht und infolge zu einer starken Zuwanderung in den Städten. Manche Städte wuchsen dabei sehr schnell. Waren aber, was die Bereitstellung des Wohnraums anging, darauf gar nicht vorbereitet, sodass viele Menschen in den einfachsten Notunterkünften leben mussten. Die arbeitende Bevölkerung hoffte, für guten Lohn Arbeit in den Fabriken zu finden, doch die Realität sah mitunter anders aus. In den meisten Fällen mussten Frauen und Kinder mitarbeiten, um das Überleben der Familie zu sichern. Außerdem mussten sie ihre bisherigen Lebens- und Arbeitsgewohnheiten aufgeben, denn der neue Arbeitsrhythmus sowie die Arbeitsintensität und Pausen waren nun durch den Arbeitstakt von Maschinen vorgegeben. Die Arbeitsbedingungen waren zudem extrem hart. Kamen die Arbeiter den Forderungen am Arbeitsplatz zu wenig nach, setzte man als Druckmittel Lohnabzüge entsprechend dem Bußgeldkatalog der Fabrikordnung und andere Strafen wie z. B. die körperliche Züchtigung bei Kindern ein. Und das von den Fabrikherren eingestellte Aufsichtspersonal sorgte seinerseits bei den Lohnarbeitern für Anpassung und Unterordnung unter das Ziel der maximalen Ausnutzung der Produktionskapazität, die die jeweiligen Maschinen hergaben. Die Ware, das Produkt, das hergestellt wurde, war wichtiger geworden als der Mensch, der hinter dem Fertigungsprozess stand.

In England zeigten sich die negativen Auswirkungen der Industriellen Revolution am stärksten. Und so kritisch, wie die Situation für das einfache Volk war, ist es nur verständlich, dass es durch die soziale Ungerechtigkeit und die Not des Lohnarbeiterproletariats immer mehr zu Arbeiterunruhen kam, die weitreichende soziale Reformen erforderlich machten und letztlich in der *sozialen Revolution von 1848* gipfelten.

So kämpfte Europa erneut für die Freiheit des Einzelnen wie auch der des Volkes, wobei die Unruhen und Kämpfe dabei nicht nur die politische und gesellschaftliche Ordnung in den deutschen und italienischen Staaten, der Habsburgermonarchie und Frankreich erschütterten. Auch in der Schweiz, in Belgien, den Niederlanden und in Skandinavien sowie in den Grenzzonen des Osmanischen Reiches auf dem Balkan verstärkten sich die Reformbewegungen mit dem Ziel der Schaffung von Nationalstaaten, der Demokratisierung der politischen Herrschaftssysteme und Neuordnung der Sozialverfassungen. War die Revolution andernorts erfolgreich, so scheiterte sie innerhalb des

Deutschen Staatenbundes mit der gewaltsamen Niederschlagung der Revolution von 1849.

Doch allen *drei Revolutionsbewegungen* gemeinsam war, dass sie sehr stark von den *Ideen der Aufklärung* (1720–1800) beeinflusst waren. Diese gilt als Beginn der modernen Zeit und wird definiert als eine Epoche der Vernunft. Im Vergleich zum Barock wollte der Mensch nicht länger fremdbestimmt sein, sondern durch den Gebrauch seines Verstandes als ein autonomes, eigenständiges, unabhängiges Individuum gelten.

Typisch für diese Epoche sind das Streben nach *Freiheit* und *Vernunft* sowie das Entstehen eines neuen bürgerlichen Bewusstseins, das ganz Europa erfassen sollte, und mit dem nach und nach die dringend erforderlichen politischen, gesellschaftlichen und sozialen Veränderungen herbeigeführt werden konnten.

Hinter den Forderungen der Aufklärer steckte vor allem der Gedanke, dass der Mensch seinen Verstand gebrauchen und sich so zu einer *mündigen* (heute würden wir sagen: *bewussten*) Persönlichkeit entwickeln soll. Eine Forderung, wie sie bis heute am besten mit dem Zitat des Philosophen Immanuel Kant wiederzugeben ist, das zum Leitmotiv des 18. Jahrhunderts wurde: „Aufklärung ist der Ausgang des Menschen aus seiner selbstverschuldeten Unmündigkeit."

Mit der Zeit veränderte sich das bestehende Weltbild und das Bürgertum forderte vermehrt das Recht auf Selbstbestimmung (Autonomie), Emanzipation, Bürgerrechte und Bildung ein, kämpfte gegen Vorurteile und setzte sich allgemein vermehrt für Menschenrechte ein.

Auch die Literatur der Aufklärung stand ganz im Zeichen von *Vernunft und Humanität* und wurde so zu einem wichtigen Bindeglied zwischen der Philosophie und einem Bürgertum, das immer mehr nach *Emanzipation* strebte.

Da in den Augen der Aufklärer allein der Verstand in der Lage war, die Wahrheit ans Licht zu bringen und Vernunft das richtige Mittel, um die Menschen von Unterdrückung und Armut zu erlösen, griffen die Schriftsteller die philosophischen und moralischen Ansichten der Zeit auf und brachten diese mit ihren Werken in die Öffentlichkeit. Hinterfragten dabei Kirche und Religion ebenso wie das gesellschaftliche und staatliche System, forderten *Toleranz und Gleichheit* in Politik, Gesellschaft und Religion und traten für eine *Emanzipation des Geistes* ein. Als wichtige Vertreter dieser Zeit gelten u. a. Gotthold Ephraim Lessing, Christoph Martin Wieland, Voltaire, Jean-Jacques Rousseau, John Locke, Immanuel Kant, Montesquieu.

In Deutschland steht der Name Immanuel Kant[22] (1724–1804) für die Aufklärung. Generationen von Schülern dürften den Aufsatz *Was ist Aufklärung?* (1784) des Königsberger Philosophen gelesen haben oder mussten den Satz „Aufklärung ist der Ausgang des Menschen aus seiner selbstverschuldeten Unmündigkeit" lernen. Doch Kant ist in seiner Rolle als Aufklärer nicht unumstritten, denn sein kritisches Hinterfragen des Prinzips der Vernunft weist bereits wieder über die Aufklärung hinaus, geht er doch mit seinem Denken seinen ganz eigenen Weg und war im Vergleich zu den französischen Aufklärern Rousseau, Montesquieu, Descartes, Voltaire und Diderot mit seinen Aussagen insgesamt gemäßigter.

Im Vergleich mit den englischen und französischen Philosophen war Kant ein staatstreuer Beamter, der Staat und Kirche bestenfalls kritisierte, aber nie Widerstand leistete. In seiner Schrift *Was ist Aufklärung?* ist nachzulesen, dass er den Kritiker allein im publizierenden Gelehrten und die Öffentlichkeit in dessen Leserschaft sieht. Der Bürger dürfe sich zwar beschweren, er habe aber kein Recht, den Aufstand oder gar den Aufruhr zu proben.

---

22 Immanuel Kant: Was ist Aufklärung? Abrufdatum 06.01.2021, von
https://www.uni-muenster.de/FNZ-Online/wissen/aufklaerung/
quellen/kant.htm
https://www.projekt-gutenberg.org/kant/aufklae/aufkl001.html

Aus den Ideen der Aufklärung heraus entwickelte Kant seine Pflicht zu einer Ethik, die im kategorischen Imperativ zusammengefasst ist: „Handle nur nach derjenigen Maxime, durch die du zugleich wollen kannst, dass sie ein allgemeines Gesetz werde." – In den heutigen Sprachgebrauch übersetzt: „Handle so, dass die Maxime deines Wollens als allgemeines Gesetz dienen kann." Aufklärung im Sinne Kants meint damit ein kritisches Denken mit dem Ziel, das Zusammenleben der Menschen innerhalb einer Gemeinschaft zu verbessern.

So wie der Mensch seine Unmündigkeit selbst verschuldet, da sie auf die Trägheit des Ichs zurückzuführen ist, reduziert Kant alles Übel auf den schwachen Menschen. Für Kant war der Mensch schlecht im Sinne von *unmoralisch und egoistisch*. Sein kategorischer Imperativ kann als Appell an den Menschen verstanden werden, seiner eigenen Triebhaftigkeit (seinem Ego) auf der Grundlage eines moralischen Bewusstseins Einhalt zu gebieten. Vermag er dies, kann er ein *gutes* Leben führen.

Um jedoch wieder zu meinem eigentlichen Thema der Ursachen für den Verlust einer guten Mutter-Kind-Beziehung zurückzukommen, lässt sich aus diesem gesamten geschichtlichen Abriss heraus zusammenfassend sagen, dass vor allem die Zeit der zunehmenden Industrialisierung zu einer immer größeren Trennung von Mutter und Kind führte, denn beide wurden vermehrt als billige Arbeitskräfte ausgebeutet, mitunter sogar mit extremer Beschneidung ihrer Rechte als Frau und Kind.

Nicht umsonst war am Ende dieser ganzen negativen Entwicklung eine *soziale Revolution* dringend angesagt, zumal es sich die Männer, die in dieser patriarchalischen Gesellschaftsordnung das Sagen hatten, erlaubten, sich die Frauen nach wie vor gefügig zu machen und ganz in ihrem Sinne über das Wohlergehen ihrer Frauen und Familie zu bestimmen, je nachdem, wie es diesen möglich war, die Wünsche und Bedürfnisse des Mannes bzw. des Vaters zu erfüllen.

Schließlich hatten die Kinder bis ins 19. Jahrhundert hinein nichts zu sagen. Ihr Stellenwert innerhalb der Position der Familie änderte sich erst mit der Zeit des Biedermeier (1815–1848), in der aufgrund der ganzen erschwerten politischen und gesellschaftlichen Situation die Familie wieder mehr an Bedeutung erfuhr. Das Biedermeier gilt als eine Epoche der deutschen Kulturgeschichte, die mit zahlreichen Werken der Literatur, Musik, Bildenden Kunst einem sehr *konservativen Lebensgefühl* Ausdruck gab. Ihr Pendant war der *Vormärz*, der nach wie vor nach revolutionärer Veränderung suchte.

Doch in der Hoffnung auf möglichst stabile Lebensumstände und sichere wirtschaftliche wie politische Verhältnisse war ein Großteil der Bevölkerung bereit, auf gewisse Freiheiten zu verzichten und beantwortete dies mit einem Rückzug ins Privat- und Familienleben. Als Ideale eines guten Lebens galten fortan das häusliche Glück sowie Tugenden wie Fleiß, Treue, Ehrlichkeit, Bescheidenheit, Pflichtgefühl, Bändigung der Leidenschaften sowie die Annahme des Schicksals, Unterordnung und Akzeptanz der politischen und gesellschaftlichen Gegebenheiten und tiefe Religiosität (Pietismus).

Wie wirkt sich dies alles auf den Einzelnen und die Familien aus?

Wie Wirtschaft, Gesellschaft und Kultur unterliegen auch Familien einem steten Wandel. In unserem Leben bleibt nichts, wie es ursprünglich einmal war. Das Einzige, was eine Konstante in sich trägt, ist der ewig anhaltende Prozess der Veränderung. Eines steten „Stirb und Werde". Und so, wie sich uns im Laufe der Zeit die Regelmäßigkeit einer Veränderung immer wieder einmal zeigt, so unterliegt auch die Familie einem kontinuierlichen Wandel. So stelle ich bei dem Versuch „Familie" zu definieren, fest, dass dies gar nicht so einfach ist, weil es heute bereits so viele verschiedene Formen von Familie gibt. Dabei ist jede genauso einzigartig wie die Menschen, die innerhalb dieses sozialen Gefüges leben und im Hinblick auf ihre Beziehung, ihre Regeln und Strukturen etc. ganz individuell und einzigartig sind.

Im Kern lässt sich Familie wohl am ehesten definieren als eine Lebensgemeinschaft, in der zwei Generationen zusammenkommen, also Vater, Mutter und Kind(er). Doch das war nicht immer so. In früheren Zeiten zählten auch die Großeltern, ja sogar Tanten und Onkel zur Kernfamilie dazu.

Neben der Familie, die somit auf der Zusammenkunft mehrerer Personen unterschiedlichen Verwandtschaftsgrades mütterlicher- und väterlicherseits beruhte, wurde oft auch eine Wirtschaftseinheit wie zum Beispiel ein Bauernhof als Familie bezeichnet und umfasste die Gemeinschaft aller, die auf dem Hofe zusammenlebten und arbeiteten.

In der römischen Antike bezeichnete man mit dem Begriff „familia" eine soziale Einheit, die sich um ein Familienoberhaupt (den Vater) versammelte. Sprechen wir heute von Familie, dann denken wir wohl meist an das klassische Familienbild von Vater, Mutter und Kind, das einer langen Tradition entspricht.

Unter dem Begriff „Familie" verstehen wir heute jedoch auch Familien mit adoptierten sowie mit angeheirateten Kindern. Oder Kinder, die mit nur einem Elternteil oder mit zwei gleichgeschlechtlichen Lebenspartnern aufwachsen. Im weitesten Sinne lassen sich auch Wohngemeinschaften als Familie bezeichnen, sodass man ganz allgemein gesehen Familie zunächst einfach nur als eine Gruppe von Menschen bezeichnen könnte, die entweder freiwillig durch Heirat sowie durch biologisch verwandtschaftliche Grade oder als Wohn- und Interessensgemeinschaft und damit auch als Wahlverwandtschaft zusammengehören.

So hat sich im Laufe der Geschichte nicht nur verändert, wer zur Familie gehört, sondern vor allem, welche Bedeutung ihr zukommt. War es früher oftmals nur die Zweck- und Schicksalsgemeinschaft, die allgemein das Überleben des Einzelnen sicherte, oder in den Adelsfamilien und Herrschaftshäusern die Macht der Familie („Muss-Ehe") festigen sollte, so kommt ihr heute besonders in Form der Kleinfamilie eine ganz andere Bedeutung zu.

In der Regel gilt die Familie als ein sicherer Ort, der im Vergleich mit anderen sozialen Gemeinschaften (Vereinen, Verbänden etc.) als ein Ort des Rückzugs und somit der Abgrenzung dient. Neben der Sicherheit gibt die Familie auch Geborgenheit. Ihre Mitglieder sind füreinander da. Zeigen sich füreinander verantwortlich. Sind sich wichtig und halten auch in schwierigen Zeiten zusammen. Für Kinder sind sie vor allem ein Ort, an dem sie sich selbst erfahren, kennenlernen und ausprobieren können. An dem sie neben dem Kindsein auch ein soziales Miteinander sowie ein wertschätzendes und respektvolles Verhalten lernen.

Zwar hat sich der Stellenwert der Familie im Laufe der letzten Jahrzehnte durch den Rückgang von Eheschließungen, durch die zunehmende Erwerbstätigkeit der Frau, durch Geburtenrückgang und durch eine stark angestiegene Scheidungsrate verändert, doch behauptet sich nach wie vor noch das klassische Modell der Familie, auch wenn es inzwischen immer mehr Familien mit nur einem Elternteil sowie nicht ehelichen Lebensgemeinschaften, Wohngemeinschaften und Single-Haushalte gibt.

So wie sich in der Neuzeit die Vorstellungen über Ehe, Partnerschaft und Lebensgemeinschaft und die Beziehung der Geschlechter untereinander geändert hat, so erlebt die Familie immer mehr eine Neuausrichtung, die dem Zeitgeist unterliegt und sich ihrerseits wieder auf die weitere soziale und gesellschaftliche Entwicklung auswirken wird.

Die Familie verändert dabei nicht nur ihre inneren Strukturen. Ihr Strukturwandel wirkt sich auch auf die anderen Bereiche des Lebens aus und zeigt sich uns vor allem darin, dass den neuen Bedürfnissen der Familie mit entsprechenden Reformen im Bereich von Bildung und Beruf mehr Rechnung getragen werden sollte.

Damit die Vereinbarkeit von Familie und Beruf nach wie vor gewährleistet ist, braucht die Familie heutzutage mehr denn je eine deutlich bessere Anpassung der Gehälter an die Arbeitskraft der erwerbstätigen Bevölkerung im Hinblick auf die steigenden Mieten, Energie- und Lebenshaltungskosten sowie flexiblere Arbeitszeiten, mehr Homeoffice, betriebseigene Kinderbetreuung, mehr Gerechtigkeit bei der Entlohnung der Arbeit der Frauen, eine Aufwertung und bessere finanzielle Absicherung der Arbeitsleistung der Mütter etc.

Die Auswirkungen der Veränderungen innerhalb der Familie ziehen letztlich ihre Kreise bis in die Wirtschaft und in die Politik hinein. Von daher bedarf es hier dringend eines anderen Denkens, um sowohl den Bedürfnissen des Einzelnen besser entsprechen als auch tragfähige Lösungen für alle (Arbeitgeber und Arbeitnehmer) finden zu können. Das Interesse am Gemeinwohl sollte in jedem Falle bedeutend höher liegen als die Interessen einzelner.

Beginnend mit der zweiten Hälfte des 19. Jahrhunderts sowie vermehrt seit den 60er-Jahren des 20. Jahrhunderts rückt das Kind immer mehr in den Mittelpunkt der Familie. Sind doch die meisten Kinder heutzutage im Vergleich zu früher, wo es die entsprechenden Verhütungsmethoden noch nicht gab, echte Wunschkinder. Zudem werden viele Ehen erst dann geschlossen, wenn sich die Partner auch wirklich sicher sind, dass sie Kinder haben wollen, was sich zunehmend positiv auf die Atmosphäre innerhalb der Familie wie auch im Verhalten der Partner zueinander auswirkt.

Zudem lässt sich im Vergleich zu früheren Zeiten ein deutlicher Wandel dahingehend feststellen, dass die alten patriarchalen Familienstrukturen immer mehr am Aufbrechen sind. Nicht nur die jüngeren, sondern auch ältere Männer finden zunehmend Gefallen an einem vermehrt partnerschaftlichen Verhältnis zu Mutter und Kind und wollen sich mit geteilter Elternzeit und Übernahme von diversen erzieherischen Aufgaben selbst mehr um das Wohl der ganzen Familie kümmern. Eine Entwicklung, die sehr erfreulich ist, denn sie tut allen Beteiligten gut.

Die Kindererziehung ist zwar nicht immer leicht, vor allem für Eltern, die an sich selbst einen sehr hohen Anspruch im Hinblick auf ihr Leben und die Erziehung ihres Kindes haben. Viele geraten hier in die Perfektionismus Falle. Wollen im Vergleich zur Generation ihrer Eltern und Großeltern vieles besser machen. Versuchen, neue Wege zu gehen. Sind dabei dann aber oft orientierungslos und verunsichert, wenn sich Erziehungsmethoden widersprechen, die ihnen durch die diversen Erziehungsratgeber und Internetforen vorgegeben werden.

Geleitet von dem persönlichen Anspruch, dass es ihr Kind einmal besser haben soll als sie selbst, und dass ihr Kind die besten Entfaltungs- und Ausbildungsmöglichkeiten bekommen soll, setzen sie sich selbst unter Druck, anstatt auf ihren gesunden Menschenverstand zu vertrauen. Ihnen fehlt oft der Bezug zu ihrem eigenen ganz natürlichen instinkthaften Wissen, das in jedem von uns ist. Lieber folgen sie fremden Ratschlägen, als auf ihre eigene innere Stimme zu hören. Dabei wäre es so wichtig, sich mit seinem Kind von Herz zu Herz zu verbinden, um sich in seine Bedürfnisse einfühlen zu können, um so auf ganz natürliche Art und Weise in Erfahrung zu bringen, was sowohl das Kind als auch sie selbst als Eltern für den nächsten Schritt brauchen, um im Hinblick auf eine gesunde Entwicklung ihrer Beziehung einen gemeinsamen Weg zu gehen. Das funktioniert nicht nur mit einem bereits älteren Kind, mit dem ich sprechen kann. Wir vermögen es alle, uns bereits mit einem Säugling so zu verbinden, dass wir ihn mit seinen Bedürfnissen wahrnehmen, erfühlen und erspüren können. Tun wir dies, können wir auf das Kind ganz anders reagieren.

Oft ist es so, als müssten Väter und Mütter sowohl untereinander als auch mit anderen Eltern konkurrieren. Dabei setzen sie sich selbst unter einen so enormen Erfolgs- und Leistungsdruck, nur um irgendwelchen Erwartungen anderer zu entsprechen. Zudem wird es vor allem dann problematisch, wenn sich Vater und Mutter bzgl. der Regeln, nach denen erzogen werden soll, sowie im Hinblick auf die gemeinsamen Werte der Familie nicht einig sind.

Doch auch dies ist nur die eine Seite der Medaille. Als positiv ist in jedem Falle anzumerken, dass der Erziehungsstil der

Eltern immer partnerschaftlicher wird und sich die Eltern dabei auch zunehmend gesprächsbereiter und kommunikativer zeigen. Heutzutage herrscht in vielen Familien bereits ein viel wertschätzender und freundlicherer Umgangston. Zudem wird im Interesse einer guten Eltern-Kind-Beziehung dem Kind viel mehr Mitspracherecht bei der Ausgestaltung des Familienlebens sowie – je nach Alter – auch an persönlichen Freiheiten gegeben.

Was sich zudem verändert, ist, dass viele Eltern bereits sehr früh damit beginnen, ihren Kindern ihr erzieherisches Verhalten zu begründen, weil sie sich so mehr Einsicht in die Notwendigkeit der Einhaltung bestimmter Regeln erhoffen. Zudem wird vermehrt Erziehungszielen wie einem achtsamen, respektvollen, wertschätzenden und liebevollen Umgang mit anderen genauso Rechnung getragen wie einer Erziehung zu mehr Toleranz, sozialem Engagement, verstärktem Umweltbewusstsein, mehr Verantwortungsbewusstsein, mehr Selbstständigkeit etc.

Was ebenfalls sehr erfreulich ist, ist, dass sich immer mehr Eltern Gedanken machen, wie sie mit ihrer Erziehung der Einzigartigkeit und Individualität ihres Kindes besser entsprechen können. Dabei lernen sie auch, zwischen ihren Kindern zu differenzieren, um so jedem Einzelnen viel mehr gerecht werden zu können.

Insgesamt lässt sich also durchaus sagen, dass Eltern viel mehr Wert auf die Erziehung ihrer Kinder legen. Hier vor allem auf eine eher partnerschaftlich orientierte Beziehung. Kritisch wird es nur dann, wenn zwischen Eltern und Kind eine „goldene Mitte" dahingehend überschritten wird, dass die Kinder für ihre Eltern so wichtig werden, dass diese irgendwann ihre psychischen und emotionalen Bedürfnisse befriedigen sollen bzw. die Defizite, die sie als Kind verspürt haben, ausgleichen sollen.

Diese Gefahr ist relativ häufig dann gegeben, wenn zum Beispiel ein Elternteil verstorben ist oder die Ehe geschieden wird. Oft sucht dann das Elternteil, dem das Kind im Falle einer Scheidung zugesprochen wird, bei diesem dadurch Halt, dass nun das Kind zum Ersatzliebesobjekt oder zum intensiven Gesprächspartner wird. In diesen Fällen werden die Kinder, die wie die Eltern das Trauma einer Trennung selbst zu meistern haben, schnell überfordert und irgendwie auch ihrer Kindheit beraubt, weil nun sie gefordert sind, der Mutter oder dem Vater das an Aufmerksamkeit, Zuwendung und Liebe zu geben, was die Aufgabe eines Partners wäre. Kinder bedürfen ihrer Spielzeit und Kindheit genauso, wie Eltern für ihre Probleme einen anderen erwachsenen Gesprächspartner brauchen. Alles andere führt sonst früher oder später zulasten der persönlichen Entwicklung des Kindes und kann mit der Zeit unter Umständen sogar auch zu einem Verlust des einst so guten Eltern-Kind-Kontaktes führen.

Eltern dürfen bei aller Liebe zum Kind niemals vergessen, dass diese weder ein Spiel- oder Prestigeobjekt sind, noch dass es in der Verantwortung der Kinder liegt, wie glücklich die Eltern selbst sind. Kinder sind Kinder und sollen Kinder bleiben. Der Ernst des Lebens holt sie früh genug ein. Sie sind nicht die Tröster der Witwen oder Singles. Es kommt nicht gut, wenn die Eltern die Erfüllung und den Sinn ihres Lebens nur noch im Kind sehen. Das überfordert das Kind und zwingt ihm eine Verantwortung auf, die es beim besten Willen nicht tragen kann. Eltern haben sich im Hinblick auf ihre Probleme und Bedürfnisse gleichaltrige Ansprechpartner zu suchen, mit denen sie ihre private wie berufliche Situation auch wirklich ernsthaft diskutieren können.

Die Liebe zwischen Eltern und Kind muss frei von Ansprüchen jeglicher Art sein und ungehindert fließen können. Liebe kann und darf niemals an irgendwelche Erwartungen geknüpft sein. Hier müssen Eltern trotz ihrer persönlichen Situation lernen, wieder selbst „Schmid ihres Glückes" zu werden.

Liebe darf genauso wenig an Bedingungen geknüpft sein, wie es falsch wäre, Kinder mit Liebesentzug zu bestrafen, wenn diese den Vorgaben der Eltern zu wenig entsprechen. Das kommt nicht gut und mindert zudem extrem das Vertrauen des Kindes in das jeweilige Elternteil, das sich leider nicht anders zu helfen weiß, als zu solchen Verhaltensweisen zu greifen.

Ist der Erziehungsstil der Eltern zu inkonsequent, unter- und überfordern sie das Kind oder vernachlässigen sie es gar, reagieren

Kinder in aller Regel mit Verhaltensauffälligkeiten. Von daher ist es oft angebracht, bevor bei dem Kind ADHS oder Ähnliches diagnostiziert wird, oder es zu pubertieren beginnt, sich erst einmal Gedanken darüber zu machen, wie gesund der Erziehungsstil für die Beziehung Kind-Eltern ist. Unter Umständen kann hier durch einen Blick auf die eigene Erziehungsarbeit sowie auf die Überforderung und den Stress der Eltern bereits eine bessere Antwort gefunden werden als mit der Gabe bestimmter Medikamente, wie z. B. Ritalin, welches das scheinbar unangebrachte Verhalten des Kindes korrigieren soll.

Eine natürliche Offenheit, Kritikfähigkeit, Gesprächsbereitschaft sowie ausreichend Zeit für Gespräche von Herz zu Herz bringen für alle Beteiligten deutlich mehr, und das im Interesse aller. Zudem ist diese Zeit eine wirklich gut investierte Zeit zum Wohle aller, die zudem erfüllender sein kann als so manch anderes, womit wir unsere kostbare Lebenszeit vertun.

Die Liebe und Zuneigung eines Kindes dürfen sich weder erkauft noch auf andere Art und Weise erzwungen werden. Vielmehr sollte den Eltern stets bewusst sein: Jedes Kind liebt seine Eltern, und zwar bedingungslos! Jedes Kind möchte seine Eltern glücklich sehen!

Das macht für das Kind die eigene Entwicklung so schwer, denn es kann zu einer extremen Belastung in der Beziehung zu den Eltern kommen, wenn das Kind lieber den Bezug zu sich selbst verliert, als einem Elternteil zu schaden, indem es ihm Kontra gibt und durch sein Verhalten dem Erwachsenen etwas spiegelt, das sich dieser nicht anschauen will. In anderen Fällen kann diese Liebe des Kindes zu seinen Eltern im negativen Sinne auch zur Akzeptanz bestimmter Verhaltensweisen der Eltern führen, die für das Kind von extremem Nachteil sind (z. B. emotionaler und/oder körperlicher Missbrauch).

In Extremsituationen, wie den zuletzt genannten, kann sich die Liebe des Kindes zu seinen Eltern oder auch nur zu einem Elternteil ins Gegenteil verkehren. Ist dies der Fall, wird aus der Liebe, die sich aus welchen Gründen auch immer verraten und betrogen fühlt, leider ganz schnell auch mal Hass. Doch dies ist eine sehr traurige Geschichte, auf die ich hier nicht näher eingehen will. Die aber trotzdem erwähnt werden muss, weil auch dies der Bewusstmachung bedarf, zumal der Hass auf einen anderen oder auf sich selbst sowohl der Beziehung als auch der eigenen Gesundheit sehr schaden kann.

Die Familie als erster und entscheidender Lernort

Die Familie ist und bleibt der erste und wichtigste Lernort für Kinder jeden Alters. Bevor Dreijährige in den Kindergarten kommen, wurde ihr Verhalten wie auch ihre gesamte Entwicklung von ihren Eltern und Geschwistern bereits entscheidend geprägt. Sie bedürfen dabei besonders der Wertschätzung, der Aufmerksamkeit und ganz besonders der Liebe.

Ist dies nicht bzw. zu wenig der Fall, kann es unter Umständen zu Entwicklungsstörungen bis hin zu anderen Grunderkrankungen kommen, denn was Kindern sehr stark zu eigen ist, ist, dass sie sehr schnell somatisieren, also körperliche, psychische wie auch mentale Symptome zeigen, um auf diese Art und Weise darauf aufmerksam zu machen, dass etwas in der Beziehung zwischen ihnen und den Eltern nicht stimmt. Wir sollten von daher jede Art von Andersartigkeit, Verhaltensauffälligkeit und Krankheit nicht auf die leichte Schulter nehmen, sondern uns vielmehr im Interesse aller stets fragen: Was hat das Symptom „…" mit mir bzw. mit uns zu tun? Was soll uns dieses Verhalten bzw. diese Krankheit unseres Kindes sagen? Erinnern Sie sich: Nichts geschieht umsonst. Alles trägt einen tieferen Sinn in sich. Nichts ist bedeutungslos.

Ohne die entsprechende Fürsorge, Achtung vor der Würde des anderen und Liebe geht ein Kind wie ein Mauerblümchen ein, das niemals gegossen wird. Sich Kinder zu wünschen, heißt von daher auch, dass sich beide Eltern der Tatsache bewusst sind, dass sie für dieses Kind nicht nur Zeit und Geld aufzubringen haben, sondern dass das ganze Fundament stimmen muss, in das das Kind hineingeboren wird, weil sich erst die Summe von allem positiv auf den jungen Menschen auswirken kann.

Ein Kind ist kein Spielzeug, das man einfach beiseitelegt, wenn die nette Zeit des Baby- und Kleinkindalters vorüber ist. Es liegt vielmehr in der Verantwortung der Eltern, sich im Vorfeld des Kinderwunsches bereits darüber bewusst zu werden, wieviel Bereitschaft sie mitbringen wollen, um dem Erziehungsanspruch auch wirklich in allen Bereichen gerecht zu werden. Dass sie die Situation mit dem Kind nicht zusätzlich problematisieren, wenn Erziehung zeitintensiv, anstrengend und unangenehm wird, wie zum Beispiel in der Zeit der Pubertät, sondern gewillt sind, gemeinsam nach den besten Lösungen zu suchen. Erziehung erfordert stets ein lösungsorientiertes Denken und bedarf auch der Akzeptanz der eigenen Unzulänglichkeiten sowie vor allem auch einer Portion Humor.

Familie ist nicht nur da, um grundlegende Fertigkeiten, Sprache, soziale Kompetenzen und gesellschaftliche Regeln zu erlernen, Familie prägt sowohl im Guten als auch im weniger Guten unseren Charakter, unsere Persönlichkeit und beeinflusst ganz entscheidend, was wir einmal von uns selbst und von anderen erwarten. Sie beeinflusst somit gravierend unser Denken und unser ganzes Verhalten. Und bestimmt auch, ob wir unserem Leben gegenüber positiv und optimistisch eingestellt sind, oder ob wir hinter allem nur Angst, Sorge, Gefahr und Negativität sehen.

Worauf ich an dieser Stelle noch einmal hinweisen will, ist, dass bei mehreren Geschwistern dennoch jedes Kind sowohl das Verhalten der Eltern als auch das anderer Familienmitglieder auf seine ihm ganz eigene Art erleben wird. Somit gibt es nicht nur einen Blick auf die Familie als solches und auf die Erziehung durch die Eltern, da jedes Kind seine ihm eigene Erlebniswelt mit sich bringt.

So kann das, was für den einen gut ist, für den anderen gegebenenfalls negativ sein. Der eine ist im Hinblick auf seine Natur vielleicht robuster, das andere dafür umso sensibler. Wenn sie sich von drei oder fünf Kindern einer Familie die jeweils gleiche Situation erklären lassen, dann werden sie im Hinblick auf den Sachverhalt drei bzw. fünf ganz verschiedene Aussagen bekommen. Warum? Weil jedes Kind anders empfindet, anders hört, seine Aufmerksamkeit auf etwas für ihn Wichtiges lenkt. Selbst als Erwachsene tun wir das noch, wenn wir zum Beispiel ein Buch lesen oder uns einen Film anschauen. Sprechen Sie sich im Nachhinein mit dem anderen darüber ab, was für ihn bzw. sie von Interesse war, dann lernen Sie, den anderen mit seiner Art, die Welt wahrzunehmen, erst einmal so richtig kennen. Bestimmte äußere Fakten sind dabei vielleicht noch deckungsgleich, je nachdem, wie konzentriert wir dem Geschehen folgen, doch sobald es an die innere Wahrnehmung geht, tun sich mitunter ganz andere Welten auf, die für sich betrachtet das Zusammenleben mit den anderen erst so richtig interessant werden lassen, denn wir können stets so vieles vom anderen lernen. Unglaublich, aber wahr! Schließlich sind wir als Seele in diese Welt gekommen, um voneinander zu lernen, und das in jedem Alter. Ausnahmslos!

Jedes Kind wird also eine bestimmte Situation auf seine ihm eigene Art interpretieren und entsprechend darauf reagieren, weil es im Hinblick darauf entweder positive oder negative Erfahrungen aus früheren Zeiten mit sich bringt. Auch das bringt das natürliche Temperament sowie die Individualität eines jeden Kindes mit sich und sollte den verantwortungsvollen Eltern bewusst sein, denn diesem Wissen gilt es auch im erzieherischen Kontext Rechnung zu tragen. Was nichts anderes heißt, als dass eine Erziehungsmaßnahme, die bei der älteren Tochter noch gewirkt hat, nicht zwangsweise auch für die jüngere Tochter oder gar den Sohn von Vorteil sein muss. *Bewusste* Erziehung heißt demnach, je nach Kind bezüglich der Erziehungsmaßnahmen zu differenzieren, und diese so gut wie möglich der Wesensart des Kindes und damit auch seiner Psyche anzupassen.

Laut Angaben des Statistischen Bundesamtes in Wiesbaden wuchs 2015 jedes vierte Kind in Deutschland ohne Geschwister auf. Entnommen ist diese Zahl einem Bericht der Frankfurter Allgemeinen vom 18. 09. 2015 (siehe Fußnote[23]). In den Großstädten sind es 30 Prozent. Als einen wesentlichen Grund dafür wird von Harald Rost vom Staatsinstitut für Familienforschung der Uni Bamberg angeführt, dass die Entscheidung zur Familiengründung von den Paaren immer später getroffen wird, womit andererseits aber auch die Wahrscheinlichkeit für eine Schwangerschaft bei Frauen jenseits des 30. Lebensjahres bereits deutlich sinkt. Zudem entscheiden sich viele Stadtfamilien für nur ein Kind, weil der Wohnraum vor allem in den Großstädten knapp und teuer ist und es fraglich ist, ob mit einer größeren Familie die Berufstätigkeit der Mutter insgesamt noch gewährleistet ist.

Von Einzelkindern wird oft gesagt, dass sie sich zu sehr auf ihre Eltern fixieren, weil ihnen Geschwister als Gesprächspartner wie als Spielkamerad fehlen, und dass sie somit benachteiligt sind, wenn ihnen das Aufwachsen unter ihresgleichen fehlt. Inzwischen liegen jedoch Forschungsergebnisse vor, die bestätigen, dass dem keineswegs so ist. Ganz im Gegenteil. Einzelkinder gelten sogar als kommunikativer, als sozial kompetenter, weil sie schon früh lernen müssen, auf andere Menschen zuzugehen. Vor allem dann, wenn sie mit Gleichaltrigen spielen wollen. Es wird ihnen sogar nachgesagt, dass sie großzügiger sind, weil sie das Gefühl des zu kurz gekommenen Kindes nicht kennen, da ihre Eltern besser auf sie und ihre Bedürfnisse eingehen konnten, was ihnen auch im kognitiven Bereich häufig zugutekommt, da sie insgesamt mehr Förderung und Aufmerksamkeit von ihren Eltern und anderen Erwachsenen bekamen.

---

23 Frankfurter Allgemeine (vom 18. 09. 2015) Familie in Deutschland. Jedes vierte Kind wächst ohne Geschwister auf. Abrufdatum 19. 01. 2021, von https://www.faz.net/aktuell/gesellschaft/jedes-vierte-kind-in-deutschland-ist-ein-einzelkind-13810432.html

Wie uns die Beziehung zu unseren Geschwistern prägt

So wie wir mit unseren Eltern verbunden sind, verbindet uns auch mit unseren Geschwistern ein unsichtbares und unauflösbares Band. Haben wir uns mit unseren Eltern und anderen Menschen (Partner, Freunde, Kollegen ...) bestimmte Seelenaufgaben für dieses Leben erwählt, so lernen wir auch als Geschwister voneinander, denn auch innerhalb dieser Beziehung gilt es die eine oder andere Aufgabe gemeinsam oder allein zu lösen.

Selbst die Reihenfolge, mit der wir in dieses Leben starten, legen wir fest. Das erste Kind genießt dabei nicht nur die Vorzüge der ersten Geburt, die ihn – sofern er sich keine andere Lebensaufgabe vorgenommen hat – zumindest eine Zeitlang zum „Prinzen" oder zur „Prinzessin" macht. Bestimmte Herausforderungen des Erstgeborenen haben oft mit dem Vater zu tun. Das zweite Kind trägt indes sehr oft Mutter-Themen in sich, die im Verlaufe des Lebens angeschaut und erlöst werden wollen. Ab dem dritten Kind können es Themen mit beiden Eltern sein oder keine Themen mit ihnen, dafür aber umso mehr mit den Geschwistern. Dies kann bereits in jungen Jahren, aber auch erst in den späteren Jahren der Fall sein. Unser Unterbewusstsein weiß, wann die beste Zeit dafür ist, sich diese Herausforderungen im Detail anzuschauen, um alte Verhaltensweisen, Glaubenssätze, Gelübde, Schwüre, Versprechungen etc. aufzulösen und im Miteinander neue Wege zu gehen.

So gehört es von vornherein dazu, dass wir uns als Geschwister sowohl lieben als auch Unverständnis füreinander zeigen oder uns mitunter sogar auch manchmal hassen, je nachdem, welches Thema wir gerade aufeinander projizieren. Wir sind alle nicht als „Heilige" geboren. In jeder Beziehung, die wir mit anderen haben, können wir sowohl „Opfer" als auch „Täter" sein. Dessen sollten wir uns stets bewusst sein. Doch betrachten wir das Ganze aus unserer Seelenebene heraus, dann drücken wir einander nicht die Knöpfe, um uns zu schaden, sondern um uns gegenseitig aufzufordern, uns die entsprechende Situation genauer anzusehen, um die Botschaft, die darin verborgen liegt, zu verstehen. Schließlich wollen wir uns des Themas ja bewusstwerden, um es zu transformieren und zu heilen. Mein Gegenüber ist also in diesem „Täter-Opfer-Spiel" keineswegs mein Feind, sondern auf Seelenebene vielmehr mein Freund, der es nur gut mit mir meint, indem er mich mit einer bestimmten Sache konfrontiert, die es zu lösen gilt.

Interessant ist es auch, ob wir die Themen mehr mit dem Bruder, der Schwester oder beiden haben. Auch dies gibt uns Hinweise darauf, ob wir mit einem entsprechenden Sachverhalt mehr ein weibliches (anima) oder ein männliches Thema (animus) anzuschauen und zu heilen haben. Ob wir im Leben somit Verbündete oder Rivalen sind, kommt ganz darauf an, was wir uns auf Seelenebene vorgenommen haben. Haben wir kein spezielles Thema mit unseren Geschwistern, dann müssen wir auch keines heraufbeschwören, sondern stehen uns in diesem Falle mehr oder weniger als „Kraftspender" oder auch als „Ratgeber" zur Seite. Es kann aber auch sein, dass uns nicht wirklich etwas groß verbindet, und dass von daher jeder mehr seine eigenen Wege geht.

Was uns unsere Geschwister im Laufe der Zeit auf alle Fälle lehren, ist, dass wir durch sie auch in Kontakt mit der ganzen Skala unserer Emotionen kommen. Mal ist dabei das eine, mal das andere Gefühl stärker ausgeprägt. Wie sehr, das kommt in aller Regel auf unsere entsprechende Lebenssituation, unser Alter, unsere Wesensart und den Grad unserer Bewusstheit im Umgang miteinander und im Umgang mit Konflikten an. Aber zu lernen gibt es im Grunde genommen immer etwas, denn nichts ist umsonst.

So kann es zwischen den Geschwistern auch Absprachen dahingehend geben, dass das eine Kind sich mehr für die sozialen Belange im Familiensystem verantwortlich fühlt, während sich das andere scheinbar unbeschwerter und freier entfalten kann. Doch diese vermeintliche Freiheit des anderen ist nur bedingt so, denn auch er hat für die Seelengemeinschaft, in die er geboren ist, eine wichtige Aufgabe übernommen, um auf Themen der Familie aufmerksam zu machen, die der Heilung bedürfen.

Vielleicht zeigt er sich ja gerade von daher als Rebell oder Provokateur. Auch Geschwister, die von einer Krankheit gezeichnet sind (Blindheit, Taubheit, Down-Syndrom etc.), sind von der Seelenebene aus betrachtet „Lehrer" für das gesamte Familiensystem. Statt den anderen für seine Andersartigkeit abzulehnen oder zu tadeln, sollten wir uns stattdessen lieber fragen: Was ist für uns als Familie die Lernaufgabe, die dieses Kind übernommen hat? Was will uns seine Diagnose sagen? Was hat jeder Einzelne von uns im Umgang damit zu lernen?

Was ich damit verdeutlichen will, ist: Wir sollten jedem Familienmitglied gegenüber viel toleranter sein und jedes in seiner Art wertschätzen und respektieren, denn seine Aufgabe mag vielfältiger sein, als wir dies aus menschlicher Sicht beurteilen können. Wir finden als Familie nicht einfach nur so zusammen. Wir haben beschlossen, diese Schicksalsgemeinschaft zu sein, um auf verschiedenste Art und Weise immer und immer wieder voneinander zu lernen.

Geschwister lernen auch dahingehend voneinander, dass sie sich untereinander verlässlich zeigen, sich gegenseitig beibringen, was es heißt, bestimmte Dinge zu teilen, tolerant, mitfühlend und empathisch zu sein oder zu lernen, gemeinsam Konflikte zu lösen und aufeinander Rücksicht zu nehmen. Der eine kann dem anderen aber auch im Hinblick auf bestimmte Fertigkeiten und Verhaltensweisen ein Vorbild sein.

Kritisch wird die Geschwisterbeziehung, wenn die Kinder im Wettstreit um die Liebe der Eltern miteinander konkurrieren, oder wenn die Eltern den Fehler machen, dass sie sowohl das Verhalten als auch die Fähigkeiten des einen Kindes mit denen eines anderen stets vergleichen. Oft geschieht dies zwar unbewusst, weil sich die Eltern im positiven Sinne erhoffen, dass das eine Kind am positiven Beispiel des anderen lernt, doch geht die Seele des Kindes, das stets mit seinem Geschwister verglichen wird, in diesem Falle eigene Wege.

Es wird das betroffene Kind so lange mit weiteren Situationen konfrontieren, in denen es sich immer wieder im Vergleich mit anderen erlebt, bis es lernt, diesen negativen Kreislauf des sich ständig Vergleichenmüssens zu unterbrechen. Tut es dies nicht, wird sein Selbstbild so lange darunter leiden, bis es die Kraft findet, sich von diesem Muster zu befreien. Was es dabei lernen soll, ist, welchen Wert es sich selbst gibt aufgrund der Fähigkeiten und Talente, die ihm Gott für dieses Leben gegeben hat. Erst diese Erkenntnis lässt nach und nach die Wunden des Kindes heilen und hilft ihm, an seine eigenen Fähigkeiten und Potenziale zu glauben. Ist es erfolgreich durch diese Krise gegangen, ist es nicht mehr abhängig von dem Urteil und der Meinung der anderen. Stattdessen vermag es jetzt endlich seine eigene Kreativität und Schöpferkraft zur Entfaltung zu bringen, um seine eigene Göttlichkeit im wahren Lichte zu sehen.

Selbst hinter der „Entthronisierung" des Erstgeborenen durch ein nachgeborenes Geschwister verbirgt sich eine Hausaufgabe. Hat der Betreffende hier doch zu lernen, dass es im Leben niemals nur um ihn (bzw. sein Ego), sondern vielmehr um ein Miteinander geht, indem wir lernen uns gegenseitig zu achten und wertzuschätzen sowie Freude sowohl am anderen als auch an uns selbst zu haben. Auch das Lernthema der „stillen bzw. offen gelebten Aggression" gegenüber dem anderen kann hier ein Lernthema von großer Bedeutung sein.

Was Eltern nicht wissen, ist, dass sie das Verhältnis der Geschwister untereinander auch dadurch beeinflussen, dass sie mitunter *ihre* eigenen Erfahrungen und Themen mit *ihren* Geschwistern, die bisher nicht gelöst sind, eventuell auf die eigenen Kinder übertragen. In diesem Falle leben ihnen ihre eigenen Kinder unbewusst das Thema vor (Eifersucht, Neid, Hass, Konkurrenzdenken o. Ä.), welches sie unter Umständen noch mit ihrem eigenen Bruder oder der Schwester zu lösen haben. Kinder übernehmen sehr oft aus Liebe zu ihren Eltern ihre bislang noch ungelösten Schattenaspekte, um ihnen auf diesem Wege zu zeigen, was es in der eigenen Herkunftsfamilie noch zu heilen gibt.

So gesehen sind die Herausforderungen, vor die sich Eltern wie Kinder gestellt sehen, nicht nur ein direkter Hinweis

(Spiegel) auf das, was es untereinander zu lösen gilt, sondern manchmal werden die Kinder zu Stellvertretern dafür, was ihre Eltern noch mit den eigenen Geschwistern oder mit ihren eigenen Eltern zu klären haben.

Was es zu erkennen gilt, ist, dass sich unsere Beziehungen stets zwischen den Polen von Hass und Liebe sowie all den dazwischenliegenden Gefühlen bewegen. Was wir letztlich daraus machen, liegt in der Verantwortung eines jeden von uns. Wir können unsere Gefühle sowohl als Chance nutzen, um aus ihnen zu lernen oder auch, um ihr Gefangener zu sein. Wofür wir uns entscheiden, liegt bei uns und beeinflusst direkt unser Denken, Fühlen und Handeln.

Bewusste Elternschaft – glückliche Eltern, glückliches Kind?

Wie sich die Beziehung des Kindes zum Vater und zur Mutter entwickelt, steht nicht nur im wahrsten Sinne des Wortes in den Sternen (Astrologie) beschrieben und wird unbewusst von den Seelen-Hausaufgaben gelenkt. Im Alltag wird sie maßgeblich bestimmt von der Persönlichkeit, den Werten, den gemeinsamen Zielen und dem Erziehungsstil der Eltern sowie von der bestehenden Familienstruktur. Mit welcher Lebensform wächst das Kind auf? Handelt es sich dabei um eine Dreigenerationen-, Mehrkinder-, Einkind-, Teil-, Stief-, Adoptiv- oder Pflegefamilie? Um eine nicht eheliche Lebens- oder Wohngemeinschaft?

Diskutierte man vor ein paar Jahren noch, wie günstig sich wohl das Aufwachsen in einer Teil- bzw. Stieffamilie auf das Kind auswirken mag, so konnte man im Laufe der Zeit durchaus feststellen, dass im Grunde genommen jede Lebensgemeinschaft ihre ganz besonderen Vorzüge und Nachteile und somit auch ihre Stärken und Schwächen hat.

Wie positiv sich das Verhältnis zwischen Eltern und Kind letztlich entwickeln wird, ist vielmehr davon abhängig, wie verantwortungsvoll Eltern ihren Erziehungsauftrag wahrnehmen (bewusste Elternschaft), wie sicher, gefestigt und krisenerprobt sie selbst bereits im Leben stehen und wie positiv, aufgeschlossen und zugewandt sie ihrem Kind gegenüber sind (Wunschkind?). Wie optimistisch sie ihrer Aufgabe als Eltern entgegensehen. Zudem kommt es natürlich sehr stark auch darauf an, wie Eltern und Kind das Verhalten des anderen jeweils interpretieren und wie emotional sie aufeinander reagieren. Sind die Eltern selbst unter erschwerten Bedingungen aufgewachsen und tragen in sich noch Verletzungen, deren Wunden nicht geheilt sind, dann beeinflussen diese sehr stark die Beziehung zu ihrem eigenen Kind. Oft spielt auch die finanzielle Situation eine wesentliche Rolle, wie stabil oder instabil das Aufwachsen eines Kindes innerhalb der Gemeinschaft von Familie ist.

Erleben Kinder zudem im Vorfeld von Trennung und Scheidung die Unsicherheit, die Unruhe und die Konflikte ihrer Eltern hautnah mit, geht dies niemals spurlos an ihnen vorbei. Kinder beziehen sehr oft die Konflikte der Eltern auf sich. Sehen sich in der Schuld und glauben, dass sie aufgrund ihres Verhaltens für die Streitereien der Erwachsenen verantwortlich sind. Sie interpretieren die Auseinandersetzungen sehr oft als „Mama und Papa haben sich nicht mehr lieb. Sie haben ganz bestimmt auch mich nicht mehr lieb!" Der Verlust an Sicherheit sowie dem Gefühl von Geborgenheit geht einher mit einem Verlust an Vertrauen in die Eltern und der Angst um den Fortbestand der Familie und konfrontiert sie zusätzlich mit Gefühlen wie Schmerz, Trauer, Verzweiflung, Depression und Wut. Genau wie bei den Erwachsenen dauert es auch bei den Kindern oft mehrere Jahre, bis die Trennung der Eltern überwunden ist. Besteht gar kein Kontakt mehr zum nicht sorgeberechtigten Vater, so wirkt sich dies unter Umständen nachteilig auf die Kinder aus, da dem Jungen der Vater zur Findung seiner eigenen Geschlechterrolle als Mann fehlt. Für Mädchen kann der mangelnde Kontakt zum Vater zu

Schwierigkeiten im Umgang mit dem anderen Geschlecht führen, weil es kein positives Männerbild ausbilden kann.

Extrem sensibel reagieren Kinder darauf, wenn sie das Gefühl haben, bei den Eltern unerwünscht zu sein. Sie sind sich dessen nicht bewusst, dass sie vor allem als Kleinkind den Rhythmus des Tagesablaufs ihrer Eltern ganz wesentlich bestimmen. Was für sie eine Notwendigkeit ist, damit ihre Bedürfnisse wahrgenommen und erfüllt sind, bedeutet für die Eltern sehr oft eine Einbuße an freier Zeit, die ihnen bisher zur Erfüllung eigener Bedürfnisse und Wünsche zur Verfügung stand. Eltern und Kind müssen sich erst aneinander gewöhnen. Ihre Bedürfnisse müssen erst aufeinander abgestimmt werden. Dabei müssen je nach Alter des Kindes gemeinsame Kriterien aufgestellt werden, wie dieses Miteinander im Interesse aller am besten funktionieren kann.

Eine solche Umstellung bedarf seiner Zeit und muss vonseiten der Eltern mit sehr viel Geduld und Verständnis für die Situation des Kleinkindes, das von ihrer Liebe und Unterstützung noch am meisten abhängig ist, angegangen werden, ohne das Kind dafür verantwortlich zu machen, dass die persönliche Entwicklung und Selbstentfaltung von Vater oder Mutter sowie ihre Freizeitaktivitäten für unbestimmte Zeit ins Hintertreffen geraten. Wer hier sein Kind als Belastung erlebt, wird sich ihm gegenüber nicht nur gestresst und genervt zeigen, sondern mindert so vor allem auch die Chance auf eine gute Beziehung zwischen sich und seinem Kind. Vergleichbar einem Tier „wittern" auch Kinder, wie willkommen sie sind.

Was die Eltern-Kind-Beziehung ebenfalls maßgeblich mitbestimmt, ist, ob beide Eltern berufstätig sind. Hier vor allem, wie sehr sie sich diesbezüglich in der Belastung sehen. Auch wie zufrieden und erfüllt sie in ihrer Arbeit sind und wie gut sie ihre beruflichen und familiären Pflichten miteinander verbinden können. Hier zeigt sich erst, wie viel echte „Kind-Zeit" sie im Alltag noch aufzubringen vermögen, und ob diese Zeit sowohl für die Eltern als auch das Kind eine positiv besetzte Zeit ist, sodass man miteinander spielen oder schöne und interessante Gespräche führen kann. Ob die gemeinsame Freizeit mit Sport und Spiel in der Natur verbunden werden kann, oder ob es *vor, bei* und *nach* Tisch nur noch um irgendwelche Probleme bzw. um die Schule und die Noten geht. Kurzum, wie abwechslungsreich und harmonisch das Familienleben im Interesse aller bewusst gestaltet wird.

Im Hinblick auf die Beziehung des Kindes zu seinem Vater ist seit mehreren Jahren festzustellen, dass eine neue Generation von Vätern heranwächst, die sich im Umgang mit ihrem Kind viel sensibler, liebevoller und zärtlicher zeigt als ihre Väter. Offensichtlich bereitet es ihnen viel Freude, sich in die Erziehung des Kindes intensiver einzubringen und sich ihm geduldig, wertschätzend und liebevoll zuzuwenden. Sie zeigen sich bereit, die Verantwortung für ihre Rolle als Vater bewusst zu übernehmen, um so bereits von klein auf eine innigere Beziehung zum Kind aufzubauen. Hat man früher noch daran gezweifelt, ob Väter die physische, psychische wie soziale Bedürfnisbefriedigung des Kindes ähnlich gut wie eine Mutter zu leisten vermögen, so zeigt die Realität, dass sie hier im Vergleich mit den Müttern durchaus ihren Mann stehen können.

Immer weniger Männer beharren darauf, sich als das Oberhaupt (als der Patriarch) der Familie fühlen zu müssen. Sie wollen von Frau und Kind vielmehr wertgeschätzt und geliebt werden und leiden keineswegs darunter, einen Teil ihrer Autorität freiwillig aufgegeben zu haben. Im Miteinander mit ihren Liebsten setzen sie auf ganz andere Werte, als ihre Väter dies noch taten.

Natürlich gibt es neben diesem neuen Vaterbild nach wie vor noch die Generation Mann, die beruflich so gefordert und überlastet ist, dass es ihnen an Zeit, Geduld und Muße fehlt, um sich in der kurzen Zeit des Abends noch um die Belange der Kinder zu kümmern. Ihnen bleiben bestenfalls das Wochenende sowie die Ferien- und Urlaubszeit, um sich an Frau und Kindern zu erfreuen und die Zeit bewusst gemeinsam zu gestalten, um wenigstens etwas vom Familienleben zu haben. Je harmonischer und liebevoller sie diese freie Zeit gestalten, umso vorteilhafter wirkt sich dies natürlich auf das gesamte Familienklima wie auch auf die Beziehung zu den einzelnen Personen aus.

Doch so, wie sich bei den jungen Vätern insgesamt der Trend mehr zum Guten hin entwickelt, lassen sich in der Beziehung zwischen Mutter und Kind leider oft eher negative Auswirkungen beobachten, was wohl darin begründet ist, dass sich die Rolle der Frau durch die Emanzipation stark verändert hat. Selbstständig und unabhängig, wie die moderne Frau sein will, ist sie zunehmend außerhalb des Hauses und der Familie aktiv. Doch berufstätige Mütter können sich lange nicht so intensiv um ihre Kinder kümmern wie Frauen, die für sich entschieden haben, zumindest in den ersten drei Jahren zu Hause beim Kind zu bleiben, bis sie dieses in den Kindergarten geben können.

Aufgrund der finanziellen Situation sehen sich viele Mütter heutzutage sogar gezwungen, ihr Kind schon vor dieser Zeit in fremde Obhut wie eine Kindergrippe oder zur Tagesmutter zu geben. Schade für die wenige Zeit, die Müttern wie Kind bleibt, um eine wirklich gute und innige Beziehung zueinander aufbauen zu können, zumal gerade die ersten drei Jahre als eine äußerst sensible Zeit gelten, was sowohl die Entwicklung des Kindes als auch die Beziehung zwischen Mutter und Kind angeht.

Während sich Alleinerziehende und erwerbstätige Mütter vielfach überlastet sehen, weil sie unter der Fülle an verschiedenen Aufgaben und Verpflichtungen leiden und ihre Situation immer mehr bedauern, da ihnen die Zeit für Entspannung und Regeneration fehlt, beklagen sich nicht erwerbstätige Mütter, die vor der Geburt des Kindes noch einen Beruf ausgeübt hatten, jetzt häufig darüber, dass sie sich isoliert, benachteiligt und unausgefüllt fühlen.

Ihnen fehlt es sowohl an der Wertschätzung ihrer eigenen Person als auch an der Würdigung ihrer Arbeit im Dienst der Kinder und Familie. Hält diese Unzufriedenheit mit ihrer derzeitigen Situation über eine längere Zeit an, wirkt sich dies zunehmend negativ auf die Beziehung Mutter-Kind aus, denn so sensibel, wie die Kinder sind, spüren sie sofort, dass es der Mutter nicht gut geht. Dass ihr ihre derzeitige Situation nicht gefällt. Dass sie sich überfordert fühlt. Diese ganzen negativen Gefühle sowie die anhaltende Unzufriedenheit lassen sich vor den

Kindern keineswegs verbergen. Sie sind so feinfühlig, dass sie jede Stimmungsschwankung der Mutter mitbekommen und ihrerseits wiederum auf die Disharmonie, die unterschwellig da ist, reagieren. Mit der Zeit baut sich so ein ewiger Kreislauf von Schwierigkeiten auf, was einer gesunden und liebevollen Beziehung alles andere als zuträglich ist.

Manche Mütter, die sich statt des Berufs für die Familie entschieden haben, versuchen das Beste aus ihrer neuen Situation zu machen, indem sie immer mehr danach streben, die „perfekte" Hausfrau und Mutter zu sein. Sie konzentrieren sich dabei mitunter so sehr auf das Kind, das ihnen schnell zum alleinigen Inhalt ihres Lebens wird. Ist dies der Fall, kommt es leicht zum anderen Extrem im Sinne von allzu viel Verwöhnung und Überbehütung. Wie schnell ist dann die Gefahr gegeben, sich zur „perfekten Über-Mutter" zu entwickeln, für die das Kind dann nicht mehr nur „Prinz und Prinzessin" ist. Auch keine gute Entwicklung, da jetzt die Bedürfnisse und Wünsche der Mutter zu sehr auf das Kind projiziert werden, und der Leistungsanspruch sowie Erfolgsdruck, den man jetzt an das Kind hat, viel zu hoch ist. Letztendlich fühlen sich beide nur noch überfordert und wissen nicht mehr, wie sie sich am besten zueinander verhalten können.

Für mich liegt die Kunst einer wirklich guten Erziehung genau in der Mitte zwischen Unter- und Überforderung. Hier gilt es das richtige Maß, die Balance, zwischen Selbstanspruch und Realität zu finden. Nur weil wir ständig an den Kindern (er-)*ziehen*, wachsen sie noch lange nicht schneller. Wie jede Pflanze braucht auch das Kind seine Zeit, um in seinem Tempo die verschiedenen Entwicklungsstufen, die zudem von Kind zu Kind individuell verschieden sind, durchlaufen zu können. Für ein gesundes Wachstum bedürfen sie vor allem der Zuwendung und Fürsorge, der Verlässlichkeit, der Sicherheit und Geborgenheit, der Geduld, der Wertschätzung sowie des Interesses an ihrer Person, vor allem aber der Liebe.

Was mir auffällt, ist, dass in allem irgendwie das Gleichgewicht fehlt. Vielleicht finden die Männer noch am schnellsten wieder in ihre Balance und damit in die Ausgewogenheit zwischen ihren männlichen und weiblichen Anteilen, die sie genau wie die Frau in sich tragen. Wurden sie Jahrtausende lang dahingehend erzogen, dass sie ihre Gefühle zu unterdrücken und zu beherrschen haben, dass sie stark sein müssen etc., so begrüße ich die Entwicklung, die heutzutage zum Glück immer mehr zu beobachten ist.

Für mich bleibt der Mann ein Mann, auch wenn er nicht nur leistungsorientiert denkt und sich seinen Erfolg zum Gradmesser seines Selbstbewusstseins macht, sondern wenn er sich auch seiner weiblichen Anteile bewusst ist und diese bewusst lebt. Es kommt nicht darauf an, dass „Mann" ständig wie ein Marathonläufer nur im hochfrequenten Bereich von höher, schneller, weiter, leistungsbereiter und auf alle Fälle erfolgreich unterwegs ist, um auch ja sein Etappenziel zu erreichen. Doch kurz bevor es dann so weit ist, stürzt er trotz bester Vorbereitung oder erleidet gar einen Herzinfarkt oder Schlaganfall. Ist der Mensch wirklich dafür auf die Welt gekommen? Ist das wirklich sein höchstes Ziel, das es zu erreichen gilt? Was sagt in diesem Falle wohl seine Seele dazu?

Meine hat zuletzt sehr klare und deutliche Worte mit mir gesprochen, nachdem ich die ganzen vorherigen Botschaften leider viel zu sehr negiert hatte. Ich bin zwar kein Mann, habe zu dieser Zeit aber durch die verschiedensten beruflichen wie privaten Herausforderungen bedingt, mehr nur noch die männlichen Energien wie Disziplin, Härte gegenüber mir selbst etc. gelebt, anstatt mich regelmäßig immer wieder daran zu erinnern, dass ich eine Frau bin, die trotz all der Situationen im Außen auch noch ein Stück weit verträumt und liebenswert sein will. So hatte ich gleich über mehrere Jahre hinweg ganz vergessen, wer ich denn eigentlich bin und was das Leben wirklich schön, facettenreich, lebenswert und vor allem liebenswert macht. Stattdessen hatte ich mich im Labyrinth meines Lebens komplett verlaufen und war mir selbst, meinen Gefühlen und Bedürfnissen gegenüber mit der Zeit so hart und unnachgiebig geworden, dass ich den

Ausgang aus diesem ganzen Labyrinth nicht mehr sah. Blind, wie ich war, bin ich stets daran vorbeigelaufen, weil ich mit meinen Gedanken nur noch in der Arbeit war.

Wer sagt denn, dass der Mann so und die Frau so zu sein hat? Für mich kommt es eher einer „Beschneidung" des persönlichen Freiraums gleich, wenn Kinder, vor allem die Jungen, dahingehend erzogen werden, dass sie keinen Schmerz mehr kennen dürfen („Ein Indianer kennt keinen Schmerz!" oder „Jetzt reiß dich aber zusammen!" bzw. „Stell dich nicht so an!" etc.). Dass bereits Kinder ihre Gefühle stets zu kontrollieren haben, anstatt dass ihnen in aller Ruhe beigebracht wird, wie man lernt, mit diesen verantwortungsbewusst umzugehen, um sie mit der Zeit so ausdrücken zu können, dass sie weder einem selbst noch anderen schaden. Stattdessen halten wir diese kraftvollen und je nach Situation mitunter auch negativen Energien in uns zurück. Unterdrücken sie, statt mit unserem Gegenüber darüber zu sprechen, bis sie sich uns mit so viel Power im Alltag zeigen, dass wir sie leider sehr oft gegenüber einem Schwächeren in Form von unkontrollierten Wutausbrüchen oder anderen aggressiven Handlungen zeigen. Viele reagieren diesen Energiestau auch dadurch ab, dass sie glauben, andere Verkehrsteilnehmer von den Straßen drängeln zu müssen oder sich auf eine andere Art und Weise Luft verschaffen zu müssen, indem sie sich ständig mit anderen messen. Und das in aller Regel oft nicht mehr fair und auch nicht nur beim Sport.

Was für mich in diesem Zusammenhang ebenfalls erwähnenswert ist, ist, dass ich etliche Frauen kenne, die sich nichts sehnlicher wünschen, als dass ihr Mann neben den typisch männlichen Qualitäten auch seine weiblichen Anteile lebt. Da beide Partner aber im Hinblick auf diese Bedürfnisse nicht miteinander gesprochen haben, haben sich diese Frauen entweder über kurz oder lang von ihren Männern getrennt oder sich dahingehend arrangiert, dass sie ihre Wünsche an ihren Mann zurückstellten, um nur ja mit ihrem erlernten Gehorsam, der manchmal sogar bis zur Selbstaufgabe geht, auch weiterhin dem alten System Rechnung zu tragen. Nicht selten zahlen diese Frauen im Verlauf ihres Lebens für diese Unterwürfigkeit und den fehlenden Selbstausdruck einen hohen Preis, der sich ihnen mitunter nicht nur in Form einer Trennung zeigt, sondern sehr oft auch durch Krankheiten wie Depression oder Krebs.

Manche Frauen laufen sehr stark Gefahr, sich lieber selbst zu verlieren, als entscheidende Schritte zu wagen, die für beide Partner eine Veränderung ihrer Situation bewirken könnten, auch wenn solche Gespräche anfangs vielleicht vermehrt zu Problemen oder zu Irritationen im Umgang miteinander führen könnten. Leider haben wir nicht gelernt und es an den Beispielen unserer Eltern auch nicht gesehen, wie wichtig es ist, in jeder Situation und egal, was das Thema ist, konstruktive Gespräche mit dem Partner zu führen.

Unsere Unsicherheit, sowie die Angst davor, dass wir dann die Liebe und Wertschätzung des anderen verlieren, ist viel zu groß. Wir wurden so sehr zur Abhängigkeit von der Meinung, der Wertschätzung und Liebe des anderen erzogen, anstatt für unsere eigenen Interessen und Belange rechtzeitig einzustehen. Und das auch auf die Gefahr hin, dass eine Beziehung lieber frühzeitig beendet wird, als ewig darauf zu hoffen, dass nach einem Streit alles irgendwie schon wieder gut gehen wird.

Wie viele bleiben lieber die liebe, nette, angepasste Ehefrau, die es vorzieht, im Schatten des Mannes zu bleiben, als sich einzugestehen, dass sie sich im Grunde ihres Herzens von ihrem Mann viel zu wenig wahrgenommen und gehört fühlt? Ist man sich da als Partner in Wirklichkeit denn eigentlich noch nah? Nennt man ein solches Leben erfüllt?

So viele wundervolle Frauen ertragen lieber stillschweigend ihre Situation und schütten ihr Herz bestenfalls den Freundinnen gegenüber aus, statt ihre Wünsche an den zu richten, von dem sie sich eine Veränderung der Gesamtsituation erhoffen.

Ist es normal, dass die Frauen entweder viel zu überangepasst sind oder versuchen ihr Leben dahingehend zu ändern, dass auch sie letztlich viel zu extrem und fordernd werden? Damit meine ich die Emanzipation im negativen Sinne, denn auch diese hat uns nicht nur Vorteile gebracht. Warum fehlt es heute so vielen Frauen an ihren typisch weiblichen Qualitäten, zu denen auch die Kreativität, die Leichtigkeit, die wahre Lebensfreude, die Hingabe an das Leben, das Weichsein, das Verspielt- oder gar Verträumtsein gehört?

Warum können so viel Frauen und Männer ihr Leben nicht mehr wirklich genießen, wertschätzend und entspannt miteinander umgehen? Warum können die wenigsten Menschen auch wirklich offen und ehrlich miteinander kommunizieren? Warum führen wir lieber Gespräche, bei denen wir uns über Nachbars Lumpi aufregen oder unterhalten uns über die Probleme anderer, statt uns um die eigenen Bedürfnisse und Belange zu kümmern? Warum schauen wir uns lieber das Leben der anderen an (sowohl im Außen als auch auf dem Bildschirm), anstatt uns um unser eigenes zu kümmern? Warum suchen wir alle so sehr nach dem besonderen „Kick" und machen Familie, Partner oder gar die Freunde dafür verantwortlich, dass es uns gut geht? Woher kommen diese Fehlentwicklung und dieses Ungleichgewicht?

Da ich aufgrund meiner eigenen Lebens- und Krankengeschichte mit den letzten vier Jahren vom Universum ganz viel Zeit für mich selbst geschenkt bekam, hatte ich – nachdem ich meinen Zusammenbruch einigermaßen gut bewältigt hatte – Zeit, mich mehr um meine Gesundheit zu kümmern. Zeit, um endlich zu recherchieren, warum ich eine so breit gefächerte Diagnose gestellt bekam. Zeit, um mir dabei aber auch endlich all die „Wehwehchen" tiefgehender anzuschauen, an deren Vorhandensein ich mich inzwischen schon so gewöhnt hatte, weil sie mich trotz regelmäßiger Arztbesuche bereits seit Jahren begleiteten. Weder die Ärzte noch ich selbst wussten, wie wir den diversen Herausforderungen meiner gesundheitlichen Situation beikommen können. Warum? Weil wir uns – entsprechend dem Facharztprinzip – immer nur eine Diagnose angeschaut hatten, statt beizeiten zu erkennen, dass alle meine Symptome einem bestimmten Formenkreis zuzurechnen waren. Inzwischen weiß ich, dass sie alle den gleichen gemeinsamen Nenner haben und ausschließlich psychosomatischen Ursprungs sind.

Da ich einen Teil dieser Diagnosen auch bei sehr vielen Schülern im Teenageralter bemerkt habe, bitte ich vor allem die Eltern darum, hellhörig zu werden, wenn Ihr Kind eine der nachfolgenden Diagnosen gestellt bekommt. Dann sollten Sie im Interesse Ihres Kindes bereits früh genug damit beginnen, gemeinsam im Gespräch mit Ihrem Kind nach der wirklichen Ursache zu forschen, die sich Ihnen auf der körperlichen Ebene zeigt. Dies können Diagnosen sein wie Krebs, Depression, Schilddrüsenunter- oder Schilddrüsenüberfunktion, Pfeiffer-Drüsenfieber (Epstein-Barr Virus), Allergien, Hautirritationen, Pubertätsmagersucht, selbstverletzende Tendenzen, hormonelle Schwankungen.

Sie alle sind letztlich auf das Ungleichgewicht (die Dysbalance) zwischen den männlichen und weiblichen Anteilen in uns zurückzuführen, die aus unserer jahrtausendealten Prägung sowie aus einer viel zu einseitigen Erziehung zurückzuführen sind, in der das Kind entweder nur auf die Ausformung der männlichen bzw. der weiblichen Prinzipien hin erzogen wurde. Vieles an dieser Fehlentwicklung im Bereich der Erziehung ist dabei kulturell bedingt entsprechend der Tradition des Landes bzw. der Gemeinschaft, in die wir geboren wurden. Vieles geschieht jedoch leider auch aus der Unwissenheit heraus, dass wir beider Anteile im Gleichgewicht zueinander bedürfen, um uns nach dem holistischen Prinzip auch wirklich „ganz" und somit gesund zu fühlen.

Was der Mensch heute wieder lernen *muss*, weil sich nur so etwas an seiner persönlichen Situation, aber auch an unserer gesamtgesellschaftlichen Situation verändern lässt, ist die Balance zwischen den männlichen und weiblichen Anteilen in uns. Mit dieser Schulung kann nicht früh genug begonnen werden, damit wir bereits von klein auf lernen, intuitiv zu unterscheiden, wann welcher Aspekt unseres Seins bewusst gelebt werden will, je nach Situation, wie sie sich uns gerade zeigt.

Meines Dafürhaltens nach muss sich die Welt nicht dahingehend wandeln, dass wir nach all den Jahrtausenden des Patriarchats darüber spekulieren, ob das Matriarchat die bessere Gesellschaftsform für uns ist. Warum versteifen sich Männer wie Frauen viel zu sehr darauf, dass *ihr* Weg (*entweder* der männliche *oder* der weibliche) der einzig richtige und seligmachende ist, anstatt das nahe liegende in Betracht zu ziehen und *gemeinsam* nach einer „goldenen Mitte" zu suchen? Nach einem *sowohl als auch*! Für mich wäre eine Entscheidung für das Matriarchat als Alternative zum Patriarchat kein Schritt nach vorne, sondern einer zurück. Immerhin leben wir im 21. Jahrhundert. Was wir uns meiner Meinung nach vielmehr anzuschauen haben, ist, was die Vorteile des einen wie des anderen Systems sind. Beide gilt es auf ihre Qualitäten hin zu prüfen, offen für das zu sein, was jeweils gut ist und loszulassen, was uns nicht länger dienlich ist.

Was, wenn es nicht um den Kampf zwischen den Geschlechtern geht, sondern um ein Miteinander, um eine Gleichstellung? Was, wenn es darum geht, sich das Positive (das Wertvolle, das Einzigartige) sowohl im Weiblichen als auch im Männlichen anzusehen und unser Augenmerk darauf zu richten, was das Verbindende zwischen Mann und Frau ist, statt den Fokus auf das zu richten, was uns gegebenenfalls am anderen stört? Was, wenn es dann keinen Autoritätskonflikt mehr gibt. Auch keine unterdrückte Wut, Aggression oder Gefühle von Ablehnung und Hass?

Was, wenn die beiden Geschlechter mit Wohlwollen aufeinander schauen, sich gegenseitig wertschätzen, respektieren und achten? Was, wenn Frauen und Männer in Eintracht und Frieden miteinander leben? Was, wenn es den Konflikt zwischen den männlichen und weiblichen Anteilen in uns nicht mehr gibt? Was, wenn der Mensch sich mithilfe seiner Schöpferkraft, eine Daseinsform erschafft, in der der Friede sowie die bedingungslose Liebe zu sich selbst und zum anderen die höchste, schönste und göttlichste Form unseres Miteinanders ist? Was, wenn das das Paradies ist?

Warum kämpft der Mensch immer wieder so sehr gegen sich selbst wie auch gegen andere? Wo kommen denn überhaupt seine Ängste und seine mitunter ablehnende Haltung gegenüber den Qualitäten des anderen Geschlechts her? Wo kommen diese unterschwellige Wut und Aggression her? Wo liegt ihr Ursprung? Fragen, die ich wiederholt an Gott richte.

Die Antwort besteht in der Aufforderung, mir die Geschichte der Vertreibung von Adam und Eva aus dem Paradies genauer anzuschauen. Bereits in meinem ersten Buch sollte ich zum Abschluss der Betrachtung des Themas der „Aggression" auf diese Geschichte eingehen. Damals getraute ich mich noch nicht, diese Idee aufzugreifen. Heute wage ich es einmal, mir hierzu weitere Fragen zu stellen, diese mit Ihnen zu teilen und zu schauen, was mir mein Herz hierzu noch so alles zu sagen weiß.

Unser unfreiwilliges Erbe

Inwiefern passt die Geschichte von Adam und Eva zur Thematik der Aggression? Welchen Hinweis will uns die Geschichte dazu noch geben, außer dass sie mit der Tatsache verknüpft ist, dass sich der Mensch aufgrund dieser Situation die Möglichkeit genommen hat, schon zu Lebzeiten ein paradiesisches Leben führen zu können. Stattdessen hat er die *Erbsünde* auf sich geladen, die zumindest nach den Lehren des Christentums als eine kollektive Schuld angesehen wird, die von Generation zu Generation an die Kinder weitergegeben wird.

Doch was könnte uns diese Geschichte noch so alles sagen, wenn wir sie uns einmal aus menschlichem Ermessen unabhängig von der Erblast als eine Geschichte zwischen den Geschlechtern ansehen. Was ist da unter Umständen neben der Vertreibung aus dem Paradies noch so alles passiert, was die Beziehung von Mann und Frau bis heute sehr stark zu beeinflussen vermag? Wie wirkte sich diese Vertreibung aus dem Paradies wohl auf *unbewusster* Ebene auf Adam und Eva aus?

Was, wenn der Mann, der sich seitdem um das Paradies betrogen fühlt, Gefühle der Verbitterung, der Wut und Aggression der Frau gegenüber in sich trägt, die ihn überhaupt erst dazu brachte, von den verbotenen Früchten zu essen? Was, wenn er ihr unbewusst selbst heute noch vorwirft: „Wegen der Verführung durch dich hat Gott auch mich des Paradieses verwiesen, sodass ich jetzt im Schweiße meines Angesichts mein Brot essen muss und eines Tages sterben muss, anstatt das ewige Leben genießen zu können." Ist es gerechtfertigt, wenn Adam auf Eva zornig ist, weil er sich um sein paradiesisches Leben betrogen fühlt?

Doch warum lässt er sich denn überhaupt von der Frau verführen? Warum verweigert er den Verzehr des Apfels nicht? Wie steht es im Hinblick auf den Sündenfall um *seine* eigene Verantwortung? Warum entscheidet er sich nicht, Gott, seinem Schöpfer zu gehorchen und nicht von den verbotenen Früchten zu essen?

Wie sehr müssen sich Adam und Eva vor Gott geschämt haben, nachdem sie sich mit dem Verzehr des Apfels (biologische Gattungsbezeichnung, lat. „malus") seiner Anweisung widersetzt hatten? Was, wenn Adam auf Eva böse ist, weil sie mit dem Apfel grundsätzlich das „Schlechte" (lat. „malus" = dt. „schlecht"), das Teuflische, das Diabolische und somit auch den Tod in die Welt brachte. Wie sehr müssen sich beide wohl über sich selbst wie auch über den anderen geärgert haben, dass sie sich auf diese Art um ein Leben im Paradies gebracht haben? Wie wirkt sich diese Wut wohl im Hinblick auf ihr Schuldig-geworden-Sein sowohl bewusst als auch unbewusst aus? Was, wenn sich der Mensch seither seiner Schattenaspekte schämt, sie lieber auf andere projiziert und seine eigenen negativen Gefühle und Gedanken deswegen unterdrückt, weil er sie als verwerflich, weil diabolisch, ansieht?

Was, wenn sich die Frau angesichts ihrer Schuld von damals dem Manne gegenüber unterwürfig zeigt? Was, wenn sie sich in dieser Hinsicht unbewusst die Unterordnung unter den Willen des Mannes selbst als eine Art von Buße für ihr Fehlverhalten von damals auferlegt hat?

Was hinderte Adam und Eva daran, sich für ihr Fehlverhalten bei Gott zu entschuldigen und ihn um Vergebung zu bitten? Warum hat das die Menschheit bis heute noch nicht getan? Was, wenn dieses Karma (= das durch ein früheres Handeln bedingte Schicksal) der Erbschuld heute noch immer das Verhältnis der Geschlechter zueinander bestimmt und in extremen Fällen sogar bis hin zum Krieg zwischen den Geschlechtern führt? Was, wenn sich uns diese ganze Last, die wir seitdem von Generation zu Generation in uns tragen, unbewusst als unterdrückte Wut und Aggression im Sinne eines Selbstbestrafungsmechanismus in Form einer Autoaggressionserkrankung zeigt?

Jetzt zu Beginn dieser gänzlich neuen Zeitepoche hat der Mensch die große Gelegenheit, sich dieser alten Erblast noch einmal *bewusst* zu werden und erhält von Gott das einzigartige Geschenk, dass wir noch in diesem Leben sowohl unsere eigene Schuld als auch Familienkarma und kollektives Schuldig-geworden-Sein auflösen können, damit in der Beziehung zwischen Mann und Frau nach und nach etwas Neues entstehen und wachsen kann. Damit wir uns auch im Hinblick auf unsere Beziehungen wie Phoenix aus der Asche aus der alten Schuld- und Beziehungsproblematik endlich befreien und emporheben können.

So ist derzeit jeder von uns gefragt, sich der Beziehung zu sich selbst, aber auch der Beziehung zu anderen (Partner, Herkunftsfamilie, Freunde etc.) bewusst zu werden und sich entweder allein oder gemeinsam die Themen anzuschauen, die dringend der Heilung bedürfen, damit neue Beziehungsmuster im Interesse aller entstehen können.

Wir müssen uns unsere Themen nicht allein anschauen. Gott ist jederzeit für uns alle da. Er hat stets ein offenes Ohr für unsere Anliegen, weil es auch in seinem Interesse ist, dass wir uns den Himmel auf Erden gemeinsam mit ihm kreieren, damit der Zauber von damals, so wie er ursprünglich einmal vorgesehen war, jetzt auch tatsächlich unsere Wirklichkeit werden kann. Das Einzige, was Gott dabei verlangt, ist, dass wir die Dinge nicht gegen ihn, sondern *mit IHM gemeinsam* gestalten.

Wie ich es schon im ersten Buch erwähnt habe, will uns Gott in ein goldenes Zeitalter hineinführen. Mit der bedingungslosen Liebe, mit der er auf uns alle schaut, will er es uns möglich machen, dass wir quasi noch einmal neu beginnen können. Und zwar als Mann und Frau, die in allen Bereichen ihres Lebens – wie ursprünglich auch von Gott gedacht – als gleichberechtigte Partner nebeneinanderstehen. Doch damit dieser Entwicklungssprung auch wirklich Realität werden kann und nachhaltig wirkt, ist es notwendig, dass wir uns von den bisherigen Strukturen, Macht- und Besitzverhältnissen lösen, einander das Schuldig-geworden-Sein vergeben und auch nicht länger versuchen, uns gegenseitig zu kontrollieren bzw. zu manipulieren. Diese Veränderung gemeinsam anzugehen, darin liegt fürs Erste wohl die größte Herausforderung, vor der wir in den kommenden Jahren stehen.

Was hat der Mensch dabei zu lernen? – Unsere Aufgaben bestehen darin, dass Männer und Frauen lernen, offener und toleranter miteinander umzugehen. Dass sie lernen, den anderen anzunehmen und zu respektieren ganz so, wie er/sie ist. Dass sie lernen, über ihre Beziehung zueinander ehrlicher miteinander zu kommunizieren sowie über die wirklich wichtigen Dinge des Lebens miteinander zu reden, anstatt sich über irgendetwas zu unterhalten. Dass sie keine Angst mehr vor dem Partner/der Partnerin haben, die unterschwellig ihr Verhalten zueinander bestimmt. Dass sie lernen, sowohl die männlichen Anteile (animus) als auch die weiblichen (anima) in sich selbst und im anderen wertzuschätzen. Dass sie lernen, sich gegenüber dem anderen auch einmal verletzlich zu zeigen. Dass sie ihre Gefühle und Emotionen nicht mehr länger unterdrücken, sondern diese bewusster leben.

Dass sie lernen, ihr Herz wieder zu öffnen, um gegenüber sich selbst als auch gegenüber dem anderen sanfter, wertschätzender und liebevoller zu werden. Dass sie es vermögen, in Frieden und Liebe mit allen Lebewesen und Mutter Erde zu leben. Dass sie sich bewusstwerden, dass göttliche Gesundheit, die unser Geburtsrecht ist, stets aus der Einheit von Körper, Geist *und* Seele resultiert. Dass sie lernen, auf die Stimme ihres Herzens zu hören, um vermehrt den Weg ihrer Seele zu gehen. Dass sie sich wieder ihrer göttlichen Herkunft und Schaffenskraft bewusstwerden, um wirklich die Dinge Realität werden zu lassen, die das Leben erst so wirklich lebens- und liebenswert machen. Dass sie sich von Gott führen lassen, um sich mit seiner Hilfe das Paradies bereits auf Erden zu erschaffen.

Gott hat uns Menschen das Versprechen gegeben, dass er jeden Einzelnen von uns an seinem Paradies teilhaben lässt. Das, was er sich dabei von uns wünscht, ist, dass wir bewusster nach den Geistigen Gesetzen und Göttlichen Geboten leben.

Bis heute scheinen wir uns der Tatsache nicht wirklich bewusst zu sein, dass wir selbst es sind (Adam und Eva), die uns von Gott abgewandt haben, indem wir einst wider seinen Willen gehandelt haben. Dabei haben wir dem „Spiel des Egos" (der Schlange/des Teufels in uns) mehr Glauben und Aufmerksamkeit geschenkt als Gott unserem Vater. Unser Fehlverhalten besteht folglich darin, dass wir die erste Prüfung unseres Menschseins nicht bestanden haben. Hierin zeigt sich unser Sündenfall, für den der Mensch wie ein trotziges, kleines Kind die Verantwortung jedoch noch immer nicht wirklich übernehmen will. Zeit, endlich aufzuwachen, Vieles anders und damit auch besser zu machen, als einfach immer nur vor sich hinzuleben und die Verantwortung für das eigene Leben auf andere zu schieben.

Im Grunde genommen hat sich nicht Gott von uns abgewandt und getrennt, sondern der Mensch sich von ihm. Gott hatte Adam und Eva als gleichwertige Partner gedacht. In Genesis 2, 18 steht: „Dann sprach Gott, der HERR: Es ist nicht gut, dass der Mensch allein ist. Ich will ihm eine Hilfe machen, die ihm ebenbürtig ist" (zitiert nach Die Bibel, Einheitsübersetzung der Heiligen Schrift, siehe Literaturverzeichnis). Das Adjektiv „ebenbürtig" bedeutet so viel, wie jemandem geistig oder körperlich gewachsen zu sein, und meint eine Gleichwertigkeit.

Es ist zudem *nicht* Gottes Wille, dass sich der Mensch ein Leben mit Sorgen, Angst und Schmerzen kreiert, sondern ein von

Menschen selbst geschaffenes Leid. Wie noch immer „benebelt" von unserer Schuld des damaligen Sündenfalls, leben wir nun schon bereits über Jahrtausende hinweg vor uns hin gleich einem „Dämmerschlaf". Im Grunde genommen wie Dornröschen, das ebenfalls etwas Verbotenes tat, indem es das Zimmer mit den Spindeln betrat und sich selbst dabei ebenfalls Leid zufügte, weil es sich an einer der Spindeln stach. Auch Dornröschen verwirkte sich auf diese Art ein erfülltes Leben und fiel – den Menschen gleich – in einen tiefen Schlaf, bis eines Tages ein mutiger Prinz kam, der es wachküsste und befreite.

Man könnte durchaus sagen: Unser „Prinz" heißt Gott, denn er kann es nicht mehr länger mit ansehen, wie der Mensch die Erde *plus* sich selbst mit seinen selbstzerstörerischen Tendenzen und seinem überzogenen Machtanspruch immer mehr zugrunde richtet und nach und nach ausradiert.

Gott liebt seine Schöpfung und uns so sehr, dass er uns sogar seinen eigenen Sohn gesandt hat. Doch was macht der Mensch? Gott musste selbst mit ansehen, auf welch beschämende und traurige Art die Menschheit auf Jesus reagiert hat. Auch mit Jesus Tod wird uns aufgezeigt, wie sich unser menschliches Ego jemandem gegenüber verhält, der es vermag, uns unsere Schwächen aufzuzeigen. Der uns den Spiegel vorhält, damit wir endlich lernen, in diesen zu schauen, um zu erkennen, was aus uns geworden ist. Aber auch um uns wissen zu lassen, wer wir in Wahrheit wirklich sind.

Wurde Jesus damals auch schon Verschwörungstheoretiker genannt? Seine Absicht war, uns wieder zurückführen auf den Weg zu Gott. Doch leider haben die wenigsten Menschen auch wirklich auf seine Worte gehört. Heute, über 2000 Jahre später, endet das Fische-Zeitalter; das Zeitalter des Leids, das der Mensch über sich selbst gebracht hat.

Gott hat entschieden, dass es ab jetzt ein neues Zeitalter, das sogenannte Wassermann-Zeitalter geben soll. Dabei wünscht er sich für uns alle, dass dieses ein *goldenes Zeitalter* wird. Das ist Gottes Geschenk an uns, seine Kinder, weil er uns *ALLE* liebt.

Auch wenn er uns den freien Willen gegeben hat und uns bis jetzt hat schalten und walten lassen, wie es dem Menschen gefiel, glaubt er dennoch immer und immer wieder an das Gute in jedem Einzelnen von uns. So wie wir in Gott vertrauen dürfen, so vertraut auch er in uns. Gott glaubt an uns. Er glaubt, dass wir es vermögen, gemeinsam mit ihm eine neue Welt zu erschaffen. Dass wir es vermögen, gemeinsam mit ihm das Paradies auf die Erde zu bringen.

Mit unseren Gedanken, Worten und Werken (Handlungen) sind wir göttlicher Schöpfergeist, nur die meisten von uns wissen es nicht. Wir werden zwar wie Jesus durch eine weltliche Mutter geboren und haben auch einen biologischen Vater, sind in Wirklichkeit aber Kinder Gottes, der uns sowohl Vater als auch Mutter ist. Von daher dürfen wir auch wirklich von Jesus als unserem Bruder sprechen.

Wir kommen alle aus der einen Quelle, dem Ursprung, dem Ozean, dem Weltenmeer. Für die einen ist es Gott. Die anderen nennen es das Universum, den Kosmos und, und, und. Ganz egal, welchen Namen wir Gott bzw. dem Universum geben, wir entspringen alle der gleichen Quelle, auch wenn diese von jeder Glaubensgemeinschaft einen eigenen Namen bekommen hat. Vor Gott sind wir alle gleich! Er bewertet nicht. Das tut nur der unbewusste Mensch, der mit sich selbst noch nicht im Reinen ist und sich seiner wahren Herkunft noch nicht bewusst geworden ist.

Für Gott ist alles göttlichen Ursprungs. Er hat uns unser Leben geschenkt. Jeder Einzelne von uns wusste das, bevor er die Reise in dieses Leben angetreten hat. Unsere Seelen wollten genau zu *dieser* Zeit *dieses* Leben, auch mit all den Erfahrungen und Herausforderungen, die sich uns heute zeigen. Andere Seelen erwählen sich sogar ganz bewusst die harten Zeiten des Krieges, weil sie auf diese Art am schnellsten schweres Karma lösen können. Wir alle haben Gott einst versprochen, ihm mit unseren Möglichkeiten dabei zu helfen, dass dieser Bewusstseinsprung und damit auch verbunden der Wandel in ein neues Zeitalter hinein Wirklichkeit werden kann. Als Seele haben wir vor unserer Inkarnation mit Gott und all den anderen Seelen unserer Seelenfamilie, die wir hier auf Erden als unsere biologischen Eltern, Partner, Freunde usw. treffen, sehr wohl besprochen, was wir während unserer Zeit auf Erden in diesem Leben erfahren und erleben wollen. Nun ist es an uns, dieses Versprechen, das wir gegeben haben, auch tatsächlich einzulösen und uns dafür in den Dienst des großen Ganzen stellen.

Gott selbst hält sich an die gemeinsamen Planvorgaben. Gemäß dem Geistigen Gesetz von Ursache und Wirkung gilt: Denken wir ständig voller Angst und Sorge über unsere Probleme nach und denken so vermehrt an Leid, Chaos, Unterwerfung oder gar Krieg, so bekommen wir dies, weil unsere Gedanken der „Schlüssel" dafür sind, welche Realität wir uns damit erschaffen. – Wollen wir hingegen ein erfülltes Leben mit mehr Sicherheit, Liebe und Freiheit etc., dann bekommen wir auch dies. Mit der *MACHT* unserer Gedanken sowie mit der *MACHT* unserer Worte und Handlungen, die aus unseren Gedanken und Gefühlen resultieren, erschaffen wir uns unsere Welt sowohl im Kleinen als auch im Großen ganz so, wie uns dies gefällt.

Dieser Zauber, diese *MACHT*, ist nicht von Menschen gemacht, sondern wurde von Gott gemacht. Er hat sie uns zusammen mit seiner *LIEBE* als ein *GESCHENK* gegeben, damit wir uns *gemeinsam mit IHM* das Schönste aller Leben erträumen und letztlich auch realisieren können.

Nachwort

Wir kommen aus einer die Welten umspannenden Liebe und gehen eines Tages wieder zurück in diese unermessliche Liebe, die göttlichen Ursprungs ist. Eine Liebe, die sich nur bedingt in Worte fassen lässt, weil sie so einzigartig ist. Eine Liebe, die so unermesslich und großartig ist. Die einfach genial ist.

Die jeder von uns sehen kann, wenn er sie sehen will. Die jeder von uns hören kann, wenn er sie hören will. Die jeder von uns schmecken kann, wenn er sie schmecken will. Die jeder von uns ertasten kann, wenn er sie ertasten will. Die jeder von uns fühlen kann, wenn er sie fühlen will. Die jeder intuitiv wahrnehmen und erfahren kann, wenn er sie als solches erfahren will.

Für mich fühlt es sich immer und immer wieder wie ein Feuerwerk meiner Sinne an, wenn ich diese Erfahrungen in der Meditation machen kann. Sie sind vergleichbar mit einem Gefühl von Samt und Seide, in das ich Tag und Nacht aufs Neue gebettet bin. Ein Liebesstrom, der unaufhörlich zu mir fließt. Der mich nährt. Durchdringt. Der sich in jede meiner Zellen ergießt und dabei meinen Körper, meinen Geist und meine Seele umschließt. Eine Liebe, die ich mit jedem Atemzug erfahre. Eine Liebe, die mein ganzes Sein erfüllt.

Diese Art von Liebe ist immer für uns da. Diese Art von Liebe war und ist niemals von uns getrennt. Sie hatte sich auch niemals von uns abgewandt. Ganz im Gegenteil. Sie ist uns stets auf das Herzlichste, das Schönste und Liebevollste zugewandt. Und wenn wir dies wollen, dann ist sie uns stets treueste(r) Begleiter(in) bzw. Freund(in).

Diese Liebe ist so groß. So mächtig. So gewaltig. So wunderbar. Sie begleitet uns nicht nur ein Leben lang. Sie ist bis in alle Ewigkeit für uns da. Auf diese Liebe, die so einzigartig und bedingungslos ist, können wir stets vertrauen. Sie bleibt uns immer und ewig zugewandt. Mögen wir noch so viele Hindernisse in unserem Leben zu meistern haben, sie ist diese einzigartige, ewig pulsierende Kraft, die uns durch diese Zeiten und unser Leben trägt.

Auch dann, wenn wir uns der Präsenz und Liebe Gottes nicht immer bewusst sind, dürfen wir uns dieser ursprünglichen, göttlichen Liebe sicher sein. Sogar dann, wenn uns das Leben vor Herausforderungen stellt oder uns gar in Krisen bringt, wo wir uns fragen: „Was ist los? Hat mich Gott verlassen? Was habe ich getan, dass „…"? Liebt er mich nicht mehr? Wie kann er zulassen, dass mir dies und jenes widerfährt?"

Und ja, auch dann, wenn wir uns einsam und verlassen fühlen, bleibt uns Gott zusammen mit all den himmlischen Helfern zugewandt. Bitten wir um Hilfe, dürfen wir uns seiner Unterstützung sicher sein. Er liebt jeden von uns bedingungslos und ist stets für uns da.

Wie bewusst und intensiv wir diese Beziehung mit Gott jedoch leben, liegt allein in unserem Ermessen. Wie ein liebender und fürsorglicher Vater bzw. eine ebensolche Mutter drängt sich uns Gott niemals auf. Ob wir uns bewusst für ein Leben mit ihm entscheiden oder – aus welchen Gründen auch immer – mehr oder weniger unbewusst vor uns hinleben, er gibt uns den entsprechenden Freiraum dafür. Er lässt uns unsere eigenen Erfahrungen machen, schließlich hat er uns dafür den freien Willen gegeben.

Für Gott ist es nicht wichtig, ob wir einer bestimmten Religion angehören, konfessionslos, Agnostiker oder Atheist sind. So wie Gott hinsichtlich seiner Liebe zu uns nicht zwischen Männern und Frauen unterscheidet oder eines der Geschlechter präferiert, denn von ihm wurden sie als gleichberechtigte Partner erschaffen, dürfen wir uns seiner Liebe stets sicher sein. Und dass dem so ist, zeigt uns auch das nachfolgende wunderschöne Gedicht „Spuren im Sand" von *Margaret Fishback Powers*[24]. Manche von Ihnen kennen es vielleicht schon aus meinem ersten Buch. Ich will es dennoch noch einmal mit Ihnen teilen.

---

24 Margaret Fishback Powers: Gedicht. Spuren im Sand. Abrufdatum 06. 01. 2021, von https://www.zeitgeschichte.de/gedichte/margaret-fishback-powers/spuren-im-sand.html – Copyright © der deutschen Übersetzung 1996 Brunnen Verlag Gießen: www.brunnen-verlag.de

Spuren im Sand

Eines Nachts hatte ich einen Traum:
Ich ging am Meer entlang mit meinem Herrn.
Vor dem dunklen Nachthimmel
erstrahlten, Streiflichtern gleich,
Bilder aus meinem Leben.
Und jedes Mal sah ich zwei Fußspuren im Sand,
meine eigene und die meines Herrn.

Als das letzte Bild an meinen Augen
vorübergezogen war, blickte ich zurück.
Ich erschrak, als ich entdeckte,
dass an vielen Stellen meines Lebensweges
nur eine Spur zu sehen war.
Und das waren gerade die schwersten
Zeiten meines Lebens.

Besorgt fragte ich den Herrn:
„Herr, als ich anfing, dir nachzufolgen,
da hast du mir versprochen,
auf allen Wegen bei mir zu sein.
Aber jetzt entdecke ich,
dass in den schwersten Zeiten meines Lebens
nur eine Spur im Sand zu sehen ist.
Warum hast du mich allein gelassen,
als ich dich am meisten brauchte?"

Da antwortete er: „Mein liebes Kind,
ich liebe dich und werde dich nie allein lassen,
erst recht nicht in Nöten und Schwierigkeiten.
Dort, wo du nur eine Spur
gesehen hast, da habe ich dich getragen."

Gott ist gerade zu den herausforderndsten Zeiten für uns da. Immer und immer wieder ließ er mich wissen: „Du brauchst dir keine Sorgen mehr zu machen, geliebtes Kind, ich kann genau sehen, was du brauchst."

ER ist es, der uns hilft, gemeinsam mit ihm diese besonderen Phasen unseres Lebens zu überwinden, sodass wir hinterher um vieles klarer, entschiedener, souveräner, stärker sind, und nicht zuletzt auch mutiger aus diesen Zeiten hervorgehen. Wann immer wir bereit sind und ihn um Hilfe bitten, unterstützt er uns, damit wir alte Muster, Überzeugungen, Begrenzungen, Glaubenssätze etc. überwinden können. Geduldig, wie dies nur ein Vater oder eine Mutter sein kann, hört er sich unsere jeweiligen Geschichten an, aber nicht um gemeinsam mit uns durch den Schmerz zu gehen, sondern um uns vielmehr zu erheben, damit wir es vermögen, sowohl uns selbst als auch den anderen zu vergeben, die in den jeweiligen Situationen unser Gegenüber waren bzw. sind.

Gott liebt uns so sehr, dass er uns durch diese Zeiten mit all seiner Liebe trägt. So ist es wohl nur verständlich, dass ich ihm auch mein zweites Buch über die Liebe gewidmet habe, denn ich bin ihm unendlich dankbar dafür, dass ich seine Liebe jeden Tag aufs Schönste immer wieder neu erfahren darf.

5 LIEBE – WIE LÄSST SIE SICH DEFINIEREN? WAS GENAU IST DARUNTER ZU VERSTEHEN?

Liebe – ein starkes Gefühl von Zuneigung und Wertschätzung bzw. tiefer Verbundenheit mit einer anderen Person, die sich uns in den verschiedensten Formen zeigt. Entweder innerhalb der Familie als Liebe zu den Eltern und Geschwistern oder als Freundesliebe, wobei sie sich uns hier mehr im Sinne einer geistigen Verwandtschaft zeigt, die wir entweder mit Freunden oder einem Partner teilen. Während sich die Liebe unter Freunden mehr durch Wohlwollen und emotionale Zugewandtheit auszudrücken vermag, wird sie in der Partnerschaft vor allem zu Beginn einer Beziehung vermehrt in Form eines körperlich starken Verlangens nach der Person des anderen gelebt. Dieses anfangs sehr starke sexuelle Begehren kann sich mit der Zeit aber auch immer mehr in eine platonische Liebe verwandeln.

Am intensivsten und schönsten wird die Liebe dann erlebt, wenn es den Partnern nicht darum geht, den anderen zu besitzen oder ihn nur zur Erfüllung eigener Wünsche und Bedürfnisse zu gebrauchen, sondern wenn sich die Liebe zwischen den Liebenden in einem Dialog inniger Verbundenheit und Wertschätzung vollkommen frei entfalten kann.

Die Liebe[25] wurde im Altgriechischen noch sehr differenziert betrachtet, indem man zwischen der romantischen und/oder sexuellen Liebe (Eros), der verwandtschaftlichen, vertrauten Liebe (Storge), der freundschaftlichen und/oder platonischen Lie-

---

25 Liebe. Abrufdatum 19. 01. 21, von
https://de.wikipedia.org/wiki/Liebe https://www.philosophie.ch/
blogartikel/highlights/liebe-und-gemeinschaft/grundtypen-von-
freundschaft-und-liebe-schatten-und-glueck-der-gemeinschaft
https://www.mensch-und-psyche.de/liebe/

be (Philia) sowie der bedingungslosen, göttlichen Liebe (Agape) unterschied.

Im Laufe der Zeit kamen zu diesen Formen der Liebe noch weitere dazu wie die spielerisch-sexuelle Liebe (Ludus), die besitzergreifende Liebe (Mania), die mehr auf Vernunft basierende Liebe (Pragma) oder die Selbstliebe (Philantia).

Will man die Liebe im Hinblick auf die Gefühle noch weiter unterscheiden, so lässt sie sich um noch weitere Arten der Liebe ergänzen wie der Liebe zur Natur (kontemplativ), der sich sorgenden Liebe (karitativ), der Liebe allgemein zu den Menschen (Philanthropie) sowie der religiösen und mystischen Liebe, die noch weiter erfahren werden kann im Sinne einer objektlosen bzw. universellen Liebe.

Nachfolgend möchte ich nicht auf alle diese Formen der Liebe eingehen, es jedoch nicht versäumen, sie erwähnt zu haben, denn erst wenn wir das Wechselspiel zwischen diesen verschiedenen Arten der Liebe besser verstehen, können wir uns vollkommen dessen bewusstwerden, wie vielfältig und tief sowohl unsere Beziehung zu uns selbst wie auch zu anderen sein kann.

Auf ein paar der genannten Formen der Liebe möchte ich jedoch hinweisen und konzentriere mich dabei auf die meistgenannten, die sich bereits aus der antiken Terminologie ergeben.

Eros oder die romantische Liebe steht für die unmittelbare Anziehung der anderen Person. Mit ihr ist in erster Linie also die erotische, die körperliche Liebe gemeint, die sich uns als sexuelles Interesse am Partner zeigt, egal ob diese letztlich zwischen Mann und Frau als heterosexuelle Liebe gelebt wird, oder zwischen Mann und Mann bzw. zwischen Frau und Frau als homosexuelle Liebe. Ihren Namen hat sie von Eros, dem großen Gott der Liebe und Fruchtbarkeit. Er repräsentiert das sexuelle, leidenschaftliche Verlangen nach der Person des anderen. Können wir mit der Energie von Eros nicht richtig umgehen, kann es sein, dass wir sie zu aggressiv, feurig und impulsiv leben. Gehen dabei aber auch das Risiko ein, dass es zu sexueller Abhängigkeit bis hin zu sexuellem Missbrauch kommen kann.

Unter Eros verstehen wir die Art von Liebe, die uns in aller Regel zu Beginn einer Beziehung vor lauter Hingabe und Leidenschaft blind macht, weil sie so starke Gefühle mit sich bringt. Ob diese Liebe jedoch von Dauer ist, erfahren wir erst Wochen, Monate oder manchmal sogar erst Jahre später, wenn sie sich im Hinblick auf eine gesunde Beziehung in den verschiedensten Alltagssituationen bewährt hat. Dabei kann es durchaus sein, dass dieses Feuer der Liebe genauso schnell wieder erlischt, wie es sich einst entzündet hat.

Doch so leidenschaftlich und feurig, wie die Liebe gelebt werden kann, kann sich uns Eros auch vermehrt im Sinne einer romantischen, wundervollen und idealistischen Liebe zeigen, die uns immer wieder daran erinnern will, wie schön es ist, gemeinsam durchs Leben zu gehen und im anderen nicht nur den Partner für die körperliche Liebe zu sehen, sondern ihn vielmehr als einen Herzenspartner zu erfahren. Damit die Flamme der Liebe im Alltag mit all seinen Herausforderungen jedoch nicht erlischt, will sie von beiden Partnern ausreichend umsorgt, genährt, gepflegt und somit am Leben erhalten werden.

Ludus ist im Vergleich zu Eros die mehr spielerische Liebe. Ihr Name deutet bereits an, dass sie eine Form von Liebe ist, in der die Gefühle nicht allzu ernst genommen werden, sondern bei der es mehr um die Liebe als Spiel geht. Sie entspringt mehr der Idee der freien Liebe und sexuellen Freiheit wie wir sie aus den 60er- und 70er-Jahren kennen. Charakteristisch für diese Art von Liebe ist hier mehr das Spiel mit dem Feuer der Liebe, das in manchen Fällen nur so lange brennt, bis der Partner der Verführung erliegt. Ihre Motivation kann von daher sehr einseitig und egozentrisch sein. Diese Liebe liebt vor allem das Flirten und entspringt mehr den Gefühlen eines euphorischen Verliebtseins. Sie ist selten von Dauer, da die Liebenden oft wechselnde Partner haben. Statt der Verbundenheit und tiefer Liebe wird hier eher nur das Abenteuer im Spiel mit der Liebe gesucht. Da sie mehr einem kindlichen Eroberungsspiel gleicht, fühlen sich die Liebenden nur in den seltensten Fällen von dieser Liebe erfüllt.

Mania gilt als die besitzergreifende Liebe, die dem Partner nur sehr wenig Freiraum lässt. Hier will einer der Partner den anderen vielmehr beherrschen und versucht von daher vermehrt dessen Aufmerksamkeit auf sich zu ziehen. Diese Art der Liebe neigt sehr stark zu einer Eifersucht, die obsessiv macht. Da meist eine tiefsitzende Angst vor Trennung das Verhalten des einen Partners zum anderen bestimmt, wird hier kaum Rücksicht auf die Wünsche und Bedürfnisse des anderen genommen. Der Partner wird bei dieser Art von Liebe mehr gebraucht als geliebt, weil der vermeintlich Liebende oft ein sehr geringes Selbstwertgefühl hat. Während der Geliebte/die Geliebte sehr stark idealisiert wird, neigt der eifersüchtig Liebende schnell dazu, den anderen regelrecht zu überwachen, da ihm/ihr das Vertrauen in die Person des anderen fehlt.

Storge ist die Art von Liebe, die Eltern für ihr Kind bzw. Kinder für ihre Eltern haben. Sie ist aber auch für eine gelingende Partnerschaft enorm wichtig, denn so, wie wir die Liebe im Elternhaus erfahren haben und am Beispiel unserer Eltern lernen, wie die Beziehung zwischen ihnen gelebt wird, wird sie für uns richtungsweisend für unsere eigene Vorstellung, wie wir uns Beziehung wünschen und später einmal leben wollen. Egal ob wir dabei dem Beispiel unserer Eltern folgen oder es genau anders praktizieren wollen als sie.

Haben die Partner im Laufe vieler Jahre diese Art von Verbindung zueinander entwickelt, dann kann eine solche Beziehung ewig halten, denn sie beschenkt uns mit einem Gefühl von Sicherheit und steht für enge Vertrautheit und Freundschaft, die über einen längeren Zeitraum hinweg gewachsen ist. Storge ist eine sehr freundschaftliche Liebe, die die Person des anderen wertschätzt und auf der Grundlage gemeinsamer Interessen sowie eines gleichen sozialen Hintergrunds entstanden ist. Die Sexualität ist hier nicht so wichtig. Bei ihr stehen dafür mehr die gemeinsamen Interessen und Aktivitäten im Vordergrund. Unter dem Einfluss dieser Liebe zeigen wir uns rücksichtsvoll und mitfühlend und können einander gut vergeben. Diese Art von

Liebe kann sich auch zwischen Freunden aus Kinder- und Schulzeit heraus entwickeln. Vor allem dann, wenn sie bereits so manche Krise gemeinsam gemeistert haben und ihre Beziehung nach wie vor regelmäßig pflegen.

Pragma oder die pragmatische Liebe wird meist von dem Ziel bestimmt, auf der materiellen und gesellschaftlichen Ebene den richtigen Partner zu finden, auf dem man seine Liebe aufbauen kann. Die meisten Beziehungen dieser Art wurden nicht im siebten Himmel der Liebe begonnen, sondern resultierten oft daraus, dass die Eltern nach pragmatischen Gesichtspunkten den Partner ausgesucht haben. Seltener ist es wohl der Fall, dass sich zwei Menschen von sich aus für diese Form einer Beziehung entscheiden.

Bei Pragma-Beziehungen bzw. Pragma-Ehen stehen am Anfang der Beziehung häufig ganz andere Interessen, als dass die Liebe das verbindende Band zwischen den Partnern bzw. Eheleuten war bzw. ist. Mitunter sind es rein geschäftliche Interessen, die im Vordergrund stehen und die Partner motivieren, diese Form von Beziehung zu wählen. In früheren Zeiten sahen sich manche Partner sogar erst am Hochzeitstag zum ersten Mal. Die Aufgabe einer solchen Verbindung wurde vermehrt darin gesehen, aus Pragma eine der anderen Formen der Verbundenheit (Eros, Storge oder Philia) gemeinsam zu entwickeln, um so die Partnerschaft bzw. den Bund der Ehe zu vertiefen. Gelang dies nicht, wurde im Außen in aller Regel vermehrt nach einer Form an Liebe gesucht, die erfüllender war bzw. ist.

Entwickelt sich aus einer anfänglichen Eros-Liebesbeziehung mit der Zeit eher eine pragmatische Beziehung, so muss dies für die Partner nicht zum Nachteil gereichen. Zwar sind sich in einer solchen Beziehung die Partner körperlich nicht mehr so zugetan, doch das muss noch lange nicht bedeuten, dass ihre Liebe deswegen erloschen ist. Sie hat sich unter Umständen im Laufe der Zeit durch verschiedene innere wie äußere Einflüsse nur in ein anderes Ideal von Beziehung und Liebe gewandelt.

Erkennen wir an, dass keine der genannten Formen der Liebe die allein glücklich- und seligmachende ist, sondern dass eine

Beziehung dadurch lebendig bleibt, indem wir uns der verschiedenen Formen der Liebe bewusst sind und lernen zu verstehen, dass sich die Liebe der Partner im Laufe der Zeit weiterentwickeln wird, dann können wir auch in Angelegenheiten, die unser Liebesleben betreffen, viel offener über unsere Erwartungen, Wünsche und Bedürfnisse reden.

Ergänzt Pragma die anderen Formen der Liebe, kann diese sehr viel zum Erhalt der Beziehung beitragen und helfen, emotionale Krisen, wie sie sich von Zeit zu Zeit auch in der Partnerschaft zeigen, zu überwinden. Vermag ein Paar die Prüfungen ihrer Liebe zu überstehen, so kann daraus oft sogar ein noch stärkeres Band tiefer und dauerhafter Gefühle zueinander entstehen.

Philia ist die geistige, die brüderliche, die zärtliche Liebe. Die alten Griechen schätzten sie mehr als die körperliche Liebe (Eros), weil sie vergleichbar mit Pragma dem anderen mit sehr viel Wohlwollen begegnet. Sie zeichnet sich vor allem durch die Gleichstellung beider Partner aus, die sich zudem vor allem in der Dankbarkeit für den anderen und in dessen Wertschätzung zeigt. Philia ist die Liebe zwischen zwei Menschen, die sehr ähnliche oder gleiche Interessen und Lebensvorstellungen haben. Sie gehört wie Pragma zu der Art von Liebe, die sich im Laufe der Zeit zwischen Partnern entwickelt, die bestimmte Herausforderungen ihres Lebens bereits gemeinsam gemeistert haben. Ebenfalls mehr als die sexuelle Anziehung steht bei ihr die freundschaftliche Beziehung im Vordergrund und führt zu Beziehungen, in denen sich die Partner dem anderen gegenüber anständig, aufrichtig, fair und ehrlich zeigen, wo eine gemeinsame Moral und gemeinsame Werte die Basis der Beziehung bilden und diese von gegenseitigem Vertrauen geprägt ist.

Agape gilt als die höchste Form der Liebe. Spricht man von ihr, so meint man die altruistische, die spirituelle, die uneigennützige, die bedingungslose Liebe. Unter Agape ist zudem die seelische Verbindung zwischen zwei Menschen zu verstehen, die sich sehr nahestehen, weil sie sich zu ergänzen scheinen. Die Art dieser Liebe wird charakterisiert als eine Form von Selbstlosigkeit, mitunter sogar bis hin zur Selbstaufopferung. Diese Liebe konzentriert sich sehr stark auf die Bedürfnisse des Partners, ohne vom anderen etwas zu erwarten, und ist zudem gekennzeichnet von einer sehr tiefen Liebe zu allen Lebewesen sowie einem grenzenlosen Mitgefühl und einer sehr starken Empathie. Diese Liebe glaubt stets an das Gute im anderen, vermag von daher am schnellsten zu verzeihen und schließt in diesem Sinne sogar die Feindesliebe mit ein. Agape gilt als die wohl reinste, die befreiende, bedingungslose und auf andere zentrierte Liebe, von der Paulus im Hohelied der Liebe (1 Kor 13, 1-13) spricht.

Agape steht sowohl für die Nächstenliebe (Caritas), aber auch für die Liebe zu Gott, der die universelle Quelle allen Lebens und allen Ursprungs ist. Agape heißt, dass man den anderen ganz so sein lassen kann wie er ist, ihn bedingungslos liebt, die Partnerschaft als einen spirituellen Weg ansieht und vermehrt stets das Göttliche im anderen sieht.

Eros, Philia und Agape kann man wohl als die wichtigsten Elemente einer wirklich erfüllten Partnerschaft ansehen. Zwar überwiegt zu Beginn einer Beziehung in aller Regel Eros, der neben der körperlichen auch die romantische Liebe einschließt. Doch damit eine Partnerschaft nachhaltig von Dauer ist, sollten sich in ihr mit der Zeit auch Philia und Agape stärker entwickeln.

Das Ideal einer guten Beziehung zeigt sich mir in einer Kombination aus Eros (*körperliche* Anziehungskraft und Attraktivität) mit Philia (die Partner lieben sich auf mentaler, *geistiger* Ebene) und Agape (sie sind sich der tiefen Verbindung ihrer *Seelen* bewusst, lieben sich bedingungslos). Kommen diese drei Faktoren auf wundervolle Art und Weise zusammen, vermag diese Liebe den Körper, den Geist *und* die Seele miteinander zu vereinen und kann so unter den Menschen ein Abbild der Liebe Gottes sein.

Was der Ausbildung dieser Idealform der Liebe zwischen Menschen jedoch hinderlich sein kann, ist die unzureichend entwickelte *Philantia* (die Liebe zu sich selbst). Was die Griechen noch wussten, war, dass wir lernen müssen, fürsorglich zu uns selbst zu sein, bevor wir auch wirklich bewusst eine richtig gute und erfüllte Beziehung mit anderen leben können.

Wenn wir nicht in Liebe mit uns selbst sind, passiert es nur allzu leicht, dass wir uns in der Beziehung mit den anderen verlieren, weil wir ständig auf der Suche nach etwas sind, das wir zwar nicht greifen können, nach dem sich unser Herz aber so sehr sehnt, dass dieses Sehnen im schlimmsten Fall sogar zu einer Form von Selbstaufgabe führen kann, auf die dann unser Körper, unser Geist sowie unsere Seele auf ihre Art und Weise antworten werden.[26]

"Die Wurzel alles Bösen in der Welt
ist der Mangel an Liebe zu sich selbst."
Thomas von Aquin

Doch was meint Selbstliebe denn überhaupt? Fälschlicherweise wird sie mit überzogenem Egoismus bzw. Narzissmus gleichgesetzt. Schon sehr früh haben wir gelernt, dass es nicht gut ist, in sich selbst verliebt zu sein, sondern dass es vielmehr darum geht, an das Wohlergehen anderer zu denken.

Wie schnell sagt dann in bestimmten Situationen unser innerer Kritiker "Nimm dich nicht so wichtig!" Wenn dann noch eine Redensart wie "Geben ist seliger als nehmen!" dazukommt, die, weil sie der Bibel entnommen ist (Apostelgeschichte 20,35), von uns als ein Plädoyer für Großzügigkeit angesehen wird und uns dazu anhält, nicht egoistisch zu sein, dann sind wir schnell verunsichert. Haben wir doch viel zu wenig gelernt, worin die Bedeutung des Wortes "Selbstliebe" besteht.

Natürlich ist es wichtig, nicht krankhaft – wie im Falle des Narzissmus – in sich selbst verliebt zu sein, doch bedarf es einer

---

26 Thomas von Aquin: Die Wurzel alles Bösen ... Abrufdatum 06.01.21, von https://www.welt.de/vermischtes/article5081707/Der-muehsame-Weg-zum-gluecklichen-Ich.html

gesunden Selbstliebe, um ein wirklich gutes Selbstwertgefühl zu entwickeln, sonst laufen wir Gefahr, uns viel zu sehr in der Beziehung mit anderen zu verlieren, anstatt einen gesunden Kontakt mit uns selbst zu pflegen und sich dessen bewusst zu sein, dass wir nur dann für andere auch wirklich eine Bereicherung ihres Lebens sind, wenn wir zuallererst dafür gesorgt haben, dass es uns selbst in allen Bereichen unseres Lebens gut geht.

- Wie wollen wir liebevoll mit anderen sein, wenn wir für uns selbst keine Liebe empfinden? Wie wollen wir andere achten, wenn wir uns selbst nicht achten?
- Wie wollen wir andere wertschätzen, wenn wir uns selbst nicht wertschätzen?
- Wie wollen wir andere respektieren, wenn wir uns selbst nicht respektieren?
- Wie wollen wir anderen vergeben, wenn wir uns selbst nicht vergeben?
- Wie wollen wir andere bedingungslos annehmen und lieben, wenn wir uns selbst nicht bedingungslos annehmen und lieben?

Wir können nicht teilen, was wir selbst nicht haben. Wir können nicht lieben, wenn wir kein wirklich gutes Selbstwertgefühl haben. Doch um uns selbst lieben zu können, müssen wir erst lernen, die Teile von uns zu lieben, die wir nicht als liebenswert erachten.

Was können wir folglich tun, um uns selbst auf eine gesunde Art und Weise zu lieben?

Der erste, vielleicht schmerzhafteste, aber auch wichtigste Schritt ist, dass wir uns zuallererst unseres Verhaltens gegenüber uns selbst bewusstwerden. Denn nur wenn wir Bewusstheit darüber erlangen, wie wir den lieben langen Tag mit uns selbst umgehen, können wir am besten erkennen, was es zu verändern gilt. Nur so können wir die Beziehung zu uns selbst auf eine andere, bewusstere und vor allem auch liebevollere Ebene bringen.

Dabei kommen wir um die ehrliche Beantwortung einiger Fragen nicht herum. Von daher empfiehlt es sich, einen Notizblock und einen Stift zur Hand zu nehmen und sich einmal all die Gedanken aufzuschreiben, die wir uns in den verschiedensten Situationen selbst erzählen. Fragen, wie die nachfolgenden, geben uns einen ersten und sehr wichtigen Hinweis darauf, wie sehr wir es denn überhaupt vermögen, uns selbst anzunehmen ganz so, wie wir sind. Wie denke ich grundsätzlich über mich? Was mag ich an mir? Was nicht? Wie rede ich überhaupt mit mir? Was sind Sätze, die mein innerer Kritiker oder innerer Richter regelmäßig zu mir spricht?

Was bereits diese kleine Übung vermag, ist unsere Beobachtungsgabe sowie unsere Wahrnehmungsfähigkeit zu schulen. Mithilfe dieser Fragen werden wir aufmerksamer gegenüber uns selbst. Haben wir diese Übung ein paarmal bewusst gemacht, dann fällt uns immer schneller auf, wenn wir wieder einmal Selbstgespräche führen, die alles andere sind als der Liebe zu uns selbst zuträglich. Es ist so wichtig, dass wir unsere Aufmerksamkeit, die ständig nach außen gerichtet ist, damit wir auch ja nichts verpassen, wieder zu uns zurückholen. Es gilt, mit viel mehr Bedacht und Achtsamkeit auf unsere Gedanken, Gefühle und Worte zu schauen, die letztlich unser ganzes Handeln bestimmen. Und dies sowohl gegenüber anderen als auch gegenüber uns selbst.

Wird uns erst einmal bewusst, mit wie viel Selbstkritik und Selbstzweifel wir uns selbst kostbarer Energie und Lebenskraft berauben, was letztlich unsere Lebensqualität mindert, können wir nach und nach damit beginnen, uns bessere Selbstkonzepte zu überlegen, um die Liebe zu uns selbst zu mehren.

Ein wichtiger nächster Schritt ist, dass wir akzeptieren, dass wir uns selbst gegenüber – aus welchen Gründen auch immer – bislang genauso verhalten haben, wie wir dies anhand unserer Notizen jetzt einmal bewusst nachvollziehen können, weil diese Sätze nun endlich einmal Schwarz auf Weiß auf Papier stehen. Auch wenn es mitunter wehtut, was wir da lesen, ist dies nur ein vorübergehender Schmerz, der sich nach und nach immer mehr relativiert, je mehr wir uns dessen bewusstwerden, wie wir mit uns selbst reden und über uns selbst denken.

Dieser Schmerz in uns kann nur dadurch überwunden werden, dass wir die Realität annehmen und akzeptieren, ganz so, wie sie ist. Immerhin haben wir sie uns mit unseren Gefühlen, Gedanken und Worten selbst erschaffen. Leugnen oder bekämpfen wir diese Realität, ist uns damit nicht gedient. Letztlich führen wir auf diese Art immer nur einen Krieg mit uns selbst. Und dieser wird so lange kein gutes Ende nehmen, solange wir nicht gewillt sind, den Tatsachen so ins Auge zu sehen, wie sie derzeit sind.

Zuerst gilt es also, alles an uns selbst zu akzeptieren, was uns nicht gefällt. Das können unsere Gedanken (zum Beispiel Glaubenssätze wie „Ich kann das nicht. Ich bin nicht gut genug. Ich bin zu dumm dafür."), unsere negativen Gefühle gegenüber uns selbst (Wut, Selbsthass, Aggression), Charaktereigenschaften (wie z. B. Neid oder Eifersucht) oder Verhaltensweisen (ein regelmäßiges Zuspätkommen, unangenehme Dinge aufschieben) sein, aber auch körperliche Merkmale, die wir an uns selbst nicht mögen (zu große oder abstehende Ohren, die Form unserer Lippen, die Farbe unserer Haare) ...

Erst, indem wir uns dies alles einmal bewusst machen, verlieren diese Gedanken, Worte und Gefühle ihre Macht über uns. Ist dies der Fall, können wir beginnen, liebevoller und damit auch wertschätzender sowie respektvoller mit uns selbst zu sein. Was dabei hilft, ist, wenn wir zu uns selbst genauso liebevoll sind, wie wir dies gegenüber unserem besten Freund/unserer besten Freundin wären.

Indem wir uns unserer negativen Muster bewusstwerden und diese akzeptieren, ohne dabei über uns selbst zu richten, erlernen wir Schritt für Schritt die Liebe zu uns selbst. Wichtig ist, auch den Widerstand zu akzeptieren, der gegenüber dieser Übung da ist, und uns selbst nicht länger für irgendetwas zu verurteilen.

Was dabei guttut, um wirklich ganz wertschätzend und liebevoll mit uns selbst zu sein, ist, wenn wir uns fragen: Was würde ich jetzt meiner besten Freundin/meinem besten Freund empfehlen? Was wäre das schönste (nicht materielle) Geschenk, das sie/er sich jetzt in dieser Situation machen könnte?

Manchmal kommt es vor, dass wir von negativen Gefühlen und Gedanken so schnell mitgerissen werden, dass wir uns ihnen nicht mehr rechtzeitig entziehen können. Wenn dies geschieht, dann empfiehlt es sich, der ganzen Situation neutral gegenüberzustehen und einfach nur zu beobachten, was es gerade mit uns macht, ohne uns von dem Gefühl oder den Gedanken, die gerade vorherrschen, noch stärker in Bedrängnis bringen zu lassen. Es ist wichtig, hier den Abstand zu halten und gegebenenfalls laut zu sich selbst „STOPP" zu sagen oder uns mit irgendeiner anderen Tätigkeit kurzfristig abzulenken, nur um das Gedankenkarussell zu unterbrechen.

Nachdem wir uns bereits über Jahre, wenn nicht sogar Jahrzehnte hinweg, so kritisch und negativ verhalten haben, dürfen wir nicht erwarten, dass sich unser Verhalten von heute auf morgen bereits so nachhaltig verändern wird, dass wir in der Liebe zu uns selbst geradezu aufblühen. Es bedarf viel mehr der Geduld (ähnlich wie bei einem Kind), bis wir es auch wirklich erlernt haben, fürsorglicher, wertschätzender und liebevoller mit uns selbst zu sein. Doch es lohnt sich. Ganz nach dem Motto: „Was lange währt, wird endlich gut."

Was sich zusätzlich empfiehlt, ist, sich täglich eine kleine Auszeit von circa 15 bis 20 Minuten für sich selbst zu nehmen. Also wirklich Zeit, die wir uns ganz bewusst selbst schenken. Was wir in dieser Zeit tun, muss dabei nichts Weltbewegendes sein. Viel wichtiger ist es dabei, kreativ zu sein und sich vermehrt wieder daran zu erinnern, was man als Kind vielleicht sehr gerne getan hat. Zum Beispiel für 15 Minuten zu einem Notizblock und zu Buntstiften greifen und ein Bild malen. Die Lieblingsmusik auflegen und tanzen. Zwanzig Minuten spazieren gehen. Sich selbst einen Liebesbrief oder eine Postkarte schreiben. Und, und, und …

Das Einzige was dabei zählt, ist, dass man das, was man tut, mit ganz viel Liebe, Freude und Leichtigkeit tut, sonst dreht das negative Gedankenkarussell wieder einmal eine Extrarunde, obwohl wir diese doch gerade vermeiden wollen.

Was das Wertvolle an diesen täglichen Übungen ist, ist, dass wir uns selbst auf eine einfache, aber doch sehr wirkungsvolle

Art und Weise immer wieder selbst sagen, wie liebenswert wir sind, und dass wir uns sehr wohl selbst lieben dürfen. Dass dies sogar für unsere körperliche, geistige und seelische Gesundheit sehr wichtig ist.

Im Grunde genommen bedeutet Selbstliebe zu entwickeln nichts anderes, als sich seiner bisherigen Gewohnheiten bewusst zu werden, um nachfolgend neue Verhaltensweisen und Gewohnheiten zu entwickeln, die konstruktiver und wertschätzender sind als die alten Mechanismen, an die wir uns schon viel zu lange gewöhnt haben. Ab jetzt gilt es stattdessen Gewohnheiten zu entwickeln, die uns guttun.

Selbstliebe bedeutet letztlich nichts anderes, als mit sich selbst eine liebevolle und wertschätzende Beziehung zu pflegen. Eine gesunde Selbstliebe ist der Schlüssel, die Voraussetzung für eine gesunde Beziehung und ein wirklich glückliches und gesundes Leben.[27]

„Sich selbst zu lieben, ist der Beginn
einer lebenslangen Leidenschaft." – *Oscar Wilde*

„Was du denkst, bist du. – Was du bist, strahlst du aus. –
Was du ausstrahlst, ziehst du an." – *Buddha*

Das folgende Gedicht über die „Selbstliebe" schrieb *Charlie Chaplin*[28] zu seinem 70. Geburtstag. Es gibt etliche Übersetzun-

---

27 Oscar Wilde: Sich selbst zu lieben … Abrufdatum 08. 01. 2021, von https://beruhmte-zitate.de/zitate/126171-oscar-wilde-sich-selbst-zu-lieben-ist-der-beginn-einer-lebensl/
Buddha: Was du denkst, bist du … Abrufdatum 08. 01. 2021, von https://www.spruchwelt.com/zitat/buddha-was-du-denkst-bist-du-strahlst-du-aus-ziehst-du-an
28 Charlie Chaplin: Als ich mich zu lieben begann … Abrufdatum 08. 01. 2021, von https://www.selbstbewusstsein-staerken.net/charlie-chaplin-gedicht/

gen dieser Rede ins Deutsche, doch diese hier kommt dem englischen Original am nächsten. Diese zehn Strophen zeigen sehr schön, wie wichtig es ist, positiv zu denken sowie dem Weg des Herzens zu folgen und damit auch den Weg der Liebe zu gehen.

Als ich mich selbst zu lieben begann,
konnte ich erkennen, dass emotionaler Schmerz und Leid
nur Warnungen für mich sind,
gegen meine eigene Wahrheit zu leben.
Heute weiß ich: Das nennt man AUTHENTISCH SEIN.

Als ich mich selbst zu lieben begann,
verstand ich, wie sehr es jemanden beeinträchtigen kann,
wenn ich versuche, diesem Menschen
meine Wünsche aufzuzwingen,
auch wenn ich eigentlich weiß,
dass der Zeitpunkt nicht stimmt,
und dieser Mensch nicht dazu bereit ist – und das gilt auch,
wenn dieser Mensch ich selber bin.
Heute weiß ich: Das nennt man RESPEKT.

Als ich mich selbst zu lieben begann,
habe ich aufgehört, mich nach einem anderen Leben zu sehnen
und konnte sehen, dass alles um mich herum
eine Aufforderung zum Wachsen war.
Heute weiß ich, das nennt man REIFE.

Als ich mich selbst zu lieben begann,
habe ich verstanden, dass ich immer und bei jeder Gelegenheit,
zur richtigen Zeit am richtigen Ort bin
und dass alles, was geschieht, richtig ist –
von da an konnte ich gelassen sein.
Heute weiß ich: Das nennt man SELBSTVERTRAUEN.

Als ich mich selbst zu lieben begann,
habe ich aufgehört, mich meiner freien Zeit zu berauben,
und ich habe aufgehört, weiter grandiose Projekte
für die Zukunft zu entwerfen.
Heute mache ich nur das,
was mir Spaß und Freude macht,
was ich liebe und was mein Herz zum Lachen bringt,
auf meine eigene Art und Weise und in meinem Tempo.
Heute weiß ich, das nennt man EINFACHHEIT.

Als ich mich selbst zu lieben begann,
habe ich mich von allem befreit,
was nicht gesund für mich war,
von Speisen, Menschen, Dingen, Situationen
und von allem, das mich immer wieder hinunterzog,
weg von mir selbst.
Anfangs nannte ich das „gesunden Egoismus",
aber heute weiß ich, das ist SELBSTLIEBE.

Als ich mich selbst zu lieben begann,
habe ich aufgehört, immer recht haben zu wollen,
so habe ich mich weniger geirrt.
Heute habe ich erkannt:
Das nennt man BESCHEIDENHEIT.

Als ich mich selbst zu lieben begann,
habe ich mich geweigert,
weiter in der Vergangenheit zu leben,
und mich um meine Zukunft zu sorgen.
Jetzt lebe ich nur noch in diesem Augenblick,
wo ALLES stattfindet,
so lebe ich heute jeden Tag und
nenne es ERFÜLLUNG.

Als ich mich zu lieben begann,
da erkannte ich, dass mich mein Denken
armselig und krank machen kann.
Doch als ich es mit meinem Herzen verbunden hatte,
wurde mein Verstand ein wertvoller Verbündeter.
Diese Verbindung nenne ich heute
WEISHEIT DES HERZENS.

Wir brauchen uns nicht weiter vor Auseinandersetzungen,
Konflikten und Problemen mit uns selbst
und anderen fürchten,
denn sogar Sterne knallen manchmal aufeinander
und es entstehen neue Welten.
Heute weiß ich: DAS IST DAS LEBEN!

SCHLUSSWORT

Was unsere Beziehungen insgesamt gesehen so schön und einzigartig macht, ist, dass wir dabei sehr viel über uns selbst wie auch über den anderen und unsere Beziehung zu ihm (egal ob zu den Eltern, dem Partner, den Kindern, den Freunden) lernen können. Unser Miteinander trägt somit nicht nur dazu bei, gemeinsam eine schöne, inspirierende, abwechslungsreiche und erfüllende Zeit zu haben. Es lehrt uns vielmehr Dankbarkeit, gegenseitige Wertschätzung, Geduld, Toleranz, Achtung vor der Würde des anderen, Respekt und noch so viel anderes mehr.

Wie gut, dass uns unsere Seele zusammen mit unserem Unterbewusstsein in jeder Beziehung immer wieder einmal mit Themen konfrontiert, die wir entweder allein oder gemeinsam mit der anderen Person zu heilen haben, weil sie entweder ein alter Seelenschmerz sind, oder eine neue Herausforderung, die wir uns ausgesucht haben.

So gesehen bleiben unsere Beziehungen unsere wichtigsten Lehrer. Das sollten wir niemals unterschätzen, selbst dann, wenn das Miteinander noch so herausfordernd ist. Alles, was geschieht, trägt letztlich eine wichtige Botschaft in sich. Diese gilt es entweder alleine oder mit Unterstützung durch andere herauszufinden, um das Thema, das dahintersteht, auch wirklich transformieren zu können. Und das stets im Interesse aller. Denn das, was wir scheinbar nur für uns tun, heilt auch in den anderen, mit denen wir verbunden sind.

Was uns helfen kann, die Dinge im Leben etwas leichter zu nehmen, ist, wenn wir uns stets daran erinnern, dass unsere Seele ihre Reise in dieses irdische Leben alleine deswegen angetreten hat, weil sie wachsen, lernen und sich weiterentwickeln will. Dafür sind wir hier. Die Seele lernt dabei am allerbesten, wenn sie durch die größten Herausforderungen zu gehen hat, auch wenn das bedeutet, dass wir immer wieder einmal mitten durch den Schmerz zu gehen haben. Behalten Sie von daher stets in Erinnerung:

Nichts geschieht umsonst. Im Leben ergibt alles einen Sinn und das auch dann, wenn wir das nicht immer sofort verstehen.

Lassen Sie mich zum Abschluss noch einen weiteren wunderschönen Text mit Ihnen teilen, der im Original zu hören ist in dem Film „Wie im Himmel" von Kai Pollak. Bekannt geworden ist er als „Gabriellas Song". Ins Deutsche übertragen und neben dem Original (gesungen von Helen Sjöholm) ebenfalls sehr ergreifend, kraftvoll und wunderschön interpretiert von Lisa Valentin[29]. Text im Original von Py Bäckman; Musik: Stefan Nilsson; Piano und Arrangement der deutschen Fassung von Josef Düregger.

Gabriellas Lied

Meine Sehnsucht bringt mich hierher
Denn dies ist der Weg, den ich wählte.
Und ich ahne, weil ich es spür',
Jetzt gehört dieses Leben mir.

Was mir fehlt und was ich bekam,
Balancier ich in meinen Händen.
Lern vertrauen und will verstehn.
Hab vom Himmel ein Stück gesehn.

---

29 Kai Pollak: Wie im Himmel. Gabriellas Song. Abrufdatum 08. 01. 2021, von https://www.lisavalentin.at/2015/02/gabriellas-lied-persoenliche-anmerkungen/

Ich will spüren, dass ich lebe
Jeden Tag ganz neu.
Offen, mutig, stark und frei.
Ich will leben und will sagen
Ich bin gut so wie ich bin.

Denn ich hab mein Selbst nie verloren,
Ließ es manchmal einfach nur schlafen.
Doch nun ist es in mir erwacht
Und nun strahlt es in mir und lacht.

Ich will leben
glücklich sein, so wie ich bin.
Offen mutig stark und frei.
Die Zeit hier geht so schnell vorbei.
Ich will wachsen, staunen über diese Welt
Und den Himmel den find ich hier,
Wenn ich glaube und such in mir.

Ich will sagen: Ja, ich hab gelebt.

Aus ganzem Herzen sage ich Ihnen *DANKE* für Ihr Interesse
an meinem Buch und wünsche Ihnen alles nur erdenklich Liebe
und Gute für Ihren weiteren Lebensweg!

In tiefer Verbundenheit und Liebe
Hermine Merkl

LITERATUR- UND QUELLENVERZEICHNIS

Literaturverzeichnis

- Antonovsky, Aaron: Salutogenese. Zur Entmystifizierung der Gesundheit. DGVT-Verlag 1997.
- Die Bibel. Einheitsübersetzung der Heiligen Schrift. Gesamtausgabe, Verlag Katholisches Bibelwerk GmbH, Stuttgart, 2. Auflage 2017.
- Dahlke, Ruediger: Krankheit als Symbol. Ein Handbuch der Psychosomatik. Symptome, Be-Deutung, Einlösung. C. Bertelsmann Verlag 2007.
- Grundbegriffe der Erziehungswissenschaft, 5. Auflage, Ernst Reinhardt Verlag, München 1990.
- Illies, Joachim: Adolf Portmann. Ein Biologe vor dem Geheimnis des Lebendigen. Herder, Freiburg/Basel/Wien 1976.
- Liedloff, Jean: Auf der Suche nach dem verlorenen Glück. Gegen die Zerstörung unserer Glücksfähigkeit in der frühen Kindheit, Beck'sche Reihe 224, Verlag C. H. Beck, Nördlingen, 2013.
- Menck, Peter: Was ist Erziehung? Eine Einführung in die Erziehungswissenschaft. 3., neu bearbeitete Auflage universi, Siegen 2015.
- Merkl, Hermine: Meine Seele will endlich fliegen. Raus aus der Ohnmacht – rein in die Schöpferkraft. Novum Verlag, Berlin 2021.
- Schmidt, Walter: Solange du deine Füße … – Was Erziehungsfloskeln über uns verraten. Eichborn, Köln 2014.
- Prieß, Mirriam Dr. med.: Resilienz. So entwickeln Sie Widerstandskraft & Innere Stärke. Goldmann Verlag 2019.
- Zeitschrift Gehirn&Geist. Warum Hitler bis heute die Erziehung von Kindern beeinflusst Ausgabe 12. September 2018.

Quellenangaben

1 – Illies, Joachim: Adolf Portmann. Ein Biologe vor dem Geheimnis des Lebendigen. Herder, Freiburg/Basel/Wien 1976.

2 – Grundbegriffe der Erziehungswissenschaft, 5. Auflage, Ernst Reinhardt Verlag, München 1990.

3 – Menck, Peter: Was ist Erziehung? Eine Einführung in die Erziehungswissenschaft. 3., neu bearbeitete Auflage universi, Siegen 2015

4 – Schmidt, Walter: Solange du deine Füße … – Was Erziehungsfloskeln über uns verraten. Eichborn, Köln 2014

5 – Swami Vivekananda. Mein Weg. Abrufdatum 19.02.2021, von www.yoga-welten.de/sprueche-zitate/vivekananda-dein-weg.html

6 – Rainer Maria Rilke. Herbst. Abrufdatum 19.02.2021, von https://www.gedichte-zitate.com/rilke/herbsttag.html

7 – Arno Pötzsch. Du kannst nicht tiefer fallen … Abrufdatum 19.01.2021, von http://www.christoph7.de/tezweige.html

8 – Ottawa-Charta zur Gesundheitsförderung. Abrufdatum 06.01.2021, von https://gesundheits.de/gesundheit/ottawa-charta und https://www.euro.who.int/__data/assets/pdf_file/0006/129534/Ottawa_Charter_G.pdf

9 – Antonovsky, Aaron: Salutogenese. Zur Entmystifizierung der Gesund

10 – Holismus. Abrufdatum 06.01.2021, von https://de.wikipedia.org/wiki/Holismus, Die holistische Betrachtung des Menschen. Abrufdatum 06.01.2021, von https://hbdm.ch/index.php/philosophie.html

11 – Indigo-Kinder. Abrufdatum 06.01.2021, von https://www.naturheilmagazin.de/natuerlich-wachsen/kinderzeit/indigo-kinder.html, https://www.viversum.de/online-magazin/indigo-kinder

12 – Heinz Schirp: Wenn ich nur darf, … Pinterest-Plakat. Abrufdatum 06.01.2021, von https://www.pinterest.de/pin/32088216080880402/

13 – Albert Einstein: Der Sinn des Lebens … Pinterest-Plakat. Abrufdatum 06.01.2021, von https://www.pinterest.de/pin/724305552544282774/

14 – Albert Einstein: Phantasie. Abrufdatum 06.01.2021, von https://beruhmte-zitate.de/zitate/127192-albert-einstein-phantasievorstellungskraft-ist-wichtiger-als-wiss/, https://beruhmte-zitate.de/zitate/1958089-albert-einstein-phantasie-ist-die-vorschau-auf-die-kommenden-ereig/

15 – Joseph von Eichendorff: Wünschelrute. Abrufdatum 06.01.2021, von http://www.lyriktheorie.uni-wuppertal.de/lyriktheorie/texte/1838_eichendorff.html

16 – Ulrich Schaffer: Geh du voran. Abrufdatum 06.01.2021, von https://www.aphorismen.de/zitat/54696

17 – Rainer Maria Rilke: Vorwärts. Abrufdatum 06.01.2021, von https://www.viabilia.de/innere-staerke/

18 – Erik H. Erikson. Phasen der psychosozialen Entwicklung. Abrufdatum 06.01.2021, von http://www.lern-psychologie.de/skripte/erikson.pdf

19 – Anne Kratzer (12. Sept. 2018): Warum Hitler bis heute die Erziehung von Kindern beeinflusst. Erschienen in Gehirn&Geist. Abrufdatum 06.01.2021, von https://www.zeit.de/wissen/geschichte/2018-07/ns-geschichte-mutter-kind-beziehung-kindererziehung-nazizeit-adolf-hitler?utm_referrer=https%3A%2F%2Fwww.google.com%2F

20 – Apostel Paulus: Das Hohelied der Liebe. Abrufdatum 06.01.2021, von https://www.die-bibel.de/bibeltext/1kor13,1-3/

21 – Bibeltext der Neuen Genfer Übersetzung – Neues Testament und Psalmen; Copyright © 2011 Genfer Bibelgesellschaft. Die Liebe – größer als alle Gaben. Abrufdatum 06.01.2021, von https://www.bibleserver.dom/NGÜ/1.Korinther13

22 – Immanuel Kant: Was ist Aufklärung? Abrufdatum 06.01.2021, von https://www.uni-muenster.de/FNZ-Online/wissen/aufklaerung/quellen/kant.htm, https://www.projekt-gutenberg.org/kant/aufklae/aufkl001.html

23 – Frankfurter Allgemeine (vom 18.09.2015) Familie in Deutschland. Jedes vierte Kind wächst ohne Geschwister auf. Abrufdatum 19.01.2021, von https://www.faz.net/aktuell/gesellschaft/jedes-vierte-kind-in-deutschland-ist-ein-einzelkind-13810432.html

24 – Margaret Fishback Powers: Gedicht. Spuren im Sand. Abrufdatum 06.01.2021, von https://www.zeitgeschichte.de/gedichte/margaret-fishback-powers/spuren-im-sand.html – Copyright © der deutschen Übersetzung 1996 Brunnen Verlag Gießen: www.brunnen-verlag.de

25 – Liebe. Abrufdatum 19.01.21, von https://de.wikipedia.org/wiki/Liebe, https://www.philosophie.ch/blogartikel/highlights/liebe-und-gemeinschaft/grundtypen-von-freundschaft-und-liebe-schatten-und-glueck-der-gemeinschaft, https://www.mensch-und-psyche.de/liebe/

26 – Thomas von Aquin: Die Wurzel alles Bösen … Abrufdatum 06.01.21, von https://www.welt.de/vermischtes/article5081707/Der-muehsame-Weg-zum-gluecklichen-Ich.html

27 – Oscar Wilde: Sich selbst zu lieben … Abrufdatum 08.01.2021, von https://beruhmte-zitate.de/zitate/126171-oscar-wilde-sich-selbst-zu-lieben-ist-der-beginn-einer-lebensl/, Buddha: Was du denkst, bist du … Abrufdatum 08.01.2021, von https://www.spruchwelt.com/zitat/buddha-was-du-denkst-bist-du-strahlst-du-aus-ziehst-du-an

28 – Charlie Chaplin: Als ich mich zu lieben begann … Abrufdatum 08.01.2021, von https://www.selbstbewusstsein-staerken.net/charlie-chaplin-gedicht/

29 – Kai Pollak: Wie im Himmel. Gabriellas Song. Abrufdatum 08.01.2021, von https://www.lisavalentin.at/2015/02/gabriellas-lied-persoenliche-anmerkungen/

Die Autorin

Hermine Merkl war nach ihrem Studium (Lehramt Realschule) 27 Jahre im Schuldienst tätig. Zuletzt als Schulleiterin, bevor sie 2017 aus gesundheitlichen Gründen in den Vorruhestand verabschiedet wurde. Aufgrund ihrer damaligen gesundheitlichen Situation, die Thema ihres ersten Buches „Meine Seele will endlich fliegen. Raus aus der Ohnmacht – rein in die Schöpferkraft!" ist, beschäftigte sie sich intensiv mit Literatur aus den Bereichen der Psychologie, Psychoneuroimmunologie, Epigenetik, Naturheilkunde, Ernährung und Spiritualität, um an Körper, Geist und Seele wieder zu gesunden. Mithilfe der Literatur, ihrer Kenntnisse als NLP-Masterin, DVNLP und anderer Qualifikationen sowie ihrer Gespräche mit Gott war es ihr möglich, den Weg der Heilung selbstständig zu gehen.
Weitere Informationen unter:
www.hermine-merkl.de

novum VERLAG FÜR NEUAUTOREN

Der Verlag

Wer aufhört besser zu werden, hat aufgehört gut zu sein!

Basierend auf diesem Motto ist es dem novum Verlag ein Anliegen neue Manuskripte aufzuspüren, zu veröffentlichen und deren Autoren langfristig zu fördern. Mittlerweile gilt der 1997 gegründete und mehrfach prämierte Verlag als Spezialist für Neuautoren in Deutschland, Österreich und der Schweiz.

Für jedes neue Manuskript wird innerhalb weniger Wochen eine kostenfreie, unverbindliche Lektorats-Prüfung erstellt.

Weitere Informationen zum Verlag und seinen Büchern finden Sie im Internet unter:

www.novumverlag.com

Hermine Merkl

Meine Seele will endlich fliegen

ISBN 978-3-99107-669-8
628 Seiten

Dass unsere Seele nicht grenzenlos belastbar ist, das wurde
Hermine Merkl erst so richtig bewusst, als ihr eine sehr um-
fangreiche Diagnose gestellt wurde. Trotz Krankheit, Sinn- und
Existenzkrise machte sie sich mit Gottes Hilfe auf den Weg, um
wieder zu gesunden.

.